Zukunft der Mitgliederpartei

Uwe Jun
Oskar Niedermayer
Elmar Wiesendahl (Hrsg.)

Die Zukunft der Mitgliederpartei

Verlag Barbara Budrich
Opladen & Farmington Hills, MI 2009

Bibliografische Informationen der Deutschen Nationalbibliothek
Die Deutsche Nationalbibliothek verzeichnet diese Publikation in der Deutschen
Nationalbibliografie; detaillierte bibliografische Daten sind im Internet über
http://dnb.d-nb.de abrufbar.

Gedruckt auf säurefreiem und alterungsbeständigem Papier.

Alle Rechte vorbehalten.
© 2009 Verlag Barbara Budrich, Opladen & Farmington Hills, MI
www.budrich-verlag.de

ISBN 978-3-86649-204-2

Das Werk einschließlich aller seiner Teile ist urheberrechtlich geschützt. Jede Verwertung außerhalb der engen Grenzen des Urheberrechtsgesetzes ist ohne Zustimmung des Verlages unzulässig und strafbar. Das gilt insbesondere für Vervielfältigungen, Übersetzungen, Mikroverfilmungen und die Einspeicherung und Verarbeitung in elektronischen Systemen.

Satz: Beate Glaubitz, Redaktion + Satz, Leverkusen
Umschlaggestaltung: disegno visuelle kommunikation, Wuppertal – www.disenjo.de
Druck: paper & tinta, Warschau
Printed in Europe

Inhalt

Themenfeld 1 Stand der Niedergangsdebatte

Die Zukunft der Mitgliederparteien auf dem Prüfstand 9
Elmar Wiesendahl, Uwe Jun und Oskar Niedermayer

Die Mitgliederparteien zwischen Unmodernität und wieder entdecktem
Nutzen 31
Elmar Wiesendahl

Mitgliederparteien im Sog der Amerikanisierung 53
Gerd Mielke

Die Relevanz der Mitglieder: Das Dilemma effektiver Partizipation 71
Klaus Detterbeck

Themenfeld 2 Mitgliederanalysen

Ein Modell zur Erklärung der Entwicklung und Sozialstruktur von
Parteimitgliedschaften 91
Oskar Niedermayer

Soziale Entwurzelung und Repräsentationsverlust der Parteien 111
Heiko Biehl

Parteien ohne Eigenschaften? Zur Diffusion organisationaler Identität
von CDU und SPD aus der Perspektive ihrer Mitglieder 129
Christian Junge

Sozialstruktur und politische Orientierungen der CDU-Mitglieder
1993–2006 159
Viola Neu

Themenfeld 3 Parteiorganisationsreformen

Organisationsreformen der Mitgliederparteien ohne durchschlagenden Erfolg: Die innerparteilichen Veränderungen von CDU und SPD seit den 1990er Jahren 187
Uwe Jun

Parteiorganisationsreformen zwischen funktionaler Notwendigkeit und institutionellen Erwartungen 211
Sebastian Bukow

Erneuerung der Parteien „von unten"? Zum Verhältnis von Lokalparteien und Kartellparteien 229
Lars Holtkamp

Themenfeld 4 Die Sicht der Parteien

Mitgliederwerbung als Herausforderung und Chance – erfolgreiche Maßnahmen der CDU 251
Frank Niebuhr

Die SPD als Mitgliederpartei 257
Martin Gorholt

Die FDP bekennt sich zum Prinzip der Mitgliederpartei 261
Hans-Jürgen Beerfeltz

Die LINKE geht nur als Mitgliederpartei 269
Horst Kahrs

Warum die Grünen Mitglieder brauchen 277
Steffi Lemke

CSU – Erfolgreiche Volkspartei 283
Markus Zorzi

Autorinnen und Autoren 289

Themenfeld 1
Stand der Niedergangsdebatte

Elmar Wiesendahl, Uwe Jun und Oskar Niedermayer

Die Zukunft der Mitgliederparteien auf dem Prüfstand

1. Einleitung

Der Typus der Mitgliederpartei sieht sich seit einiger Zeit unter erheblichem Druck. Infolge der Erosion ihrer gesellschaftlichen Basis leiden Großparteien, zumal diejenigen, die als vormalige Massenintegrationsparteien aus einzelnen sozial-moralischen Milieus entstammen, zuallererst an Mitgliederschwund. Es mehren sich die Stimmen, die sogar ihr weiteres Absinken prognostizieren. Ob allerdings die in der Parteienliteratur und der Öffentlichkeit breit diskutierte unbefriedigende Lage der Mitgliederparteien bereits eine kritische Schwelle unterschritten hat und dadurch ihr Fortbestand gefährdet ist, soll im Folgenden differenziert und von verschiedenen Blickwinkeln aus betrachtet werden. Voreiliges und pauschales Urteilen über den Niedergang der Mitgliederparteien schließt sich schon deshalb aus, weil es bei der Debatte um diese spezifische Erscheinungsform der Partei nicht um deren generelle Krise und um „*party decline*" schlechthin gehen kann. Denn es sind zunächst einmal nur die Basisorganisationen der Parteien – die „*parties on the ground*" – berührt, die sich einem Prozess der Mitgliederauszehrung ausgesetzt sehen. Andere Organisationsteile – wie die „*party in central*" bzw. in „*public-office*" – sind weit weniger von gesellschaftlichen Erosionstendenzen berührt. Die Auswirkungen der Schwächung der „*parties on the ground*" auf die Organisationsstärke und Funktionsfähigkeit der Parteien als zentrale Bindeglieder und Vermittlungsinstanzen zwischen Staat und Gesellschaft sowie als maßgebliche Träger des demokratischen Willensbildungsprozesses sind daher im Folgenden konkreter in Augenschein zu nehmen.

Um einleitend die Frage nach der Zukunft der Mitgliederparteien in den damit skizzierten größeren Diskussionszusammenhang zu stellen, nehmen wir zunächst einen kurzen Rückblick vor. Aufgezeigt wird dabei, wie aus Mitgliederparteien als den Aufsteigern des modernen massendemokratischen Parteiwesens Sorgenkinder der gegenwärtigen Verhältnisse wurden. Dazu wird es notwendig sein, die Hintergründe auszuleuchten, die für die gegenwärtig kritische Verfassung der Mitgliederparteien verantwortlich sind. Um das Ausmaß der Schwierigkeiten, unter denen Mitgliederparteien leiden, erschließen zu können, werden wir dann die Auswirkungen der Mitgliederauszehrung für Parteien in allen ihren Facetten näher in den Blick nehmen.

Der einführende Überblick über die in der Parteienliteratur diskutierten Symptome, Hintergründe und Konsequenzen der schwierigen Situation der Mitgliederparteien ermöglicht es uns, offene und klärungsbedürftige Fragen zur weiteren Zukunft dieses Typus' herzuleiten, auf die die nachfolgenden Beiträge des Sammelbandes Antworten zu geben versuchen. Hier wird der Sachverstand der Parteienforschung zu Rate gezogen. Doch sollen am Ende auch führende Organisationspraktiker der betroffenen Parteien zu Wort kommen, um ihre Sicht der Dinge und ihre Lösungsansätze zur Bewältigung der Probleme der Mitgliederpartei vorzustellen. Unsere Ausführungen beschränken sich auf Mitgliederparteien im Modell der westlichen Demokratien, wobei unser Schwerpunkt auf dem politischen System Deutschlands liegt.

2. Mitgliederparteien: Von Hoffnungsträgern zu Parteien ohne Zukunft

Mitgliederparteien reichen bis hin zu den Anfängen des modernen Parteiwesens zurück. Die Durchsetzung des Massenwahlrechts brachte in Europa mit der Wende zum 20. Jahrhundert ein gänzlich neuartiges Formprinzip von Partei hervor, das trotz aller gesellschaftlichen Umbrüche des hinter uns liegenden Jahrhunderts und trotz aller tiefgreifenden Wandlungen der Umwelten von Parteien seine ursprüngliche Formgestalt bis heute fast unverändert beibehalten hat. Mitgliederparteien gehen genealogisch aus den Massen- beziehungsweise Massenintegrationsparteien (siehe Neumann 1956; Duverger 1959; Krouwel 2006) hervor, deren Strukturmerkmale weitgehend übernommen wurden. Die Massenpartei entwickelte sich zunächst als Organisationsmodell der damals noch von der Teilhabe an der politischen Herrschaft ausgeschlossenen sozialistischen/sozialdemokratischen Arbeiterparteien, die anfangs große Erfolge erzielen konnten. Die Grundlage hierfür bildete der strategische Grundgedanke, die sich im Gefolge des Industriezeitalters massenhaft ausbreitenden Lohnabhängigen im außerparlamentarischen Bereich organisatorisch zu erfassen und an sich zu binden, um mit Hilfe der großen Zahl an Organisierten amorphe Wählermassen zu mobilisieren und in die Schlacht um den Ausgang von Wahlen werfen zu können. Die deutsche Sozialdemokratie der frühen Jahre des 20. Jahrhunderts lieferte in ihrer Organisationsstruktur den Prototyp der Massenpartei. Aufgrund ihres Erfolgs übernahmen andere Parteien den Grundgedanken und bauten ähnlich schlagkräftige Organisationen auf. Das völlig Neuartige an der Massenpartei war, Anhänger als beitragszahlende Mitglieder zu rekrutieren sowie sie organisatorisch und ideologisch fest an sich zu binden. Strukturprägend war hierfür ein fest verbundenes Netzwerk an flächendeckend präsenten, lokalen Basisorganisationen, sogenannte Ortsgruppen, die mit ihrem dauerhaften Organisationsbetrieb die Betreuung und Schulung der Mitglieder übernahmen. Die Ortsgruppen der Parteien wiederum waren eingebunden in ein dichtes Netzwerk von unterschiedlichen politischen, gesellschaftlichen und kulturellen Organisationen, die alle Lebenswelten der einzelnen sozial-moralischen Milieus umspannten und eine Form von Solidargemeinschaft begründeten. Die Partei war also Teil eines umfassendes Milieus mit Vorfeldorganisationen, Sportvereinen, Freizeitorganisationen etc., drückte auf politischer Ebene dieses intersubjektiv geteilte Normen- und Werteverständnis aus und bot politisch ihren Mitgliedern exklusive Zugehörigkeitsrechte und -pflichten: „Massenintegrationsparteien schufen eine dauerhafte Linkage zwischen ihrer Subkultur und den Institutionen demokratischer Regierung, die sich durch folgende Eigenschaften auszeichneten: exklusiv, dauerhaft, stabil und disziplinierend" (Poguntke 2002: 791). Es waren die Massenintegrationsparteien, welche durch ihre bürokratisierte und umfassende außerparlamentarische Organisation die Aufgaben der politischen Erziehung, Sozialisation und Mobilisierung übernahmen, um mit ihrem alle Lebenssphären umfassenden Einfluss die politischen Tätigkeiten des Individuums zu bestimmen. Die Organisation selbst wurde somit zu einer entscheidenden Machtressource.

Losgelöst von der zeitgebundenen, ideologisch aufgeheizten und organisatorisch straffen Massenintegration und Massenmobilisierung von Anhängern und Wählern, die für Massenparteien typisch war, gaben diese mit ihrer neuartigen Struktur das Organisationsmodell vor, an das sich Mitgliederparteien bis heute anlehnen. Für Mitgliederparteien ist kennzeichnend, dass sie sich mit organisatorisch dauerhaft erfassten Mitgliedern eine „strategische Organisationsressource" (Wiesendahl 2006a: 20) zulegen. Mitgliederparteien verfügen daher über möglichst zahlreiche Basiseinheiten mit eingeschriebenen Mitgliedern, von denen sie sich zur Aufrechterhaltung des Organisationsbetriebs und zur Erfüllung ihrer Aufgaben Vorteile versprechen. Die demokratische Mitgliederpartei besitzt also eine relativ feste Organisationsstruktur, die sicherstellt, dass ihre Mitglieder am Prozess der Politikformulierung und Entscheidungsfindung nennenswert beteiligt sind. Der organisatorische Nutzen von Mitgliedern ergibt sich aus dem Bestreben, durch deren freiwillig erbrachte Mitarbeit und Unterstützungsleistungen den Zielen der Partei, sei es Stimmenmaximierung, Besetzung öffentlicher Ämter und Mandate oder Durchsetzung politischer Inhalte, näher zu kommen. Mitgliederparteien nutzen Organisierte als Humanressource. Die Mitglieder selbst bilden einen nicht zu vernachlässigenden Teil der Stammwählerschaft der Parteien und dienen als Multiplikatoren, um weitere Wähler zu mobilisieren und um durch deren Stimmengewinn bei Wahlen Zugang zu den Schaltstellen parlamentarischer und gouvernementaler Macht zu erlangen. Vom Ressourcenblickwinkel aus betrachtet, bilden Parteimitglieder Beitragszahler, Stützen des Parteibetriebs, Wahlkämpfer, Kommunikatoren und Botschafter in die Gesellschaft hinein, Seismografen für gesellschaftliche Entwicklungen und Prozesse, Ideengeber bei der Formulierung politischer Inhalte, Legitimatoren politischer Entscheidungen der Parteiführung, das Nachwuchsreservoir für die Besetzung innerparteilicher und öffentlicher Ämter und nicht zuletzt werden sie auch als Werber neuer Mitglieder gebraucht. Aus diesem Grund lassen sich Mitglieder als „*potentially valuable electoral assets*" sehen (Scarrow 1996: 20).

Mitgliederparteien streben danach, möglichst zahlreich Gruppen und/oder Individuen für die Parteiarbeit zu rekrutieren. Sie werden gewöhnlich einem formellen Beitrittsverfahren unterzogen und sind beitragspflichtig. Mitgliedschaft kann individuell, angegliedert über Nebenorganisationen oder kollektiv korporativ geregelt sein (Heidar 2006: 302f.). Die Hauptstützen des Parteibetriebs bilden die Aktivisten. Sympathisierende werden über Vorfeldorganisationen an die Partei gebunden. Zur Betreuung und Schulung der Organisierten dienen lokale Organisationseinheiten. Zusammengefasst bilden sie die „*party on the ground*". Darüber gewölbt ist ein Parteiapparat mit Parteiangestellten, der an der Spitze der Partei in eine zentrale Geschäftsstelle mündet („*party in central office*"). Die innerparteiliche Willensbildung folgt einem statuarischen Regelwerk, um die demokratische Teilhabe der Mitglieder an der Auswahl der Parteieliten und an der politischen Kursbestimmung der Partei zu sichern.

Neben affektiven und normativen Anreizen, die der Parteizugehörigkeit an sich für Beitrittswillige einen intrinsischen Belohnungscharakter verleihen, bieten demokratische Mitgliederparteien als wertbezogene und politische Anreize eine vielfältige Pallette von exklusiven Möglichkeiten innerparteilicher Personalrekrutierungs- und Politikformulierungspartizipation (Niedermayer 1989: 17). Denn Organisierten, die freiwillig Beiträge zahlen und unentgeltlich Parteiarbeit leisten, sollen Gegenleistungen in Form organisatorischer Gratifikationen gegeben werden. An materielle Anreize in Form von Geldleistungen und Entlohnungen ist nur begrenzt zu denken, wenn auch nicht übersehen werden darf, dass einzelne Parteien Patronage betreiben und Positionen im öffentlichen Dienst oder öffentliche Aufträge bevorzugt an ihre Mitglieder vergeben. Mit Blick auf Partizpationsmöglichkeiten bedeutsamer ist, dass Mitgliederparteien ihren Mitgliedern exklusive Partizipationsrechte einräumen, die ihnen die unmittelbare Teilnahme und Teilhabe an der Elitenauslese, der Kandidatenaufstellung sowie der Programmformulierung und Kursbestimmung ermöglichen (Jun 2004: 95). Die Mitgliederpartei muss sich stets vergegenwärtigen, dass sie Anreize bieten muss, um Interessierte dauerhaft zum Eintritt, Verweilen und zur freiwilligen Mitarbeit zu bewegen.

Das durch diese Merkmale gekennzeichnete Mitgliederpartei-Modell auf Massenbasis schien in seiner ursprünglichen Form als Massenpartei für strategische *Vote-Seeking-* und *Office-Seeking-*Zwecke dermaßen effektiv, dass Maurice Duverger (1959) zu Beginn der 1950er Jahre noch von dessen historischen Siegeszug überzeugt war. Für ihn war die Massenpartei, so wie er sie noch vor Augen hatte, dem älteren Typ der bürgerlichen Rahmenpartei weit überlegen. Daraus leitete er die bekannte Prognose ab, dass sich die überholten Komiteeparteien mit ihrer unterentwickelten Organisationsstruktur dem

Die Zukunft der Mitgliederparteien auf dem Prüfstand 13

Sog der Entwicklung hin zur Massenpartei nicht entziehen könnten und sich infolgedessen an deren Struktur anpassen würden.

Einige Berechtigung fand diese „*Contagion from the Left*"-These allein schon darin, dass der prognostizierte Anpassungsprozess bereits in der Zwischenkriegszeit nach dem 1. Weltkrieg eingesetzt hatte. Schon der strategischen Vorteile halber übernahmen die eher elitär geprägten vormaligen Honoratiorenparteien des konservativen und partiell auch liberalen Lagers das Gliederungsprinzip der Massenpartei und legten sich flächendeckende Mitgliederorganisationen auf lokaler Basis zu. Der Adaptionsprozess ging allerdings nicht so weit, dass die konservativ-liberalen Parteien die Prinzipien innerparteilicher Demokratie genauso ernst nahmen wie die Parteien der Linken. Zumeist perpetuierten sie ihr elitäres Führungsverständnis (Ware 1992). Wesentlich ist, dass durch diesen selektiven Adaptionsprozess die Mitgliederpartei teilweise bereits in der Zwischenkriegszeit, dann aber ungehindert in der Nachkriegszeit zur universellen Erscheinungsform des 20. Jahrhunderts aufstieg. Nicht überall vollzog sich dieser Prozess mit gleicher Geschwindigkeit und im gleichen Ausmaß. Dafür überlebte das Leitprinzip der Mitgliederpartei selbst die einsetzende Volksparteientwicklung.

In den 1950er und 1960er Jahren setzte europaweit eine Beitrittsschwemme ein, die die Mitgliederbasis der Parteien stark verbreiterte. Vom immerwährenden Aufstieg der Mitgliederparteien kann aber seit einiger Zeit nicht mehr die Rede sein. Im Gegenteil traten seit den 1980er Jahren verstärkt Schwächephänomene auf, die immer mehr Vertreter der Parteienforschung veranlasste, sich von den rosig beschriebenen Zukunftsaussichten der Mitgliederparteien abzusetzen. Die Parteien- und Wahlforschung brachte seit den 1990er Jahren eine Flut von Literatur hervor, die, ausgehend von steigenden Mitgliederverlusten der Parteien, eine breit geführte Niedergangsdebatte anstieß. Die Krise und der Niedergang von „*membership based parties*" (Scarrow 2000) wurden zu einem der herausgehobenen Themen der Literatur der 1990er und folgenden Jahre. Es stieß deshalb auf große Resonanz, weil allemal der anhaltende Mitgliederschwund der Parteien keinem Beobachter verborgen bleiben konnte.

Gleichwohl rief die anschwellende „Ende-der-Mitgliederparteien-Debatte" auch Skeptiker auf den Plan, die sich über den krassen Perspektivenwechsel in der Einschätzung der betroffenen Parteien verwundert zeigten. So geben Seyd und Whiteley (2004: 355) mit folgenden Worten ihrem Erstaunen Ausdruck: „Rather then the mass-membership party being a party of the future, as predicted by Duverger (1959), it now appears to be a party of the past", für die noch dazu ein „*free-fall decline*" konstatiert würde.

In der Tat wird die *Party-Decline*-These so zahlreich von Parteienforschern geteilt, dass es überzeugende Gründe geben muss, welche eine Transformation der Mitgliederparteien von einstmals beherrschenden Gebilden des modernen Parteiwesens und effektiven Instrumenten des politischen Machtkampfes hin zu Sorgenkindern der jüngeren Parteienwirklichkeit bewirkten.

Mit Blick auf die Hintergründe soll diesen in der Literatur diskutierten Ursachen auf den Grund gegangen werden.

3. Hintergründe der Niedergangsdebatte

Dass Mitgliederparteien in den Fokus düsterer Zukunftsprognosen geraten sind, speist sich aus mindestens zwei Quellen der Parteienliteratur. Die eine betrachtet Parteien aus der *Party-Change*-Perspektive und diagnostiziert erhebliche Veränderungsprozesse von Parteien mit einer Relevanzminderung von Massenmitgliedschaften infolge veränderter Umweltbedingungen der Parteien. Die andere konzentriert sich aus der *Party-Decline*-Perspektive auf den Mitgliederverfall der Parteien und kommt von daher zu weiter reichenden Krisendiagnosen.

3.1 Die Schwächung der Parteimitglieder als Wahlkampfressource

Der Aufstieg des Leitmodells der Mitgliederpartei in der Parteienliteratur war noch von der Vorstellung geprägt, dass „*party members do matter*". Freiwillige Parteimitglieder stellen in dieser Sichtweise als Humanressourcen organisatorische Nutzenpotentiale dar, die sich beispielsweise in Wählermobilisierungs- und Wahlkampferfolge ummünzen lassen. An der Frage, wie nützlich Parteimitglieder konkret in Wahlkampfsituationen sind, entzündete sich eine Diskussion über die Relevanz von Massenmitgliedschaften, da durch die Erschließung alternativer Ressourcen und Nutzung anderer Möglichkeiten der Wählermobilisierung eine Relevanzminderung der Mitglieder bei der Wahlkampfmobilisierung konstatiert wurde.

Die Herkunft der These vom partiellen Relevanzrückgang der Mitglieder als Mobilisatoren in Wahlkämpfen lässt sich bis in die frühen 1960er Jahre zurückverfolgen. Richtungsweisend hierfür war der phänomenale Beitrag Otto Kirchheimers (1965) über den Strukturwandel älterer Massenintegrationsparteien auf Klassen- und Konfessionsbasis hin zu modernen „*Catch-All*"-Parteien. Kirchheimer nahm Veränderungen der Nachkriegszeit gewahr, aus denen er den Aufstieg von „*Catch-All*"-Parteien ableitete. Zentraler Orientierungspunkt des Handelns der „*Catch-All-Party*" sind nicht mehr die eigenen Sympathisanten, sondern ist die gesamte Wählerschaft. Stimmenmaximierung sollte durch eine alle gesellschaftlichen Gruppen übergreifende Strategie und Programmatik erreicht werden, ideologische Konzepte sollten in den Hintergrund treten, oder wie es in den Worten Kirchheimers (1965: 27) heißt: „Sie (die ‚*Catch-All-Party*', die Autoren) opfert also eine tiefere ideologische Durchdringung für eine weitere Ausstrahlung und einen rascheren Wahlerfolg". Ideologische Grundsätze verlieren ihre zentrale Bedeutung im Handeln der Parteien, die statt dessen wettbewerbsorientiert kurzfristigen taktischen Überlegungen einen Vorrang einräumen. Eine programmatische Unbestimmtheit, ein höheres Ausmaß an Autonomie für die Parteiführung, um ein effektives Management durchführen zu können, und ein Bedeutungsrückgang der Organisation als Machtressource sind zwangsläufige Folgen. Bei der „Catch-All-Party" kommt es weniger auf die soziale Verankerung an als vielmehr auf politische Inhalte und vermittelbare, populäre Kandidaten. Der Parteienwettbewerb wird im Sinne von Downs als flexible Anpassungen der Parteien auf Veränderungen des Wählermarktes begriffen (Downs 1968). Als *ein* Spezifikum des neuen Parteityps hob er hervor, dass die Parteispitzen sich die neuen Möglichkeiten des Medienzeitalters zunutze machen würden, die speziell mit dem Fernsehen und seinem Reichweiteneffekt geboten würden. Wahlkämpfe setzten unter diesen Bedingungen mehr als in der Vergangenheit auf die Persönlichkeit von Spitzenkandidaten, was die Relevanz der Parteienspitzen stärken würde. Parteimitglieder erlitten dagegen einen Relevanzverlust und würden innerparteilich als „historisches Überbleibsel" eine „Entwertung" erfahren (Kirchheimer 1965: 32).

Noch pointierter machte sich Leon Epstein (1967) die These vom Relevanzrückgang zu eigen, um sie gegen die von Duverger behauptete Überlegenheit der Massenparteien gegenüber den „veralteten" mitgliederarmen und organisatorisch unterentwickelten US-amerikanischen Rahmenparteien zu wenden. Für Epstein war dagegen signifikant, dass die amerikanischen Rahmenparteien der europäischen Massenpartei an Wählermobilisierungskapazität in nichts nachstehen würden. Ein festes organisatorisches Mitgliedschaftselement würde von US-Parteien nicht gebraucht, weil diese ihre Außenkommunikation und Wahlkampagnen auf die Massenmedien ausgerichtet hätten (Epstein 1967: 200). Aus seinen Augen brachte dies die Massenparteien ins Hintertreffen. Duverger auf den Kopf stellend, prognostizierte er einen Anpassungs- und Angleichungsprozess europäischer an die modernen US-Parteien (*„contagion from the right"*), was zur Verdrängung von Massenparteien führen würde.

Im Vordergrund der These von der Relevanzminderung der Massenmitgliedschaft steht der Aufstieg der (elektronischen) Massenmedien, deren Nutzung für Wahlkampf- und Wählermobilisierungszwecke mit einem Nutzen- und Funktionsverlust der einfachen Mitglieder:

„It is undoubtedly true that the mass media have replaced the party membership as the key means of converying the political messages of the parties to the largest and urbanized societies today. The role of such traditional campaign and propaganda activities as local meetings, local speeches by candidates and party representatives, and door-to-door canvassing, all of which need a 'high membership investment', seems to be inevitable declining in the face of more effective techniques of mass propaganda" (Bartolini 1983: 210).

Als *ein* zentraler Aspekt an der Debatte über die Rolle von Parteimitgliedern und über die weitere Zukunft der Mitgliederparteien ist hervorzuheben, dass der Nutzenverlust – unabhängig vom Umfang und der Größenentwicklung der Parteimitgliedschaften – aus der Verlagerung des einstmals organisationszentrierten und arbeitsintensiven Straßenwahlkampfs hin zum Fernsehen erklärt wird. Deshalb hat diese Erkenntnis auch vor dem in den späten 1960er Jahren einsetzenden Mitgliederzulauf zu den Parteien Bestand. Im Gegenteil erfährt sie in der neueren *Party-Change*-Literatur sogar eine erneute Blüte. Dieser Forschungszweig hat seit Ende der 1980er Jahre in der Nachfolge zur Massen- und Volkspartei verschiedene neuartige Parteitypen in Gestalt der „*electoral professional party*" (Panebianco 1988), Kartellpartei (Katz/Mair 1995), Berufspolitikerpartei (Beyme 1997, 2000) und professionalisierten Medienkommunikationspartei (Jun 2004) hervorgebracht, für die allesamt außer Frage steht, dass die Erschließung neuer Ressourcen und Kampagnenmöglichkeiten zu einem partiellen Relevanzverlust von Parteimitgliedern im Sinne der Notwendigkeit von Massenmitgliedschaften geführt hat. Auch hat in dieser Perspektive der Zugriff der Parteien auf staatliche Geldquellen und Subsidien zur zurückgehenden Bedeutung von Massenmitgliedschaften beigetragen.

Auch bei der seit den 1980er Jahren aufstrebenden modernen Wahlkampfforschung (Schoen 2005) fand die These vom partiellen Relevanzverlust von Massenmitgliedschaften breite Resonanz und zählt in dieser Disziplin mittlerweile zum Gemeingut. Aus einer modernisierungstheoretischen Entwicklungsperspektive heraus nahm sie Veränderungen des Wahlkampfs in den Blick, die sie an solchen Faktoren wie Medialisierung, Kandidatenzentrierung und Personalisierung, Zentralisierung und Professionalisierung festmachte. Hieraus wurde geschlussfolgert, dass die klassische organisationszentrierte und personalintensive Kampagne mit ihren vorherrschenden „*Low-Tech*-Wahlkampfmethoden" (i.O. kursiv) (Köllner 2008: 16) der Vergangenheit angehöre. Dies lässt sich auch an dem Entwicklungsprozess ablesen, den der Wahlkampf und die dabei eingesetzten Wahlkampftechnologien durchlaufen hätten (Farrell 2006: 125ff.). So sei die Phase des klassischen Organisationswahlkampfs von einer Ära des medienzentrierten Wahlkampfs abgelöst worden. Neuerdings hätte ein weiterer Wechsel hin zur digitalen bzw. postmodernen Wahlkampfära stattgefunden, wobei das Internet und Online-Kampagnen neue Akzente setzten. Für alle drei Phasen gilt, dass Medien zum Erfolgsfaktor wirksamer Kommunikation innerhalb und außerhalb von Wahlkämpfen aufsteigen (Jun 2004: 122). Umgekehrt ist mit der Zentralität von Medien für Wahlkampagnen ein Zurücktreten der Parteiorganisationen gegenüber einzelnen Kandidaten zu verzeichnen (Holtz-Bacha 2002: 51ff.).

Zu bilanzieren gilt, dass eine beachtliche Zahl an Wahlkampfforschern und Vertretern der *Party-Change*-Forschung darin übereinstimmt, „grassroots organizational techniques" (Scarrow 1999: 152) der Wahlkampfführung eine geringere Relevanz als in der Vergangenheit zu bescheinigen. Zu beachten ist aber auch, dass die These von der „Funktionsentleerung der Parteibasis" (Niedermayer 2000: 192) aufgrund der Modernisierung von Wahlkämpfen die Sichtweise und Handlungsorientierung der Wahlkampfstäbe der Parteien selbst reflektierte. Dort wurde um die Jahrhundertwende durch immer stärkere Professionalisierung, Zentralisierung und Medialisierung der Wahlkampfplanung und Wahlkampfdurchführung versucht, die Unwägbarkeiten und potenziellen Risiken, die eine mitgliederzentrierte Kampagne aus der Sicht der Parteiführung bargen, weitgehend zu vermeiden.

3.2 Der Mitgliederniedergang der Parteien

Ein weiterer, unmittelbar greifbarer Grund zur Sorge über den Fortbestand der Mitgliederparteien ergibt sich aus deren Mitgliederentwicklung. Obgleich es immer noch an einem internationalen Register mangelt, in dem die Mitgliederentwicklung der Parteien dokumentiert und laufend fortgeschrieben würde, gibt es in der Parteienforschung einen hochentwickelten Zweig der Mitgliederforschung, aus der sich ein umfassendes Bild zur Entwicklung einzelner Länder im internationalen Vergleichsmaßstab gewinnen und entwickeln lässt. Datenerfassungsbasis für die Erhebung von Mitgliederzahlen und deren Trendberechnung sind auf der einen Seite Angaben von Parteizentralen, die sich auf die von ihnen erstellten und gepflegten Mitgliederdateien abstützen. In Abhängigkeit von der Gründlichkeit und Sorgfalt der elektronischen Datenerfassung und Datenpflege ist bei Parteiauskünften ein starkes Gefälle hinsichtlich der Güte und Verlässlichkeit der Zahlenangaben festzustellen. Abstriche sind beispielsweise an Zahlen italienischer Parteien oder denen aus jungen mittel-osteuropäischen Demokratien vorzunehmen. Früher ließen speziell die Angaben konservativer und liberaler Parteien, im Gegensatz zu sozialistischen/sozialdemokratischen Parteien, deutlich zu wünschen übrig. Auch der Einbezug von korporierten Mitgliedern bzw. solchen aus Neben- und Vorfeldorganisationen von Parteien erschwert die Vergleichsmöglichkeiten. Weitgehend gesicherte Zahlen lassen sich generell erst seit Ende der 1960er Jahre mit der Einführung elektronischer Mitgliederdateien verwenden.

Eine andere Datenquelle ist der Forschung mit der Einführung von nationalen Mitgliederumfragen zugänglich. Hier ist für Deutschland die Potsdamer Mitgliederstudie von 1998 (Heinrich/Lübker/Biehl 2002; Biehl 2005) zu nennen. In Dänemark (Pedersen 2003; Pedersen et al. 2004) und Kanada (Young/Cross 2002; Cross/Young 2004) sind jüngeren Datums Ländererhebungen durchgeführt worden. Für Großbritannien liegen Mitgliedervergleichsanalysen vor (Seyd/Whiteley 2004), die sich auf empirische Einzeluntersuchungen der Mitglieder der Konservativen (Seyd/Whiteley/Richardson 1994) und der Labourpartei (Seyd/Whiteley 1992, 2002b) abstützen. Für hier interessierende Trendaussagen sind Befragungsstudien allerdings wenig ergiebig. Sie eignen sich dagegen speziell für die Erfassung des Sozialprofils, für die Mitarbeit und Aktivitäten, Einstellungen und für Eintritts-, Verweil- und Partizipationsmotive von Parteimitgliedern (Walter-Rogg/Held 2004).

Die Mitgliederentwicklung wurde in dem Maße für die Parteienforschung zum Problemgegenstand, wie Parteien einzelner Länder von Mitgliederschwund erfasst wurden. Den Anfang machte Dänemark, wobei der dort besonders früh einsetzende Niedergang der Parteimitglieder erste Analysen über Hintergründe dieses neuartigen Phänomens und über die daraus resultierenden Zukunftsaussichten auslösten (Sainsbury 1983; Sundberg 1987; Togeby 1992). Weitere Diskussionsanregungen gingen speziell von skandinavischen Parteienforschern (Selle/Svåsand 1991; Heidar 1994; Widfeldt 1999) und von den Ergebnissen des von Richard Katz und Peter Mair geleiteten *Party Organization*-Projekts (Katz/Mair 1994) aus, so dass sich die *Membership-Decline*-Debatte verstärkt mit kritischem Akzent in den 1990er Jahren ausweitete. Nach 2000 mündete sie schließlich in einer Zukunftsdebatte über Parteien mit festem Mitgliedschaftselement schlechthin und in skeptischen Niedergangsszenarien. So sprechen Mair und van Biezen (2001: 6), gestützt auf einen breiten Zahlenfundus zur Mitgliederentwicklung, von einem „widespread disengagement from party politics".

Rückblickend auf die Vergangenheit ist zwischen den 1960er und 1980er Jahren von einem allgemeinen Verfallsprozess der Mitgliederzahlen der westeuropäischen Parteien noch nichts zu spüren (Katz/Mair et al. 1992: 332). Charakteristisch für die damalige Phase lässt sich vielmehr ein eher uneinheitlicher Auf- und Abstiegsprozess in der Mitgliederentwicklung der Parteien West- und Nordeuropas beobachten. Bemerkenswert ist auch deren stark streuender Organisationsgrad (Katz/Mair et al. 1992: 333f.; Wiesendahl 2006a: 66f.). Ab den 1980er Jahren verdichten sich jedoch bei mehr und mehr Parteien die Anzeichen für eine *Membership-Decline*–Tendenz (Katz 1990: 147f.). Seit 1990 setzt sich dann ein allgemeiner Abwärtstrend bei den absoluten Mitgliederzahlen und beim Organisationsgrad der Parteien durch (Scarrow 2000: 88ff.; Mair/van Biezen 2001: 6; Katz 2002: 101f.), wobei der Negativtrend nach der Jahrhundertwende weiter anhält.

Der Aderlass an Mitgliedern trifft aus heutiger Sicht nicht alle Parteien in gleichem Ausmaß. Auf der einen Seite setzten sich die Auflösungserscheinungen bei den dänischen Parteien massiv fort (Pedersen et al. 2004: 368), und britische, italienische, französische und niederländische Parteien haben eine Halbierung ihrer Mitgliederbestände hinzunehmen. Fast alle europäischen Parteien mit einem breit angelegten und festen Mitgliedschaftselement folgen seit den 1990er Jahren diesem Abwärtstrend, ohne jedoch vergleichbare dramatische Verluste verkraften zu müssen. Hiervon ausgenommen haben dagegen spanische und portugiesische Parteien von der noch jungen Demokratieentwicklung ihrer Länder profitiert und konnten in den 1990er Jahren deutliche Mitgliederzuwächse verbuchen (van Biezen 2003: 60ff.). Dagegen leiden Parteien aus den neuen mittel- und osteuropäischen Demokratien unter chronischer Mitgliederschwäche, zumal sie bereits vor dem Aufbau von außerparlamentarischen Mitgliederorganisationen als *„parties in public office"* Fuß fassen konnten (van Biezen 2003: 203f.). Zudem muss bei ihrer Mitgliederschwäche die ihnen nicht wohlgesonnene Umwelt und die posttotalitäre Organisationsdistanz der Bevölkerung mit in Rechnung gestellt werden (Linek 2007).

Für Deutschland ist die Mitgliederentwicklung der Parteien sehr gründlich erfasst und analysiert worden. Daten zur Entwicklung und Zusammensetzung von Parteimitgliedern in der alten Bundesrepublik sind erstmalig von Heino Kaack (1971) gesammelt und in der Gesamtschau dargestellt worden. Aus der von ihm geleiteten Forschungsgruppe „Parteiendemokratie" sind später weitere Parteimitgliederanalysen hervorgegangen (Troitsch 1981). Für die Zeit nach 1990 liefern die jährlich von Oskar Niedermayer in der Zeitschrift für Parlamentsfragen veröffentlichten Zahlen und Strukturdaten die umfassendste Fundstelle zur Mitgliederentwicklung der deutschen Parteien (vgl. z.B. Niedermayer 2008). Über Veränderungen der Mitgliedschaft geben Gabriel/Niedermayer (2001), Biehl (2005) und Wiesendahl (2006a, 2006b) auf unterschiedlicher Datenbasis Auskunft. Unter der *Membership-Decline-*Perspektive ist die Mitgliederentwicklung der deutschen Parteien erstmalig von Wiesendahl (1990) problematisiert worden.

Hierfür bestand zunächst kein Anlass, weil die westdeutschen Parteien in der Zeit ab den späten 1960er Jahren hinweg antizyklisch zum europäischen Trend einen Mitgliederboom erlebten, während andere Parteien in Europa längst in eine Abwärtsspirale der Mitgliederentwicklung hinein gerieten. Noch weiter zurückblickend vollzog sich in der alten Bundesrepublik und im gesamtdeutschen Rahmen eine Sonderentwicklung (Wiesendahl 2006a: 25ff.). Zunächst löste in Westdeutschland das Kriegsende eine temporäre Beitrittswelle in die wieder entstandenen Parteien aus, die bereits nach 1948 verebbte. In den 1950er und frühen 1960er Jahren stagnierte der Mitgliederbestand auf niedrigem Niveau. Die darauf folgenden Unruhe- und Aufbruchsjahre lösten eine zweite Eintrittsbewegung aus, von der sowohl die SPD als auch CDU und CSU mit einer stark verbreiterten und regenerierten Mitgliedschaft profitierten. Durch den enormen Mitgliederzulauf zogen die Unionsparteien mit der SPD als traditioneller Mitgliederpartei gleich, wenn auch die SPD bis 2008 die größten Mitgliederzahlen aufwies.

Dieser begrenzte Zeitabschnitt bis Ende der 1970er Jahre lässt sich als Hochphase, als goldene Ära der Mitgliederparteien in der Bundesrepublik Deutschland bezeichnen. Dies spiegelt sich auch im Organisationsgrad von 4,1 Prozent wider. Danach beginnt eine bis heute mehr oder minder ausgeprägte, anhaltende Abstiegsphase in der Mitgliederentwicklung. Vom Spitzenwert von 1,94 Millionen Organisierten im Jahre 1983 aus geht der Gesamtbestand bis 1989 leicht zurück, um dann kurzzeitig durch eine einheitsbedingte Sonderentwicklung nach oben befördert zu werden. 1990 kletterte gesamtdeutsch die Zahl der Parteimitglieder auf den Gipfelpunkt von 2,27 Millionen Organisierten. Die Abwärtsentwicklung setzt dann aber schnell wieder ein, so dass die Gesamtzahl aller Parteimitglieder bis Ende 2007 auf insgesamt 1,42 Millionen zurückfällt. Durch den Schwund von 843.047 Mitgliedern seit 1990 haben die Parteien nicht nur einen Substanzverlust von 41,3 Prozent hinzunehmen, sondern sie fallen mit diesem Niveau auf einen Organisationsumfang zurück, den allein die westdeutschen Parteien im Jahre 1972 hinter sich gelassen hatten. Bei weiter anhaltendem Negativtrend wird der Mitgliederbestand bis 2015 auf unter 1,2 Millionen Organisierte zurückfallen. Die strukturelle Mitgliederschwäche der ostdeutschen Landesverbände nach 1990 wäre dabei noch gesondert zu behandeln (Grabow 2000).

Der chronische Mitgliederschwund der deutschen Parteien vor allem seit den 1990er Jahren reiht sich in eine Entwicklung ein, von der Mitgliederparteien europaweit erfasst wurden. Insofern muss eine „fast universelle Schwächung der Mitgliederorganisationen westeuropäischer Parteien" diagnostiziert werden (Poguntke 2000: 264). Mit den anhaltenden Substanzverlusten hat sich deren Lage zugespitzt, sodass von einer Mitgliederkrise gesprochen werden kann. Ob es allerdings deshalb schon um eine Fortbestandskrise oder gar um das absehbare Verschwinden dieses Parteityps geht, kann aus den nackten Zahlen und deren Veränderungen allein nicht herausgelesen werden. Denn die Antwort auf die weitere Zukunft der Parteien mit organisierter Mitgliederbasis hängt vor allem davon ab, welche Auswirkungen schwindende Mitgliederzahlen auf die organisatorische Leistungsfähigkeit und die Funktionsweise von Parteien haben.

3.3 Auswirkungen des Mitgliederniedergangs

Mit Blick auf die Niedergangsdiskussion zählen Parteimitglieder nicht mehr viel. Für die Parteien bilden sie eine kritische Schwundmasse. Dabei wirkt sich der Funktions- und Nutzenverlust von Parteimitgliedern nicht so sehr zwingend auf eine düstere Zukunft der Mitgliederparteien aus. Aber die Auszehrung ihrer Mitgliederbasis kann für sich allein genommen als Vorzeichen einer Fortbestandskrise gedeutet werden. Als Gründe für die mangelnde, auch nachlassende Attraktivität der Mitgliedschaft in politischen Parteien sind aufzuführen:

– Affektive und normative Anreize zum Parteibeitritt gehen seit längerer Zeit aufgrund gesellschaftlicher Wandlungsprozesse deutlich zurück.
– Parteien verfügen nur über relativ beschränkte Möglichkeiten unmittelbarer materieller Gratifikation. Ihre Handlungsoptionen, durch die „Kolonialisierung des Staates" mittelbare materielle Gratifikationen bereit zu stellen, hat in den letzten Jahren abgenommen: „The eroding acceptance of patronage politics has faced parties with declining, not increasing control over public and quasi-public funds" (Kitschelt 2003: 163).
– Die in (Groß-)Parteien gebotenen Partizipationsmöglichkeiten weichen stark von den spezifischen Partizipationswünschen vor allem Jugendlicher ab.

Die Zukunft der Mitgliederparteien auf dem Prüfstand

- Politische Parteien, insbesondere Großparteien, bieten nur eingeschränkte Partizipationsmöglichkeiten, in der großen Zahl der Fälle auf ehrenamtlicher Basis mit recht geringer sozialer Reputation.
- Politische Parteien sind noch immer geprägt von traditionellen Organisationsstilen und überkommenen Ritualen, die nicht von allen partizipationswilligen Bürgern akzeptiert werden.
- Politische Parteien bieten kaum auf unterschiedliche individuelle Bedürfnisse zugeschnittene Aktivitäten an, sie fördern eher kollektive, organisationskonforme Verhaltensweisen und Aktivitäten.

Diesen Nachteilen konnten die etablierten Großparteien in den zurückliegenden 25 Jahren nicht entgegenwirken, im Gegenteil: Der Verlust an Bindungskraft und Loyalitäten ihnen gegenüber führt zu mangelnder Integrationskraft und beschleunigt den Prozess der Abwendung.

Ob mit dramatischen Effekten zu rechnen ist, ist vom Ausmaß des auf den Parteien lastenden Problems abhängig zu machen. Der Verlust ihrer Mitgliederbestände hinzunehmen ist weniger auf massenhafte Austritte, sondern weit überwiegend auf ausbleibende Neueintritte zurückzuführen. Dies jedenfalls belegen Untersuchungen von Eintritts- und Austrittsbewegungen über einen längeren Zeitraum (siehe etwa Wiesendahl 2006a: 46ff.). Durch ausbleibenden Nachwuchs spitzt sich auf Dauer die Lage der Parteien im Bereich ihrer Mitgliederorganisationen zu, weil diese bei deutlich zurückgehenden Zahlen von Eintrittswilligen zwangsläufig überaltern und sich nicht mehr durch Jungmitglieder regenerieren können. Hierdurch setzt schlimmstenfalls ein chronischer Auszehrungsprozess ein, zumal überalterungsbedingte Abgänge immer größere Lücken in die Reihen der Restmitglieder reißen.

Vor diesem Hintergrund der Malaise werden in der Parteienliteratur vielfältige Implikationen und Folgen diskutiert, die mit den angesprochenen Beeinträchtigungen einhergehen. Aus der Sicht Susan Scarrows (2000: 88ff.) halten sich diese aber deutlich in Grenzen. Parteien in Deutschland hätten, über einen längeren Beobachtungszeitraum hinweg betrachtet, mit ihren reduzierten Mitgliederzahlen schlichtweg zur Normalität zurückgefunden, während der Mitgliederboom in den 1950er und 1960er Jahren als Ausnahmephänomen einzustufen sei. Infolgedessen kann sie auch dem Mitgliederschwund nichts Dramatisches abgewinnen. Im Gegenteil: Sie sieht diese zum Ende der 1990er Jahre organisatorisch besser aufgestellt als noch zu Beginn der 1960er Jahre (Scarrow 2002: 86). Mit Blick auf zu vermutende organisatorische Auswirkungen ist überdies zu beachten, dass Mitgliederrückgang nicht per se zu organisatorischen Kapazitätsproblemen führt, zumal trotz starker Verluste der harte innerparteiliche Aktivenkern erhalten bleiben kann und kein gravierender Rückgang von Binnen- und Außenaktivitäten zu verzeichnen ist (Heidar/Saglie 2003: 170f.). Auch gibt es Anzeichen dafür, dass Parteiorganisationen kleineren Umfangs eine höhere Partizipationsrate unter den Mitgliedern aufweisen als größere (Weldon 2006: 473ff.).

Dem stehen zahlreiche gegenteilige Aussagen in der Parteienliteratur gegenüber, die durch den Mitgliederniedergang die organisatorische Handlungs- und Funktionsfähigkeit der Parteien beeinträchtigt sehen. Hierfür spricht beispielsweise auf den ersten Blick bereits der Verlust an Beitragsleistungen und freiwilliger Mitarbeit, den die Parteien zu verkraften haben. Noch darüber hinaus hätten Parteien Einschränkungen ihrer Wahlkampfstärke und Defizite bei der Elitenrekrutierung, der Sozialisation und der Finanzierung hinzunehmen (Seyd/Whiteley 2002a: 176). Zu rechnen ist auch damit, dass mit dem Mitgliederschwund die Rekrutierungsfähigkeit von Neumitgliedern nachlässt, und Parteien jetzt schon Probleme haben, Kandidatennachwuchs für Kommunal- und Kreismandate bereitzustellen. Und auch die elektorale Mobilisierungsfähigkeit auf Wahlkreisebene kann in Mitleidenschaft gezogen werden (Fisher/Denver/Hands 2006: 508f.). In neuerer Zeit ist daher auch zu beobachten, dass den Mitgliedern von den Wahlkampfstäben der Parteien wieder eine verstärkte Rolle in den Kampagnen zugedacht wird. Dauerhaft ausdünnende Kontaktnetzwerke zur Bevölkerung könnten zur Destabilisierung von etablierten Kommunikations- und Kooperationsstrukturen zwischen Parteien und Wählergruppierungen führen (Poguntke 2000: 156ff.). In diese Richtung wirkt auch der Verlust an organisatorischer Präsenz vor Ort und der Rückzug aus der Fläche, die nicht ausgeschlossen werden können. So berichtet Gerd Mielke (2007: 66) mit Blick auf die SPD über den Verlust an Aktiven, die den Organisationsbetrieb vor Ort aufrechterhalten könnten. Umgekehrt werden obendrein durch das Verschwinden von lokalen Vorposten der Parteien die Möglichkeiten von Interessierten beschnitten, sich politisch zu betätigen und an der politischen Willensbildung unmittelbar mitzuwirken.

Im Hinblick auf die Verwurzelung der Parteien in der Gesellschaft und die enge Verbindung zur Wählerumwelt können sich ebenfalls Probleme auftun. Denn mit der Überalterung der Parteien treten organisatorische Einkapselungstendenzen auf, die einen Anschlussverlust der *„parties on the ground"* an ihre veränderliche gesellschaftliche Umwelt bewirken können (Wiesendahl 2003). Vom Vitalitätsverlust des Binnenlebens gealterter Parteien soll hier ganz geschwiegen werden. Werden in Parteimitgliedern Aktivbürgerinnen und -bürger gesehen, die stellvertretend für die große Mehrheit der Nichtorganisierten aus der Wählerschaft eine Sprachrohrrolle in Parteien übernehmen, geht mit der Austrocknung der *Grassroots*-Organisationen ein Transmissionsriemen verloren, über den Wünsche und Interessen der Bevölkerung zur Artikulation gebracht werden. An solche Verzerrungseffekte wäre auch dann zu denken, wenn sich die durch Schwund zusammengeschrumpfte Mitgliedschaft in ihrer Zusammensetzung immer weniger mit der der Bevölkerung decken würde (Biehl 2006).

Mit der Beeinträchtigung der Sprachrohrfunktion von Parteien wird der Blick auf Defizite gelenkt, die ihre Rolle als Träger demokratischer Willensbildung berühren. Schließlich wird Parteien als Vermittlungsinstanzen zwischen Staat und Gesellschaft eine Schlüsselrolle im politischen Prozess und für das Funktionieren repräsentativer Demokratie zugeschrieben (Sartori 1976: IX). Bricht ihre Mitgliederbasis weg, drängt sich die Frage auf, ob sie weiterhin „the instrument per excellence for expressing, representing, mobilising and crafting the will of the people" (Ignazi 2007: 5) spielen können. Die hierzu in der Parteienliteratur vorfindbaren Antworten differieren in ihrem Aussagegehalt und der Reichweite. Zwar ist auf der einen Seite der Relevanzverlust von mitgliederschwachen Parteien für das demokratische Funktionieren differenziert zu betrachten (Allern/Pedersen 2007). Doch wäre auf der anderen Seite mit der Ausdünnung und Verengung ihrer Basis auf wenige und sozial einseitig zusammengesetzte Mitglieder zu hinterfragen, wie sie ihren Anspruch aufrechterhalten wollen, vergleichsweise exklusiv über die Auswahl von Parlamentskandidaten, über die Ausrichtung von Wahlen und über den politischen Kurs eines Gemeinwesens befinden zu wollen.

Einer generellen parteiendemokratischen Legitimationskrise der Parteien ist damit noch nicht das Wort geredet. Aber unstrittig ist nach verbreiteter Auffassung, dass der Mitgliederschwund gleichwohl für mehr steht als nur für ihre organisatorische Schwächung. Denn aus der *Party-Decline*-Perspektive bildet der Mitgliederschwund ein untrügliches Symptom für einen generellen Relevanzverlust und Niedergang der Parteien als Repräsentations- und Vermittlungsinstanzen des Volkswillens. Zum Beleg werden hierfür weitere Niedergangssymptome wie ihre schwindende Mobilisierungsfähigkeit, gelockerte Parteibindungen, Wahlverweigerung, Protestwahlverhalten und Vertrauensschwund herangezogen (Rogers 2005). Insofern greifen beim Niedergang der Parteien organisatorische, elektorale, kulturelle und institutionelle Symptome ineinander (Montero/Gunther 2002: 4f.; Dalton/Weldon 2005). Als Kern all dieser Krisensymptome wird eine Beziehungsstörung zwischen Parteien und Bürgern vermutet (Decker 2007: 20), für die die Mitgliedermalaise nur die Spitze des Eisberges bildet.

4. Untersuchungsspektrum des Buches

Mit der „*Do party members matter*"- und der „*Party Decline*"-Debatte wird einiger Schatten auf die weiteren Zukunftsaussichten der Parteien mit einer breiten Mitgliederbasis geworfen. Dass die vorgestellten Aussagen und Befunde auf kritische Endzeitverhältnisse der Mitgliederparteien hinweisen, ist jedoch zu bezweifeln. Mitgliederparteien stehen, soviel ist gewiss, nicht im Zentrum umwälzungsartiger Umbrüche. Vielmehr sind sie vom Ausgangspunkt ihrer Schwierigkeiten her einem schleichenden und bereits länger anhaltenden Mitgliederschwund ausgesetzt, der augenscheinlich nicht zu stoppen ist. Allerdings ist nicht absehbar, ob sich dieser Negativtrend irgendwann ins Positive wenden ließe. Es entbehrt jeglicher Grundlage, von einer Mitgliederkrise unmittelbar auf eine Krise der Parteien schlechthin schließen zu wollen. Denn ob sich der Mitgliederrückgang und die Schwächung der „*parties on the ground*" auf die weiteren Teile der Parteien, nämlich die „*party in central office*" und auf die „*party in public office*", beeinträchtigend auswirken und die Funktionsfähigkeit der Parteien als Ganzes in Frage stellen, ist ein noch nicht ausgestandener Streitpunkt der kontrovers geführten Niedergangsdebatte.

Empirisch belastbar ist nur die *Membership-Decline*-These, während alle daraus hergeleiteten Weiterungen einer genaueren Überprüfung nur eingeschränkt standhalten. Nicht einmal gesichert ist, ob Parteien angesichts der Mitgliedermalaise und des Funktionsverlustes von Parteimitgliedern in absehbarer Zeit ihren Charakter als mitgliederbasierte Organisationen verlieren könnten. Das Krisenhafte der Entwicklung relativierte sich auch dann, wenn es den Parteien, so wie es die *Party-Change*-Literatur aufzeigt, glücken sollte, die von Mitgliedern bereitgestellten Humanressourcen durch Hinwendung zu den Medien und durch Staatsfinanzierung substituieren zu können. Dies sichert ihre Aufgabenerfüllung und Funktionsfähigkeit, selbst wenn ihre Mitgliederbasis auf eine kleinere Restgröße zurückschrumpfen sollte.

Selbst an der bisherigen Zentralität der Parteien im politischen Prozess sind – trotz allem Mitgliederschwund – solange keine Abstriche vorzunehmen, wie sie weiterhin exklusiv die Kandidaten für öffentliche Ämter stellen und sich dadurch ihr Monopol über die Rekrutierung und Selektion des politischen Führungspersonals sichern. Ungebrochen bleibt ihre Schlüsselrolle bei der Organisation von Macht auch solange, wie sie Wahlen ausrichten und im politischen Prozess dem einzuschlagenden politischen Kurs ihren Stempel aufdrücken können. Ein eklatanter Einflussverlust der „*parties in public office*" lässt sich vor diesem Hintergrund sicherlich nicht aus dem Austrocknen ihrer außerparlamentarischen Basisorganisationen herleiten.

Insgesamt taugt die Mitgliedermalaise der Parteien nur schwerlich dazu, sie mit Krise, Verfall und Niedergang der politischen Parteien als Ganzes in Beziehung zu setzen. Zudem entpuppt sich das, was häufiger als „Niedergang der Parteien" beschrieben wird, näher besehen als schlichter Funktions- und Organisationswandel. Anzufügen ist überdies, dass partiellen Krisenphänomenen wie dem Mitgliederschwund durch gezielte Reformen und Anpassung an gewandelte Rahmenbedingungen begegnet werden kann (Jun 2009; Bartolini/Mair 2001: 336ff.).

Die Einbettung der Frage nach der Zukunft der Mitgliederparteien in die weitläufige Krisen- und Niedergangsdiskussion ist auch deshalb nicht besonders ergiebig, weil es bislang noch an überzeugenden Analyseansätzen fehlt, die den behaupteten Zusammenhang zwischen Mitgliederrückgang und Parteienkrise eindeutig aufgezeigt haben. So liegt der Ursache-Wirkungs-Zusammenhang zwischen Mitgliederschwund, Wählerschwund, Vertrauensschwund, Wahlabstinenz, Protestwahl und erodierenden Parteibindungen noch weitgehend im Dunkeln (Dalton/Weldon 2005: 937ff.). Dies relativiert aber nicht den empirisch erhärteten Befund, dass die Mitgliederkrise mit weiteren Symptomen korrespondiert, die allesamt ein angespanntes Beziehungsverhältnis, gar ein Entfremdungssyndrom zwischen wachsenden Teilen der Bürgerschaft und den Parteien indizieren.

Im Rahmen des eingegrenzten Untersuchungsspektrums sind zwar alle nachfolgenden Beiträge an den weiteren Zukunftsaussichten der Mitgliederparteien interessiert. Doch bleibt dabei ausgeklammert, ob eine weiterhin von Parteien geprägte Zukunft ohne Mitgliederparteien vorstellbar ist. Auch interessieren nicht im weitläufigen Sinne die Folgen, die mit dem vollständigen Austrocknen der „parties on the ground" für die Parteien eintreten könnten. Die nachfolgenden Beiträge befassen sich mit einer realistischen Diagnose zur Lage und den weiteren Entwicklungsperspektiven von Mitgliederparteien in Deutschland. Krisenphänomene und das Ausmaß von Problemen werden genannt, ohne aber den Blick gegenüber möglichen Chancen und Entwicklungspotentialen der unter Druck stehenden Parteien zu verschließen. Schließlich haben die hier interessierenden Parteien in Deutschland offiziell ihren Anspruch, gesellschaftlich breit verwurzelte, offene und lebendige Mitgliederparteien zu sein, nie aufgegeben. Im Gegenteil wurden von ihnen seit Beginn der 1990er Jahre mehrfach Organisationsreformen eingeleitet, die die Mitgliederverluste stoppen und ihr Binnenleben revitalisieren sollten. Dies wirft die Frage nach den Zielen und Wirkungen der Reformen auf, denen nachgegangen werden wird (siehe etwa die Beiträge von Jun und Bukow in diesem Band).

Alle Organisationsreformen greifen aber ins Leere, wenn sie nicht bei den Ursachen ansetzen, die das Phänomen ausbleibender Neumitglieder erklären. Deshalb werden die Bedingungsfaktoren des Parteibeitritts analysiert, zumal sich hieraus unter Umständen auch Rückschlüsse auf die weitere Mitgliederentwicklung der Parteien ziehen lassen. Von nicht minderer Bedeutung für die Zukunft der Mitgliederparteien ist die Frage, inwieweit der Mitgliederschwund für sie organisatorisch verkraftbar ist und sie die Verluste an Beiträgen und freiwilliger Mitarbeit durch die Erschließung alternativer Ressourcenquellen vollwertig kompensieren können. Dies soll zur Klärung der Diskussion um den Nutzenverlust und die organisatorische Verzichtbarkeit von Parteimitgliedern beitragen.

Aufschluss über die weitere Zukunft der Mitgliederparteien ist obendrein von einem genaueren Blick auf die Parteimitglieder selbst zu erwarten. Zwar wird eine detailgetreue Bestandsaufnahme der rückläufigen Mitgliederentwicklung hier nicht vorgelegt, zumal dies anderswo gut dokumentiert ist. Doch entlastet dies nicht von einem genaueren Blick auf die Zusammensetzung, Motive und Mitarbeitsbereitschaft der noch in den Parteien organisierten Mitglieder. Lücken, die vor allem durch fehlenden Nachwuchs und altersbedingte Abgänge in die Reihen der Parteien gerissen werden, könnten nämlich im Sozial- und Aktivitätsprofil der restlichen Bestandsmitglieder deutliche Spuren hinterlassen.

Der vorliegende Sammelband dokumentiert größtenteils Beiträge, die auf der Berliner Tagung des Arbeitskreises „Parteienforschung der Deutschen Vereinigung für Politische Wissenschaft" im Oktober 2007 vorgestellt wurden. Sie decken ein breites und facettenreiches Untersuchungsspektrum ab, das sich in drei Felder aufgliedert. Zunächst wird im ersten Teil der Diskussionsstand um die Zukunft der Mitgliederparteien von theoretischer und methodologischer Warte aus reflektiert, um die logische Stichhaltigkeit und die empirische Belastbarkeit der Befunde aus der *Party-Change-* und der *Party-Decline-*Literatur zu überprüfen. Dann werden im zweiten Teil Befunde aus aktuelleren Mitgliederstudien vorgestellt, die Einblicke in die soziale Herkunft, Repräsentationsspanne, das Partizipationsgefälle und das organisatorische Nutzungspotential von Parteimitgliedern ermöglichen. Im dritten Teil werden von unterschiedlichem Blickwinkel aus die Organisationsreformen der Parteien dargestellt und geprüft, inwieweit die eingeschlagenen Reformmaßnahmen geeignet waren, den Verlust an Mitgliedern umzukehren und die Attraktivität für die Mitarbeit in Parteien zu steigern. Abschließend stellen Vertreter der Parteien ihre Sicht der Thematik dar.

Verschiedene Fragen, deren Beantwortung über die Zukunftsfähigkeit der angeschlagenen Mitgliederparteien wichtige Aufschlüsse geben könnten, bleiben bewusst ausgeklammert, obgleich sie von der weiteren Forschung aufgegriffen werden müssten. Hierzu möchten wir abschließend und ausblickend einige Andeutungen machen. Klärungsbedürftig ist beispielsweise, ob Mitgliederparteien ein vom Politik- und Gesellschaftswandel überrolltes Auslaufmodell darstellen, oder ob nochmals eine überraschende Blutzufuhr an Mitgliedern wie in den späten 1960er und frühen 1970er Jahren wiederholbar wäre. Dies schließt die Frage ein, mit welchen wirksamen strategischen Antworten eine Anpassung von Mitgliederparteien an gewandelte gesellschaftliche und politische Rahmenbedingungen glücken könnte. Wenn sich dies ausschlösse, wäre ins Auge zu fassen, was an die Stelle weiter ausblutender Mitgliederparteien treten könnte. Präziser gefasst wäre zu untersuchen, durch welche organisatorische Alternative sich zumindest die „*party on the ground*" ersetzen ließe. Hieran schließt sich die Frage an, welche andersgearteten Formen der partizipatorischen Anbindung und Bereitstellung freiwilliger Humanressourcen durch Aktivbürger für Parteien denkbar sein könnten. Schließlich wäre auch dem Ursache-Wirkungs-Zusammenhang noch genauer nachzugehen, der sich zwischen dem elitengesteuerten Strukturwandel von Parteien hin zu wahlprofessionellen Kartell-, Berufspolitiker- und Medienkommunikationsparteien einerseits und dem Austrocknen ihrer Mitgliederorganisationen andererseits abspielt.

Literatur

Allern, Elin H./Pedersen, Karina (2007): The Impact of Party Organisational Changes on Democracy, in: West European Politics 30. Jg. (1), S. 68-92.
Bartolini, Stefano (1983): The Membership of Mass Parties: The Social Democratic Experience, 1889-1978, in: Hans Daalder und Peter Mair (Hrsg.), Western European Party Systems. Continuity and Change, London: Sage, S. 177-220.
Bartolini, Stefano/Mair, Peter (2001): Challenges to Contemporary Political Parties, in: Larry Diamond und Richard Gunther (Hrsg.), Political Parties and Democracy, Baltimore: Johns Hopkins University Press, S. 327-343.
Beyme, Klaus von (1997): Funktionenwandel der Parteien in der Entwicklung von der Massenmitgliederpartei zur Partei der Berufspolitiker, in: Oscar W. Gabriel, Oskar Niedermayer und Richard Stöss (Hrsg.), Parteiendemokratie in Deutschland, Bonn: Bundeszentrale für politische Bildung, S. 359-383.
Beyme, Klaus von (2000): Parteien im Wandel. Von den Volksparteien zu den professionalisierten Wählerparteien, Wiesbaden: Westdeutscher Verlag.
Biehl, Heiko (2005): Parteimitglieder im Wandel. Partizipation und Repräsentation, Wiesbaden: VS-Verlag.
Biehl, Heiko (2006): Wie viel Bodenhaftung haben die Parteien? Zum Zusammenhang von Parteimitgliedschaft und Herkunftsmilieu, in: Zeitschrift für Parlamentsfragen 37. Jg. (2), S. 277-292.
Cross, William/Young, Lisa (2004): The Contours of Political Party Membership in Canada, in: Party Politics 10. Jg. (4), S. 427-444.
Dalton, Russel J./Weldon, Steven A. (2005): Public Images of Political Parties: A Necessary Evil?, in: West European Politics 28. Jg. (5), S. 931-951.
Decker, Frank (2007): Parteiendemokratie im Wandel, in: Ders. und Viola Neu (Hrsg.), Handbuch der deutschen Parteien, Wiesbaden: VS-Verlag, S. 19-61.
Downs, Anthony (1968): Ökonomische Theorie der Politik, Tübingen: Siebeck.
Duverger, Maurice (1959): Die politischen Parteien, Tübingen: Mohr.
Epstein, Leon D. (1967): Political Parties in Western Democracies, London: Pall Mall Press.
Farrell, David M. (2006): Political Parties in a Changing Campaign Environment, in: Richard Katz und William Crotty (Hrsg.), Handbook of Party Politics, London: Sage, S. 122-133.
Fisher, Justin/Denver, David/Hands, Gordon (2006): The Relative Electoral Impact of Central Party Co-Ordination and Size of Party Membership at Constituency Level, in: Electoral Studies 25. Jg. (4), S. 666-676.
Gabriel, Oscar W./Niedermayer, Oskar (2001): Parteimitgliedschaft: Entwicklung und Sozialstruktur, in: Dies. und Richard Stöss (Hrsg.), Parteiendemokratie in Deutschland, 2. aktual. Aufl., Bonn: Bundeszentrale für politische Bildung, S. 274-296.
Grabow, Karsten (2000): Abschied von der Massenpartei. Die Entwicklung der Organisationsmuster von SPD und CDU seit der deutschen Vereinigung, Wiesbaden: Deutscher Universitätsverlag.
Heidar, Knut (1994): The polymorphic nature of party membership, in: European Journal of Political Research 25. Jg. (1), S. 61-86.
Heidar, Knut (2006): Party Membership and Participation, in: Richard S. Katz und William Crotty (Hrsg.), Handbook of Party Politics, London: Sage, S. 301-315.

Heidar, Knut/Saglie, Jo (2003): A decline of linkage? Intra-party participation in Norway, in: European Journal of Political Research 42. Jg. (6), S. 761-786.
Heinrich, Roberto/Lübker, Malte/Biehl, Heiko (2002): Parteimitglieder im Vergleich. Kurzfassung des Abschlussberichts zum gleichnamigen DFG-Projekt, Potsdam: Universität Potsdam.
Holtz-Bacha, Christina (2002): Parteien und Massenmedien im Wahlkampf, in: Ulrich von Alemann und Stefan Marschall (Hrsg.), Parteien in der Mediendemokratie, Wiesbaden: Westdeutscher Verlag, S. 42-56.
Ignazi, Piero (2007): The questionable Legitimacy of the „state-centered party", Estudio/Working Paper 79/2007, Universidad de Bolonia, Italia (Manuskript).
Jun, Uwe (2004): Der Wandel der Parteien in der Mediendemokratie. SPD und Labour Party im Vergleich, Frankfurt am Main: Campus.
Jun, Uwe (2009): Parteien, Politik und Medien. Wandel der Politikvermittlung unter den Bedingungen der Mediendemokratie, in: Politische Vierteljahresschrift, Sonderheft „Politik in der Mediendemokratie", herausgegeben von Frank Marcinkowski und Barbara Pfetsch, i.E.
Kaack, Heino (1971): Geschichte und Struktur des deutschen Parteiensystems, Opladen: Westdeutscher Verlag.
Katz, Richard S. (1990): Party as linkage: A vestigial function?, in: European Journal of Political Research 18. Jg. (2), S. 143-161.
Katz, Richard S. (2002): The Internal Life of Parties, in: Richard Luther und Ferdinand Müller-Rommel (Hrsg.), Political Parties in the new Europe, Oxford: Oxford University Press, S. 87-118.
Katz, Richard S./Mair, Peter (1995): Changing Models of Party Organization and Party Democracy. The Emergence of the Cartel Party, in: Party Politics 1. Jg. (1), S. 5-28.
Katz, Richard S./Mair, Peter et al. (1992): The Membership of political Parties in European Democracies 1960-1990, in: European Journal of Political Research 22. Jg. (3), S. 329-345.
Katz, Richard S./Mair, Peter (Hrsg.) (1994): How Parties Organize, London: Sage.
Kirchheimer, Otto (1965): Der Wandel des westeuropäischen Parteiensystems, in: Politische Vierteljahresschrift 6. Jg. (1), S. 20-41.
Kitschelt, Herbert (2003): Citizens, politicians, and party cartelization: Political representation and state failure in post–industrial democracies, in: European Journal of Political Research 37. Jg. (2), S. 149-179.
Köllner, Patrick (2008): Gestalt und Orientierung von Wahlkämpfen. Ansätze für den internationalen Vergleich, in: Ders. und Karsten Grabow (Hrsg.), Parteien und ihre Wähler. Gesellschaftliche Konfliktlinien und Wählermobilisierung im internationalen Vergleich, Sankt Augustin: Konrad-Adenauer-Stiftung, S. 11-34.
Krouwel, André (2006): Party Models, in: Richard S. Katz und William Crotty (Hrsg.), Handbook of Party Politics, London: Sage, S. 249-269.
Linek, Lukás (2007): Low Membership in Czech Political Parties: Party Strategy or Stuctural Determinants?, in: Journal of Communist Studies and Transition Politics 23. Jg. (2), S. 259-275.
Mair, Peter/van Biezen, Ingrid (2001): Party Membership in twenty European Democracies 1980-2000, in: Party Politics 7. Jg. (1), S. 5-21.
Mielke, Gerd (2007): Auf verlorenem Posten? Parteien in der Bürgergesellschaft, in: Forschungsjournal NSB 20. Jg. (4), S. 63-71.

Montero, José Ramón/Gunther, Richard (2002): Introduction: Reviewing and Reassessing Parties, in: Dies. und Juan J. Linz (Hrsg.), Political Parties. Old Concepts and New Challenges, Oxford: Oxford University Press, S. 1-35.
Neumann, Sigmund (1956) (Hrsg.): Modern Political Parties: Approaches to Comparative Politics, Chicago: University of Chicago Press.
Niedermayer, Oskar (1989): Innerparteiliche Partizipation, Opladen: Westdeutscher Verlag.
Niedermayer, Oskar (2000): Modernisierung von Wahlkämpfen als Funktionsentleerung der Parteibasis, in: Ders. und Bettina Westle (Hrsg.), Demokratie und Partizipation, Festschrift für Max Kaase, Wiesbaden: Westdeutscher Verlag, S. 192-210.
Niedermayer, Oskar (2008): Parteimitgliedschaften im Jahre 2007, in: Zeitschrift für Parlamentsfragen 39. Jg. (2), S. 379-386.
Panebianco, Angelo (1988): Political Parties: Organization and Power, Cambridge/Ma.: Cambridge University Press.
Pedersen, Karina (2003): Party Membership Linkage. The Danish Case, Copenhagen: Institute of Political Science, University of Copenhagen.
Pedersen, Karina/Bille, Lars/Buch, Roger/Elklit, JØrgen/Hansen, Bernhard/Nielsen, Hans JØrgen (2004): Sleeping or Active Partners? Danish Party Members at the Turn of the Millennium, in: Party Politics 10. Jg. (4), S. 385-405.
Poguntke, Thomas (2000): Parteiorganisation im Wandel. Gesellschaftliche Verankerung und organisatorische Anpassung im europäischen Vergleich, Wiesbaden: Westdeutscher Verlag.
Poguntke, Thomas (2002): Zur empirischen Evidenz der Kartellparteien-These, in: Zeitschrift für Parlamentsfragen 33. Jg. (4), S. 790-806.
Rogers, Ben (2005): From Membership to Management? The Future of Political Parties as Democratic Organisations, in: Parliamentary Affairs 58. Jg. (3), S. 600-610.
Sainsbury, Diane (1983): Functional Hypotheses of Party Decline: The Case of the Scandinavian Social Democratic Parties, in: Scandinavian Political Studies 6. Jg. (4), S. 241-260.
Sartori, Giovanni (1976): Parties and Party Systems, Cambridge: Cambridge University Press.
Scarrow, Susan E. (1996): Parties and their Members. Organizing for Victory in Britain and Germany, Oxford: Oxford University Press.
Scarrow, Susan E. (1999): Local Parties and Electioneering in Germany, in: Martin Saiz und Hans Geser (Hrsg.), Local Parties in Political and Organizational Perspective, Boulder: Westview, S. 151-170.
Scarrow, Susan E. (2000): Parties without Members? Party Organization in Changing Electoral Environment, in: Russell, J. Dalton und Martin P. Wattenberg (Hrsg.), Parties without Partisans. Political Change in Advanced Industrial Democracies, Oxford: Oxford University Press, S. 80-101.
Scarrow, Susan E. (2002): Party Decline in the Parties State? The Changing Environment of German Politics, in: Paul Webb, David Farrell und Ian Holliday (Hrsg.), Political Parties in Advanced Industrial Democracies, Oxford: Oxford University Press, S. 77-106.
Schoen, Harald (2005): Wahlkampfforschung, in: Ders. und Jürgen W. Falter (Hrsg.), Handbuch Wahlforschung, Wiesbaden: VS-Verlag, S. 503-542.

Selle, Per/Svåsand, Lars (1991): Membership in Party Organizations and the Problem of Decline of Parties, in: Comparative Political Studies 23. Jg. (4), S. 459-477.
Seyd, Patrick/Whiteley, Paul (1992): Labour's Grass Roots: The Politics of Party Membership, Oxford: Clarendon Press.
Seyd, Patrick/Whiteley, Paul (2002a): High-Intensity Participation: The Dynamics of Party Activism in Britain, Ann Arbor: University of Michigan Press.
Seyd, Patrick/Whiteley, Paul (2002b): New Labour's Grassroots: The Transformation of the Labour Party Membership, Basingstoke: Palgrave Macmillan.
Seyd, Patrick/Whiteley, Paul (2004): British Party Members, in: Party Politics 10. Jg. (4), S. 355-366.
Seyd, Patrick/Whiteley, Paul/Richardson, Jeremy (1994): True Blues: the Politics of Conservative Party Membership, Oxford: Clarendon Press.
Sundberg, Jan (1987): Exploring the Basis of Declining Party Membership in Denmark: A Scandinavian Comparison, in: Scandinavian Political Studies 10. Jg. (1), S. 17-38.
Togeby, Lise (1992): The Nature of Declining party membership in Denmark: Causes and Consequences, in: Scandinavian Political Studies 15. Jg. (1), S. 1-19.
Troitzsch, Klaus G. (1981): Mitglieder und Wähler: Der demokratische Basisbezug, in: Politische Bildung 14. Jg. (2), S. 40-52.
Van Biezen, Ingrid (2003): Political Parties in New Democracies: Party Organization in Southern and East-Central Europe, Houndmills: Palgrave Macmillan.
Walter-Rogg, Melanie/Held, Kerstin (2004): Datenreport und allgemeine Informationen über die Parteimitglieder in Stuttgart und der Bundesrepublik Deutschland, in: Melanie Walter-Rogg und Oscar W. Gabriel (Hrsg.), Parteien, Parteieliten und Mitglieder in einer Großstadt, Wiesbaden: VS-Verlag, S. 293-315.
Ware, Alan (1992): Activist-Leader Relations and the Structure of Political Parties. 'Exchange' Models and Vote-Seeking Behaviour, in: British Journal of Political Science 22, S. 71-92.
Weldon, Steven (2006): Downsize my Polity? The Impact of Size on Party Membership and Member Activism, in: Party Politics 12. Jg. (4), S. 467-481.
Widfeldt, Anders (1999): Linking Parties with People? Party Membership in Sweden 1960-1997, Aldershot: Ashgate.
Wiesendahl, Elmar (1990): Der Marsch aus den Institutionen. Zur Organisationsschwäche politischer Parteien in den achtziger Jahren, in: Aus Politik und Zeitgeschichte B 21, S. 3-14.
Wiesendahl, Elmar (2003): Parteiendemokratie in der Krise: Das Ende der Mitgliederparteien?, in: Manuela Glaab (Hrsg.), Impulse für eine neue Parteiendemokratie. Analysen zu Krise und Reform, München: Ludwig-Maximilians-Universität München, S. 21-38.
Wiesendahl, Elmar (2006a): Mitgliederparteien am Ende? Eine Kritik der Niedergangsdiskussion, Wiesbaden: VS-Verlag.
Wiesendahl, Elmar (2006b): Partizipation in Parteien: Ein Auslaufmodell?, in: Beate Hoecker (Hrsg.), Politische Partizipation zwischen Konvention und Protest. Eine studienorientierte Einführung, Opladen: Barbara Budrich, S. 75-99.
Young, Lisa/Cross, William (2002): Incentives to Membership in Canadian Political Parties, in: Political Research Quarterly 55. Jg. (3), S. 547-569.

Elmar Wiesendahl

Die Mitgliederparteien zwischen Unmodernität und wieder entdecktem Nutzen

1. Einleitung

Mitgliederparteien und moderne Zeiten wollen nicht zueinander passen. Dies ist jedenfalls die Auffassung gewichtiger Teile der Parteien- und Wahlforschung. Für sie zog der Fortschritt an ihnen vorbei und sie blieben, weil nutzlos geworden, als unzeitgemäßes Überbleibsel einer vergangenen Epoche auf der Strecke.

Ich lege im Folgenden dar, dass sich diese These nur schwerlich mit der Wirklichkeit deckt, sondern den Ausfluss eines modernisierungstheoretisch hergeleiteten Fehlschlusses bildet. Um meine Einwände nachvollziehbar zu machen, werde ich zunächst die modernisierungstheoretischen Grundlagen und Axiome der neueren wandlungsbezogenen Parteien- und Wahlforschung skizzieren. Dann zeige ich auf, wie sowohl die Party-Change- als auch Campaign-Change-Forschung von diesem Ausgangspunkt aus zu der Überzeugung gelangen, dass sich Moderne und Mitgliederparteien ausschließen und infolgedessen letzerte das Los von Modernisierungsverlierern zu tragen haben.

Nach der kritischen Infragestellung der modernisierungstheoretischen Ableitungen zur Lage der Mitgliederparteien werden ich dann in Kontrast dazu die Ergebnisse zahlreicher empirischer organisationszentrierter Wahlkampfstudien vorstellen, die allesamt belegen, dass der elektorale Stellenwert und Nutzen von Partei-Basisorganisationen mit all ihren freiwilligen Parteimitgliedern für den Ausgang von Wahlen nie verloren ging, sondern in letzter Zeit sogar einen Bedeutungszuwachs erlebt. Diese Erkenntnis hat jüngst auch die Campaign-Change-Forschung erreicht, wobei die längst überfällige Neueinschätzung des elektoralen Nutzens von Parteimitgliedern vielleicht schon zu spät kommt, um den Niedergang der Mitgliederparteien noch aufhalten zu können.

2. Modernisierungstheoretische Grundlagen der Party-Change- und Campaign-Change-Forschung

Die heutigen Parteien sind aus umbruchartigen gesellschaftlichen und politischen Modernisierungsprozessen hervorgegangen, die durch die sich ausbreitende Industriegesellschaft und das Zeitalter der Demokratisierung in der zweiten Hälfte des 19. Jahrhunderts angestoßen und vorangetrieben wurden. Parteien waren dabei sowohl Getriebene als auch Treibende des Wandels.

Dieser enge Zusammenhang von Gesellschafts- und Parteienwandel schlug die sich zu Beginn des 20. Jahrhunderts etablierende Parteienforschung von Anfang an in ihren Bann und hat sie bis heute hin nie wieder losgelassen. Fokussiert auf Wandlungsprozesse bildeten sich zwei Forschungszweige heraus, die von je unterschiedlicher Warte und Problemstellung aus die sich abspielenden Veränderungsprozesse zu erfassen und einzuordnen versuchen. Ein traditionswürdiger Zweig der Parteienforschung verstand sich Zeit seines Bestehens als Krisenwissenschaft (Ebbighausen 1969), wobei Wandel in erster Linie aus dem Blickwinkel von Krise, Niedergang und unerwünschter Fehlentwicklung beleuchtet wurde. Die Party-Decline-Forschung meldete sich nach Klaus von Beyme (2000: 10) periodisch mit „aufregenden Untergangsszenarien" zu Wort, was ihn zu der sarkastischen Bemerkung veranlasste, dass aus dieser Sicht die „Geschichte der Parteienforschung" einer „Geschichte überholter Krisenszenarios" gleiche.

Der andere, nicht weniger traditionswürdige Zweig machte sich stattdessen die Modernisierungsperspektive zu Eigen, bei der Wandel von Parteien in den Geleitzug der voranschreitenden gesellschaftlichen und technologischen Modernisierung gestellt wird. Dieser Zweig fällt mit dem sich seit den 1980er Jahren wieder neu belebenden Party-Change-Ansatz in der Parteienforschung (von Beyme 2000) zusammen. Nicht minder richtungweisend haben zur gleichen Zeit Modernisierungsphänomene des Campaignings, ausgelöst vor allem durch das Vorreiterland USA, die neuere Wahlkampfforschung geprägt (Schoen 2005; Wagner 2005; Farrell 2006, Schmitt-Beck 2007), die seit den 1980er Jahren stark auf den Wandel und die Fortschritte in der Anwendung hochmoderner und wirksamer Wahlkampfmethoden fokussiert ist.

Ohne Berücksichtigung von krisentheoretischen und modernisierungstheoretischen Grundannahmen und Erfahrungszugängen zur Parteienwirklichkeit lässt sich schwerlich rekonstruieren, wie Mitgliederparteien, um die es hier geht, wahrgenommen und in ihrem Stellenwert eingeschätzt werden. Vor allem gilt dies für den sowohl von der Party-Change- als auch Campaign-Change-Forschung geteilten Befund, dass der Typus der Mitgliederpartei zum Opfer von gesellschaftlichen und technologischen Modernisierungsprozessen geworden ist. Dabei ist es allerdings nicht so, dass Parteien- und Wahlforschung über eine entwickelte und ausformulierte Modernisierungstheorie verfügen würden. Gleichwohl stützen sie sich auf Prämissen und erkenntnisleitende Perspektiven, die durch die soziologische Modernisierungstheorie (Berger 1996) vorgegeben werden. Grundlage hierfür bildet die Vorstellung, Parteien einem Entwicklungsprozess ausgesetzt zu sehen, dem sie sich nicht entziehen können. Mit der klassischen Modernisierungstheorie (Degele/Dries 2005: 16ff.) teilt die neuere Party-Change- und Campaign-Change-Forschung die Ansicht, dass sich Entwicklung als ein nach vorn gerichteter, fortschreitender, progressiver Prozess vollzieht, der auf einer höheren als der vorangegangenen Entwicklungsstufe endet. Dem Modernisierungsparadigma nach ist in den Fortgang der Entwicklung gewissermaßen eine „immanente Steigerungslogik [...] (,mehr, schneller, besser')" (Degele/Dries 2005: 28) eingebaut, die einer Teleologie des Fortschritts gehorcht. Für die Party-Change- und Campaign-Change-Forschung vollzieht sich Veränderung noch dazu unilinear, sodass unterschiedliche, mehr- und gegenläufige Pfade der Entwicklung nicht wahrgenommen werden. Kurzum handelt es sich bei der Entwicklung von Parteien bzw. des Wahlkampfs um einen linearen Modernisierungsprozess, dessen Gipfelpunkt durch den jeweiligen Stand des gesellschaftlichen bzw. technologischen Fortschritts markiert wird. Wahlkampf und Parteien drängt es dabei von einem niedrigeren zu einem höheren Entwicklungsniveau, um dem Fortschritt Tribut zu erweisen.

Sich im Einklang mit dem Fortschritt zu befinden, wird für Parteien zur Überlebensrichtschnur. Der „rastlose Modernisierungsprozess", so die aufschlussreiche Wortwahl von Klaus von Beyme (2000: 202), setze „Parteien unter Anpassungsprozess", wobei sich dem „Sog des sozialen Wandels" kein Typ von Partei entziehen könne (von Beyme 2000: 191). Der auf Parteien und ihren Wahlkampf lastende Modernisierungsdruck bedeutet für sie, sich durch Innovationen und Strukturveränderungen fortwährend an neue Herausforderungen und Gegebenheiten anzupassen, um ihre Funktionsfähigkeit und Fortexistenz zu erhalten. Dies glückt allen Parteien allerdings nicht gleichermaßen. Denn sie sind von einem modernisierungstheoretischen Blickwinkel her einem Ausleseprozess ausgesetzt, wobei beim Kampf ums Dasein ganze Spielarten von Parteien ins Hintertreffen geraten können, weil sie von moderneren und zeitgemäßeren Arten abgelöst und verdrängt werden. Auch im kleineren Maßstab verlieren Strukturen, Verfahrensweisen und strategische Linien ihre Funktion, weil neue technische Möglichkeiten, innovative Ideen und veränderte Rahmenbedingungen den Durchbruch für besser geeignete organisatorische Lösungen bringen. Während diese die Wirksamkeit der Zielerreichung zu steigern vermögen, haben sich Parteien umgekehrt hergebrachter Mittel, Techniken und Vorgehensweisen zu entledigen, die nicht mehr effizient genug sind und nicht mehr in die Zeit passen.

Neben dem Prozess der Auslese wird aber auch im Wettbewerb ein Antriebsmotor des Fortschritts gesehen, bei dem weniger erfolgreiche Parteien durch erfolgreichere verdrängt werden. Wettbewerb wirkt dabei wie eine Modernisierungspeitsche. Für die Party-Change- und Campaign-Change-Forschung leitet sich hieraus das Kredo ab, dass, wer mit dem Fortschritt und den Veränderungen von Gesellschaft, Technik und Wählerumwelt Schritt halten will, sich unentwegt modernisieren muss.

3. Mitgliederparteien als Verlierer der Parteienmoderne

Parteien machen mit Beginn ihrer formativen Jahren im letzten Drittel des 19. Jahrhunderts bis heute einen Entwicklungsprozess durch, der sich aus modernisierungstheoretischer Sicht als Abfolge von Entwicklungsphasen deuten lässt. Für die Party-Change-Forschung ergibt sich daraus die Aufgabe, aus dem Wandlungsprozess von Parteien einen „Entwicklungsschritt" (von Beyme 2000: 10) herauszulesen. Und obendrein geht es ihr stets darum, das Charakteristische einer Entwicklungsphase des Parteiwesens durch einen epochenprägenden Partytypus einzufangen und abzubilden. Deshalb wird Entwicklung von Parteien auch als Prozess des Kommens und Gehens von Parteitypen begriffen, die für ein bestimmtes „Stadium der Parteientwicklung" (von Beyme 2000: 34) stehen und ihm einen Stempel aufdrücken. Genauer noch geht gesellschaftliche Modernisierung mit dem Aufstieg und Abstieg von Parteien einher, die in ihrer Entwicklungsform zu dem erreichten gesellschaftlichen Fortschritt passen. Insofern verkörpert der jeweils neueste vorherrschende epochale Parteityp die fortschrittlichste und passgenaueste Entwicklungsform von Partei gegenüber dem Entwicklungsniveau der Gesellschaft.

Deshalb arbeitet die Party-Change-Forschung bevorzugt mit Entwicklungstypologien, in denen Evolution als Abfolge von „nacheinander auftretenden Erscheinungsformen politischer Parteien" (Stammen 1996: 15) interpretiert wird. Entwicklungstypologien sind längsschnittliche Stufenmodelle über „Genese, Abfolge und Niedergang epochaler Strukturtypen im Kontext sozialen Wandels" (Wiesendahl 1989: 676). Unmittelbar Antrieb fördernd auf Transformationsprozesse wirkt nach Kirchheimer (1965: 47) das „Phänomen der Konkurrenz". Er führt dazu aus: „Eine Partei neigt dazu, sich dem erfolgreichen Stil ihrer Konkurrenten anzupassen, weil sie hofft, am Tage der Wahl gut abzuschneiden, oder weil sie fürchtet, Wähler zu verlieren". Die Partei, die als modernste und fortschrittlichste der Entwicklung voranmarschiert, bildet für die Nachzügler den Trendsetter und Schrittmacher. Um den Modernisierungsrückstand wett zu machen und nicht in die Rückständigkeit abgedrängt zu werden, kopieren die Nachzügler in einer Aufholjagd die Erfolgsmuster des Spitzenreiters.

In der Party-Change-Forschung werden mittlerweile vier Phasen der Parteientwicklung unterschieden (Krouwel 2006: 262f.), die jeweils Epoche prägende Parteitypen hervorgebracht haben. Am Beginn des modernen Parteiwesens stehen Elite- bzw. Honoratiorenparteien, die, geschützt durch ein restriktives Wahlrecht, noch nicht über ein breites, fest organisiertes Mitgliederfundament zur Mobilisierung der Wählerschaft verfügen. Erst mit dem Aufstieg der Massenparteien in der Wende zum 20. Jahrhundert wird ein entwicklungstypologischer Modernitätssprung vollzogen. Duverger (1959) sah noch nach dem Ende des Zweiten Weltkriegs in der Massenpartei den fortschrittlichsten und zukunftsträchtigsten Typ der weiteren Parteientwicklung. Für dieses zweite Entwicklungsstadium, das mit der Hochzeit der Massenparteien einherging, hatte er aus seinem Blickwinkel durchaus Recht, weil die damalige Massenpartei den erfolgreichen Aufsteigertyp der Epoche bildete. Die Überlegenheit der von ihrer Struktur her „modernen" Massen- gegenüber den für ihn „archaischen" Komitee- und Rahmenparteien (Duverger 1959: 38), wie sie für das US-amerikanische Parteiwesen typisch waren, führte Duverger auf die elektorale Effektivität von deren straff geführten Mitgliederorganisationen zurück (Duverger 1959: 61ff., 183ff.), durch die unzählige Massen an freiwilligen Mitgliedern und Aktivisten für Wahlschlachten und Propagandaaktivitäten eingesetzt werden konnten.

Die Verbreitung der von sozialistischen und ideologischen Wurzeln losgelösten Mitgliederpartei, die in ihrer Organisationsform auch von konservativen, christdemokratischen und liberalen Parteien adaptiert wurde, spielte dem Modernitätsverständnis von Duverger zunächst noch zu. Doch brachte Leon Epstein (1967) modernisierungstheoretisch den folgenreichen Einwand vor, dass sich Wahlerfolge von Parteien auch ohne fest organisierte Mitgliederbasis durch Medienwahlkämpfe erzielen ließen. Deshalb verkörperten für ihn amerikanische Parteien mit ihrer größeren elektoralen Effektivität und nicht „European-stile parties" in Wirklichkeit den zeitgemäßeren Stand an Modernität, weil sie sich die durch den Aufstieg der elektronischen Massenmedien eröffneten Möglichkeiten wirksamer Wählermobilisierung zu Nutze gemacht hätten (Epstein: 257). Für Massen- bzw. Mitgliederparteien mit ihrem breiten Netzwerk an Mitgliederorganisationen (parties on the ground) bedeutete die von Epstein geführte Attacke nichts weniger, als zum Modernisierungsverlierer des TV-Zeitalters abgestempelt zu werden.

In der Kontroverse zwischen Duverger und Epstein stoßen bezeichnenderweise zwei gleichermaßen modernisierungstheoretisch begründete Sichtweisen aufeinander. Während Duverger (1959: 432) die Modernität und Überlegenheit der Massenpartei über die ältere Rahmenpartei aus dem Strukturmerkmal der schlagkräftigen organisierten Mitgliedschaft herleitet und daraus schließt, dass Parteien solchen Typs alle Zukunft gehöre, spricht Epstein (1967: 257f.) diesem Typ umgekehrt genau aus diesem Grund die Modernität ab. Der „modern prototype" der mitgliederarmen und organisatorisch schwachen US-Parteien sei in Wirklichkeit viel moderner, weil durch ihn aus den enormen Vorteilen des elektronischen Medienzeitalters Wahlerfolge erzielt würden. Damit taucht erstmalig in der Parteienliteratur das Schlüsselwort von der Medifizierung der Außenkommunikation und des Wahlkampfs für moderne Parteien auf, was den Mitgliederparteien mit dem Fortgang der Party-Change-Debatte noch schwer zu schaffen machen sollte.

Weitere einflussreiche modernisierungstheoretische Impulse für die Party-Change-Debatte gingen von Otto Kirchheimer (1965) aus, der mit seinem neuen Typ der Catch-all-Partei die Tür zur dritten Phase der Parteientwicklung aufstieß. Den Durchbruch der Volksparteienära sah Kirchheimer durch den ökonomischen und gesellschaftlichen Wandel in der Nachkriegszeit herbeigeführt, auf den die Volks- bzw. Allerweltspartei die richtige Antwort parat habe. Mit der Catch-all-Parteien-Ära setzte sich in den Augen Kirchheimers die auf Medien hin ausgerichtete, professionalisierte Wählerpartei durch, die bei der Umsetzung der Hauptfunktion der „Wählergewinnung" der „individuellen Mitgliederschaft" nur noch einen geringen Stellenwert abgewinnen konnte (Hofmann 2004: 55). Dementsprechend verkümmern für Kirchheimer Parteimitglieder zu einem für die Stimmenmaximierung wertlos gewordenen „historischen Überbleibsel" (Kirchheimer 1965: 32). Zu den Erfordernissen einer modernen, medienzentrierten Wählerpartei passte auch nicht mehr die alte zu den Massenparteien gehörende Parteibürokratie, die nach Panebianco (1988: 220ff.) von einem aus professionellen Experten bestehenden, modernen Parteimanagement abgelöst wurde.

Die neuere Party-Change-Forschung sieht den Modernitätsgipfel des Volksparteienzeitalters seit den 1980er Jahren überschritten und glaubt, dass das gegenwärtige Parteiwesen eine vierte Phase seiner Entwicklung erreicht habe. Verlaufstypologisch gibt es in der Parteienliteratur indessen noch keinen Konsens, welcher neuartige Nachfolgetyp zum Hegemon des allerneuesten Zeitalters aufsteigen könnte. In Konkurrenz zueinander stehen die Kartellpartei von Katz und Mair (1995), die Berufspolitikerpartei von von Beyme (1997) und die professionalisierte Medienkommunikationspartei von Jun (2004). Als weiterer Anwärter wird überdies die von Panebianco (1988) entwickelte professionalisierte Wählerpartei ins Gespräch gebracht (von Beyme 2000).

Für den Stellenwert der Mitgliederparteien ist von Belang, dass alle in die Party-Change-Debatte eingebrachten Nachfolgekandidaten der Volkspartei (Jun 2004: 125; Hofmann 2004: 105f.) in ihrem Eigenschaftsprofil darin übereinstimmen, Parteimitgliedern bei der Durchführung von Wahlschlachten Bedeutungslosigkeit zu bescheinigen (von Beyme 2000: 12). Ausschlaggebend ist hierfür der schon von Kirchheimer und Epstein genannte Grund, dass die „massenmediale Kommunikation der Führungsebene mit der Wählerschaft" über das Fernsehen „die personale Kommunikation" durch die „Parteibasis" vollwertig ersetzen würde (Niedermayer 2000: 333).

Diese aus dem Modernisierungssprung der Medienkommunikation hergeleitete Nutzenverlustthese von Parteimitgliedern ist zum nicht mehr hinterfragten Common Sense der Party-Change-Forschung geworden (Katz 1990: 158; Jun 2004: 122ff.). Gesagt wird damit, dass die Leistungen, die traditionelle Mitgliederparteien zu erbringen im Stande waren, nicht mehr gefragt sind (Detterbeck 2005: 65). Selbst für die von Parteimitgliedern geleisteten Mitgliedsbeiträge entfällt der Bedarf, weil sich die heutigen Parteien an der staatlichen Parteienfinanzierung schadlos halten würden. Kurzum haben sich die Parteien mit der Ära der Volksparteien und verstärkt mit der jüngsten Entwicklungsphase elektoral von den organisatorischen Vorteilen der Mitgliederparteien unabhängig gemacht, was für letztere auf einen Rausschmiss aus der Epoche hinausläuft.

4. Mitgliederparteien als Verlierer moderner Wahlkämpfe

Die Party-Change-Forschung bewegt sich auf einem abstrakten entwicklungstypologischen Niveau, sodass Mitgliederparteien aus einer empirisch abgehobenen, modernisierungstheoretischen Logik heraus ein Totenschein ausgestellt wird. Die Campaign-Change-Forschung hat dagegen mehr das greifbare Wahlkampfgeschehen zum Gegenstand, sodass empirisch belastbarere Aussagen über den Zusammenhang von Wahlkampfmodernisierung und Mitgliederparteien zu erwarten sind.

Diese Vermutung trügt, denn die neuere Campaign-Change-Forschung ist an allgemein gehaltenen Modernisierungstrends von Wahlkampagnen interessiert, deren typische Muster sie herauszuarbeiten versucht. Insofern reichen aus der Modernisierungsperspektive betrachtet erste Wahlkämpfe in die Ära der Mitgliederparteien zurück, die weder Radio, Fernsehen noch das Web als Vehikel der Massenkommunikation kannte (Norris 2000: 141ff.). Zwar setzte zum 20. Jahrhundert das Zeitalter der Massenpresse ein, doch bauten die damals aufsteigenden Massenparteien auf ihre gebündelte Organisationspotenz in Gestalt von Abertausenden von organisierten Freiwilligen und Aktivisten, um mit den Mitteln des arbeits- und kräfteintensiven Straßenwahlkampfs Massenpropaganda und Wählermobilisierung zu betreiben. Gelenkt durch Parteifunktionäre und einen durchorganisierten Parteiapparat brachten die Parteien ihre Mitglieder bei Massenaufmärschen zum Einsatz. Sie füllten Marktplätze und Versammlungsräume, und sie verteilten Propagandamaterial oder wirkten als lebende Litfasssäulen. Nutzen versprach man sich auch von Mitgliedern als Botschafter und Multiplikatoren der Parteien im Familien-, Arbeitsplatz- und Freizeitbereich.

Mit dem Rückgriff auf die Organisationskapazitäten an verfügbaren Humanressourcen für Wählermobilisierungszwecke gingen über langen Jahre bis über den Zweiten Weltkrieg hinaus Wahlkampfstrategie und Organisationsstrategie Hand in Hand. Hierbei blieb es selbst mit der Nutzung des Radios für Wahlkampf und Propagandazwecke ab den 1920er Jahren, genauso wie die Nutzung des Automobils und der Eisenbahn die Mobilität der wahlkämpfenden Parteien eklatant steigerte. Ein neues Zeitalter, eingeleitet durch einen technischen Modernisierungssprung, trat aber erst mit der Ausbreitung des Fernsehens ab den 1950er Jahren ein. Jetzt tat sich mit dem TV ein audiovisuelles Medium der Massenkommunikation auf, das mit seiner extremen

Reichweite und bildgebenden Verbreitung von Botschaften den Parteien bislang verschlossene Möglichkeiten der Wirkungssteigerung von Öffentlichkeitsarbeit und Wahlkampfkommunikation erschloss.

Für die sich in den 1980er Jahren etablierende neuere Campaign-Change-Forschung stellte die Nutzung der TV-Medien eine kopernikanische Wende in der Entwicklung des modernen Wahlkampfs dar, die folgenreich für die Parteien sein sollte (Semetko 2006: 515). Die Medifizierung des Wahlkampfs löste nämlich einen Modernisierungsprozess im Hinblick auf „technology, technicans and techniques" (Farrell 2006: 124) des Campaignings aus, was sich an der Einrichtung eines professionellen Wahlkampfstabs aus Kampagnen-, Medien- und Themenspezialisten, dem Einbezug spezialisierter Wahlkampfagenturen und -beratern und der Professionalisierung sowie Zentralisierung des Wahlkampfs der Parteien unter Einsatz modernster Wahlkampftechnologien festmachte (Farrell/Webb 2000: 119f., 123). Diese Neuerungen führten gleichzeitig zu einem ungebremsten Kostenanstieg der Wahlkämpfe (Farrell 2006: 127). Der erklärt sich damit, dass der aus der Wettbewerbssituation der Parteien resultierende Modernisierungsdruck nach der Nutzung des jeweils allerneuesten technischen Innovationen verlange (Sarcinelli 2005: 212), um den Wahlkampf effektiver zu machen. Infolgedessen löst der Wettlauf um die neuesten Mittel und Techniken der Wählerbeeinflussung eine technologische Eskalationsspirale des Campaignings aus, die den Kostenaufwand explodieren lasse (Schmitt-Beck/Farrell 2002: 12f.). Eine Chance, sich dem Wettlauf zu entziehen, haben die Parteien nicht. Denn sie sind Getriebene eines Modernisierungsprozesses von Wahlkampf, der einer inhärenten „developmental logic" gehorcht (Schmitt-Beck 2007: 745) und der in seiner Dynamik sich zu immer höheren Stufen des Fortschritts fortentwickelt (Schmitt-Beck/Farrell 2002: 9).

Nahe liegender Weise tut sich damit die Frage nach Abfolge möglicher Entwicklungsstadien des Wahlkampfs auf, wobei die Campaign-Change-Forschung durchgängig drei solcher Phasen unterscheidet (Farrell/Webb 2000: 103f). So differenziert Pippa Norris (2000: 137), Entwicklung als einen „evolutionary process of modernization" verstehend, zwischen einer vormodernen, modernen und postmodernen Phase der Wahlkampfkommunikation. Wie sich an einer zusammenfassenden Darstellung der in der Literatur vorhandenen Phasentypologien des Wahlkampfs von Plasser (Plasser/Plasser 2003: 27) ablesen lässt, stimmt die Campaign-Change-Forschung darin überein, dass die vormoderne Phase des lokalen organisationszentrierten und arbeitsintensiven Wahlkampfs durch eine moderne Phase des nationalen, medienzentrierten und personalisierten Wahlkampf abgelöst worden sei. In der dritten postmodernen Phase erlauben das Internet und neue Instrumente wie Direct Mail und Telefon Banking, den Wahlkampf zielgenau auszurichten und wieder zu dezentralisieren (narrow casting).

Schon die entwicklungstypologische Phasenbildung macht deutlich, dass die Massen- und Mitgliederparteien mit ihrem traditionellen Straßen- und

Versammlungswahlkampf längst den Anschluss an die Moderne verloren haben. Sie repräsentieren modernisierungstheoretisch eine Welt, über die die Errungenschaften des elektronischen Medienzeitalters und technologische Innovationen des Campaignings hinweggegangen sind (Pfetsch/Schmitt-Beck 1994: 234). Aufschlussreich ist in diesem Zusammenhang, dass Farrell und Webb (2000: 103) nicht von ungefähr eine Koinzidenz zwischen den Stadien der Wahlkampfentwicklung und denjenigen der Parteienentwicklung sehen. Überraschen kann es deshalb auch nicht, dass Party-Change- und Campaign-Change-Forschung aus ihrem Modernisierungsdiskurs die gleichen Schlussfolgerungen ziehen.

Aus dem „Umbruch vom traditionellen zum audiovisuell dominierten Wahlkampf" (Holtz-Bacha 2002: 23) wird auf eine „Funktionsentleerung der Parteibasis" geschlossen (Niedermayer 2000: 203). „Low-Tech-Wahlkampfmethoden" (Köllner 2008: 16), auf die die Parteiorganisation und die Parteimitglieder kapriziert sind, halten den Ansprüchen des medienzentrierten High-Tech-Wahlkampfes nicht mehr stand, und stellen mit ihrem „immer geringeren Wählermobilisierungsnutzen [...] keine notwendige Bedingung des Wahlerfolgs" (Grabow 2000: 297) mehr dar. Und auf die Kommunikationsleistung gemünzt, „(löst) die direkte Wähleransprache mit Hilfe moderner Kommunikationstechnologien ... Parteimitglieder als kommunikative Multiplikatoren ab" (Römmele 2002: 334). Dermaßen eines Wahlkampfs- und Kommunikationsnutzens beraubt, drängt sich letztendlich die Existenz- und Fortbestandsfrage für Mitgliederparteien auf, zumal die „Erfordernisse der modernen Kampagne gegen die Parteien arbeiten" (Holtz-Bacha 2002: 50).

5. Kritik an der modernisierungstheoretischen Nutzenverluststhese

Aus dem Blickwinkel der Party-Change- und Campaign-Change-Forschung sind Mitgliederparteien zu Modernisierungsverlierern geworden, weil sie auf einen Entwicklungs- und Leistungsniveau stehen geblieben sind, das nicht mehr heutigen Ansprüchen genügt und für das es nach dem Stand des Fortschritts keinen Bedarf mehr gibt. Ihren Modernitätsschwund haben sie den gewandelten Verhältnissen und neuen Herausforderungen zu verdanken, denen sie nichts entgegen zu setzen haben. Moderne Parteien brauchen Mitgliederorganisationen und darin betreute Parteimitglieder nicht mehr, weil sie andere Wege erschlossen haben, um erfolgreich Wahlkampf zu führen und ihren Finanzbedarf decken zu können.

Solch ein schonungsloser Abgesang auf Nutzen und Notwendigkeit von veralteten Mitgliederparteien trifft diese ins Mark, weil sich grundsätzlich die Frage stellt, wozu sie dann noch nütze sein sollten und was noch auf sie zu geben ist. Die sich daraus ergebende „end of membership party"-Debatte wäre notwendig zu führen, wenn nicht die Aussagen der Party Change- und Campaign-Change-Forschung auf logischen Fehlschlüssen und verzerrten Wirklichkeitsausschnitten beruhen würden. Die schwerwiegende These vom Nutzen- und Funktionsverlust ergibt sich nicht aus gesicherten Erkenntnissen der Empirie, sondern aus Fehlschlüssen, die von modernisierungstheoretischen Annahmen und Interpretationen des Parteien- und Wahlkampfwandels herrühren. Da beide Zweige sich die reale Beschaffenheit von Parteien und die Wirklichkeit des Wahlkampfgeschehens nicht zum Gegenstand konkreter empirischer Untersuchung machen, sitzen sie der abstrakten entwicklungslogischen Welt des Waltens von Fortschrittsmächten auf, die Parteien und ihre Wahlkämpfe zu immer höheren Formen der Evolution führen. Unmodernes und Unzeitgemäßes bleibt bei diesem immanenten Drang der Entwicklung auf der Strecke.

Leittragende sind die Massen- und Mitgliederparteien, die als antiquiert, unmodern und von gestern abgefertigt werden. Hergeleitet wird dies mit dem Nutzen- und Funktionsverlust, den Parteien mit breiter organisierter Mitgliederbasis durch die Modernisierung das Wahlkampf hin zur Medifizierung und Professionalisierung hinzunehmen hätten. Konkrete empirische Belege für den angeblichen Nutzen- und Funktionsverlust werden nicht geliefert. Auch für empirische Längsschnittanalysen besteht Fehlanzeige (Hetterich 2000: 25ff.). Im Gegenteil wird zur Untermauerung der These impressionistisch mit verengtem Betrachtungswinkel nur auf jene Ausschnitte des Wahlkampfs geschaut, die sich auf der nationalen Ebene des Medienwahlkampfs abspielen. Indessen wird eine ganzheitliche, umfassende Gesamtschau von modernen Wahlkämpfen tunlichst vermieden, weil sonst der zum Vorschein kommende breite Einsatz von traditionellen „grassroots organizational techniques" des Wahlkampfs (Scarrow 1999b: 152) die Obsoletheitsthese des als vormodern etikettierten traditionellen Wahlkampfs untergraben würde. Logisch täte sich die modernisierungstheoretisch ausgerichtete Party-Change- und Campaign-Change-Forschung mit diesem Eingeständnis auch denkbar schwer, weil hierdurch die Vorstellung von Modernisierung als Abfolge, Ablösung und Verdrängung von etwas altem durch etwas neuem schwer erschüttert würde. Dabei hat es entwicklungslogisch durchaus seinen Reiz davon auszugehen, dass das Ältere nicht verdrängt, sondern durch neues erweitert und ergänzt wird. Der gleiche Einwand lässt sich gegen die vorherrschende Substitutionsprämisse richten. Sie unterstellt, dass eine neue Technologie oder ein neues Medium wie etwa das Fernsehen, die Mobilisierungs- und Kommunikationsfunktion von Parteimitgliedern vollständig und dazu auch noch besser ersetzen können. Dies anzunehmen ist lebensfremd und steht im Gegensatz zu den Befunden der organisationszentrierten Wahlkampfforschung (Hönemann/Mors 1994; Hetterich 2000; Linden 2007). Wie nämlich in Wirklichkeit die europäische Wahlkampfpraxis zeigt, werden die traditionellen Wahlkampfpraktiken weder durch Medien und neue Technologien verdrängt, noch trifft es zu, dass die Leistungen der Parteiorganisation und der Parteimitglieder durch die Medien substituiert worden wären. Stattdessen spielen Parteimitglieder, wie gleich aufgezeigt wird, im Rahmen einer elektoralen Catch-all-Strategie eine unverzichtbare Rolle. Wahlkampf spielt sich nicht nach dem von den USA als Leitmodell vorgegebenen Medienwahlkampf ab, sondern der personifizierte Medienwahlkampf und der mitgliederzentrierte, arbeitsintensive Organisationswahlkampf greifen de facto ineinander und ergänzen sich gegenseitig (Norris 2000: 143; Plasser/Plasser 2003: 342; Schmitt-Beck 2007). Es ist ein Methoden-Mix aus traditionellen und modernen Elementen, das dem Wahlkampf in Europa ein charakteristisches Gesicht gibt.

Was dagegen für Anhänger des Modernisierungsparadigmas als Maßstab der Moderne zählt, sind „centralized high-tech campaigning" und Parteienkommunikation, die durch und in TV-Medien stattfindet. Wie bei einem unwiderstehlichen Faszinosum sind die Vertreter des Modernisierungsparadigmas allein auf den „air war" des Wahlkampfs fixiert, während der „ground war of a large ‚volunteer infantry' of local activists" (Schmitt-Beck 2007: 749) nicht die entsprechende Aufmerksamkeit findet.

Parteien seien um ihrer selbst Willen vor diesem emphatischen Medienmodernismus gewarnt, weil sie, den Medien ausgeliefert, letztendlich nur Schaden nehmen können. Hier sind nicht nur die wachsenden elektoralen Wirkungsschranken gemeint, auf die Medienstrategien unter heutigen Vielkanalbedingungen des TV-Angebots und eines fragmentierten Massenpublikums stoßen. Auch geht es nicht primär um die Seriositäts- und Reputationsverluste der politischen Klasse, die sie einhandelt, wenn sie sich in die vulgarisierten Unterhaltungsformate des öffentlichen und privaten Fernsehens hineindrängt. Hier soll vielmehr auf die fatalen Nebenfolgen verwiesen werden, die solch ein richtungweisender Satz wie der, dass „Wahlen im Fernsehen entschieden (werden)" (Radunski 1996: 71), als Leitmotto für die Ausrichtung der Wahlkampfpraxis ausgelöst hat. Obgleich empirisch nie belastungsfest überprüft (Kavanagh 1995: 150ff.), trieb er Parteien zu dem Bemühen an, sich durch die möglichst permanente Medienpräsenz ihrer Spitzenvertreter eine größtmögliche Aufmerksamkeit und dementsprechende Popularität zu sichern. Unberücksichtigt blieb dabei, dass es von der erwünschten Medienwirkung nicht nur um einen Spitzenplatz in den Nachrichten und Talkshows geht, sondern vielmehr darum, mit welchem Vertrauenskapital und welcher glaubwürdigen Botschaft die kleine Schar an Telepolitikerinnen und -politikern Parteien ein Gesicht geben. Herrschaft über Bildschirme, Schlagzeilenpräsenz oder der Spitzenplatz des politischen Top-Talkers garantieren weder Popularität noch Wähler- oder Mitgliederunterstützung.

Die größte Gefahr für Parteien als kollektives Ganzes geht von der extremen Medialisierung und Personalisierung der Parteipolitik aus. Das Zusammenspiel von Telepolitikern und Journalisten bildet dabei eine Schlüsselrolle. Letztere sind bei ihrer Berichterstattung und meinungsbildenden Einflussnahme stark von einem demoskopiehörigen Stimmungsinstinkt geprägt, durch den Telepolitiker in eine Art Geiselhaft gegenüber einem medial gesteuerten Popularitätszyklus geraten. Zudem sind Medienakteure den unerbittlichen Gesetzen der Marktlogik ausgesetzt, die sich an Auflagezahlen, Anzeigenerlösen und Einschaltquoten fest macht. Dies verleitet Medienakteure dazu, Politik zu dramatisieren und zu skandalisieren. Kampagnenjournalismus überträgt überdies auf Leser und Zuschauer das Gefühl, für die verbreitete Unzufriedenheit mit der Politik ein Sprachrohr zu finden und in Journalisten einen Anwalt zu sehen, der den Politikern und hinter ihnen stehenden Parteien zusetzt.

Politiker gehen als herausgehobene Objekte personalisierter Politikberichterstattung und -kommentierung durch die Medien ein hohes persönliches Risiko ein, Gefangene einer demoskopischen Achterbahnfahrt auf einer unberechenbaren Popularitätskurve zu werden. Der Popularitätsstress, dem die Spitzenpolitiker medial ausgesetzt sind, macht die hinter ihnen stehenden Parteien elektoral verwundbar und zum hilflosen Spielball nervöser Popularitätsausschläge und launischer öffentlicher Stimmungsumschwünge. Der Popularitätspegel der Spitzenpolitiker und deren mediale Formstärke oder -schwäche schlagen auf die Wahlergebnisse durch, sodass die persönliche Tagesform, Selbstinszenierungsprobleme, das Verhältnis zu den Journalisten oder Rivalitäten unter den Parteioberen das Ansehen und die elektoralen Erfolgsgewissheiten der Parteien beschädigen können. Die Konzentration der elektronischen Medienaufmerksamkeit auf wenige bundespolitischen Spitzenakteure hat dazu noch den fatalen Effekt, dass mittlerweile bei Regional- und Kommunalwahlen untere Parteigliederungen in Verantwortungshaft genommen werden und ihr elektorales Wohl und Wehe von der bundespolitischen Großwetterlage bestimmt wird.

Mit der Personalisierung der Medienberichterstattung gehen überschießende Anspruchszumutungen an die Fähigkeiten und politischen Steuerungsmöglichkeiten der politisch Handelnden einher, die desillusioniert und enttäuscht werden müssen. Infolgedessen werden sowohl die Politiker als auch der parteiendemokratische Politikbetrieb als Ganzes in eine schleichende Delegitimierungsspirale hineingezogen. Dies um so mehr, wie der medial erzeugte politische Allmachts- und Allverantwortlichkeitsmythos der Politiker und Parteien spätestens am Primat globalisierter Marktlogik und an den politischen Steuerungsmodi des Verhandelns und der Konsensbildung zerschellt.

Nach Jahren der medienzentrierten Personalisierung der Außenkommunikation der Parteien und des „going public" via TV sind Verhältnisse eingetreten, die den Parteien schwer zu schaffen machen. So werden im Vorreiterland der Medienkommunikation und des Medienwahlkampfs der TV-Journalismus und die entmündigende elektronische Wahlkampfberichterstattung für die wachsende Unzufriedenheit, den politischen Zynismus und die Vertrauenskrise der Parteien verantwortlich gemacht (Norris 2000: 153ff.). Auch der Verfall der Parteibindungen wird in Zusammenhang mit „candidate-centered politics" gebracht (Wattenberg 1991: 156ff.).

In Deutschland umgibt die Parteien ebenfalls seit Jahren ein Klima der Unzufriedenheit, des Misstrauens und der Missgunst (Linden 2007). Noch nie litt das Ansehen und die Reputation der aus den Parteien hervorgehenden Politiker/innen unter dermaßen miserablen Werten wie denen von heute. Der Anteil der Nichtwähler steigt von Wahl zu Wahl, und die Volatilität der Wählerschaft wächst im eklatanten Ausmaß. Die Bindungen an die Parteien lockern sich stark, und die Mitgliedernachwuchskrise hat dramatische Formen angenommen. Dies alles spricht für einen gesellschaftlichen Delegitimierungsprozess und für eine Beziehungskrise zwischen Bürgern und Parteien. Die Krise reicht mittlerweile so tief, dass sie an den Grundfesten der Parteiendemokratie rüttelt (Mair 2008: 222f.).

Noch mehr medienzentrierte Wahlkampfschlachten bieten sich vor diesem Hintergrund schwerlich als Heilmittel an, eher erzeugen sie im Gegenteil kontraproduktive Effekte. Ein Zurück und Vergessen machen des eingeschlagenen Wegs schließen sich ebenfalls aus. Sich indessen auf traditionelle Stärken der Mitgliederparteien rück zu besinnen, wird im Fokus der nachfolgenden Betrachtung stehen.

6. Der wieder entdeckte Nutzen von Mitgliederparteien und ihren Aktiven

Wie sehr Wahlkampf in Deutschland ausgetretenen Pfaden folgt, wird an dem Blätterwald deutlich, mit dem Parteien die Innenstädte und Ausfallstraßen zuplakatieren. Diese Form konventionellen Campaignigs ist in den USA unbekannt, die umgekehrt den Schwerpunkt auf kostspielige TV-Spots in hunderten von privaten Fernsehkanälen legen. Für TV-Spots und Plakate gilt gleichermaßen, dass ihr unmittelbarer Einfluss auf den Ausgang von Wahlen empirisch nicht exakt zu erfassen ist. Allgemeiner formuliert kann dies auch für die nicht quantifizierbaren Effekte des Medien- und Organisationswahlkampfs der Parteien gesagt werden.

Hiervon heben sich die weitgehend gesicherten Befunde eines expandierenden Forschungszweigs ab, der auf die Analyse der Wirkungen des lokalen Wahlkampfs auf Wahlkreisebene spezialisiert ist. Die Ergebnisse dieser sogenannten revisionistischen Schule der Wahlkampfforschung (Fisher 1997: 133) sind für die Debatte um den Nutzen und Nutzenverlust von organisationszentrierten Wahlkämpfen unter Einsatz von Parteiaktiven vor Ort besonders aufschlussreich, weil, anders als es die Party-Change- und Campaign-Change-Forschung behaupten, Parteimitgliedern eine Schlüsselrolle beim erfolgreichen elektoralen Abschneiden zugeschrieben wird.

Die Ergebnisse sind allerdings nicht wirklich neu. Denn über die Wirksamkeit des lokalen, organisationszentrierten Wahlkampfs auf die Wählermobilisierung und die Stimmabgabe liegen seit den 1970er Jahren und früher diverse empirisch gesicherte Befunde vor allem aus den USA vor (Cutright/ Rossi 1958; Cutright 1963; Kramer 1970), die aber mit der Zeit in Vergessenheit gerieten. In den Achtzigern wandte sich dann das Interesse erneut der Wahlkreisebene zu, wobei die Wirkung neuer Technologien des zielgruppengenauen Targetings mit Hilfe von elektronischen Wählerlisten, „direct mail", „computerized telephon dialing" und „taped phone messages" im Vordergrund standen (Salmore/Salmore 1989: 220ff.). Ab den 1990er Jahren wurden dann erneut die lokalen Walkampfaktivitäten von Freiwilligen untersucht mit dem Ergebnis, dass ihnen ein erheblicher Einfluss bei der Mobilisierung von Wählern und bei der Stimmabgabe zukomme (Wilhouwer/Lockerbie 1994). Ausgangspunkt dieser Studien bildete die schon von der frühen Wahlforschung bestätigte Prämisse, das von der unmittelbaren zwischenmenschlichen Interaktion ein enormer politischer Einflussnahmeeffekt ausgehe (Huckfeldt/Sprague 1995: 10ff.).

Vor allem der positive Einfluss von „face-to-face-contacting" auf die Wahlbeteiligung wurde immer wieder bestätigt (Gerber/Green 2000). Brox und Shaw (2006: 154) werteten diverse empirische Studien aus, die allesamt den positiven Mobilisierungseffekt von „face-to-face-efforts" per Canvassing und Telefon belegen. Aus den Befunden einer Missouri-Regionalstudie geht hervor, dass im Gegensatz zum unmittelbaren Kontakt bei Medienkampagnen nur ein schwacher Effekt auf die Wahlbeteiligung zu verzeichnen sei (Endersby/Petrocik/Shaw 2006: 330ff.). Selbst wenn unterschiedliche Wahlsysteme in die Analyse einbezogen werden, lässt sich nachweisen, das Face-to-Face-Kontakte sich positiv auf die Wahlbeteiligung und die Stimmabgabe auswirken (Karp/Banducci/Bowler 2007: 93f.). Die größten Effekte sind in dieser Hinsicht bei Gelegenheitswählern zu verzeichnen (Niven 2004). Bemerkenswert ist auch, dass die unmittelbare zwischenmenschliche Kommunikation größere Wirkungen als indirekte Telefon- oder Mail-Kontakte erzielt (Green/Gerber 2004). Dies wird auch durch weitere Ergebnisse von Gerber und Green (2000) bestätigt, die ihre Wahlmobilisierungsuntersuchungen von 1998 im Jahre 2005 nochmals mit den gleichen Befunden replizierten (Gerber/ Green 2005: 303ff.).

Die Ergebnisse, die durch die breit angelegte lokale Wahlkampfforschung in Großbritannien (Wiesendahl 2006: 118ff.) vorgelegt wurden, gehen in die gleiche Richtung. Sie stützen sich auf die erfahrungsgesättigte Überzeugung ab, dass es Parteien mit einem aktiven Mitgliederstamm gelingt, erfolgreiche Wahlkreiskampagnen durchzuführen (Seyd/Whiteley 2003: 361). Welche große Schlüsselrolle aktive grassroots-Parteien auf kommunaler und Wahlkreisebene spielen, ist vor kurzem von Clark (Clark 2004) bestätigt worden. Umgekehrt heißt das aber auch, dass, wenn die Mitgliederbasis austrocknet, ein Rückgang von Wahlkampfaktivitäten auf Wahlkreisebene zu verzeichnen ist (Fisher/Denver/Hands 2006: 508f.).

Generell ist die Trägergruppe an Freiwilligen für „party's on-the-ground acticities" zwar nicht übermäßig groß. Aber Befragungen von dänischen

Parteimitgliedern (Pedersen et. al. 2004: 377) belegen, dass bis zu 40 Prozent als „Wahlkämpfer" Wahlversammlungen besuchen, Flugblätter und Wahlkampfbroschüren verteilen sowie Wahlplakate kleben. Über den unmittelbaren Wahlkampf hinaus ist zudem der postelektorale Nutzen mit zu veranschlagen, den Parteimitglieder als Bindeglieder zur lokalen Wählerumwelt beisteuern. Zahlreiche Mitgliederbefragungen belegen, welche eminent wichtige Botschafter- und Multiplikatorrolle Parteimitglieder für ihre Partei ausüben (Scarrow 1996: 43; Scarrow 2000: 84; Pedersen et. al. 2004: 378f.; Cross/ Young 2004: 440; Wiesendahl 2006: 126ff.).

Grassroots-Campaigning, so indizieren die Ergebnisse aus langjähriger lokaler Wahlkampfforschung, ist nicht nur „still alive", sondern ein unverzichtbarer Bestandteil des modernen Wahlkampfs geblieben. Elektoral und postelektoral ist Parteimitgliedern ein nicht substituierbarer Nutzen zuzusprechen: „Party activists are not replaced by professional staff and media contacts, but are still regarded as useful campaigners and communicators" (Heidar/Saglie 2003: 769). Dem stimmt Susan Scarrow (2007: 648) mit ihrer Aussage zu, dass „grassroots campaigning by party members ... is by no means an obsolete or irrelevant form of political participation". Für erfahrene Parteifunktionäre von SPD und CDU stand die elektorale Schlüsselrolle der Parteiorganisation mit ihren Aktiven ohnehin nie außer Frage (Grabow 2000: 196f.).

Angesichts der nicht mehr hinreichend wirksamen und kaum übersehbaren problematischen Nebeneffekte des Medienwahlkampfs scheint diese Erkenntnis in neuerer Zeit auch bei der Wahlforschung anzukommen (Griese 2002: 90ff.) und ein Umdenken auszulösen. So stellt auch Schmitt-Beck (2007: 755) in einem jüngeren Übersichtsartikel über die Entwicklung des Wahlkampfs fest, dass der vormoderne, altmodische Lokalwahlkampf unter Einsatz freiwilliger Wahlhelfer in letzter Zeit eine Bedeutungszunahme erfahren habe. Dass dies endlich von der Campaign-Change-Forschung so deutlich gewahr genommen wird, kommt reichlich spät, denn selbst der amerikanische Wahlkampf hat bereits seit den 1980er Jahren eine Renaissance des „grassroots-campaigning" unter Einsatz von „issue-based participatory activists" erlebt, sodass bereits zu Beginn der 1990er Jahren vom Aufstieg sogenannter Advocacy Parties gesprochen wurde (Bruce/Clark/Kessel 1991).

Generell scheint sich in der Literatur neuerdings eine Neueinschätzung des konventionellen Wahlkampfs abzuzeichnen. So bilanzieren Brox und Shaw (2006: 155) nach einer Auswertung von US-Studien zur Wirkung von Wahlkampfmethoden auf Wahlteilnahme und Stimmabgabe, dass das Pendel zurückschlage, was mit der wachsenden Bedeutung der Parteien und ihres Organisationsunterbaus für Wahlen zu tun habe. Selbst hinsichtlich der Rolle von Beratern und Consultans heißt es mittlerweile, dass der von ihnen beeinflusste nationale Medienwahlkampf und die von den State Party-Organisationen verantwortete konventionelle Wahlkreiskampagne keinen Gegensatz bilden, sondern sich gegenseitig ergänzen würden (Dulio/Thurber 2003: 217ff.).

In Deutschland ist der Einzug des Grassroots-Campaignings im Bundstagswahlkampf 2005 der CDU untersucht worden (Melchert/Magerl/Voigt 2006), wobei das Instrument speziell zur Zielgruppenmobilisierung eingesetzt wurde. Auch Jucknat und Römmele (2008: 171) bemerken, dass sowohl bei CDU und SPD 2005 wieder verstärkt auf „Überzeugungsarbeit an der Basis (...), auf Mobilisierungsstrategien an der Wurzel (gesetzt)" wurde.

Ob das alles allerdings wirklich so neu ist, wie es dargestellt wird, tut hier nichts weiter zur Sache. Der springende Punkt ist vielmehr, dass der konventionelle arbeitsintensive Organisationswahlkampf, nachdem er von der modernisierungstheoretisch inspirierten Party-Change- und Campaign-Change-Forschung lange Zeit als zu nichts mehr Nutze abgetan wurde, nun wieder zu alten Ehren gelangt. Zu verdanken hat er dies, ausgehend von den USA, einer Kehrtwende, die zur „Rückbesinnung auf traditionelle Formen von Wahlkampf in Kombination mit modernsten Instrumenten" geführt hat (Voigt/ Hahn 2008: 217).

Für die lange Zeit ausgemusterten Mitgliederparteien muss es deshalb recht merkwürdig anmuten, wenn es jetzt überraschend aus dem Munde von exponierten Vertretern des Modernisierungsparadigmas der Wahlkampfforschung heißt, dass sie „ihre organisatorischen Wurzeln nicht vernachlässigen" und dass sie „die lokalen Parteiorganisationen nicht austrocknen lassen (dürfen)" (Jucknat/Römmele 2008: 175). Was aber nach der überraschenden Wende in der „Do-Party-Members-Matter"-Debatte festzuhalten bleibt, ist der wiederentdeckte organisatorische Nutzen, den Aktive als „supporter", als „funer" und als „worker" (Granik 2005: 599ff.) bei der Außenkommunikation und im Face-to-Face-Wahlkampf einbringen.

7. Schluss

Es ist kein weiter Bogen zu schlagen, um von dem unstrittigen Nutzen von Parteimitgliedern darauf zu schließen, dass selbst heutige „‚vote-seeking-parties' [...] einen weiterhin hohen Bedarf an Mitgliedern" haben (Detterbeck 2005: 71). Dies genau ist aber der kritische Punkt. Denn Mitgliederparteien befinden sich nach ihrer überraschenden Rehabilitation in einer paradoxen Lage. Während über lange Zeit große Teile der Parteien- und Wahlforschung ihnen den Spiegel des Nichtsnützigen vorgehalten haben, sollen nun die so Abgehalfterten wieder reanimiert und auf den Sockel des wieder Tauglichen gehoben werden.

Ehrenvoll ist das ist sicherlich allemal. Nur ist längst die Kraft aus den Gliedern der ja schon für scheintot erklärten Mitgliederparteien gewichen, weil sie an Blutzufuhranämie leiden. Schlimmer noch fällt die nachlassende elektorale Mobilisierungs- und Integrationskapazität der Parteien mit einer Schwächung ihrer organisatorischen Basis zusammen. Jetzt so dringlich benötigter junger, aktiver Mitgliedernachwuchs bleibt aus, weil die Umwandlung der Parteien zu halbstaatlichen Karriereeinrichtungen für Berufspolitiker und die innerparteiliche Entwertung des einzelnen Mitglieds die organisatorischen Anreize verschwinden ließ, um in Parteien mitzuarbeiten. Die strikte Wählerorientierung auf Kosten der Mitglieder und die zu Lasten des Parteiprofils gehende Stimmenmaximierungsstrategie bewirkten hier ein Übriges.

Für die an Wählerschwund laborierenden „Vote-Seeking"-Parteien sind nun als Ausweg wieder „Campaign Soldiers" erwünscht, die sie aber nicht mehr bekommen. Wo man nun in später Einsicht die selbstlosen und unentgeltlichen Wahlkampfhelfer und Mund-zu-Mund-Propagandisten dringend braucht, zeigen diese ihnen die kalte Schulter. Wenn eins nämlich die Umrüstung der Mitgliederparteien zu elektoral ausgerichteten professionalisierten Berufspolitikerparteien bewirkt hat, dann den Verlust an politischer Vergemeinschaftung und Heimat, Gesinnung und Interessenidentität, Vereinsmeierei, Weltanschaulichkeit, Werte- und Prinzipienfestigkeit, ohne all das Parteien Mitgliedern nicht die notwendige Nestwärme zu bieten haben. Da dies ohne Preisgabe der elitenzentrierten „Vote-Seeking"-Partei nicht mehr zu haben ist, wird sich die Kluft zwischen steigender Nachfrage nach elektoral dringlich benötigten freiwilligen Wahlkampfhelfern und zu diesen Bedingungen Beitrittswilligen weiter vertiefen.

Literatur

Berger, Johannes (1996): Was behauptet die Modernisierungstheorie wirklich – und was wird ihr bloß unterstellt?, in: Leviathan 24. Jg. (1), S. 45-62.
Beyme, Klaus von (1997): Funktionenwandel der Parteien in der Entwicklung von der Massenmitgliederpartei zur Partei der Berufspolitiker, in: Oscar W. Gabriel, Oskar Niedermayer und Richard Stöss (Hrsg.), Parteiendemokratie in Deutschland, Bonn: Bundeszentrale für politische Bildung, S. 359-383.
Beyme, Klaus von (2000): Parteien im Wandel. Von den Volksparteien zu den professionalisierten Wählerparteien, Wiesbaden: Westdeutscher Verlag.
Brox, Brian J./Shaw, Daron R. (Hrsg.) (2006): Political Parties, American Campaigns, and Effects on Outcomes, in: Richard Katz und William Crotty (Hrsg.), Handbook of Party Politics, London: Sage, S. 146-159.
Bruce, John M./Clark, John A./Kessel John H. (1991): Advocacy Politics in Presidential Parties, in: American Political Science Review 85. Jg. (4), S. 1089-1106.
Clark, Alistair (2004): The Continued Relevance of Local Parties in Representative Democracies, in: Politics 24. Jg. (1), S. 35-45.
Cross, William/Young Lisa (2004): The Contours of Political Party Membership in Canada, in: Party Politics 10 Jg. (4), S. 427-444.
Cutright, Phillips (1963): Measuring the Impact of Local Party Activity on the General Election Vote, in: Public Opinion 27. Jg. (3), S. 372-386.
Cutright, Phillips/Rossi, Peter H. (1958): Grass Roots Politicians and the Vote, in: American Sociological Review 23. Jg. (2), S. 171-179.

Degele, Nina/Dries, Christian (2005): Modernisierungstheorie, München: Wilhelm Fink.
Detterbeck, Klaus (2005): Die strategische Bedeutung von Mitgliedern für moderne Parteien, in: Josef Schmid und Udo Zolleis (Hrsg.), Zwischen Anarchie und Strategie. Der Erfolg von Parteiorganisationen, Wiesbaden: VS-Verlag, S. 63-76.
Dulio, David A./Turber, James A (2003): The Symbiotic Relationship between Parties and Political Consultants: Partners Past, Present and Future, in: John C. Green und Rick Farmer (Hrsg.), The State of the Parties. The Changing Role of Contemporary American Parties, fourth Ed., Laham: Rowman & Littlefield, S. 214-223.
Duverger, Maurice (1959): Die politischen Parteien, Tübingen: Mohr.
Ebbighausen, Rolf (1969): Die Krise der Parteiendemokratie und die Parteiensoziologie, Berlin: Duncker und Humblot.
Endersby, James W./Petrocik, John R./Shaw, Daron R. (2006): Electoral Mobilization in the United States, in: Richard S. Katz und William Crotty (Hrsg.), Handbook of Party Politics. London: Sage, S. 316-334.
Epstein, Leon (1967): Political Parties in Western Democracies, London: Pall Mall.
Farrell, David M. (Hrsg.) (2006): Political Parties in a Changing Campaign Environment, in: Richard Katz and William Crotty (Hrsg.), Handbook of Party Politics, London: Sage, S. 122-133.
Farrell, David. M./Webb, Paul (2000): Political Parties as Campaign Organizations, in: Russel J. Dalton und Martin P. Wattenberg (Hrsg.), Parties without Partisans. Political Change in Advanced Industrial Democracies, Oxford: Oxford University Press, S. 102-128.
Fisher, Justin (1997): Small Kingdoms and Crumbling Organizations: Examining the Variation in Constituency Party Membership and Resources, in: Philip Cowley et al. (Hrsg.), British Elections and Parties, Review 10, S. 133-150.
Fisher, Justin/Denver, David/Hands Gordon (2006): Party Membership and Campaign Activity in Britain. The Impact of Electoral Performance, in: Party Politics 12 Jg. (4), S. 505-519.
Fisher, Justin/Denver, David/Hands, Gordon (2006): The Relative Electoral Impact of Central Party Co-Ordination and Size of Party Membership at Constituency Level, in: Electoral Studies 25 Jg. (4), S. 666-676.
Gerber, Alan S./Green P. Donald (2000): The Effects of Canvassing, Telephone Calls, and Direct Mail on Voter Turnout: A Field Experiment, in: American Political Science Review 94 Jg. (3)., S. 653-663.
Gerber, Alan S./Green, Donald P. (2005): Correction to Gerber and Green, Replication of Disputed Findings, and Reply to Imai, in: American Political Science Review 99. Jg. (2), S. 301-313.
Grabow, Karsten (2000): Abschied von der Massenpartei. Die Entwicklung der Organisationsmuster von SPD und CDU seit der deutschen Vereinigung, Wiesbaden: Deutscher Universitäts-Verlag.
Granik, Sue (2005): A Re-conceptualisation of the Antecedents of Party Activism: A Multidisciplinary Approach, in: Political Studies 53. Jg. (3), S. 598-620.
Griese, Hartmut (2002): Von der Notwendigkeit des Wahlkampfmanagements, in: Thomas Berg (Hrsg.), Moderner Wahlkampf – Blick hinter die Kulissen, Opladen: Leske + Budrich, S. 90-106.
Heidar, Knut (2006): Party Membership and Participation, in: Richard S. Katz and William Crotty (Hrsg.), Handbook of Party Politics, London: Sage, S. 301-315.

Heidar, Knut/Saglie, Jo (2003): A decline of linkage? Intra-party participation in Norway, in: European Journal of Political Research 42. Jg. (6), S. 761-786.
Hetterich, Volker (2000): Von Adenauer zu Schröder – Der Kampf um Stimmen, Opladen: Leske + Budrich.
Hofmann, Bernd (2004): Annäherung an die Volkspartei: Eine typologische und parteiensoziologische Studie, Wiesbaden: VS-Verlag.
Holtz-Bacha, Christina (2002): Parteien und Massenmedien im Wahlkampf, in: Ulrich von Alemann und Stefan Marschall (Hrsg.), Parteien in der Mediendemokratie, Opladen: VS Verlag, S. 42-56.
Hönemann, Stefan/Moors, Martens (1994): Wer die Wahl hat... Bundestagswahlkämpfe seit 1957. Muster der politischen Auseinandersetzung, Berlin: Schüren.
Huckfeldt, Robert/Sprague, John (1995): Citizens, Politics and Social Communication. Information and Influence in an Election Campaign, Cambridge: Cambridge University Press.
Jun, Uwe (2004): Der Wandel der Parteien in der Mediendemokratie. SPD und Labour Party im Vergleich, Frankfurt am Main: Campus.
Karp, Jeffrey A./Banducci, Susan A./Bowler, Shaun (2007): Get out the Vote: Party Mobilization in a Comparative Perspective, in: British Journal of Political Science 38. Jg. (1), S. 91-112.
Katz, Daniel/Eldersveld, Samuel (1971): The Impact of Local Party Activity upon the Electorate, in: William E. Wright (Hrsg.), A Comparative Study of Party Organization. Columbus: Charles E. Merill, S. 538-553.
Katz, Richard S.(1990): Party as linkage: A vestigial function?, in: European Journal of Political Research 18 Jg. (1), S. 143-161.
Katz, Richard S./Mair, Peter (1995): Changing Models of Parts Organization and Party Democracy. The Emergence of the Cartel Party, in: Party Politics 1. Jg. (1), S. 5-28.
Kavanagh, Dennis (1995): Election Campaigning. The New Marketing of Politics, Oxford: Blackwell.
Kirchheimer, Otto (1965): Der Wandel des westeuropäischen Parteiensystems, in: PolitischeVierteljahresschrift 6. Jg. (1), S. 20-41.
Köllner, Patrick (2008): Gestalt und Orientierung von Wahlkämpfen. Ansätze für den internationalen Vergleich, in: Karsten Grabow und Patrick Köllner (Hrsg.), Parteien und ihre Wähler. Gesellschaftliche Konfliktlinien und Wählermobilisierung im internationalen Vergleich, Sankt Augustin: Konrad-Adenauer-Stiftung, S. 11-34.
Kramer, G. (1970): The Effects of Precinct – Level Canvassing on Voter Behaviour, in: Public Opinion Quarterly 34. Jg. (1), S. 560-572.
Krouwel, André (Hrsg.) (2006): Party Models, in: Richard S. Katz und William Crotty (Hrsg.), Handbook of Party Politics. London: Sage, S. 249-269.
Linden, Markus (2007): Wie frustriert sind die Deutschen?, in: Deutschland Magazin 40. Jg. (6), S. 977-987.
Mair, Peter (2008): The Challenge to Party Government, in: West European Politics 31. Jg. (1/2), S. 211-234.
Melchert Florian/Magerl, Fabian/Voigt, Mario (Hrsg.) (2006): In der Mitte der Kampagne. Grassroots und Mobilisierung im Bundestagswahlkampf, Berlin: poli-c-books.
Niedermayer Oskar (2000): Modernisierung von Wahlkämpfen als Funktionsentleerung der Parteibasis, in: Ders. und Bettina Westle (Hrsg.), Demokratie und Partizipation, Wiesbaden: Westdeutscher Verlag, S. 192-210.

Niven, David (2004): The Mobilization Solution? Face-to-Face Contact and Voter Turnout in a Municipal Election, in: The Journal of Politics 66 Jg. (3), S. 868-884.
Norris, Pippa (2000): A virtuous Circle: Political Communication in Post-Industrial Democracies, Cambridge: Cambridge University Press.
Panebianco, Angelo (1988): Political Parties: Organization and Power, Cambridge: Cambridge University Press.
Pedersen, Karina/Bille, Lars/Buch, Roger/Elklit, JØrgen/Hansen Bernhard/Nielsen, Hans JØrgen (2004): Sleeping or Active Partners? Danish Party Members at the Turn of the Millennium, in: Party Politics 10. Jg. (4), S. 385-405.
Pfetsch, Barbara/Schmidt-Beck, Rüdiger (1994): Amerikanisierung von Wahlkämpfen? Kommunikationsstrategien und Massenmedien im politischen Mobilisierungsprozess, in: Michael Jäckel und Peter Winterhoff-Spurk (Hrsg.), Politik und Medien. Analysen zur Entwicklung der politischen Kommunikation, Berlin: Vistas, S. 231-252.
Plasser, Fritz und Gundula (2003): Globalisierung der Wahlkämpfe. Praktiken der Campaign Professionals im weltweiten Vergleich, Wien: WUV-Universitäts-Verlag.
Radunkski, Peter (1996): Politisches Kommunikationsmanagement. Die Amerikanisierung der Wahlkämpfe, in: Bertelsmann-Stiftung (Hrsg.), Politik überzeugend vermitteln. Wahlkampfstrategien in Deutschland und den USA, Gütersloh: Verlag Bertelsmann Stiftung, S. 33-52.
Römmele, Andrea (2002): Konvergenzen durch professionalisierte Wahlkampfkommunikation?, in: Ulrich von Alemann und Stefan Marschall (Hrsg.) (2002), Parteien in der Mediendemokratie, Wiesbaden: VS-Verlag, 328-345.
Salmore, Barbara G. und Stephen A. (1989): Parties, and Campaigning: Electoral Politics in America, Washington: Congressional Quarterly Press.
Sarcinelli, Ulrich (2005): Politische Kommunikation in Deutschland. Zur Politikvermittlung im demokratischen System, Wiesbaden: VS-Verlag.
Scarrow, Susan E. (1996): Parties and their Members. Organizing for Victory in Britain and Germany, Oxford: Oxford University Press.
Scarrow, Susan E. (1999a): Der Rückgang von Parteibindungen aus der Sicht der deutschen Parteien: Chance oder Gefahr?, in: Peter Mair, Wolfgang C. Müller und Fritz Plasser (Hrsg.), Parteien auf komplexen Wählermärkten. Reaktionsstrategien politischer Parteien in Westeuropa, Wien: Signum-Verlag S. 71-102.
Scarrow, Susan E. (1999b): Local Parties and Electioneering in Germany, in: Martin Saiz und Hans Geser (Hrsg.), Local Parties in Political and Organizational Perspective, Oxford: Westview, S. 151-170.
Scarrow, Susan E. (2000): Parties without Members? Party Organization in Changing Electoral Environment, in: Russel J. Dalton und Martin P. Wattenberg (Hrsg.), Parties without Partisans. Political Change in Advanced Industrial Democracies, Oxford: Oxford University Press, S. 80-101.
Scarrow, Susan E. (2007): Political Activism and Party Members, in: Russel J. Dalton und Hans-Dieter Klingemann (Hrsg.), The Oxford Handbook of Political Behaviour, Oxford: Oxford University Press, S. 636-654.
Semetko, Holli A. (2006): Parties in the Media Age, in: Richard S. Katz und William Crotty (Hrsg.), Handbook of Party Politics, London: Sage, S. 515-527.
Schmitt-Beck, Rüdiger/Farell, David M. (2002): Studying Political Campaigns and their Effects, in: Dies. (Hrsg.), Do Political Campaigns Matter? Campaign Effects in Elections and Referendums, London/New York: Routledge, S. 1-21.

Schmitt-Beck, Rüdiger (2007): New Modes of Campaigning, in: Russel J. Dalton, Hans-Dieter Klingemann (Hrsg.), The Oxford Handbook of Political Behavior, Oxford: Oxford University Press, S. 744-764.
Schoen, Harald (2005): Wahlkampfforschung, in: Ders. und Jürgen Falter (Hrsg.): Handbuch Wahlforschung, Wiesbaden: VS-Verlag, S. 503-542.
Seyd, Patrick/Whiteley Paul (2004): British Party Members. An Overview, in: Party Politics 10. Jg. (4), S. .355-366.
Stammen, Theo (1996): Systematische Einleitung, in: Ders. (Koordination): Programme politischer Parteien in Deutschland, München: Olzog, S. 11-53.
Voigt Mario/Hahn, Andreas (2008): Mobilisierung und moderne Kampagnentechniken – Die US-amerikanischen Präsidentschaftswahl-Kämpfe, in: Karsten Grabow und Patrick Köllner (Hrsg.), Parteien und ihre Wähler. Gesellschaftliche Konfliktlinien und Wählermobilisierung im internationalen Vergleich. Sankt Augustin/Berlin: Konrad-Adenauer-Stiftung, S. 207-229.
Wagner, Joachim W. (2005): Deutsche Wahlwerbung made in USA? Amerikanisierung oder Modernisierung bundesrepublikanischer Wahlkampagnen, Wiesbaden: VS-Verlag.
Wattenberg, Martin (1991): The Rise of Candidate-Centered Politics: Presidential Elections of the 1980s, Cambridge MA.: Harvard University Press.
Whitely, Paul/Seyd, Patrick (2003): Party Election Campaigning in Britain: The Labour Party, in: Party Politics 9. Jg. (5), S. 637-652.
Wiesendahl, Elmar (1989): Parteientypologie, in: Dieter Nohlen (Hrsg.), Politikwissenschaft. Theorien, Methoden, Begriffe, München: Beck, S. 675-677.
Wiesendahl, Elmar (2006): Mitgliederparteien am Ende? Eine Kritik der Niedergangsdiskussion. Wiesbaden: VS-Verlag.

Gerd Mielke
Mitgliederparteien im Sog der Amerikanisierung

1. Einleitung

Die Entwicklung der deutschen Mitgliederparteien in Beziehung zur Amerikanisierung zu setzen, macht eine ohnehin schon ziemlich komplizierte Diskussion noch komplizierter. Beide Begriffe – die Mitgliederpartei wie auch die Amerikanisierung – können in der Bundesrepublik zunächst seit langem als vertraute Größen im publizistischen und politischen Vokabular zur Beschreibung und Kommentierung politischer Strukturen und Entwicklungen gelten.

Im Blick auf die Mitgliederpartei kommt in diesem konventionellen Sprachgebrauch einerseits die historische Erfahrung zum Tragen, dass sich vor allem die größeren deutschen Parteien stets auf eine zahlenstarke Mitgliedschaft stützen konnten. Andererseits spiegelt sich in dem Begriff der Mitgliederpartei zugleich auch das Selbstverständnis der großen Parteien als weite und gut organisierte Sammelbecken politisch aktiver Bürger wider. Im Traditionsbewusstsein der eher linken Parteien schwingt bei dem Begriff der Mitgliederpartei zudem noch der klassenkämpferische Mythos mit, durch die zielstrebige Organisation und Mobilisierung einer großen und womöglich stetig wachsenden Mitgliedschaft aus „kleinen Leuten" den durch Sozialprestige und Wirtschaftsmacht gestützten Interessen des bürgerlich-kapitalistischen Lagers wirksam Paroli bieten zu können.

Dem Begriff der Amerikanisierung liegt die Vorstellung eines mehr oder minder systematischen Übergreifens sozialer, wirtschaftlicher, kultureller und eben auch politischer Entwicklungen und Strukturen, wie sie sich in den USA herausgebildet haben, auf andere Länder zugrunde. Die Vereinigten Staaten erscheinen in dieser Denkfigur als das vorbildhafte Projekt der Moderne schlechthin, und entsprechend löste die amerikanische Geschichte von Anfang an Spekulationen darüber aus, ob die politischen Verhältnisse – aber auch die meisten anderen gesellschaftlichen und kulturellen Entwicklungsstränge – dort zugleich auch Vorboten ähnlicher Entwicklungen in anderen Staaten und Gesellschaften auf dem Weg in die Moderne seien. In dem Zusammenhang der deutschen Parteienentwicklung zielt der Begriff der Amerikanisierung in erster Linie auf das potenzielle Überschwappen gleich zweier Tendenzen in den deutschen politischen Kontext ab, die in den letzten Jahrzehnten immer wieder als typisch für die amerikanische Variante des demokratischen Wettbewerbs galten: zum einen der unaufhaltsame Vormarsch professioneller, personalisierter, auf die Medien und insbesondere das Fernsehen ausgerichteter Wahlkampagnen und – damit eng verbunden – zum andern der gleichzeitige Bedeutungsverlust der amerikanischen Parteien und ihrer organisatorischen, finanziellen und personellen Ressourcen in diesen Wahlkampfzusammenhängen. Wie schon der Begriff der Mitgliederpartei, so ist auch der Begriff der Amerikanisierung reichlich mit normativen Konnotationen versehen und das übrigens keineswegs nur in seinem alltagssprachlichen Gebrauch, sondern bis weit in den geschichts-, sozial- und kulturwissenschaftlichen Bereich hinein[1]. Dabei fallen die Bewertungen des Modells Amerika und der Amerikanisierung keineswegs einheitlich aus. Zustimmung und Ablehnung stehen sich immer wieder schroff gegenüber. Die Brüche im Amerikabild verlaufen quer durch die politischen Lager.

Legt man diesen Gebrauch der beiden Begriffe Mitgliederpartei und Amerikanisierung in den öffentlich-politischen Diskussionen zugrunde, dann erscheinen die Begleitumstände und Auswirkungen der Amerikanisierung in erster Linie als Herausforderungen, ja Bedrohungen für die Mitgliederparteien, dann steht der Zusammenhang von Mitgliederparteien und Amerikanisierung für ein weiteres Kapitel der Niedergangsdiskussion in der deutschen Parteienforschung. Doch schon ein flüchtiger Blick auf etwa die im Zusammenhang dieser Niedergangsdiskussion aufgekommenen Kontroversen über die Volkspartei und ihre eventuellen Weiterentwicklungen und erst recht die Erfahrungen der komplizierten Rezeptionsgeschichte des Modells Amerika lassen Vorbehalte gegenüber einer pauschalen These von einer Bedrohung der Mitgliederparteien durch die Amerikanisierung ratsam erscheinen.

Der folgende Beitrag zielt darauf ab, die Grundlage für eine Differenzierung dieser pauschalen These zu schaffen. In einem ersten Schritt erfolgt nach einer kurzen Anmerkung zum hier verwendeten Konzept der Mitgliederpartei eine Durchsicht der wesentlichen Diskussionslinien der Parteienforschung zu den amerikanischen Parteien. So lässt sich ermitteln, welche konkreten Entwicklungen im Umfeld der Demokraten und Republikaner denn überhaupt mit der Chiffre der Amerikanisierung angesprochen werden. Ein zweiter Schritt soll dann klären, wie die verschiedenen Aspekte und Dimensionen der Amerikanisierung die Entwicklung der deutschen Mitgliederparteien beeinflussen. Eine vorläufige Bilanz des Zusammenhangs von Mitgliederparteien und Amerikanisierung rundet das Ganze ab.

---

1 Als erster Höhepunkt einer fortwährenden und begleitenden politisch-philosophischen Diskussion über die Vereinigten Staaten als Projekt und Modell der demokratischen Moderne gilt die klassische Abhandlung von Alexis de Tocqueville „Über die Demokratie in Amerika". Auch in Deutschland hat es immer wieder teilweise erbitterte politische und kulturwissenschaftliche Kontroversen über Amerika und seine Rolle als nachahmenswertes oder abschreckendes Vorbild gegeben, siehe hierzu u. a. Fraenkel (1959), Henningsen (1974), Wasser (1983), Schwan (1986), Trommler (1986) und Kremp (1993, 2007).

2. US-amerikanische Parteien und der Typus der Mitgliederpartei

Wenn auch dieser Abschnitt vor allem den Begriff der Amerikanisierung mit Inhalten füllen soll, so ist doch zu Beginn eine Klärung des Konzepts der Mitgliederpartei und seines Gebrauchs in der deutschen Parteienforschung als Ausgangspunkt der Diskussion über mögliche Zusammenhänge zwischen den beiden Konzepten sinnvoll.

Mitglieder spielen in den Diskussionen zur Parteitypologie (Hofmann 2004: 28ff.) von Anfang an eine zentrale Rolle. Dabei haben sich im Blick auf die Parteimitglieder zwei unterschiedliche Traditionslinien der Parteitypologie entwickelt. Zum einen werden verschiedene Parteitypen entlang einer historisch-funktionalen Entwicklungsachse konstruiert. Die für die deutsche Parteienforschung bedeutsamste Typologie ist sicherlich die von Otto Kirchheimer eingeführte, an die Bewältigung bestimmter historischer Aufgaben gebundene Sequenz von Parteitypen von der bürgerlichen Honoratiorenpartei über die Massenintegrationspartei hin zur Allerweltspartei (Kirchheimer 1965). Die Typologie Kirchheimers hat eine Fülle von weiteren Beiträgen inspiriert, die sich in den letzten beiden Jahrzehnten vor allem mit der Weiterentwicklung des Konzepts der Allerweltspartei befasst haben (Mintzel 1989; Katz/Mair 1995; Hofmann 2004: 19ff.; Jun 2004). Die Mitglieder tauchen in den Merkmalskatalogen dieser verschiedenen Parteitypen in der Kirchheimer-Tradition als eine definitorische Kategorie unter mehreren anderen hinsichtlich ihrer Zahl, ihrer sozialen Struktur oder ihrer Bedeutung im Vergleich zu den anderen Kategorien auf.

Davon zu unterscheiden sind zum anderen die Versuche, mit der Mitgliederpartei einen eigenen Typus zu entwickeln, der einen Gegensatz etwa zur Wählerpartei bildet. Elmar Wiesendahl (2006) hat erst vor kurzem die Probleme dieser typologischen Variante eingehend diskutiert; die Erörterung des Zusammenhangs von Mitgliederpartei und Amerikanisierung soll auf der Grundlage seines Merkmalprofils einer Mitgliederpartei erfolgen. In Anlehnung an Susan Scarrow gelten bei Wiesendahl Mitglieder als strategische Organisationsressource. Aus diesem Blickwinkel sind für das Konzept einer Mitgliederpartei nicht die Zahl der Mitglieder oder etwa ihre Relation zu den Wahlberechtigten oder Wählern das entscheidende Kriterium, sondern die mehr oder minder intensive Mitwirkung und Einbeziehung der Mitglieder in die verschiedenen Funktions- und Aufgabenbereiche der Partei. Dies bedeutet vor allem die Einbindung der fest rekrutierten Mitglieder in ein entsprechend dichtes organisatorisches Netz, die Bereitstellung von Beitragsleistungen, Wahlkampfarbeit und Multiplikatorenaufgaben durch die Mitglieder, sowie nicht zuletzt ihre Mitwirkung bei der Führungsauslese und der politisch-programmatischen Kursbestimmung der Partei. Mit der Verknüpfung von Mitgliedern und Parteifunktionen bei dem Konzept der Mitgliederpartei lassen sich nun auch Entwicklungen wie etwa ein Mitgliederschwund oder der massenhafte Rückzug von Mitgliedern in die Apathie angemessener, d.h. immer auch auf die funktionalen Folgen bezogen, interpretieren, als dies bei einem Rückgriff auf die quantitative Mitgliederentwicklung oder das Verhältnis von Mitgliedern zu Wahlberechtigten als Definitionskriterium für eine Mitgliederpartei der Fall wäre. Dieses Merkmalsprofil der Mitgliederpartei erlaubt zudem auch, Veränderungen und Krisen der Mitgliederpartei genauer zu lokalisieren und umgekehrt auch Reformstrategien hinsichtlich ihrer mutmaßlichen Folgen differenziert zu beurteilen.

Was ist nun – in Ergänzung zum Typus der Mitgliederpartei – unter dem Konzept der Amerikanisierung zu verstehen? Welche auf die amerikanischen Parteien bezogenen Entwicklungen lassen sich unter diesem Begriff subsumieren?

Jede Diskussion über amerikanische Parteien sollte zunächst mit einem Hinweis auf die erheblichen Unterschiede beginnen, die zwischen den amerikanischen und den westeuropäischen, also auch den deutschen Parteien bestehen. Dies gilt für die historischen Entstehungszusammenhänge ebenso wie für die aktuelle Position der Parteien im jeweiligen politischen System. Haben sich die westeuropäischen Parteiensysteme aus dem, in den beiden historischen Umbruchsituationen der nationalen und der industriellen Revolution entstandenen *Cleavage*-System mit seinen ideologischen und sozialstrukturellen Gruppenbildungen entwickelt (Lipset/Rokkan 1967), so entstanden die amerikanischen Parteien unter den praktischen Zwängen einer erfolgreichen Wahlkampfführung (Mielke/Sterr 2001: 187ff.). Die Formel „*a party is to elect*" beschreibt folglich den bis heute gültigen Kern des amerikanischen Parteienverständnisses. Während die Parteien in der Bundesrepublik, gestützt auf ihre Verankerung im Grundgesetz und ihre organisatorische Allgegenwart, auf allen politischen Ebenen und in allen Feldern der Politik eine Schlüsselrolle einnehmen und über Jahrzehnte hinweg ziemlich konsistent die Grundlinien der Politik formulieren und fortentwickeln konnten, erscheinen demgegenüber die amerikanischen Parteien auch heute den meisten Beobachtern als „*empty vessels*" (Katz/Kolodny 1994: 23), als bloße „organisatorische Vehikel zur Beförderung politischer Anliegen vermittels Wahlen" (Mielke 1994: 235). Bei dieser konsequenten Ausrichtung auf das Wahlgeschehen haben die amerikanischen Parteien kein den deutschen Mitgliederparteien vergleichbares, formalisiertes Mitgliederwesen entwickelt. Entsprechend sind auch die vielfältigen, auf der Grundlage dieses festen Mitgliederbestandes sich entfaltenden parteiinternen Strukturen und formalisierten Prozeduren in den amerikanischen Parteien schlicht und einfach nicht vorhanden. Stattdessen stellen sie bewegliche Koalitionen aus den von ihnen gestellten Amtsinhabern und ihren Mitarbeitern, also aus *party leaders*, *party workers* und *party activists* und aus verschiedenen Abstufungen einer fluktuierenden Zahl von Wählern und Anhängern – *primary voters*, *party identifiers* und *general supporters* – dar.

Um die Diskussionen über die amerikanischen Parteien besser einordnen zu können, ist zunächst zu beachten, dass von Parteien in den USA in drei unterschiedlichen analytischen Zusammenhängen die Rede ist. *Party in the electorate* bezieht sich auf die jeweiligen Wählerkoalitionen, die sich um die Parteien herum angelagert haben, *party organization* meint die auf den verschiedenen Ebenen, von der nationalen bis zur Ebene innerstädtischer Wahlbezirke, vorfindbaren Organisationseinheiten; schließlich bezieht sich die *party in congress* bzw. *party in public office* oder *party in government* auf die Gruppe von Kongressmitgliedern oder Amtsinhabern, die derselben Partei angehören.

Dabei fallen schon bei dieser grundlegenden analytischen Unterteilung zwei wesentliche, in der Struktur des politischen Systems verankerte Unterschiede zu den deutschen Parteien ins Auge. Durch die Verbindung der beiden Strukturelemente eines auf allen Ebenen durchgängig zur Anwendung kommenden Mehrheitswahlsystems und des ebenfalls durchgängigen präsidialdemokratischen Charakters der Regierungssysteme auf nationaler und einzelstaatlicher Ebene weisen die amerikanischen Parteien von vornherein und systembedingt ein geringeres Maß an Geschlossenheit und Sichtbarkeit auf als die deutschen Parteien, die in einem durch das Verhältniswahlsystem und ein parlamentarisches Regierungssystem geprägten Rahmen agieren. In den Vereinigten Staaten treten bei allen Wahlen ausschließlich jeweils individuelle Kandidaten gegeneinander an, und zugleich entfällt im präsidentiellen System die Notwendigkeit der parlamentarischen Geschlossenheit erzeugenden und auch nach außen den gemeinsamen politischen Kurs einer Partei demonstrierenden Fraktionsdisziplin. Vor diesem Hintergrund erscheint eine im Vergleich zu den deutschen Parteien deutlich geringere politische Sichtbarkeit und Geschlossenheit der amerikanischen Parteien zumindest teilweise als Folge grundsätzlicher systemischer Kontexte[2].

Die Folgen dieses durch das präsidiale Regierungssystem und den Föderalismus gekennzeichneten Staatsaufbaus für die Organisation der Parteien haben in der amerikanischen Parteienforschung sogar zu Kontroversen darüber geführt, ob denn sinnvoller Weise überhaupt noch von einem Zwei-Parteien-System in den USA die Rede sein könne oder ob sich nicht eine völlige Auflösung bzw. Atomisierung der Parteien abzeichne. So vertreten etwa Richard Katz und Robin Kolodny die These, man könne ohne Übertreibung den Standpunkt vertreten, „that rather than having two parties, or six parties the organizations associates with the Democratic and Republican national committees, plus those associated with the Democratic and Republican conferences/caucuses in each house of Congress ...or one hundred parties (the two parties independently organized in each state with the so-called na-

---

2 Damit wird im Übrigen auch deutlich, dass eine partielle Übernahme dieser, in den USA gängigen Direktwahlen, wie sie in den 1990er Jahren in einigen Ländern der Bundesrepublik auf kommunaler Ebene etwa bei der Direktwahl der Bürgermeister erfolgte, die Parteien hierzulande in den Kommunen zugunsten einzelner Bewerber oder anderer politischen Gruppen schwächte. Dabei war die Einführung der süddeutschen Ratsverfassung etwa in Rheinland-Pfalz nun wirklich keine gezielte Amerikanisierung.

tional parties being no more than umbrella organizations), the United States actually has no political parties at all" (Katz/Kolodny 1994: 23).

Betrachtet man nun die amerikanischen Parteien auf den drei oben skizzierten analytischen Ebenen seit dem Zweiten Weltkrieg, so werden Entwicklungen sichtbar, die die amerikanische Parteienforschung grob in zwei unterschiedliche, teilweise sogar gegenläufige Phasen untergliedert hat, auch wenn sich sowohl über das Ausmaß und die Richtung der Veränderungen als auch über die Periodisierung der jüngsten amerikanischen Parteiengeschichte erwartungsgemäß niemals ein flächendeckender Konsens ergeben hat (McSweeny 1991; Klumpjan 1998). Die erste, bis in die frühen 1990er Jahre zu datierende Phase war von der These vom Niedergang der amerikanischen Parteien geprägt. Arthur Schlesinger und Martin Wattenberg haben diese Sichtweise besonders nachdrücklich vertreten; Schlesinger hat ihr mit dem in Anlehnung an eine Erzählung Ernest Hemingways betitelten Aufsatz „The Short Happy Life of American Political Parties" eine fast schon poetische Note verliehen (Schlesinger 1987; Wattenberg 1998). Die Niedergangsthese wurde durch verschiedene Befunde sowohl aus der Dimension der *„party in the electorate"* als auch aus derjenigen der *„party organization"* gestützt, die alle auf eine Schwächung des prägenden Einflusses der Parteien und ihrer Organisationseinheiten verweisen (Schreyer 2007: 276ff.). Hierzu zählen der Rückgang von Parteibindungen im Sinne der *dealignment*-These in der ohnehin sehr heterogenen Wählerschaft und – damit verbunden – der Bedeutungszuwachs kurzfristiger Bestimmungsfaktoren der Wahlentscheidung, der wachsende Einfluss der Medien auf die Herausbildung politischer Einstellungen, aber auch in den verschiedenen Wahlkämpfen, seien es nun die Vorwahlen zur Auslese der Kandidaten oder die Wahlen zu den diversen politischen Ämtern selbst.

Vor allem aber haben sich tief greifende Änderungen in der Wahlkampfführung vollzogen, die in ihrer Summe eine stärkere Unabhängigkeit der Kandidaten von den Parteien und ihren traditionellen Organisationsressourcen zur Folge haben (Lösche 2007: 306ff.). Die fortdauernde Professionalisierung der Kampagnenorganisation und der Kampagnenführung im persönlichen Umfeld der Kandidaten, eine dramatische Ausweitung und Individualisierung der Wahlkampffinanzierung, sowie der wachsende Einfluss von *Political Action Committees* (PACs) haben bis in die 1980er Jahre auf allen Ebenen die vormals beherrschende Position der Parteien bei der Planung und Durchführung von Wahlen zurückgedrängt und zusammen mit den durch das Mehrheitswahlsystem und das präsidentielle Regierungssystem vorgegebenen Randbedingungen Fragmentierungstendenzen im politischen Prozess erzeugt. Diese neueren Entwicklungen haben den aus deutscher Perspektive ohnehin schon verbreiteten Eindruck von Fremdheit und Andersartigkeit des amerikanischen Kampagnengeschehens verstärkt, der sich aus der dem eigentlichen Wahlkampf vorgelagerten innerparteilichen Ausleseverfahren der *Primaries and Caucuses* mit seinen teilweise heftigen Konflikten zwischen den Bewerbern aus derselben Partei speiste.

Die hier knapp skizzierten Entwicklungen haben sowohl in Teilen der amerikanischen Parteienforschung als auch in der öffentlichen – und bisweilen auch in der sozialwissenschaftlichen – deutschen Rezeption einen nachhaltigen Eindruck hinterlassen. Galten die amerikanischen Parteien schon immer als grundsätzlich „anders" als die westeuropäischen und deutschen Parteien – ohne feste Mitgliederstrukturen, unübersichtlich organisiert, ohne klare ideologische und soziale Konturen und programmatisch vage –, so haben die hier angesprochenen Veränderungen ein Verständnis von „amerikanischen Verhältnissen" im Blick auf die Parteienentwicklung erzeugt und verfestigt, die im Wesentlichen durch eine tendenzielle Schwächung der Parteien gekennzeichnet sind. Dabei gilt vor allem für die Veränderungen bei den amerikanischen Parteien im Bereich des innerparteilichen Ausleseverfahrens und der Wahlkampfführung, dass sie mit ihren Komponenten der Professionalisierung und Spezialisierung am ehesten als Amerikanisierung im Sinne einer in den USA entwickelten und erprobten, gewissermaßen exportreifen politischen Technologie interpretiert werden können.

Diesen, in ihrer Summe auf eine Schwächung der Parteien abzielenden Entwicklungen im Umfeld der amerikanischen Parteien stehen nun wiederum in der oben bereits angesprochenen zweiten Phase einige Veränderungen gegenüber, die das vertraute Bild eines mehr oder minder in Auflösung befindlichen amerikanischen Parteienwesens in Frage stellen und seit den späten 1990er Jahren in der amerikanischen Parteienforschung zur These von einem Wiedererstarken der Parteien in den USA geführt haben. Wie schon der Niedergangsthese, so liegen auch der *Revival*-These verschiedene Einzelbefunde zugrunde, die als Indizien eines umfassenden gesellschaftlichen Strukturwandels und einer darauf aufbauenden politischen Restrukturierung in den aus Europa vertrauten Dimensionen interpretiert werden können. Hier fallen zunächst Prozesse der Angleichung im gesellschaftlichen Aufbau zwischen den USA und den europäischen Gesellschaften ins Auge. Zwar beherrschen noch immer die sozialen und kulturellen Strukturen einer Einwanderungs- und Frontier-Tradition das Erscheinungsbild der amerikanischen Gesellschaft, aber daneben treten doch zunehmend die aus Europa vertrauten sozialen und ideologischen Schichtungsdimensionen zu Tage: „As economic inequality grew over the last generation...class – more and more centered on education as its key component – increasingly shaped Americans lives" (Fischer/Hout 2006: 252).

Auf der Ebene der Parteiorientierungen in der Wählerschaft ist diese Entwicklung durch das „*realignment in the south*" seit den 1970er Jahren ergänzt worden (Lamis 1999; Green/Palmquist/Schickler 2002: 140ff.). In seinem Verlauf ist es zu einer weitgehenden Umorientierung vor allem der konservativen Wählergruppen in den klassischen Südstaaten von einer bis in die Bürgerkriegszeit zurückreichenden Ausrichtung auf die Demokraten hin zu einer wesentlich stärkeren Annäherung an die Republikaner gekommen. Dies hat zu einer Vereinheitlichung der Konfliktstruktur zwischen den Demokraten und Republikanern auf dem Wählermarkt geführt. Zum oben angesprochenen Prozess des „*Dealignment*" kam also eine deutlich sichtbare Komponente des „*Realigment*" hinzu. Damit hat sich in den letzten Jahren eine gewisse Europäisierung des amerikanischen Parteienwettbewerbs vollzogen (Mielke/Sterr 2001: 200ff.), die zudem auch von einer deutlichen ideologischen Konfrontation und Konturierung begleitet ist. „Charakteristisch für das Post-New Deal-Parteiensystem ist dabei, dass sich im Prinzip in allen Regionen der USA ein kompetitives Zweiparteiensystem herausgebildet hat" (Lösche 2007: 315).

Die Vereinheitlichungstendenzen in den Wählerschaften sowohl der Demokraten als auch der Republikaner, gekoppelt mit zum Teil knappen Mehrheiten in den beiden Häusern des Kongresses, haben auf der nationalen parlamentarischen Ebene bei den Abstimmungen im Repräsentantenhaus und im Senat zu einer stärkeren Geschlossenheit entlang der Parteigrenzen geführt, die in manchen Phasen an die Fraktionsdisziplin in parlamentarischen Regierungssystemen erinnert. Diese politisch-ideologische Geschlossenheit ist Mitte der 1990er Jahre durch die Parteien aktiv propagiert worden, allen voran durch die Republikaner unter der Führung von Newt Gingrich mit ihrem „*Contract with America*"; d.h. die Parteien haben sich damit zugleich auch ganz gezielt als programmatisch-ideologische Größen profiliert (Haas/Steffani/Welz 2007: 195ff.; Lösche 2007: 317).

Schließlich sind in den letzten Jahren auch im Bereich der amerikanischen Wahlkampfführung Veränderungen sichtbar geworden, die die Parteien wieder gestärkt haben. Hatten die Wahlkämpfe mit dem Wandel der Finanzierungsmodalitäten, mit ihrer Professionalisierung und ihrer Konzentration auf die Medien und hier auf das Fernsehen seit den 1960er Jahren eine Entwicklung durchlaufen, die eine Schwächung der Parteien zugunsten des individuellen „*candidate-centered campaigning*" bedeutete, wuchs den Parteien durch das so genannte „*soft money*" eine neue Bedeutung zu. Unter dem Begriff des „*soft money*" versteht man unspezifische Spenden an die Parteien, mit denen diese wiederum die individuellen Wahlkampfausgaben der Kandidaten durch Aufwendungen für allgemeine Wahlkampfressourcen oder auch durch Werbung für bestimmte, von den Parteien propagierte Politikinhalte, flankieren können. Die Summen an „*soft money*" für die Parteien sind zwischen 1992 und 2002 förmlich explodiert: bei den Demokraten von 36 auf 246 Millionen Dollar, bei den Republikanern von 50 auf 250 Millionen Dollar (Stanley/Niemi 2006: 100). Damit spielen die Parteien in den Wahlkampagnen wieder eine bedeutsame strategische Rolle.

Aber auch die Parteiaktivisten sind in den letzten Wahlkampagnen als zentrale Wahlkampfressource wieder stärker ins Bewusstsein gerückt. Sowohl die beiden Wahlkämpfe von Bill Clinton als auch der von Barack Obama basierten neben den Instrumenten des „modernen" und vorwiegend medienzentrierten *Air War* auch in erheblichem Maße auf der Mobilisierung von vielen Tausenden von Parteiaktivisten für den „traditionellen" *Ground War*, also etwa Ermunterung und Hilfe, sich als Wähler registrieren zu lassen, oder die persönliche Ansprache von potenziellen Wählern in der Nachbarschaft oder in gezielten Telefonaktionen während der verschiedenen Phasen der Kampagnen[3].

Überblickt man die hier skizzierte Entwicklung der amerikanischen Parteien während der letzten Jahrzehnte, so zeigen sich bei den Parteien und in ihrem unmittelbaren Umfeld sehr unterschiedliche, zum Teil auch gegenläufige Prozesse. Wenn man diese Prozesse als die Summe der möglichen Amerikanisierungen ansetzt, ist die Frage zu stellen, was dies für ein angemessenes Verständnis des Amerikanisierungskonzepts bedeutet.

Zunächst erweisen sich manche der vermeintlichen Amerikanisierungselemente bei genauerem Hinsehen als Komponenten bzw. Folgen von allgemeinen gesellschaftlichen Wandlungen und Modernisierungsprozessen oder als Konsequenzen systemischer Regelungen. In ihrer Summe legt diese erste Gruppe von Amerikanisierungselementen gewissermaßen die gesellschaftlichen und institutionellen Randbedingungen des amerikanischen Parteienwettbewerbs fest. Eine Amerikanisierung in diesem Sinne bedeutet mithin die Ausweitung oder das simultane Auftreten entsprechender sozialer und kultureller Prozesse im Zuge des sozialen und wirtschaftlichen Wandels, oder aber Amerikanisierung bedeutet die gezielte Einführung entsprechender institutioneller Elemente wie wahlsystemische Veränderungen oder Neuerungen etwa der Parteien- und Wahlkampffinanzierung. Nur diejenigen Elemente, die sich auf bewusst zum Einsatz gebrachte organisatorische Regeln und (partei-)politische Techniken der amerikanischen Parteien wie die (Nicht-)Regelung des Mitgliederwesens, die Organisation der Vorwahlen oder das *campaigning* beziehen, können überhaupt sinnvoll als Amerikanisierungsstrategien im Sinne von bewusst gewählten und genutzten Handlungsoptionen im Kontext eines anderen politischen Systems eingesetzt werden. Damit wird aber zugleich auch offenkundig, dass sich hinter dem unscharfen und allgemeinen Amerikanisierungskürzel in Wirklichkeit eine komplexe Anpassungsleistung der amerikanischen Parteien an eine Situation des sozialen, wirtschaftlichen und kulturellen Wandels unter spezifischen institutionellen Randbedingungen verbirgt. Oder zugespitzt formuliert: Mit der zweiten Gruppe von Amerikanisierungselementen reagieren die Parteien in den USA auf die erste Gruppe von Amerikanisierungselementen.

Das Ergebnis dieser Anpassungsprozesse ist durchaus bemerkenswert: Der soziale Wandel und die institutionellen Randbedingungen führen keineswegs durchgängig zu einer Schwächung der – amerikanischen – Parteien. Die bissige

---

3   Selbstverständlich hat dieser, in den Kampagnen von Clinton und vor allem von Obama zu neuen Ehren gekommene Einsatz unzähliger Parteiaktivisten auch schon in den Jahrzehnten davor stattgefunden, vor allem in Wahlkämpfen unterhalb der Ebene der Präsidentenwahl. Der vielfältige Einsatz und die Bedeutung dieses traditionellen Instruments der amerikanischen Wahlkampfführung ist jedoch vor allem von den auswärtigen Wahlbeobachtern im Vergleich zu den jeweils neuen Instrumenten einer professionalisierten Kampagnenregie wohl eher unterschätzt worden.

These von David Broder – „The party's over" – aus dem Jahr 1971 hat sich nicht bewahrheitet. Weder die gesellschaftlichen und kulturellen Veränderungen und die systemischen Regelungen wie das Wahlsystem oder das präsidentielle Regierungssystem noch Reaktionen darauf, also die organisatorischen Regeln und politischen Techniken wie die Parteiorganisation, die Entscheidung gegen ein formalisiertes Mitgliederwesen, die Durchführung von Vorwahlen bei der Kandidatennominierung oder die Professionalisierung der Wahlkämpfe, haben langfristig einen eindeutigen Niedergang der amerikanischen Parteien herbeigeführt. Im Gegenteil, die amerikanischen Parteien haben sich trotz tief greifender gesellschaftlicher und kultureller Veränderungen in einem eher widrigen systemischen Kontext und trotz zwischenzeitlicher Krisen behaupten können.

3. Die Krise der deutschen Mitgliederparteien im Kontext der Amerikanisierung

Jede Diskussion über den Zusammenhang zwischen den deutschen Mitgliederparteien und wie auch immer gearteten Amerikanisierungsprozessen und Amerikanisierungsstrategien sollte mit einem Hinweis auf den in jedem Fall krisenhaften Zustand der Mitgliederparteien beginnen. Dabei muss zunächst offen bleiben, ob bereits identifizierbare Amerikanisierungstendenzen die offensichtliche Krise der Mitgliederparteien verursacht oder beschleunigt haben oder ob sie durch die Charakteristika der Mitgliederpartei selbst – gewissermaßen autochthon – ausgelöst wurde.

Den Kern der Krise bildet ein langfristiger Mitgliederschwund seit Ende der 1970er Jahre, Anfang der 1980er Jahre. War die Zahl der Parteimitglieder der Bundestagsparteien von 1968 bis 1983 von 1,15 Millionen um fast 800.000 auf 1,94 Millionen angewachsen, so kamen nach der deutschen Vereinigung bis Ende 1990 noch einmal 389.000 Mitglieder der früheren DDR-Parteien hinzu. Dies ergab den Höchststand von 2,27 Millionen Mitgliedern der Bundestagsparteien. Ende 2007 war die Mitgliederzahl auf 1,42 Millionen abgesunken, ein Rückgang von rund 37 Prozent in etwas mehr als eineinhalb Jahrzehnten. Der Mitgliederschwund wird vor allem durch eine dramatische Rekrutierungsschwäche im Bereich der jüngeren Alterskohorten in Gang gehalten, die zu einer fortschreitenden Überalterung der Mitgliederbestände gerade auch der Union und der SPD führt[4].

Der Mitgliederschwund wird in seiner Bedeutung für den Fortbestand und die Funktionstüchtigkeit der Mitgliederparteien jedoch erst durch den Verweis auf zwei andere Problembereiche offenkundig, die mit dem in Anleh-

---

4   Eine fortlaufende und jeweils aktualisierte Statistik der Mitgliederentwicklung der deutschen Parteien findet sich in den jährlichen Zusammenstellungen von Oskar Niedermayer in der Zeitschrift für Parlamentsfragen; siehe hierzu auch Oskar Niedermayer (2008).

nung an Wiesendahl umrissenen Definitionskriterium der Mitglieder als strategische Organisationsressource zusammenhängen. Zum einen muss die Mitgliederentwicklung in Bezug zu dem Anteil der tatsächlich aktiven Parteimitglieder gesetzt werden. Zum andern sollte man den Mitgliederschwund in die organisatorische Wirklichkeit der Parteigliederungen in der räumlichen Dimension projizieren.

Die Einschätzungen des Aktivistenanteils in den Parteien variieren je nach Region, dem politisch-situativen Kontext und der Stimmungslage in den entsprechenden Organisationseinheiten. Erfahrene Funktionäre aus ganz unterschiedlichen politischen Lagern sowie die verschiedenen Mitgliederstudien[5] beziffern den Aktivistenanteil zwischen 10 und 25 Prozent.

Die Mitglieder üben ihre Funktionen als Organisationsressource im Rahmen bereitstehender organisatorischer Strukturen aus. Damit ist das komplexe Netzwerk der verschiedenen Parteiorganisationen angesprochen, in dem sich zum einen die Verwaltungsstruktur in der Bundesrepublik von der Bundesebene über Länder, Kreise und Gemeinden widerspiegelt, das aber zudem auch durch die Organisationseinheiten etwa der innerparteilichen Arbeitsgemeinschaften, Vereinigungen und Sonderorganisationen sowie durch funktional definierte Arbeitsstrukturen parzelliert wird (Grabow 2000, insb. 33ff.). Die meisten dieser Organisationseinheiten genießen ein hohes Maß an Selbständigkeit, so dass die ursprünglich auf die SPD gemünzte Formel von der „lose verkoppelten Anarchie" als dominantes Organisationsprinzip eigentlich die Organisationsstruktur aller deutschen Parteien treffend umschreibt. Allerdings muss man diese Feststellung noch mit einem weiteren Vorbehalt versehen. Präzise Angaben über die Wirklichkeit der Organisationsstrukturen sind selten und lückenhaft. Im November 2006 geriet ein streng vertraulicher Vermerk des für die Mitglieder- und Organisationsentwicklung zuständigen Referenten im Willy-Brandt-Haus an den damaligen Parteivorsitzenden Kurt Beck in Umlauf. In dem Vermerk äußert er seine Besorgnis über den Zustand der sozialdemokratischen Parteiorganisation. „Lieber Kurt", so schreibt der Referent, „bei unseren Recherchen sind wir auf überraschende Ergebnisse gestoßen: ...wir haben derzeit nur noch 9.300 Ortsvereine (offiziell sprechen wir immer noch von ca. 12.000 OVs); weit mehr als die Hälfte aller Ortsvereine haben weniger als 50 Mitglieder; nur noch 427 Ortsvereine haben mehr als 200 Mitglieder; 1.624 Ortsvereine haben seit 5 Jahren und länger keine Neumitglieder mehr geworben; nur noch 15 Ortsvereine haben in den letzten 5 Jahren kontinuierlich 10 Mitglieder oder mehr geworben, das sind 0,16% aller Ortsvereine". Man sollte also die schon besorgniserregenden Daten zur Mitgliederentwicklung zusätzlich durch die Filter der Aktivierungsrate und der anarchischen und löchrigen Organisationsstruktur interpretieren und kann

---

5   Zur Übersicht der deutschen Parteimitgliederstudien siehe Walter-Rogg (2004). Die Angaben über die Aktivistenanteile in den Parteien sind vom Verfasser in einer Reihe von Gesprächen mit Mitarbeitern von Landesgeschäftsstellen der verschiedenen Parteien zusammengetragen worden.

dann erkennen, dass die Mitwirkungsmöglichkeiten der Mitglieder als strategische Organisationsressource im Sinne der hier genutzten Definition der Mitgliederpartei in weiten Bereichen schon nicht mehr realisiert werden können. Erst die Zusammenschau von Mitgliederschwund, bescheidener Aktivierungsquote und erodierender bzw. bereits hochgradig fragmentierter Organisationswirklichkeit vermittelt einen angemessenen Eindruck von dem prekären Zustand, in dem sich die deutschen Mitgliederparteien seit einigen Jahren befinden. In vielen Bereichen und auf verschiedenen Ebenen haben die Mitgliederparteien aufgehört als solche zu bestehen.

Wenn man nun die Hintergründe des Mitgliederschwunds betrachtet, wie sie etwa von Wiesendahl zusammengestellt worden sind (Wiesendahl 2006: 62ff.), so stößt man auf den bemerkenswerten Befund, dass in ihnen im Wesentlichen die sozio-ökonomischen und kulturellen Randbedingungen zum Ausdruck kommen, die auch den amerikanischen Parteien seit den 1960er Jahren immer wieder das Leben schwer gemacht haben. Fortschreitende Individualisierung und Milieuerosion, kognitive Mobilisierung, Wertewandel und eine sich parallel entfaltende Sphäre der politischen Partizipation sowie nicht zuletzt die Einflüsse der massenmedialen Freizeitgesellschaft, die Wiesendahl als Ursachen für den Mitgliederschwund identifiziert, decken sich als langfristige Prozesse mit den oben beschriebenen Amerikanisierungsprozessen im Sinne des gesellschaftlichen Wandels. Die deutschen Mitgliederparteien sind mithin in den Sog desselben Malstroms geraten wie die amerikanischen Parteien.

Von den Folgen der Amerikanisierung im Sinne der institutionellen Randbedingungen war schon die Rede. Hier gilt die These, dass mit der Übernahme eines Mehrheitswahlsystems, der Einführung zusätzlicher Direktwahlen oder gar der Übernahme einer Variante des präsidentiellen Regierungssystems eine Schwächung der Parteien mit hoher Wahrscheinlichkeit verbunden ist. Durchaus weniger bedrohlich für die Mitgliederparteien erscheinen die Amerikanisierungselemente der zweiten Gruppe, also die von den amerikanischen Parteien entwickelten organisatorischen und wahlkampfbezogenen Instrumente. Vor allem die Öffnung des traditionellen Mitgliederbegriffs hin zu einem flexiblen und abgestuften Konzept des *party activist* erscheint angesichts der Mitgliederkrise der deutschen Parteien als eine angemessenere Reaktion auf die vielfältigen Elemente des sozialen und kulturellen Wandels als das traditionelle Mitgliederverständnis, das ganz offensichtlich eine Annäherung der Parteien an die jüngeren Alterskohorten in der Bevölkerung blockiert. Nicht nur eine quantitative Ausweitung des Aktivistenbestandes gegenüber den bisherigen Mitgliederstärken ist durch eine Öffnung des Mitgliederkonzepts zu erwarten. Vor allem wird die Wahrnehmung der Aufgaben und Funktionen in der Mitglieder- bzw. Aktivistenpartei im Sinne der von Wiesendahl angeregten Definition mit neuen Interessen und erweiterten Partizipationsformen unterlegt (Mielke 2003, 2007), weil sich die soziale und kulturelle Zusammensetzung der „strategischen Organisationsressource" verändert. Überdies zeigt die Entwicklung der amerikanischen Parteien seit den 1990er Jahren, dass die Hinwendung zu einer differenzierten und prinzipiell offenen Anhängerschaft keineswegs im Widerspruch zu dem Merkmalsprofil der Mitgliederpartei steht. Programm- und *Policy*-Orientierung, die organisatorische Nutzung von *party activists* bei der Durchführung von Wahlkämpfen und der Kommunikation mit Anhängern in thematischen Kampagnen, aber auch die Wahrnehmung demokratischer Exklusivrechte wie die Konzentration auf politische Karrieren sind auch in Aktivistenparteien ohne weiteres möglich, ein oft beschworenes Abgleiten ins programmatisch-ideologisch Unverbindliche ist keineswegs wahrscheinlich.

Von besonderem Interesse für die deutschen Mitgliederparteien sind die Amerikanisierungselemente, die auf eine Revitalisierung der Elitenrekrutierung in Verbindung mit einer erfolgsorientierten Wahlkampfausrichtung abzielen. Hier haben sich in den letzten Jahrzehnten vor allem bei den großen Parteien erhebliche Defizite abgezeichnet, die Mitwirkung der Parteimitglieder ist dabei stark abgesunken. Verschiedene Ursachen wirken hier zusammen, die die Führungsauslese über das Instrument der Parteitage in Frage stellen. Zum einen vollzog sich eine Pluralisierung der Parteien. Diese Pluralisierung mit ihren zentrifugalen Tendenzen bildet sich auch im Spektrum der Parteitagsdelegierten ab, das überdies mit der Patina der fortschreitenden Überalterung der Mitgliedschaft überzogen wird. Zum andern werden Parteitage mehr und mehr zu Bühnen, auf denen möglichst medienwirksam Geschlossenheit und Unterstützung der amtierenden Elite inszeniert werden. Dies gilt besonders für Parteitage im Vorfeld von Bundes- und Landtagswahlen. Eine offene, von den Mitgliedern bzw. den Delegierten beeinflusste Konkurrenz um Führungspositionen findet in dieser Kulisse kaum noch statt. Elemente des innerparteilichen Elitenwettbewerbs verlagern sich stattdessen in ein weitgehend abgeschlossenes System von Elitenzirkeln, die ihre Rivalitäten über die Nutzung der zentralen Ressource Medienzugang austragen. Ein „*Warlord*-System" ist die Folge, in dem sich die Mitglieder der Führungsriege mit ihren Gefolgsleuten auf einen durchaus professionell geführten, innerparteilichen Ausscheidungskampf ohne feste Regeln und vor allem ohne Einbeziehung der Mitglieder ausrichten. Vor allem die zahlreichen Führungswechsel in der SPD während der letzten beiden Jahrzehnte sind weitgehend nach diesem Muster verlaufen, aber auch in der Union sind ähnliche Tendenzen sichtbar geworden (Mielke 2009).

Im Vergleich zu den amerikanischen Parteien fällt vor allem die Ausblendung von konkurrierenden Positionen und der Mitglieder bei diesen Ausscheidungskämpfen zwischen den „*Warlords*" auf. Dies erklärt, dass sich sowohl bei der SPD als auch bei den Unionsparteien einerseits dramatische politische Kurswechsel in den letzten beiden Jahrzehnten vollzogen haben, dass andererseits jedoch diese grundlegenden Kurswechsel und die damit verbundenen, teilweise schweren Wahlniederlagen überhaupt keine innerparteilichen Kontroversen unterhalb der „*Warlord*"-Ebene entfachen konnten. Die überalterte, auf einen geringen Aktivistenanteil reduzierte und in ihren anarchischen Strukturen eingepferchte Mitgliedschaft ist ohne die Stimulanzen der Öffnung in neue gesellschaftliche Bereiche und ohne die Anreize einer institutionalisierten innerparteilichen Wettbewerbssituation nicht mehr in der Lage, im organisatorischen Rahmen der Parteien Konflikte zu artikulieren und zu verarbeiten. Gerade die von Wiesendahl angeregte funktionale Definition der Mitgliederpartei offenbart die aus den traditionellen Strukturelementen resultierenden Funktionsschwächen.

Die Abkapselung der Elitensphäre verweist auf die oft fehlinterpretierte Funktion der innerparteilichen Auswahlverfahren in den amerikanischen Parteien, die ja – so die These von Katz und Kolodny – ebenfalls nur eine lose verkoppelte Anarchie als Organisationsprinzip aufweisen. Mit dem über *caucuses* und *primaries* organisierten System der Vorwahlen auf allen Ebenen erfolgt eine Öffnung und Vitalisierung der Eliteauswahl, die in hohem Maße den Anforderungen an die Elitenrekrutierung in Mitgliederparteien entspricht. Die präzise Ritualisierung dieses Auswahlsystems lässt sowohl in der ersten Phase Elemente des innerparteilichen Konflikts ins Spiel kommen als auch in der darauf folgenden Phase der *National Conventions* die Verpflichtung zur Versöhnung, zur innerparteilichen Geschlossenheit und Solidarität in den Vordergrund treten.

So erscheinen die beiden auf den ersten Blick fremdartigen Amerikanisierungselemente der Öffnung des deutschen Mitgliedskonzepts zugunsten eines flexiblen Aktivistenkonzepts und die Einbeziehung der dann weit gefassten Mitglieder bzw. Aktivisten und Sympathisanten in die Eliteauswahl und deren konsequente Ausrichtung auf die Wahlen kurioserweise besonders geeignet, die brennenden Probleme der Mitgliederparteien zu lindern und den schwächelnden Parteien neues Leben einzuhauchen. Überwindung der Krise durch Amerikanisierung: So ließe sich dieser Befund zuspitzen.

4. Fazit

Amerikanisierung – das ist das Fazit dieser vorläufigen Exploration – ist also keineswegs gleichbedeutend mit einer pauschalen Bedrohung oder Schwächung der Mitgliederparteien. Eine sinnvolle Diskussion der Chancen und Risiken der Amerikanisierung aus der Perspektive der deutschen Mitgliederparteien kann nur vor einer differenzierten Betrachtung der amerikanischen Parteien in ihrem Umfeld und von einer Differenzierung des unscharfen Amerikanisierungsbegriffs in verschiedene Komponenten ausgehen. Dabei zeichnen sich drei größere Problemzusammenhänge ab, die jeweils als Ausformungen von Amerikanisierung verstanden werden können: gesellschaftliche Problemlagen, institutionelle Rahmenbedingungen und politisch-organisatorische Strategien.

Die amerikanischen Parteien haben sich an eine gesellschaftliche Amerikanisierung im Sinne von weit reichenden sozialen und kulturellen Veränderungen anzupassen, die sich nicht auf die USA beschränken, sondern als allgemeine Modernisierungsphänomene auch vielen sozialen Umbrüchen in der Bundesrepublik entsprechen. Allerdings agieren die Parteien in den USA in einem institutionellen Rahmen, der zweiten Dimension von Amerikanisierung, der Parteien tendenziell schwächt und eine Fragmentierung und Personalisierung des demokratischen Prozesses befördert. Die amerikanischen Parteien haben jedoch unter dem Eindruck wachsender gesellschaftlicher und kultureller Komplexität in den letzten Jahrzehnten organisatorische und kommunikative Strategien – die dritte Dimension der Amerikanisierung – entwickelt und fortlaufend verfeinert, mit deren Hilfe sie gestärkt aus einer durchaus bedrohlichen Krise hervorgehen konnten.

Die Position der deutschen Mitgliederparteien gegenüber dem Topos der Amerikanisierung ist eigentümlich ambivalent. Ohne jeden Zweifel durchlaufen sie seit geraumer Zeit eine Krise, die von mehreren Faktoren ausgelöst und beschleunigt wird, die auch in der Niedergangsdiskussion um die amerikanischen Parteien eine Rolle gespielt haben. In diesem Sinne sind sie in der Tat vom Sog der Amerikanisierung erfasst worden: Die Tanker sind in schweres Wasser geraten. Dabei bewegen sich die deutschen Parteien unter der Randbedingungen des Verhältniswahlsystems und der parlamentarischen Demokratie in einem institutionellen Rahmen, der Parteien in ihrer öffentlichen Sichtbarkeit und Geschlossenheit grundsätzlich begünstigt. Freilich, die Organisationstraditionen früherer typologischer Durchgangsstadien der deutschen Parteien, vor allem das aus der Tradition der Massenintegrationspartei überkommene Mitgliederverständnis, aber auch die Weigerung der alten Parteieliten, den neuen Teilhabeerwartungen zu entsprechen, haben die Parteiorganisation weitgehend sklerotisiert. Die fortschreitende Überalterung der Mitgliederparteien senkt die Lernfähigkeit und Responsivität als Organisation, die Abschottung von Teilhabeerwartungen erzeugt eine Parteielite, die immer weniger Bezüge in das gesellschaftliche Umfeld und auch nur noch eine geringe Reaktionsbereitschaft auf die Folgen ihres politischen Handelns für die Parteien entwickelt. Das Festhalten an einem rigiden und formellen Mitgliederkonzept und die Verweigerung partizipativer Anreize untergraben die Grundlage des Konzepts der Mitgliederpartei, die Integration eines breiten Spektrums sozialer Gruppen durch die Möglichkeit innerparteilicher Funktionsausübung. Einer Übernahme der in den USA so erfolgreichen organisatorischen und kommunikativen Strategien steht man in den deutschen Parteien gleichwohl skeptisch gegenüber. Um im Bild zu bleiben: Die Tanker befinden sich mittlerweile in akuter Seenot, aber noch hofft man verbissen auf die alten Bordmittel.

Literatur

Broder, David (1971): The Party's Over, New York: Harper and Row.
Fischer, Claude S./Hout, Michael (2006): Century of Difference. How America Changed in the Last One Hundred Years, New York: Russell Sage Foundation.
Fraenkel, Ernst (1959): Amerika im Spiegel des deutschen politischen Denkens, Köln: Opladen.
Grabow, Karsten (2000): Abschied von der Massenpartei. Die Entwicklung der Organisationsmuster von SPD und CDU seit der deutschen Vereinigung, Wiesbaden: Deutscher Universitäts-Verlag.
Green, Donald/Palmquist, Bradley/Schickler, Eric (2002): Partisan Hearts and Minds. Political Parties and the Social Identities of Voters, New Haven: Yale University Press.
Haas, Christoph M./Steffani, Winfried/Welz, Wolfgang (2007): Der Kongreß, in: Wolfgang Jäger, Christoph M. Haas und Wolfgang Welz (Hrsg.), Regierungssystem der USA. Lehr- und Handbuch. 3., überarb. u. akt. Aufl., München: Oldenbourg, S. 99-128.
Henningsen, Manfred (1974): Der Fall Amerika. Zur Sozial- und Bewusstseinsgeschichte einer Verdrängung, München: List.
Hofmann, Bernd (2004): Annäherung an die Volkspartei. Eine typologische und parteiensoziologische Studie, Wiesbaden: VS-Verlag.
Jun, Uwe (2004): Der Wandel von Parteien in der Mediendemokratie. SPD und Labour Party im Vergleich, Frankfurt am Main: Campus.
Katz, Richard S./Kolodny, Robin (1994): Party Organization as an Empty Vessel: Parties in American Politics, in: Richard S. Katz und Peter Mair (Hrsg.), How Parties Organize. Change and Adaptation in Party Organizations in Western Democracies, London: Sage, S. 23-50.
Katz, Richard S./Mair, Peter (1995): Changing Models of Party Organization and Party Democracy. The Emergence of the Cartel Party, in: Party Politics 1. Jg. (1), S. 5-28.
Kirchheimer, Otto (1965): Der Wandel des westeuropäischen Parteiensystems, in: PVS 6. Jg. (1), S. 20-41.
Klumpjan, Helmut (1998): Die amerikanischen Parteien. Von ihren Anfängen bis zur Gegenwart, Opladen: Leske + Budrich.
Kremp, Werner (1993): In Deutschland liegt unser Amerika. Das sozialdemokratische Amerikabild von den Anfängen der SPD bis zur Weimarer Republik, Münster: LIT.
Kremp, Werner (2007): Fremdelnde Freunde. SPD und USA, in: Forschungsjournal Neue Soziale Bewegungen 20. Jg. (4), S. 5-15.
Lamis, Alexander P. (Hrsg.) (1999): Southern Politics in the 1990s, Baton Rouge: Louisiana State University Press.
Lipset, Seymour M./Rokkan, Stein (1967): Cleavage Structures, Party Systems, and Voter Alignments, in: Dies. (Hrsg.), Party Systems and Voter Alignments. Cross-National Perspectives, New York: Free Press, S. 1-64.
Lösche, Peter (2007): Die politischen Parteien, in: Wolfgang Jäger, Christoph M. Haas und Wolfgang Welz (Hrsg.), Regierungssystem der USA. Lehr- und Handbuch, 3., überarb. u. akt. Aufl., München: Oldenbourg, S. 289-325.

McSweeny, Dean (1991): Is the Party over? Decline and Revival in the American Party System, in: Robert Williams (Hrsg.), Explaining American Politics. Issues and Interpretations, London: Routledge, S. 144-166.
Mielke, Gerd (1994): Parteiensystem in der Krise oder Annäherung an die demokratische Normalität? Mutmaßungen zur Amerikanisierung der deutschen Parteien, in: Wolfgang Jäger, Hans-Otto Mühleisen und Hans-Joachim Veen (Hrsg.), Republik und Dritte Welt. Festschrift für Dieter Oberndörfer zum 65. Geburtstag, Paderborn: Schöningh, S. 231-242.
Mielke, Gerd (2003): Parteien zwischen Kampagnenfähigkeit und bürgerschaftlichem Engagement, in: Enquete-Kommission „Zukunft des Bürgerschaftlichen Engagements" des 14. Deutschen Bundestages (Hrsg.), Bürgerschaftliches Engagement in Parteien und Bewegungen, Opladen: VS-Verlag, S. 157-166.
Mielke, Gerd (2007): Auf verlorenem Posten? Parteien in der Bürgergesellschaft, in: Forschungsjournal Neue Soziale Bewegungen 20. Jg. (4), S. 63-71.
Mielke, Gerd (2009): Parteienkrise durch Parteieliten? Anmerkungen zur Diskussion über den Niedergang der deutschen Parteien, in: Hanna Kaspar, Harald Schoen, Siegfried Schumann und Jürgen R. Winkler (Hrsg.), Politik – Wissenschaft – Medien. Festschrift für Jürgen W. Falter zum 65. Geburtstag, Wiesbaden: VS-Verlag, S. 377-390.
Mielke, Gerd/Sterr, Martin (2001): Campaigning and cleavages. Die amerikanischen Parteien zwischen Wahlkampf und Klassenkampf, in: Ulrich Eith und Gerd Mielke (Hrsg.), Gesellschaftliche Konflikte und Parteiensysteme, Wiesbaden: Westdeutscher Verlag, S. 185-202.
Mintzel, Alf (1989): Großparteien im Parteienstaat der Bundesrepublik, in: Aus Politik und Zeitgeschichte B 11, S. 3-14.
Niedermayer, Oskar (2008): Parteimitgliedschaften im Jahre 2007, in: Zeitschrift für Parlamentsfragen 39. Jg. (2), S. 379-386.
Schlesinger, Arthur M. Jr. (1987): The Short Happy Life of American Political Parties, in: Ders. (Hrsg.), The Cycles of American History, London: Deutsch, S. 256-277.
Schreyer, Söhnke (2007): Wahlsystem und Wählerverhalten, in: Wolfgang Jäger, Christoph M. Haas und Wolfgang Welz (Hrsg.), Regierungssystem der USA. 3. überarb. u. akt. Aufl., München: Oldenbourg, S. 265-288.
Schwan, Gesine (1986): Das deutsche Amerikabild seit der Weimarer Republik, in: Aus Politik und Zeitgeschichte B 26, S. 3-15.
Stanley, Harold W./Niemi, Richard G. (2006): Vital Statistics on American Politics 2005-2006, Washington/D.C.: CQ Press.
Trommler, Frank (1986) (Hrsg.): Amerika und die Deutschen. Bestandsaufnahme einer 300jährigen Geschichte, Opladen: Westdeutscher Verlag.
Walter-Rogg, Melanie (2004): Übersicht deutsche Parteimitgliederstudien, in: Dies. und Oscar W. Gabriel (Hrsg.), Parteien, Parteieliten und Mitglieder in einer Großstadt, Wiesbaden: VS-Verlag, S. 313-320.
Wasser, Hartmut (1983): Die Deutschen und Amerika – Umrisse einer Beziehung, in: Ders. (Hrsg.), Die USA – der unbekannte Partner, Paderborn: Schöningh, S. 11-35.
Wattenberg, Martin P. (1998): The Decline of American Political Parties 1952-1996, Cambridge/Ma.: Harvard University Press.
Wiesendahl, Elmar (2006): Mitgliederparteien am Ende? Eine Kritik der Niedergangs-Diskussion, Wiesbaden: VS-Verlag.

Klaus Detterbeck

Die Relevanz der Mitglieder: Das Dilemma effektiver Partizipation

1. Einleitung[1]

Parteien in westlichen Demokratien verlieren kontinuierlich Mitglieder. Der Organisationsgrad, der den Anteil von Parteimitgliedern an der Gesamtwählerschaft bemisst, ist in nahezu allen OECD-Staaten seit Jahrzehnten rückläufig. Dramatisch ist der Verlust etwa in Dänemark oder Schweden, wo in den 1960er Jahren noch über 20 Prozent der Wählerschaft in Parteien organisiert waren. Gegen Ende des Millenniums war die Mitgliederrate in beiden Ländern auf etwa 5 Prozent gesunken. Auch in Österreich, das heute über eine außergewöhnlich hohe Organisationsdichte von rund 17 Prozent verfügt, waren in den 1960er Jahren mit 26 Prozent noch deutlich mehr Wähler mit einem Parteibuch ausgestattet. Lediglich in Deutschland und Japan, zwei Ländern mit einem sehr niedrigem Organisationsgrad zu Beginn des Untersuchungszeitraums in den 1960er Jahren war ein leichter Anstieg bis Ende der 1990er feststellbar (Scarrow 2000; Mair/van Biezen 2001). Dies gilt in ähnlicher Weise für die jüngeren Demokratien in Südeuropa (Morlino 1998; Heidar 2006).

In Deutschland stieg der Anteil der eingeschriebenen Parteimitglieder, der zu Beginn der 1960er bei 2,5 Prozent lag bis Ende der 1980er auf 4,2 Prozent an (Katz et al. 1992: 334). Die beiden Großparteien, SPD und CDU, konnten in dieser Phase gesellschaftlicher Mobilisierung massiv an Mitgliedern hinzugewinnen. Ab den 1980er Jahren setzte jedoch auch in Deutschland ein Mitgliederschwund ein, der durch die organisatorische Schwäche der Parteien in Ostdeutschland noch verstärkt wird. 2003 waren etwa 1,55 Millionen Bundesbürger Mitglied in einer der sechs im Bundestag vertretenen Parteien. Der Organisationsgrad lag somit mit 2,5 Prozent wieder beim Ausgangsniveau der 1960er (Mair/van Biezen 2001: 15; Florack et al. 2005: 97).

Auch der nähere Blick auf die jüngere Mitgliederentwicklung der deutschen Parteien belegt die Auszehrung. Zwischen 1992 und 2008 haben, aus historischen Sondersituationen heraus, PDS/Die Linke (minus 49 Prozent)

---

1 Bei dem folgenden Beitrag handelt es sich um eine für einen Vortrag überarbeitete Fassung einer früheren Arbeit (Detterbeck 2005). Ich danke Udo Zolleis, Daniel Buhr, Vito Cecere und Studierenden der Universität Tübingen, die an der Tagung in Wildbad Kreuth im Juni 2007 teilgenommen haben, für Anregungen und Hinweise.

und FDP (minus 37 Prozent) erhebliche Mitgliederverluste zu verzeichnen gehabt. Aber auch die SPD (minus 40 Prozent), die CDU (minus 26 Prozent) und, schwächer, die CSU (minus 9 Prozent) sind in diesem Zeitraum deutlich geschrumpft. Lediglich die mitgliederschwachen Grünen (plus 22 Prozent) konnten einen Zuwachs an Mitgliedern vermelden (vgl. Tabelle 1).[2] Momentan wächst auch die neuformierte Linke wieder in ihrem Mitgliederbestand. Sie hat in der ersten Hälfte des Jahres 2008 rund 3.000 neue Mitglieder gewonnen (Süddeutsche Zeitung vom 29.7.2008).

Neben dem allgemeinen Trend des Mitgliederrückgangs sind es spezifische Schwächen der Parteien, die den Eindruck mangelnder Bindung noch verstärken. Hierzu zählen in erster Linie die geringe Rekrutierungsfähigkeit der Parteien in Ostdeutschland, die Passivität vieler Parteimitglieder in Hinsicht auf das Organisationsleben, der weiterhin unterproportionale Anteil von Frauen und die geringe Anzahl junger Parteimitglieder (Wiesendahl 2001; Niedermayer 2007)

Tabelle 1: Mitgliederzahlen deutscher Parteien, 1992-2008 (in Tsd.)

	1992 (Dez.)	2008 (Juni)
SPD	886	530
CDU	714	531
CSU	182	166
Linke	147	75
FDP	103	65
Grüne	36	44

Quelle: Niedermayer 2007; Süddeutsche Zeitung vom 29. Juli 2008

In der Literatur finden sich zwei unterschiedliche, wenn auch komplementäre Erklärungsmuster für den generellen Niedergang der Mitgliederzahlen (Scarrow 1994). In der ersten Perspektive wird betont, dass Parteien zunehmend weniger auf Mitglieder angewiesen sind oder Mitglieder aus Sicht der Parteiführungen gar eine Belastung sein können. Somit würde der Mitgliederschwund eine strategisch erwünschte oder zumindest tolerierte Begleiterscheinung moderner Parteien darstellen. In der zweiten Perspektive werden Parteien hingegen eher als Opfer gesellschaftlicher Entwicklungen gesehen, die sie kaum kontrollieren können und die es ihnen zunehmend erschwert, Mitglieder zu rekrutieren. Somit würde der Mitgliederschwund von den Parteien gegen ihren Willen erlitten.

Ich werde im Folgenden zunächst die Argumentationslinien dieser beiden Erklärungsmuster näher beleuchten. Daran anschließend werde ich der Frage

---

2 Die steilere Verlustkurve bei der SPD führte im Sommer 2008 dazu, dass die CDU erstmals zur mitgliederstärksten Partei in der Bundesrepublik aufstieg. Zum Stichtag 30. Juni 2008 gehörten der Christdemokratie genau 761 Mitglieder mehr an als der Sozialdemokratie (Süddeutsche Zeitung vom 29. Juli 2008).

nachgehen, inwiefern heutige Parteien Mitglieder benötigen. Die Grundthese, auf die ich im Schlussteil näher eingehen werde, lautet, dass Parteien zwar durchaus einen weiterhin hohen Bedarf an Mitgliedern haben, sich aber zugleich in einem strategischen Dilemma befinden, diesen Mitgliedern bedeutungsvolle Partizipationsrechte zu gewähren.

2. Erklärungsmuster für den Rückgang der Mitgliederzahlen

2.1 Theorien des abnehmenden Mitgliederbedarfes

Die Annahme, dass Parteien auch mit weniger Mitgliedern gut (oder gar besser) leben können, lässt sich auf drei Theoriestränge zurückführen. Erstens kann mit der „realistischen Theorie der Demokratie", die wesentlich von Schumpeter und Lipset formuliert worden ist, die Dominanz politischer Eliten in einer Massendemokratie legitimiert werden. Das Konkurrenzparadigma, von Anthony Downs (1957) in die Parteienforschung eingeführt, sieht die Demokratie durch den zwischenparteilichen Wettbewerb verwirklicht. Dem Volk, als in seiner Mehrheit passivem Elektorat, kommt dabei lediglich die Aufgabe zu, zwischen konkurrierenden professionellen Führungsgruppen auszuwählen und die Regierung durch die Möglichkeit der Abwahl verantwortlich zu halten.

Mit dieser demokratietheoretischen Wende, die vor allem im anglo-amerikanischen Raum vollzogen wurde, erscheint die Elitenherrschaft somit nicht mehr, wie etwa noch bei Michels, als Krisenphänomen der Parteiendemokratie, sondern als notwendiger Bestandteil einer stabilen, effizienten und funktionsfähigen Demokratie (Wiesendahl 1980: 118-128). Innerparteiliche Demokratie ist in diesem Verständnis eher schädlich, da sie die Flexibilität der politischen Führung in der Erfüllung der Wählerpräferenzen behindert. Zudem birgt eine zu hohe Partizipationsrate die Gefahr der politischen Instabilität, indem sich die Eliten stärker an den radikalen Parteiaktivisten als an den moderaten Wählern orientieren (May 1973; Heidar 2006: 308f.).[3]

Zweitens ist in der Parteienforschung früh, etwa durch Otto Kirchheimer (1965) oder Leon D. Epstein (1967), auf den technologischen und institutionellen Wandel nach 1945 hingewiesen worden. Dieser, so die Annahme, macht Parteien zunehmend unabhängiger von den materiellen Ressourcen ihrer Mitgliederorganisationen. Hierbei ist in erster Linie an den Aufstieg der Massenmedien in der politischen Kommunikation zu denken, der es politischen Eliten erlaubt, Wähler ohne die Vermittlung einer Parteimaschinerie anzusprechen. In Wahlkämpfen ersetzen professionelle Medienexperten und

---

3 Vgl. hierzu aber die empirischen Analysen von Herbert Kitschelt (1989) und Pippa Norris (1995), auf die ich weiter unten zurückkommen werde.

Werbefachleute die altgedienten Parteibürokraten in den Parteizentralen. Zentralisierung, Professionalisierung und Kapitalintensität sind entscheidende Merkmale heutiger Kampagnenführung (Panebianco 1988; Jun 2004).

Der Wahlkampf vor Ort durch lokale Aktivisten hingegen besitzt, so der Eindruck, angesichts nationaler Kampagnen in den Massenmedien, der Konzentration auf nationale Spitzenkandidaten und auf moderne Technologien – etwa einem zentral gesteuerten „targeting" bestimmter Zielgruppen via „direct mailing" – nur noch eine geringe Bedeutung für das Wahlergebnis (Farrell 2006).

Hinzu kommt, dass die Parteien in der Nachkriegszeit auf institutioneller Ebene mit der Durchsetzung und Ausweitung staatlicher Finanzierung neue Ressourcen erschließen konnten, die sie von Mitgliedsbeiträgen und Spenden unabhängiger gemacht haben. Parteien haben es dabei geschafft, die schwächer werdende gesellschaftliche Verankerung durch eine Hinwendung zur staatlichen Sphäre zu kompensieren (Katz/Mair 1995).

Drittens lässt sich in der Beschreibung des Wandels dominanter Parteitypen sehr deutlich eine Marginalisierung der Mitgliederorganisation ablesen (Mair 1997; Krouwel 2006). Das bestimmende Merkmal moderner Volksparteien ist ihre elektorale und organisatorische Öffnung für eine sozial heterogene Anhängerschaft. Die Öffnung dient dem Ziel der Stimmenmaximierung in einer Wählerschaft, die aufgrund der Erosion zuvor fest gefügter gesellschaftlicher Lager kaum noch über feste parteipolitische Bindungen verfügt. Wählerorientierung und soziale Heterogenität der Parteien führen, so das Argument, unmittelbar zu einer „Entwertung der Rolle des einzelnen Parteimitglieds" (Kirchheimer 1965: 32).

Im Kontrast zur Massenpartei, die ihren Mitgliedern eine politische Identität gegeben habe und sie in allen Lebensbereichen in ihr Organisationsnetz einzubinden suchte, verlange die ideologisch und organisatorisch „schmale" Volkspartei ihren Mitgliedern weniger Verpflichtungen ab, etwa freiwillige Arbeit für die Partei zu leisten oder die Finanzierung der Organisation zu gewährleisten, gestehe ihr jedoch auch weniger Rechte zu, über die Parteipolitik in den Gremien der Mitgliederorganisation mitzubestimmen (Heidar 2006: 301ff.). In der Theorie der Kartellpartei wird daraus die paradoxe Stärkung atomisierter Einzelmitglieder, etwa in parteiinternen Urabstimmungen, bei einer gleichzeitigen Entwertung der Rolle von Parteivorständen und Parteitagen (Katz/Mair 1995).

Die Folgen sind somit eine größere Handlungsautonomie einer sich professionalisierenden Parteispitze einerseits, eine größere Distanz und eine weniger enge Bindung der Anhängerschaft zu ihrer Partei andererseits. Mitglieder sind in diesem Sinne kaum noch in die eigentliche Parteiarbeit involviert, sie sind weder für die Finanzierung noch für die politische Arbeit von großer Bedeutung (Katz 1990: 145-146; Mair 1997: 33-38).

Die gemeinsame Basis aller drei Theoriestränge liegt darin, dass davon ausgegangen wird, dass Parteien nur noch einen geringen Bedarf an den Leistungen haben, die von den Mitgliedern erbracht werden können. Mitglieder sind demzufolge bestenfalls unwichtig, schlimmstenfalls störend.

2.2 Theorien der Rekrutierungsschwäche

Im Gegensatz dazu stehen Erklärungsansätze die betonen, dass Parteien weitgehend die Fähigkeit verloren haben, Bürger zur Mitarbeit zu motivieren. In dieser Perspektive sind es die Schwächen moderner Parteien und nicht ihre strategischen Kalküle, die den Mitgliederschwund erklären (Scarrow 2000: 83).[4] Auch hier können wiederum drei Theoriestränge unterschieden werden.

Der erste Strang fokussiert auf die Repräsentationsdefizite moderner Parteien und steht in engem Zusammenhang mit der zuvor skizzierten Entwicklung zu Volksparteien. Die Erosion der sozialen Milieus, die Fragmentierung sozialer Großgruppen und Individualisierungstendenzen in der Gesellschaft haben zu einer Abnahme stabiler politischer Bindungen geführt (Ware 1996; Dalton 2000; Jun 2002). Mit der Abschwächung der funktionalen Konfliktlinien von Klasse und Religion sind Fragen der Weltanschauung nur noch selten Gegenstand der politischen Debatte, „the great struggles are over" (Mair 1997: 39). Politische Identitäten sind somit diffuser geworden und können nicht mehr in selbem Umfang wie früher politisch-zielgerichtete Bindungsmotive (purposive incentives) für Parteimitglieder darstellen.

Wie andere gesellschaftliche Großorganisationen sind die heutigen Parteien von einer starken internen Heterogenität gekennzeichnet, die eine einigende Klammer nur selten zulässt (Lösche 1995: 186ff.). Das Fehlen eines klaren Repräsentationsmandates oder eines gesellschaftlichen Reformprojektes erschwert es den Parteien Begeisterung zu entfachen und politisch Interessierte dauerhaft an sich zu binden.

Der zweite Aspekt der Rekrutierungsschwäche hängt mit dem gestiegenen Bildungsniveau und der Ausbreitung der politischen Medienkommunikation in den westlichen Gesellschaften zusammen. Ein höherer Bildungsstand weiter Teile der Bevölkerung führt zu größerer Unabhängigkeit in der politischen Meinungsbildung und schwächt somit die traditionelle Sozialisierungsrolle intermediärer Organisationen wie Parteien. Mit diesem Funktionsverlust ist ein Zugang zu Mitgliederengagement weitgehend verschüttet (von Beyme 1984; Niedermayer 2001). Zugleich weckt ein höheres Maß an politischer Information höhere Ansprüche an politische Partizipationsmöglichkeiten und fördert die Unzufriedenheit mit dem hierarchischen und elitezentrierten Politikstil etablierter Parteien. Den Parteien ging somit zumindest ein

---

4   Die Literatur nimmt hier Bezug auf die individuellen Anreizstrukturen und unterscheidet nach Peter Clark und James Wilson (1961) zwischen politischen (purposive incentives), sozialen (solidary incentives) und materiellen (material incentives) Motiven für eine Parteimitgliedschaft (vgl. hierzu den Beitrag von Niedermayer in diesem Band)

Teil der politisch interessierten Jugend verloren, die sich alternativen Formen der politischen Beteiligung zuwandten, etwa den neuen sozialen Bewegungen oder Anti-Globalisierungsgruppen (Dalton/Küchler 1990).

Die dritte Schwäche der Parteien ist der Verlust an sozialen Motiven (solidary incentives) für eine Parteimitgliedschaft. Parteien waren immer auch ein Ort der Gemeinschaftsbildung, der (überwiegend unpolitischen) Freizeitgestaltung und der sozialen Interaktion. Hier haben die Parteien in der Nachkriegszeit deutlich an Bedeutung verloren. Dies hängt wiederum mit der Abschmelzung der organisatorischen Netzwerke in der Ära der Volksparteien zusammen, mit dem Aufkommen alternativer und vermeintlich attraktiverer Freizeitangebote (z.B. des Fernsehens oder überparteilicher Sport- und Musikvereine), mit veränderten Konsumgewohnheiten aufgrund des höheren Wohlstandes in der Bevölkerung und der Lockerung sozialer und religiöser Verhaltensnormen (Ware 1996: 75f.).[5] Damit haben die Parteien allerdings Mitglieder verloren, die aus Sicht einer auf Handlungsfreiheit ausgerichteten Parteiführung nahezu ideal wären: Sie gelten einerseits als relativ loyal und wenig ideologisch, andererseits als relativ einsatzfreudig, da es ihnen um das Gemeinschaftserlebnis geht (Ware 1992: 81ff.).

Wenn man diesen Argumentationen folgen will, so sind zumindest die politischen und sozialen Motive für eine Parteimitgliedschaft in den letzten Jahrzehnten deutlich unterminiert worden.[6] Daraus resultieren Mitgliederverluste, sowie eine kritischere Distanz bei den verbliebenen Mitgliedern, insbesondere bei den politisch motivierten Aktivisten, zu ihren Parteien.

Obwohl die beiden vorgestellten Erklärungsmuster – Parteien brauchen kaum noch Mitglieder versus Bürger wollen kaum noch Mitglieder werden – zu sehr unterschiedlichen Aussagen gelangen können, inwiefern heutige Parteien auf ihre Mitgliederorganisationen angewiesen sind, werden sie oftmals argumentativ verknüpft und als komplementäre Erklärungen benutzt: In einem gleichzeitig ablaufenden und sich gegenseitig verstärkenden Prozess hätten einerseits Mitglieder an Bedeutung für die Parteien verloren, andererseits jedoch auch Parteien als Betätigungsfeld für politisch interessierte Bürger an Attraktivität eingebüßt. Beides zusammen erklärt das Absinken der Mitgliederzahlen. Für Parteimanager ist es demzufolge schwieriger, zeitgleich aber auch unbedeutender geworden, Mitglieder zu rekrutieren (Katz 1990: 144ff.; Scarrow 2000: 83f.).

---

5   Alan Ware (1992: 85) verweist etwa darauf, dass die britischen Konservativen bis in die 1960er auch deshalb so viele junge Menschen anziehen konnten, weil ihre Veranstaltungen ein sozial anerkannter Ort der Partnersuche waren.
6   Die Expansion des staatlichen Sektors nach 1945 hat hingegen zu einem Zuwachs des Patronagepotentials der Parteien geführt (von Beyme 1993; vgl. unten). Die Stärkung selektiver materieller Anreize für Parteimitgliedschaften kann etwa mit dem eingangs erwähnten hohen Organisationsgrad österreichischer Parteien in Verbindung gebracht werden (Müller 1994: 51-52).

Die Relevanz der Mitglieder: Das Dilemma effektiver Partizipation

3. Wofür brauchen Parteien (noch) Mitglieder?

An dieser Stelle der Diskussion möchte ich nun etwas genauer betrachten, ob und inwiefern heutige Parteien Mitglieder brauchen oder auf sie verzichten können. Dabei können einige der bislang referierten Argumentationen empirisch relativiert werden. In der Literatur wird die Beantwortung der Frage nach der Relevanz von Mitgliedern vor allem von sechs Punkten abhängig gemacht (Scarrow 1994: 45-50; Mair 1997: 146-148). Tabelle 2 fasst meine Einschätzung dieser Aspekte zusammen und verdeutlicht, dass eine Differenzierung vorgenommen werden sollte: In mancherlei Hinsicht haben Mitglieder an Bedeutung verloren, bei anderen Aspekten ist ihre Relevanz erhalten geblieben und, so würde ich argumentieren, in Hinblick auf die Rekrutierungsfunktion der Parteien hat ihre Wichtigkeit im Zeitverlauf eher noch zugenommen.

Tabelle 2: Die Relevanz der Mitglieder für heutige Parteien

Mitglieder haben (partiell) an Relevanz verloren	Mitglieder sind ähnlich wichtig geblieben	Mitglieder sind wichtiger geworden
Arbeitseinsatz	Demokratische Legitimation Repräsentation in der Gesellschaft	Rekrutierung des politischen Personals
Finanzierung	Wahlerfolg	

Quelle: Eigene Darstellung

3.1 Arbeitseinsatz und Finanzierung

Der freiwillige und unentgeltliche *Arbeitseinsatz der Mitglieder* für ihre Parteien gilt als eines der zentralen Motive, warum Massenparteien gegründet wurden. Gerade für die linken Parteien der Zeit vor dem Zweiten Weltkrieg waren „manpower" und Mitgliedsbeiträge wichtiges organisatorisches Kapital, um im Wettbewerb mit den bürgerlichen Parteien zu bestehen. Die bürgerlichen Parteien reagierten darauf nach 1945 mit spezifischen Anpassungen an das Modell der Massenpartei (Katz/Mair 1995: 11-12). Ist die Bedeutung der freiwilligen Arbeit in Parteien heute obsolet? Zwei Entwicklungen der Nachkriegszeit, die wir oben bereits angeschnitten haben, scheinen in besonderer Weise zu einer Marginalisierung der Mitgliederaktivitäten geführt zu haben. Der Zugang zu staatlichen Mitteln, ob in Form von staatlicher Parteienfinanzierung oder in Form von Ressourcen von Regierungsparteien, hat Parteien in vielen Ländern unabhängiger vom Arbeitseinsatz ihrer Mitglieder gemacht. Die Ausweitung der Parteibudgets sowie der Mitarbeiterstäbe in den Parteizentralen und Fraktionen sind hierfür robuste empirische Indikatoren (Mair 1997: 137-139).

Der Wandel der politischen Kommunikation, mit der wachsenden Bedeutung der Massenmedien und des Internets in neuerer Zeit, hat die Rolle der Parteiorganisationen als Mittler zwischen politischer Führung und den Bürgern ebenfalls unterminiert. Gerade im Wahlkampf wird den lokalen Aktivitäten in vielen Analysen nur noch eine untergeordnete Bedeutung zugemessen (Swanson/Mancini 1995). Es ist wohl unbestreitbar, dass beide Entwicklungen zu einer Schwächung der Involvierung von Mitgliedern in die Parteiarbeit geführt haben. Allerdings sind hier Grenzen nicht zu verkennen: Parteien haben zwar oftmals mehr Einnahmen zur Verfügung als früher, müssen jedoch für kapitalintensive Wahlkämpfe und hohe Personalkosten auch mehr Ausgaben tätigen. Sie sind daher weiterhin darauf angewiesen, dass Aktivisten auf lokaler Ebene die Organisation ehrenamtlich aufrechterhalten und eine permanente Präsenz vor Ort gewährleisten (Ware 1992).

Interessanterweise scheint der Grad der Beteiligung an Parteiaktivitäten nicht unbedingt mit der absoluten Anzahl an Mitgliedern zu korrelieren. Lokale Parteien können ihre Aufgaben oftmals auch mit einem kleineren Mitgliederstamm bewältigen, da überwiegend der aktivere Teil der Mitglieder in den Parteien verbleibt (Scarrow 2000: 95ff.).

Bei dem Punkt des Arbeitseinsatzes kommen wir somit zu einem gemischten Resultat: Die freiwillige Mitarbeit von Aktivisten scheint im Zeitverlauf an Bedeutung verloren zu haben. Eine Partei, die sich jedoch dieses Potentials an „manpower" beraubt, scheint in organisatorischer Hinsicht ein Risiko einzugehen, das im politischen Wettbewerb spielentscheidend werden könnte.

Ähnliches gilt auch für den Aspekt der *Finanzierung von Parteien*. Parteimitglieder haben historisch, wiederum mit deutlichen Differenzen zwischen linken und bürgerlichen Parteien, eine wichtige Rolle bei der Finanzierung der Parteien gespielt. In der Nachkriegszeit sind staatliche Ressourcen in vielen Ländern zu einer wichtigen Quelle für die Finanzen und das Personal der Parteien geworden. Pikant ist dabei, dass zum einen die privilegierte Rolle der Parteien in den Parlamenten und Regierungen es ihnen ermöglicht hat, selbst über die Einführung und Ausweitung der staatlichen Alimentierung zu bestimmen; zum anderen, dass solche Gesetze oftmals im zwischenparteilichen Konsens, quasi als selbstreferentielles Kartell, beschlossen wurden (von Beyme 1993; Katz/Mair 1995).

In Deutschland hat die Nutzung staatlicher Ressourcen durch die Parteien, begünstigt durch ihre hervorgehobene verfassungsrechtliche Stellung, wesentlich früher begonnen und ist weiter fortgeschritten als in anderen westeuropäischen Staaten. Die beiden Großparteien, SPD und CDU, finanzieren sich auf der nationalen Ebene seit den 1980er Jahren zu etwa 75 Prozent aus staatlichen Mitteln an die Parteizentralen und die Fraktionen; die Größe der Mitarbeiterstäbe ist im internationalen Vergleich herausragend (Detterbeck 2002: 212ff.).[7]

---

7 Das Bundesverfassungsgericht schreibt vor, dass der Anteil der staatlichen Finanzierung an den Gesamteinnahmen einer Partei 50 Prozent nicht überschreiten darf. Durch die hohe Ei-

Am deutschen Fall lässt sich aber auch gut die These der Irrelevanz der Mitgliederfinanzierung widerlegen. Zunächst ist auf die finanzielle Entkoppelung der verschiedenen Parteiebenen hinzuweisen. Als Gesamtpartei leben die beiden Großparteien immer noch zu etwa 40 Prozent (CDU) bis 50 Prozent (SPD) von Mitgliedsbeiträgen. Während die Haushalte der Bundesparteien primär durch staatliche Zuschüsse bestritten werden, verbleiben die Mitgliedsbeiträge überwiegend bei den unteren Parteiebenen und stellen dort das Gros der Einnahmen. Auch in dieser Hinsicht zeigt sich somit eine Kluft in den Parteien zwischen den gut ausgestatteten, professionellen Apparaten der nationalen (und landesweiten) Parteizentralen und Fraktionen einerseits und den auf Eigenmittel angewiesenen „Amateuren" in den Orts-, Kreis- und Bezirksverbänden der Parteien andererseits (Ebbighausen et al. 1996: 76ff.; Wiesendahl 2001: 614ff.).

Zweitens werden aber selbst die Bundesparteien kaum auf die finanziellen Mittel der Mitglieder verzichten können. Diese trugen in den 1990er Jahren immer noch zu etwa 20 Prozent ihrer Einnahmen bei (Detterbeck 2002: 156f.). Angesichts der hohen Ausgaben der Parteizentralen für Wahlkämpfe und Personalkosten stellen die Mitgliederbeiträge keine zu vernachlässigende Größe dar. Drittens, und dies ist natürlich eine deutsche Besonderheit, wird seit der Neuregelung der Parteienfinanzierung 1994 die Höhe der staatlichen Finanzierung der Parteien neben den Wahlergebnissen auch an den „gesellschaftlichen Erfolg" der Parteien, d.h. an ihr Beitrags- und Spendenvolumen, gekoppelt. Nach dieser vom Verfassungsgericht vorgegebenen Richtlinie sollen Etatisierungstendenzen und Parteienkritik eingedämmt und der Anreiz für die Parteien, sich aktiv um Mitglieder und (Klein-)Spender zu bemühen, gestärkt werden.

Vergleichend kann festgehalten werden, dass Mitgliedsbeiträge zwar nur noch selten die primäre Einnahmequelle von Parteien darstellen, dass sie aber bedeutsam bleiben und ein Versiegen dieser Quelle die meisten Parteien empfindsam schwächen würde (Mair 1997: 146f.). Für die Finanzierung der Parteien sind Mitglieder weniger zentral, aber keineswegs überflüssig geworden.

3.2 Demokratische Legitimation, Repräsentation und Wahlerfolg

Wenig Veränderung in der Relevanz der Mitglieder ist hinsichtlich der *demokratischen Legitimation* von Parteien festzustellen. Mit der im späten 19. Jahrhundert beginnenden Durchsetzung des allgemeinen Wahlrechtes (zu-

---

genfinanzierung der unteren Parteiebenen, die Nicht-Einbeziehung der Mittel an die Fraktionen (und die Parteistiftungen) sowie der steuerlichen Begünstigung von Spenden und Beiträgen ergibt sich offiziell ein Staatsanteil von lediglich 30 Prozent an den Gesamteinnahmen der beiden Großparteien (Ebbighausen et al. 1996: 158ff.).

nächst für Männer) haben sich Parteien in ihrer modernen Form als mitgliedsstarke Massenorganisationen zur zentralen politischen Vermittlungsinstanz zwischen Bürgern und Regierenden, zwischen Gesellschaft und Staat entwickelt. Die demokratische Legitimation der Parteien beruht dabei auf der potentiellen Möglichkeit aller Bürger als Parteimitglieder an den Personal- und Sachdebatten der Parteien mitzuwirken. Erst durch die innerparteiliche Demokratie wird die herausragende Position der Parteien in den staatlichen Institutionen gerechtfertigt (Heidar 1994: 64f.). Hier begegnen wir also einem ganz anderen demokratietheoretischen Verständnis des politischen Prozesses als im zuvor skizzierten Konkurrenzparadigma. Während dort Mitglieder das Funktionieren des zwischenparteilichen Wettbewerbs eher erschweren, wird im Transmissionsparadigma erst durch die aktive Partizipation der Bürger das demokratische Prinzip mit Leben erfüllt (Wiesendahl 1980: 128ff.).

Wie immer man sich zu dieser demokratietheoretischen Debatte stellt, kann man auf einer eher pragmatischen Ebene sicherlich davon sprechen, dass Mitglieder zum „Legitimationsmythos" der Parteien beitragen (Katz/ Mair 1995: 18). Eine Partei mit vielen Mitgliedern kann leichter darauf verweisen, dass sie für viele Bürger spricht; sie erfüllt zumindest den Anschein, dass sie eine enge Verbindung zwischen gesellschaftlichen Interessen und staatlichem Handeln herstellen kann. Sie erscheint offen für neue politische Ideen in der Bevölkerung. Volksparteien sind zudem bemüht, ihren Anspruch, möglichst viele soziale Gruppen zu repräsentieren dadurch zu unterstreichen, dass sie in ihrer Mitgliedschaft einen breiten Querschnitt durch die Bevölkerung abbilden (Scarrow 1994: 47). Eine Partei, die unter starken Mitgliederverlusten leidet, erweckt den delegitimierenden Eindruck, dass sie von der Gesellschaft abgeschnitten ist.

Die *Repräsentation in der Gesellschaft*, die durch die Mitgliederorganisation geschaffen wird, ist noch in anderer Hinsicht wichtig für die Parteien. Mitglieder können in ihrem persönlichen Umfeld als „Botschafter" ihrer Partei wirken, indem sie zur Verbreiterung der politischen Positionen der Partei beitragen. Ware (1992: 75) spricht sehr treffend von der Aufgabe des „winning hearts and minds", die gerade in den Phasen zwischen Wahlen wichtig sei. Politisches Wissen oder gar politische Einstellungen entspringen einem komplexen Prozess der Meinungsbildung, der keineswegs einseitig von den Medien dominiert wird. Der interpersonalen Kommunikation im privaten und beruflichen Umfeld kommt bei der Interpretation von politischen Ereignissen eine hohe Bedeutung zu (Schenk 1998). Selbst wenn Parteien somit primär auf Medienkommunikation setzen, um ihre Botschaften zu verbreiten und ihr Spitzenpersonal in ein günstiges Licht zu setzen, würden sie sich eines wichtigen Instruments im politischen Wettbewerb berauben, wenn ihre Positionen im alltäglichen Diskurs nicht mehr gehört würden. Parteien brauchen daher Mitglieder, um in der Gesellschaft präsent zu sein und um ihre Deutung der politischen Agenda im Gespräch zu halten. Eine Partei mit einer schwachen Mitgliederorganisation, wie die CDU bis in die 1970er oder die heutige SPD in weiten Teilen Ostdeutschlands, hat in dieser Hinsicht einen klaren Wettbewerbsnachteil (Schenk 1998; Scarrow 1994: 47-48).

Damit ist bereits angesprochen, dass Mitglieder einen positiven Einfluss auf den *Wahlerfolg einer Partei* haben können. Vertreter dieser Position deuten auf die Multiplikatoren-Rolle von Parteimitgliedern in ihrem persönlichen Umfeld hin sowie auf den positiven Medieneffekt, den eine vitale Mitgliederorganisation haben könnte (Scarrow 1994: 46f.). Mitglieder werden zudem als loyale Wähler begriffen, die durch die Aktivitäten der Parteiorganisation in ihrer Bindung gestärkt und zur Stimmabgabe mobilisiert werden können. Gerade in der britischen Wahlforschung gibt es auch Belege dafür, dass arbeitsintensive lokale Wahlkampagnen, etwa das traditionelle „door-to-door canvassing", einen positiven Effekt auf das Wahlergebnis einer Partei haben (Whiteley/Seyd 1997).

Allerdings ist die Bedeutung der Mitgliederorganisation für den Wahlerfolg in der Literatur umstritten. Im Gegensatz zur oben referierten Wertung geht eine zweite Position von einem negativen Einfluss aus, der zumeist mit der vermuteten Militanz der Anhängerschaft in Verbindung gebracht wird (May 1973; Katz 1990). Die Annahme ist, dass ideologisch motivierte Aktivisten ihre Parteiführung zu radikalen Politiken verleiten oder sie zumindest in wahlschädliche innerparteiliche Scharmützel verstricken (Scarrow 1994: 45f.). Auch wenn diese These, speziell in einem konfliktaversen Kontext wie in der Bundesrepublik, nicht ganz von der Hand zu weisen ist, scheint sie doch unterkomplex: Das Bild einer militanten Anhängerschaft, die sich zwischen moderate Parteiführer und moderate Wähler drängt, ist in empirischen Studien stark relativiert worden. Die Prozesse innerparteilicher Willensbildung verlaufen sowohl innerhalb der Führungsschichten wie innerhalb der Parteibasis deutlich pluraler und sind von Flügelbildungen und Meinungsdifferenzen bestimmt. Zusätzlich mischen sich sowohl bei den Parteiführungen wie bei den Aktivisten ideologische und pragmatische Interessen. So wie es innerhalb von Parteivorständen Streit über politische Positionen gibt, so gibt es auch an der Basis wahltaktische Überlegungen. Studien haben gezeigt, dass „radikale" Aktivisten vielfach einen Kandidaten bevorzugten, der höhere Wahlchancen hatte, auch wenn er nicht ihren politischen Idealvorstellungen entsprach (Kitschelt 1989; Norris 1995).

Schließlich gibt es in der Literatur auch noch eine dritte Position. Diese verneint, dass die Mitgliederorganisation einen Einfluss auf die Wahlchancen einer Partei hat. Hier wird argumentiert, dass deren Aktivitäten nur für die „party faithful" interessant seien, deren Stimmen sich die Partei sicher kann. Die wirklich interessante Gruppe der ungebundenen Wechselwähler könne hingegen über Parteiversammlungen oder Programmdebatten nicht erreicht werden (Swanson/Mancini 1995). Eine generelle Bewertung der Mitgliederwirkung auf das Wahlergebnis einer Partei scheint kaum möglich. Letztlich wird es stark vom Einzelfall und seinem politischen Kontext abhängen, welche der drei Interpretationen jeweils zutreffend sein mag.

3.3 Rekrutierung des politischen Personals

Eine ganz andere Bilanz kann bei der *Rekrutierungsfunktion der Parteien* gezogen werden. Die Mitglieder stellen den Pool dar, aus dem in innerparteilichen Karrieren die zukünftige Parteielite und die öffentlichen Mandatsträger der Partei gewonnen werden. Es kann nun argumentiert werden, dass dieses schon immer vorhandene Motiv der Reproduktion der politischen Elite in den letzten Jahrzehnten aufgrund von drei Entwicklungen verstärkt worden ist. Erstens haben die Parteien in der Nachkriegszeit die Prozesse der Rekrutierung des politischen Personals und der Regierungsbildung „exklusiver [...] als in jeder früheren Epoche der Parteiengeschichte" (von Beyme 1984: 431) beherrscht. Sie verfügen daher über einen größeren Bedarf an Kandidaten für parteiinterne und öffentliche Ämter, der durch den in vielen Ländern gestiegenen Zugriff der Parteien auf kommunale Wahlen noch erhöht worden ist (Mair 1997: 147; Scarrow 2000: 95ff.).

Zweitens verstärken die loser gewordenen Verbindungen zu traditionell nahe stehenden Interessengruppen wie beispielsweise den Gewerkschaften, die bei vielen Parteien vorzufinden sind, den Druck innerhalb der eigenen Parteiorganisation genügend Kandidaten zu rekrutieren. Speziell bei christdemokratischen und sozialdemokratischen Parteien ist eine abnehmende Repräsentation von Verbandsfunktionären in den parlamentarischen Fraktionen und in führenden Parteigremien zu verzeichnen (Detterbeck 2002: 173ff.; Poguntke 2000; Trampusch 2004).

Drittens hat die Patronagemacht der Parteien nach 1945 deutlich zugenommen. In vielen Staaten sind führende Positionen in den Ministerien (politische Beamte), in der öffentlichen Verwaltung, bei der Gerichtsbarkeit, bei den öffentlich-rechtlichen Medien und im weiteren öffentlichen Sektor durch parteienstaatliche Mechanismen „kolonialisiert" worden (von Beyme 1993: 58ff.). Damit haben die Parteien neue Mitglieder durch selektive materielle Anreize gewinnen können, aus organisatorischer Sicht jedoch auch einen anhaltenden Bedarf für solche „Parteibuchkarrieren" entwickelt. Kurzum: Parteien brauchen Mitglieder als Kandidaten und als kompetente Anwärter auf Posten im staatlichen und semi-staatlichen Bereich. Karrierestudien in Deutschland zeigen, dass die langwierige „Ochsentour" über die unteren Ebenen der Parteiorganisationen weiterhin konstitutiver Teil des Werdegangs der meisten führenden Parlamentarier und Regierungsmitglieder ist (Herzog 1975; Borchert/Stolz 2003). Parteien können die Rekrutierungsfunktion, die nur für einen Teil der Anhängerschaft relevant ist, zwar auch mit geringeren Mitgliederzahlen aufrechterhalten, leiden jedoch dann oftmals an spezifischen Mangelerscheinungen bei bestimmten Zielgruppen, etwa dem Pool an jungen, qualifizierten Frauen, die sich für solche Positionen finden lassen (Norris 1997).

4. Das Dilemma effektiver Partizipation

Aus der obigen Diskussion der heutigen Relevanz von Mitgliedern scheint mir eine Schlussfolgerung zwingend: Parteien haben, gerade als „vote-seeking parties", einen weiterhin hohen Bedarf an Mitgliedern. Die Mitgliederorganisation stellt eine Quelle demokratischer Legitimation, gesellschaftlicher Verankerung, materieller Ressourcen sowie der Rekrutierung des politischen Personals dar, die auch im Kontext von Berufspolitik und Mediengesellschaft kaum zu ersetzen ist (Mair 1997: 148; Wiesendahl 2001: 606ff.).

In den Parteien selbst hat die Mitgliederkrise vielfach zu intensiven Debatten über organisatorische Reformen geführt. Auf schwere Wahlniederlagen reagieren Parteien häufig mit einer Erneuerung ihrer Mitgliederorganisation und mit Rekrutierungsoffensiven. Die CDU nach 1972, die SPD nach 1990, die britische Labour Party nach 1992 und die Conservative Party nach 1997 sind Beispiele hierfür (Scarrow 1994: 53ff.).[8] Auch die Einführung direktdemokratischer Entscheidungsverfahren und die Öffnung der Mitgliedschaft zur Probe oder zur Mitarbeit an konkreten Projekten können als Versuche der partizipativen Erneuerung der Parteien gewertet werden. Ab den 1990er Jahren haben viele westliche Parteien die Möglichkeiten zu parteiinternen Urwahlen bei der Bestimmung der Parteiführung, bei der Kandidatenselektion und bei sachpolitischen Fragen in ihre Statuten aufgenommen (Detterbeck 2002: 163ff.; Florack et al. 2005: 102ff.).

Allerdings ist die Dominanz des Delegiertenprinzips durch direktdemokratische Instrumente kaum gebrochen worden. Bei den deutschen Parteien etwa zeigt die relativ geringe Nutzung direktdemokratischer Instrumente, dass ihre wahltaktische Einführung offenbar wichtiger war als ihre praktische Anwendung (Scarrow 1999: 349).[9] Urwahlen sind die Ausnahme, Gremienarbeit das tägliche Brot der Parteien. In Präsidien und Vorständen, in denen die führenden Parteivertreter der verschiedenen politischen Ebenen zusammenkommen, werden weiterhin parteipolitische Entscheidungen ausgehandelt oder Kandidatenlisten nach Proporzerwägungen abgestimmt. Die Vetopositionen von Parteitagen bleiben weiterhin bestehen, die verschiedenen

---

8   Scarrow (1994: 53f.) verweist darauf, dass die britischen und deutschen Großparteien in ihren Mitgliederoffensiven vornehmlich auf zwei Aspekten fokussierten: Den finanziellen Aspekt durch Mitgliedsbeiträge und den repräsentativen Aspekt durch die „Botschafterrolle" der Mitglieder. Parteistrategisch waren für beide Zielsetzungen eher passive Mitglieder, die wenig Interesse an innerparteilichen Prozessen zeigten, attraktiver als politische Aktivisten.
9   Die Wirkung direktdemokratischer Instrumente in Parteien ist umstritten. Relativ hohe Beteiligungsraten an durchgeführten innerparteilichen Plebisziten sprechen zwar für ein starkes Mobilisierungspotential, allerdings wird damit wohl eher die Partizipation bereits Aktiver gefördert als der Zugang bislang Inaktiver gestärkt (Scarrow 1999). Fraglich ist auch, ob sich die These verallgemeinern lässt, dass Urwahlen die Autonomie der Parteieliten gegenüber einer atomisierten Mitgliederschaft vergrößern (Mair 1997: 148f.). Gegenbeispiele zeigen, dass die Gewährung solcher Beteiligungsrechte durchaus zu einer organisierten Herausforderung von Parteiführungen führen kann (Seyd 1999: 386).

Kommissionen und Arbeitsgruppen der Parteien pflegen unverändert ihr Eigenleben – kurz: Parteien „ticken" auch nach der Einführung von innerparteilichen Plebisziten weitgehend so, wie sie es zuvor getan haben.

Auf der anderen Seite sind die erwünschten Effekte von direktdemokratischen Verfahren und von Projektmitgliedschaften, die Anhebung der generellen Mitgliederzahlen und die stärkere Ansprache der jüngeren Bevölkerungsgruppen, denn auch verfehlt worden (Jun 2002: 774ff.). Es wäre nun kühn zu behaupten, dass die Parteien mehr Erfolg bei der Mitgliederrekrutierung gehabt hätten, wenn sie die partizipative Erneuerung ernsthafter betrieben hätten. Die Frage stellt sich jedoch, warum diese Versuche so halbherzig ausfielen und die Parteien davor zurückschrecken, mehr Beteiligung der Mitglieder in der Parteiarbeit zu ermöglichen. Dies führt uns zu dem strategischen Dilemma der Mitgliederparteien.

Das staatliche Handeln in Parlamenten und Regierungen ist zum zentralen Bezugspunkt der führenden Parteiakteure geworden. Hierbei verstärken sich die Vielfalt staatlicher Aufgabenfelder, die Professionalisierung in der Berufspolitik und die Komplexität einer internationalisierten Politik gegenseitig. Die politische Praxis ist vielfach geprägt von den Erfordernissen der Verhandlungsdemokratie. In zahlreichen Aushandlungsprozessen werden in formellen und informellen Gremien auf Elitenebene im nicht-öffentlichen Raum wirksame Kompromisslösungen gefunden, Pakete geschnürt, Entscheidungen vertagt oder auch einseitige Durchsetzungen gefunden (Schmidt 2001).

Gerade in Mehrebenensystem, wie dem deutschen Bundesstaat oder der Europäischen Union, ist das Aushandeln in politikfeldspezifischen Netzwerken zum zentralen Prinzip der Politik geworden (Jachtenfuchs/Kohler-Koch 1996; Lehmbruch 2003; Schmidt 2007). Solche Aushandlungen erfordern eine gewisse Handlungsfreiheit der Akteure. Diese müssen über die Möglichkeit verfügen, sich im politischen Prozess auf Vereinbarungen zubewegen zu können sowie ihren Verhandlungspartnern zu vermitteln, dass gefundene Lösungen auch eingehalten werden. Elitenpolitik in der Verhandlungsdemokratie braucht in diesem Sinne autonome Spielräume. Wie aber passt eine solche Elitenpolitik zu den Forderungen nach aktiver Partizipation der Parteibasis, nach offenen Personalwahlen und nach bindenden Parteibeschlüssen auf Parteitagen oder durch Urwahlen?

Kurzum: Parteien befinden sich in einem Dilemma. *Entweder* sie akzeptieren sinkende Mitgliederzahlen und die damit verbundenen Nachteile, versuchen diesen Aderlass anderweitig, etwa über mehr staatliche Ressourcen, zu kompensieren, können dafür jedoch auf eine hohe Handlungsfreiheit der Parteiführung setzen. *Oder* sie versuchen den gestiegenen Partizipationsansprüchen einer politisch interessierten Bevölkerung nachzukommen, etwa durch eine starke direktdemokratische Öffnung oder eine effektive Kontrollfunktion der Delegiertengremien, schränken damit aber die Autonomie der Parteieliten in den Verhandlungsnetzwerken ein. Ihren Mitgliedern effektive Partizipationsmöglichkeiten einzuräumen und damit die Vorteile einer aktiven Parteibasis wahrnehmen zu können, zugleich aber den notwendigen Manövrierraum für die Parteieliten zu erhalten – dieser Spagat stellt eine zentrale Herausforderung für die heutigen Parteien dar.

5. Konklusion

Viele Widersprüchlichkeiten der Parteien hängen mit dem Versuch zusammen, Elitenautonomie und Mitgliederengagement gleichzeitig zu realisieren. So führen Parteien Urwahlen ein, arbeiten jedoch darauf hin, dass diese keine große Rolle spielen oder rein affirmativ wirken. So geben Parteiführungen vielfach Möglichkeiten der Aussprache, untergraben aber zugleich die Entscheidungskompetenzen der Parteigremien. Ob Regionalkonferenzen, Diskussionsforen oder Online-Kommunikation, die Emphase liegt auf der Anhörung der Mitglieder, nicht jedoch auf deren Voten. In der Partei gehört zu werden, ohne effektiv mitwirken zu können, wird jedoch gerade den Beteiligungswünschen der aktiveren Parteimitglieder nicht gerecht werden und damit den Mitgliederschwund nicht stoppen können.

Parteien werden mit diesem Dilemma weiter leben müssen: Weder werden Parteien auf die oben diskutierten Vorteile der Mitgliederorganisation verzichten wollen, noch werden Parteiführungen aufgrund verhandlungsdemokratischer Zwänge bereit sein können, den Beteiligungswünschen der partizipationswilligen Aktivisten in größerem Umfang ernsthaft nachzukommen. Als politische Beobachter werden wir daher auf absehbare Zeit mit der Janusköpfigkeit von Parteien konfrontiert bleiben. Wiesendahl (2001: 614-616) hat diese spannungsvolle Koexistenz von zwei unterschiedlichen „Welten" innerhalb von Parteien, das Nebeneinander von Berufspolitiker-Partei und Freiwilligen-Partei, anschaulich herausgearbeitet.

Moderne Parteien sind, in „lose verkoppelter Anarchie" (Lösche 1995), zeitgleich zweckrationale, professionelle Dienstleistungsbetriebe, die auf Wahlkämpfe und staatliches Handeln fokussieren *und* Mitgliederorganisationen, die auf programmatische Auseinandersetzungen, Gemeinschaftserlebnisse und Beteiligungsdemokratie setzen. Parteien sind, ohne das Problem wirklich in den Griff bekommen zu können, somit zurecht besorgt, wenn die Attraktivität ihrer Mitgliederorganisation aufgrund mangelnder Partizipationschancen weiter abnimmt.

Literatur

Beyme, Klaus von (1984): Parteien in westlichen Demokratien, München: Piper.
Beyme, Klaus von (1993): Die politische Klasse im Parteienstaat, Frankfurt am Main: Suhrkamp.

Borchert, Jens/Stolz, Klaus (2003): Die Bekämpfung der Unsicherheit: Politikerkarrieren und Karrierepolitik in der Bundesrepublik Deutschland, in: Politische Vierteljahresschrift 44. Jg. (2), S. 148-173.
Clark, Peter B./Wilson, James Q. (1961): Incentive systems: A theory of organization, in: Administrative Science Quarterly 6. Jg. (2), S. 129-166.
Dalton, Russell J. (2000): The decline of party identifications, in: Ders. und Martin P. Wattenberg (Hrsg.), Parties without partisans. Political change in advanced industrial democracies, Oxford: Oxford University Press, S. 19-36.
Dalton, Russell J./Küchler, Manfred (Hrsg.) (1990): Challenging the political Order: New social and Political movements in Western democracies, New York: Polity Press.
Detterbeck, Klaus (2002): Der Wandel politischer Parteien in Westeuropa. Eine vergleichende Untersuchung von Organisationsstrukturen, politischer Rolle und Wettbewerbsverhalten von Großparteien in Dänemark, Deutschland, Großbritannien und der Schweiz, 1960-1999, Opladen: Leske + Budrich.
Detterbeck, Klaus (2005): Die strategische Bedeutung von Mitgliedern für moderne Parteien, in: Josef Schmid und Udo Zolleis (Hrsg.), Zwischen Anarchie und Strategie. Der Erfolg von Parteiorganisationen, Wiesbaden: VS Verlag, S. 63-76.
Downs, Anthony (1957): An economic Theory of Democracy, New York: Harper & Row.
Ebbighausen, Rolf et al. (1996): Die Kosten der Parteidemokratie. Studien und Materialien zu einer Bilanz staatlicher Parteienfinanzierung, Opladen: Westdeutscher Verlag.
Epstein, Leon D. (1967): Political Parties in Western Democracies, London: Pall Mall.
Farrell, David M. (2006): Political parties in a changing Campaign Environment, in: Richard S. Katz und William Crotty (Hrsg.), Handbook of Party Politics, London: Sage, S. 122-133.
Florack, Martin/Grunden, Timo/Korte, Karl-Rudolf (2005): Strategien erfolgreicher Mitgliederrekrutierung der politischen Parteien, in: Josef Schmid und Udo Zolleis (Hrsg.), Zwischen Anarchie und Strategie. Der Erfolg von Parteiorganisationen, Wiesbaden: VS Verlag, S. 96-113.
Heidar, Knut (1994): The polymorphic Nature of Party Membership, in: European Journal of Political Research 25. Jg. (1), S. 61-86.
Heidar, Knut (2006): Party membership and Participation, in: Richard S. Katz und William Crotty (Hrsg.), Handbook of Party Politics, London: Sage, S. 301-315.
Herzog, Dietrich (1975): Politische Karrieren. Selektion und Professionalisierung politischer Führungsgruppen, Opladen: Westdeutscher Verlag.
Jachtenfuchs, Markus/Kohler-Koch, Beate (1996): Einleitung: Regieren in dynamischen Mehrebenensystemen, in: Dies. (Hrsg.), Europäische Integration, Opladen: Leske + Budrich, S. 15-44.
Jun, Uwe (2002): Professionalisiert, mediatisiert und etatisiert. Zur Lage der deutschen Großparteien am Beginn des 21. Jahrhunderts, in: Zeitschrift für Parlamentsfragen 33. Jg. (4), S. 770-789.
Jun, Uwe (2004): Der Wandel von Parteien in der Mediendemokratie. SPD und Labour Party im Vergleich, Frankfurt am Main: Campus.
Katz, Richard S. (1990): Party as linkage: a vestigal function?, in: European Journal of Political Research 18. Jg. (1), S. 143-161.

Katz, Richard S. et al. (1992): The membership of political parties in European Democracies, 1960-1990, in: European Journal of Political Research 22. Jg. (5), S. 329-345.
Katz, Richard S./Mair, Peter (1995): Changing models of party organizations and party democracy, in: Party Politics 1. Jg. (1), S. 5-28.
Kirchheimer, Otto (1965): Der Wandel des westeuropäischen Parteisystems, in: Politische Vierteljahresschrift 6. Jg. (1), S. 20-41.
Kitschelt, Herbert (1989): The internal Politics of Parties: The Law of Curvilinear Disparity Revisited, in: Political Studies 37. Jg. (3), S. 400-421.
Krouwel, André (2006): Party Models, in: Richard S Katz und William Crotty (Hrsg.), Handbook of Party Politics, London: Sage, S. 249-269.
Lehmbruch, Gerhard (2003): Verhandlungsdemokratie. Beiträge zur vergleichenden Regierungslehre, Wiesbaden: Westdeutscher Verlag.
Lösche, Peter (1995): Haben die Volksparteien noch eine Chance? Die SPD als „lose verkoppelte Anarchie", in: Winand Gellner und Hans-Joachim Veen (Hrsg.), Umbruch und Wandel in westeuropäischen Parteiensystemen, Frankfurt am Main: Peter Lang, S. 181-193.
Mair, Peter (1997): Party system change. Approaches and interpretations, Oxford: Clarendon Press.
Mair, Peter/Biezen, Ingrid van (2001): Party Membership in twenty European Democracies, 1980-2000, in: Party Politics 7. Jg. (1), S. 5-21.
May, John (1973): Opinion Structure of Political Parties: The special Law of curvilinear Disparity, in: Political Studies 21. Jg. (2), S. 135-151.
Morlino, Leonardo (1998): Democracy between consolidation and crisis: parties, groups and citizens in Southern Europe, Oxford: Oxford University Press.
Müller, Wolfgang C. (1994): The development of Austrian party organizations in the post-war period, in: Richard S. Katz und Peter Mair (Hrsg.), How parties organize. Change and adaptation in party organizations in Western democracies, London: Sage, S. 51-79.
Niedermayer, Oskar (2001): Beweggründe des Engagements in politischen Parteien, in: Oscar W. Gabriel, Oskar Niedermayer und Richard Stöss (Hrsg.), Parteiendemokratie in Deutschland, 2. Auflage, Bonn: Bundeszentrale für politische Bildung, S. 297-311.
Niedermayer, Oskar (2007): Parteimitglieder seit 1990: Version 2007. Freie Universität Berlin, Arbeitshefte aus dem Otto-Stammer-Zentrum, Nr. 11.
Norris, Pippa (1995): May's law of curvilinear disparity revisited. Leaders, officers, members and voters in British political parties, in: Party Politics 1. Jg. (1), S. 29-47.
Norris, Pippa (Hrsg.) (1997): Passages to power. Legislative recruitment in advanced democracies, Cambridge: Cambridge University Press.
Panebianco, Angelo (1988): Political parties: Organization and power, Cambridge: Cambridge University Press.
Poguntke, Thomas (2000): Parteiorganisationen im Wandel. Gesellschaftliche Verankerung und organisatorische Anpassung im europäischen Vergleich. Wiesbaden: Westdeutscher Verlag.
Scarrow, Susan E. (1994): The „paradox of enrollment": asking the costs and benefits of party membership, in: European Journal of Political Research 25. Jg. (1), S. 41-60.

Scarrow, Susan E. (1999): Parties and the expansion of direct democracy: who benefits?, in: Party Politics 5. Jg. (3), S. 341-362.
Scarrow, Susan E. (2000): Parties without members? Party organization in a changing electoral environment, in: Russell J. Dalton und Martin P. Wattenberg. (Hrsg.), Parties without partisans. Political change in advanced industrial democracies, Oxford: Oxford University Press, S. 79-101.
Schenk, Michael (1998): Mediennutzung und Medienwirkung als sozialer Prozess, in: Ulrich Sarcinelli (Hrsg.), Politikvermittlung und Demokratie in der Mediengesellschaft. Beiträge zur politischen Kommunikationskultur, Bonn: Bundeszentrale für politische Bildung, S. 24-51.
Schmidt, Manfred G. (2001): Parteien und Staatstätigkeit, in: Oscar W. Gabriel, Oskar Niedermayer und Richard Stöss (Hrsg.), Parteiendemokratie in Deutschland, 2. Auflage, Bonn: Bundeszentrale für politische Bildung, S. 528-550.
Schmidt, Manfred G. (2007): Das politische System Deutschlands. Institutionen, Willensbildung und Politikfelder, München: Beck.
Swanson, David L./Mancini, Paolo (Hrsg.) (1995): Politics, media and modern democracy. An international study in electoral campaigning and their consequences, Westport: Praeger.
Trampusch, Christine (2004): Von Verbänden zu Parteien. Der Elitenwechsel in der Sozialpolitik. Max-Planck-Institut für Gesellschaftsforschung, Köln: Discussion Paper 04/3.
Ware, Alan (1992): Activist-leader relations and the structure of political parties: „exchange" models and vote-seeking behavior in parties, in: British Journal of Political Science 22. Jg. (2), S. 71-92.
Ware, Alan (1996): Parties and party systems, Oxford: Oxford University Press.
Whiteley, Paul/Seyd, Patrick (1997): Labour's grassroots campaign in 1997, in: British Elections and Parties Yearbook 1997, London: Cass, S. 13-29.
Wiesendahl, Elmar (1980): Parteien und Demokratie. Eine soziologische Analyse paradigmatischer Ansätze der Parteienforschung, Opladen: Leske + Budrich.
Wiesendahl, Elmar (2001): Die Zukunft der Parteien, in: Oscar W. Gabriel, Oskar Niedermayer und Richard Stöss (Hrsg.), Parteiendemokratie in Deutschland, 2. Auflage, Bonn: Bundeszentrale für politische Bildung, S. 592-619.

Themenfeld 2
Mitgliederanalysen

Oskar Niedermayer

Ein Modell zur Erklärung der Entwicklung und Sozialstruktur von Parteimitgliedschaften

1. Einleitung

Das Engagement der Bürger in politischen Parteien ist – neben der Teilnahme an Wahlen – das im Grundgesetz verankerte, traditionelle Kernelement der politischen Mitwirkung in repräsentativen Parteiendemokratien wie der Bundesrepublik. Im Folgenden sollen diejenigen Faktoren systematisiert werden, die erklären helfen, wie viele und welche Bürger diese Form der politischen Partizipation über die Zeit hinweg nutzen, wie sich also die Mitgliedschaften der politischen Parteien und ihre sozialstrukturelle Zusammensetzung im Zeitablauf verändern. Hierzu wird ein heuristisches Mehrebenenmodell entwickelt, das die Veränderungen der Größe und Struktur des sozialen Gebildes „Mitgliedschaft einer Partei" auf unterschiedliche Verhaltensweisen von Individuen zurückführt[1].

Das Modell dient dazu, die für die Analyse der Entwicklung und Sozialstruktur von Parteimitgliedschaften relevanten Variablen auf der Makro-, Meso- und Mikroebene und ihre Beziehungsstruktur zu verdeutlichen, um mit Hilfe dieses Analyserasters die empirisch vorfindbaren Strukturen und deren Veränderungen untersuchen zu können. Es stellt die Weiterentwicklung eines früheren Modells des Verfassers dar (Niedermayer 1989: 63ff.) und basiert auf Erkenntnissen aus der allgemeinen und parteibezogenen Partizipationsforschung[2] und der Theorie gesellschaftlicher Konfliktlinien[3], kombiniert mit allgemeinen Überlegungen zum Menschenmodell der Sozialwissenschaften und zur Grundstruktur soziologischer Erklärungen.

---

1 Das folgende Kapitel stellt eine gekürzte Version des theoretischen Teils aus Niedermayer (2009a) dar. Dort wird zusätzlich die zeitliche Entwicklung der Größe und Sozialstruktur der Mitgliedschaften aller relevanten politischen Parteien der Bundesrepublik empirisch analysiert und eine Systematisierung der Erklärungsfaktoren anhand des Modells vorgenommen.
2 Vgl. als neueren Überblick zur allgemeinen Partizipationsforschung z.B. Gabriel/Völkl (2005), zur Übertragung auf die parteispezifische Forschung z.B. Biehl (2005: 57ff.), Gabriel/Niedermayer (2001) sowie Wiesendahl (2006) und zur Übersicht über die für einzelne Parteien relevante Literatur bis zum Ende der 1980er Jahre die Einleitungen bei Boyer/Kößler (2005), Franz/Gnad (2005) und Gnad et al. (2005).
3 Grundlegend dazu Lipset/Rokkan (1967); zur Übertragung auf die Analyse von Parteimitgliedschaften Gabriel/Niedermayer (2001).

Ausgegangen wird von Lindenbergs (1985: 100f.) RREEMM-Modell, das im Vergleich zum Menschenmodell des homo oeconomicus und der verschiedenen Varianten des homo sociologicus „noch am ehesten den Erfordernissen soziologischer Erklärungen und den Ergebnissen der biologischen Anthropologie entspricht" (Esser 1999: 245). Es postuliert fünf grundlegende Eigenschaften eines Akteurs: Er ist ein resourceful, restricted, expecting, evaluating, maximazing man. Das Modell nimmt somit an, dass ein Akteur „sich Handlungsmöglichkeiten, Opportunitäten bzw. Restriktionen ausgesetzt sieht; dass er aus Alternativen seine Selektionen vornehmen kann; dass er dabei findig, kreativ, reflektiert und überlegt, also: resourceful, vorgehen kann; dass er immer eine ‚Wahl' hat; dass diese Selektionen über Erwartungen (expectations) einerseits und Bewertungen (evaluations) andererseits gesteuert sind; und dass die Selektion des Handelns aus den Alternativen der Regel der Maximierung folgt. Diese Regel ist explizit und präzise – und anthropologisch gut begründet" (Esser 1999: 238)[4].

2. Veränderung der Parteimitgliedschaften als Resultante individueller Verhaltensweisen

Will man dieses Modell der Erklärung der zeitlichen Entwicklung des sozialen Gebildes „Mitgliedschaft einer Partei" zugrunde legen, so muss die Veränderung der Größe und Sozialstruktur der Parteimitgliedschaft im Zeitablauf (hier: im Laufe eines Jahres) zunächst vollständig als Resultante der Aggregation individueller Verhaltensweisen der beteiligten Akteure rekonstruiert werden. Die einfache Regel zur aggregierenden Transformation des individuellen Handelns der relevanten Akteure zum kollektiven Explanandum lautet: Mitgliederbestand am Ende eines Jahres + Zugänge im Laufe des nächsten Jahres – Abgänge im Laufe des nächsten Jahres = Mitgliederbestand am Ende des nächsten Jahres[5], wobei die Gesamtzahlen aller Zu- und Abgangsarten durch Aggregation individueller Verhaltensweisen zustande kommen und sich nicht nur die Größe, sondern – durch die unterschiedliche sozialstrukturelle Zusammensetzung der Zu- und Abgänge – auch die Sozialstruktur des Mitgliederbestands ändert.

---

4 Zu betonen ist, dass die Maximierungsregel, nach der ein Akteur „acts so as to achieve the highest level of ‚good' as he perceives it" (Meckling 1976: 545), nicht nur egoistische, sondern „auch altruistische und kooperative Handlungen einschließen kann – und sogar meistens wird" (Esser 1999: 227).
5 Die Validität der von den Parteien berichteten Zu- und Abgangsdaten eines bestimmten Jahres wird in der Realität allerdings durch Verzögerungen in der Datenerfassung, teilweise Doppeltzählungen und Datenerfassungsfehler beeinträchtigt. Dies führt dazu, dass die theoretische Gleichung in der Realität nicht stimmt.

Modell zur Erklärung der Entwicklung und Sozialstruktur 93

Die Gesamtzahl der Eintritte in eine Partei ergibt sich aus der Aggregation der Entscheidungen beitrittsberechtigter Personen, in eine Partei einzutreten, und der Beschlüsse der zuständigen Parteigremien, diese Personen aufzunehmen. Zur Frage, wer prinzipiell berechtigt ist, der Partei beizutreten, enthalten die Satzungen der Parteien unterschiedliche Bestimmungen. Prinzipiell kann zunächst einmal jeder Mitglied werden, der sich zu den Grundsätzen und Zielen der Partei bekennt. Alle Parteien außer den Grünen haben jedoch ein Mindestalter festgelegt, das ursprünglich bei 18 Jahren lag und bei CDU, CSU und FDP auf 16 Jahre herabgesetzt wurde. Die SPD setzte es 1998 weiter auf 14 Jahre herab und auch die aus der Vereinigung der PDS mit der WASG hervorgegangene LINKE legte in ihrer Satzung, abweichend von der früheren PDS-Satzung, das Mindestalter bei 14 Jahren fest. Die Grünen machen in ihrer Bundessatzung über ein erforderliches Mindestalter keine Aussage.

Die Mitgliedschaft in einer anderen Partei ist grundsätzlich mit einer Mitgliedschaft in der jeweiligen Partei nicht vereinbar, wobei alle Parteien außer der CSU und den Grünen dies ausdrücklich auf konkurrierende Parteien beschränken. Damit wird vor allem eine Mitgliedschaft in einer der ausländischen Mitgliedsparteien der jeweiligen europäischen Parteiföderationen möglich. Deutsche Staatsangehörige können prinzipiell unabhängig vom Wohnsitz Parteimitglied werden, also auch, wenn sie im Ausland leben. CDU, CSU und FDP verlangen jedoch, dass die jeweilige Person nicht durch Richterbeschluss die Wählbarkeit oder das Wahlrecht verloren hat.

Auch ausländische Staatsangehörige können Parteimitglied werden, CDU und CSU verlangen jedoch von Personen, die nicht die Staatsangehörigkeit eines EU-Mitgliedslandes besitzen, den Nachweis eines deutschen Wohnsitzes seit mindestens drei Jahren, die FDP nimmt ausländische Staatsangehörige generell nur auf, wenn sie mindestens zwei Jahre in Deutschland gewohnt haben.

Die Abgänge innerhalb eines bestimmten Untersuchungszeitraums können differenziert werden in Todesfälle, Austritte, als Austritt gewertete bzw. zum Erlöschen der Mitgliedschaft führende sonstige Abgänge und Ausschlüsse. Auch die Abgänge gehen somit alle auf individuelle Verhaltensweisen zurück und bis auf die Todesfälle sind sie alle das Resultat bewusster Entscheidungen von Akteuren. Der Anteil ihrer Mitgliedschaften, den die Parteien jährlich durch Todesfälle verlieren, ist primär von der Altersstruktur der Mitgliedschaft abhängig. Daten hierzu liegen jedoch nur für die beiden Großparteien vor. Die Mitgliederstatistiken von CDU und SPD zeigen, dass sich bei den beiden Parteien in neuerer Zeit die Mitgliedschaft durch Todesfälle jährlich um 1,3 bis 1,4 Prozent verringert.

Bei den expliziten Austritten geben die Parteimitglieder ihre Austrittsentscheidung der Partei bekannt. Es gibt jedoch noch einige andere, in den Satzungen bzw. Beitragsordnungen der Parteien festgelegte Verhaltensweisen von Mitgliedern, die – entweder automatisch oder nach Ablauf bestimmter

Verfahren unter Beteiligung von Parteigremien – von den meisten Parteien als Austrittsentscheidung gewertet werden bzw. zum Erlöschen der Mitgliedschaft führen. Bezahlt ein Mitglied über längere Zeit hinweg keinen Mitgliedsbeitrag und kann auch durch mehrmalige Interventionen der zuständigen Parteigremien nicht dazu bewogen werden bzw. ist unauffindbar, weil z.b. verzogen, so wird dies von CDU, SPD, FDP und der LINKEN als Austrittsentscheidung angesehen, die CSU spricht in diesem Fall vom „Erlöschen" der Mitgliedschaft, lediglich die Grünen sehen für diesen Fall in ihrer Satzung bzw. Beitragsordnung keine explizite Regelung vor.

Bei CDU, CSU und FDP, die die Mitgliedschaft von ausländischen Staatsangehörigen an bestimmte Bedingungen knüpfen, erlischt die Mitgliedschaft durch den Wegfall dieser Bedingungen. Die CSU und die FDP legen zudem in ihren Satzungen fest, dass der Eintritt in eine andere Partei automatisch zum Erlöschen der Mitgliedschaft führt, bei den anderen Parteien müssen solche Mitglieder ausgeschlossen werden.

Verstößt ein Mitglied durch sein Verhalten vorsätzlich gegen die Satzung der Partei oder erheblich gegen deren Grundsätze oder Ordnung und fügt ihr damit schweren Schaden zu, so kann es aus der Partei ausgeschlossen werden. Bei allen Parteien sind Parteiausschlüsse an formelle Verfahren mit Anhörungen des betroffenen Mitglieds gebunden und werden durch Beschlüsse von Schiedsgerichten oder Schiedskommissionen mit Einspruchsmöglichkeit des Mitglieds über mehrere Instanzen hinweg herbeigeführt. Daher sind sie auch relativ selten.

Abbildung 1 fasst die Rekonstruktion der Veränderung der Größe und sozialstrukturellen Zusammensetzung von Parteimitgliedschaften als aggregierte Resultante individueller Verhaltensweisen der beteiligten Akteure noch einmal zusammen.

Verbindet man das zugrunde gelegte Akteursmodell mit der Grundstruktur soziologischer Erklärungen[6], so lassen sich die Entscheidungen der relevanten Akteure, die in ihrer Aggregation zu einer Veränderung der Größe und Zusammensetzung der Parteimitgliedschaften führen, in einer Mikro-Meso-Makro-Analyse modellieren. Dies soll zunächst ausführlich für die Beitrittsentscheidung geschehen, die notwendigen Akzentuierungen für die anderen Entscheidungen folgen in einem zweiten Schritt.

---

6 Vgl. hierzu generell Esser (1999: 83ff.; 245ff.)

Modell zur Erklärung der Entwicklung und Sozialstruktur

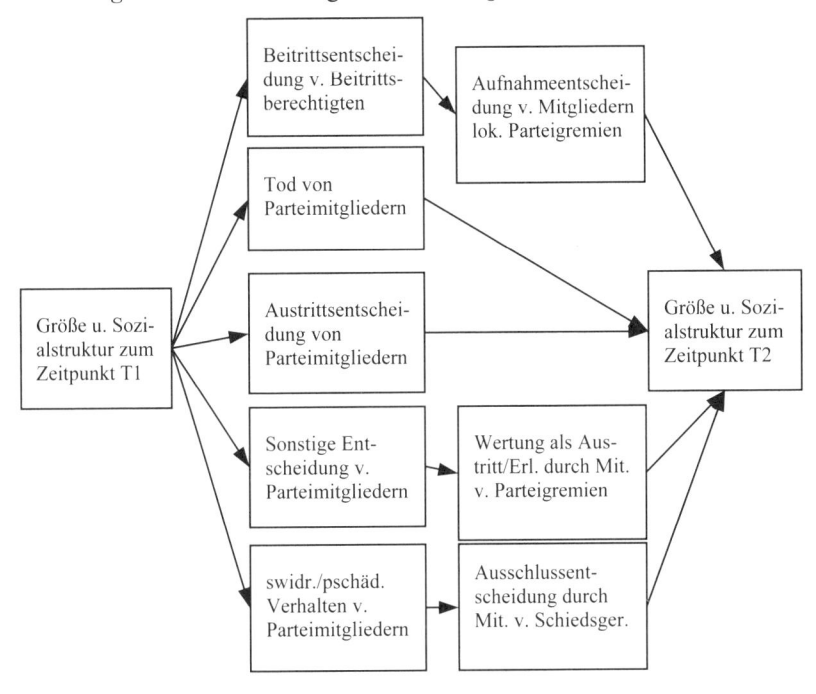

Abbildung 1: Die Veränderung von Parteimitgliedschaften.

[Diagramm: Größe u. Sozialstruktur zum Zeitpunkt T1 → verschiedene Entscheidungsprozesse (Beitrittsentscheidung v. Beitrittsberechtigten, Aufnahmeentscheidung v. Mitgliedern lok. Parteigremien, Tod von Parteimitgliedern, Austrittsentscheidung von Parteimitgliedern, Sonstige Entscheidung v. Parteimitgliedern, Wertung als Austritt/Erl. durch Mit. v. Parteigremien, swidr./pschäd. Verhalten v. Parteimitgliedern, Ausschlussentscheidung durch Mit. v. Schiedsger.) → Größe u. Sozialstruktur zum Zeitpunkt T2]

Quelle: Eigene Darstellung.

3. Ein Mehrebenenmodell zur Erklärung der Akteursentscheidungen

Das heuristische Mehrebenenmodell zur Erklärung der Akteursentscheidungen ist durch folgende Grundstruktur gekennzeichnet (vgl. Abbildung 2):

- Eine Reihe von Rahmenbedingungen auf der Makroebene beeinflusst auf der Mikroebene die Position des Akteurs in der Sozialstruktur.
- Diese beeinflusst ihrerseits wieder seine Ausstattung mit partizipationsrelevanten Ressourcen (Kompetenzen, Zeit, finanzielle Mittel) und Prädispositionen (affektiv-emotionale Bedürfnisse, Wertorientierungen, Normen, politische Einstellungen, in der Vergangenheit gemachte Erfahrungen, Betroffenheit von politischen Vorgängen).
- Diese beiden Variablengruppen beeinflussen die subjektiven Erwartungen und Bewertungen, die der Akteur mit einem möglichen Parteibeitritt verbindet.

- Positive Bewertungen der Folgen eines Parteibeitritts, verbunden mit Erwartungen darüber, mit welcher Wahrscheinlichkeit diese Folgen mit dem Beitritt auch eintreten, bilden Beitrittsanreize, vom Akteur negativ bewertete, mit einer bestimmten Wahrscheinlichkeit erwartete Beitrittsfolgen bilden Beitrittshemmnisse.
- Die Beitrittsanreize und -hemmnisse werden zusätzlich von der Struktur und den Aktivitäten der in Frage kommenden Partei als kollektivem Akteur auf der Mesoebene der intermediären Institutionen beeinflusst.
- Überwiegen die Beitrittsanreize die Beitrittshemmnisse, so ist der Akteur prinzipiell dazu motiviert, der Partei beizutreten.
- Die subjektive Konstruktion der Entscheidungssituation durch den Akteur umfasst jedoch nicht nur diese eine mögliche Handlung, sondern auch alle vom Akteur perzipierten Handlungsalternativen (vor allen: Eintritt in eine andere Partei oder in eine sonstige intermediäre Organisation), an die auch bestimmte Erwartungen und Bewertungen geknüpft sind, die wiederum von den schon angesprochenen Variablengruppen auf der Mikro-, Meso- und Makroebene beeinflusst werden, u.a. in begrenztem Maße auch von der potenziellen Beitrittspartei.

Abbildung 2: Erklärungsfaktoren des Parteibeitritts

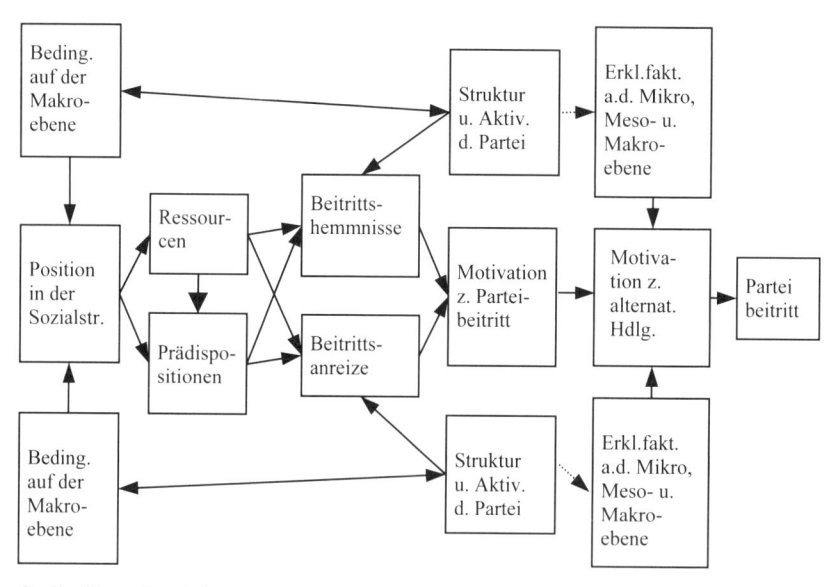

Quelle: Eigene Darstellung

- Der tatsächliche Entschluss, einer bestimmten Partei beizutreten, wird daher vom Akteur nur gefasst, wenn die Motivation zum Parteibeitritt grö-

Modell zur Erklärung der Entwicklung und Sozialstruktur 97

ßer ist als die mit den verschiedenen Handlungsalternativen verbundenen Motivationen.

Das hier zugrunde gelegte Erklärungsmodell der Beitrittsentscheidung erfordert dabei keine aufwändige numerische Kalkulation der verschiedenen Handlungsanreize und -hemmnisse durch den Akteur, aber zumindest abschätzende Überlegungen und Abwägungen der Handlungsalternativen[7]. Es geht daher nicht von Akteuren aus, deren Handeln gar keine Wahl ist, sondern nur die automatische Ausübung von Normenkonformität oder die bloße Umsetzung von Einstellungen in sichtbares Verhalten.

3.1 Beitrittsanreize und Beitrittshemmnisse

Die zentralen, der Entscheidung zum Parteibeitritt unmittelbar vorgelagerten Variablen des Modells sind die Beitrittsanreize und -hemmnisse. Auf sie soll daher zunächst näher eingegangen werden[8]. Da es zunächst um die Analyse der verschiedenen Arten von Beitrittsanreizen und nicht um die Bestimmung ihrer jeweiligen Stärke geht, wird in diesem Teil der Analyse angenommen, dass die positiv bewerteten Folgen eines Parteibeitritts mit Sicherheit eintreten, d.h. keine unsichere oder risikobehaftete Erwartungen des Akteurs existieren. Theoretische Ansätze zur Ableitung und Klassifizierung von Beitrittsanreizen lassen sich in den Arbeiten sozialwissenschaftlicher „Klassiker", im eher psychologisch orientierten Bereich der Politikwissenschaft, im Rahmen der Parteiorganisationsforschung und in Teilbereichen der Organisationstheorie finden[9].

Von diesen Ansätzen ausgehend, lässt sich eine systematische Klassifikation möglicher Beitrittsanreize entwickeln. Einen ersten Schritt im Rahmen dieser Klassifizierung stellt die Unterscheidung in expressive und instrumentelle Anreize dar. Als expressiv sollen diejenigen Beitrittsanreize bezeichnet werden, bei denen die Parteizugehörigkeit an sich für das Individuum einen intrinsischen Belohnungscharakter, also einen positiven Eigenwert besitzt, die Klasse der instrumentellen Anreize fasst Anreizarten zusammen, die durch einen Mittelcharakter der Parteizugehörigkeit gekennzeichnet sind, bei denen der Parteibeitritt also das Mittel zur Erreichung positiv bewerteter Zwecke darstellt.

---

7 Dass solche Überlegungen von den Bürgern vor einem Parteibeitritt in nicht geringem Maße angestellt werden, belegen die Ergebnisse einer Neumitgliederbefragung der SPD von 2004, wo über vier Fünftel der Befragten angaben, vor ihrem Parteibeitritt länger über diesen Schritt nachgedacht zu haben (Polis 2004).
8 Die Überlegungen zu den Beitrittsanreizen stellen eine leicht modifizierte Version der früheren Klassifikation des Autors dar (Niedermayer 1989: 110ff., 2001: 301ff.), die in identischer oder leicht abgewandelter Form von anderen Analysen übernommen wurde (z.B. Boll 2001 und Müller/Traub 2004).
9 Vgl. hierzu ausführlich Niedermayer (2009a).

Expressive Anreize deuten auf ein Parteiverständnis im Sinne der Tönniesschen „Gemeinschaft" hin[10]. Sie lassen sich nach der Quelle des Eigenwertes der Parteizugehörigkeit weiter differenzieren. Erhält die Parteizugehörigkeit für das Individuum ihren Eigenwert aufgrund der Befriedigung affektiv-emotionaler Bedürfnisse unterschiedlichster Art, so wollen wir von affektiven Anreizen sprechen. Diese Anreizart, die sich in Max Webers (1956) Terminologie der affektuellen Orientierung sozialen Handelns zurechnen lässt, basiert auf Gefühlszuständen des Individuums, die der Parteizugehörigkeit aus sich selbst heraus einen Belohnungscharakter verleihen. Solche Bindungsprozesse können sich auf Beziehungen des Individuums zu einem anderen Individuum bzw. einer Gruppe von Individuen im Rahmen der Partei, auf symbolische Repräsentationen des Kollektivs oder auf Aspekte des allgemeinen politischen Prozesses beziehen. Das wichtigste Beispiel für auf affektive Beziehungen zu einem anderen Individuum basierende Beitrittsanreize stellt die Bewunderung, Hingabe und Ergebenheit in Bezug auf eine überragende Führungspersönlichkeit dar. Im Extremfall, dem Typus der Gefolgschaft eines charismatischen Führers nach Heberle (1951), sind alle „Gefolgsleute" in dieser Weise an einen Führer gebunden, während eine affektive Bindung untereinander weitgehend fehlt. Affektive Anreize im Bereich der Beziehungen des Individuums zu einer innerparteilichen Gruppe stellen insbesondere gesellige, freundschaftliche und andere als positiv angesehene sozialintegrative Bindungen im Rahmen der lokalen Parteiorganisation oder anderer innerparteilicher Gruppierungen dar. Die Parteiorganisation wird so zum gesellschaftlichen und geselligen Lebensraum. In diese Kategorie gehört jedoch auch die Befriedigung von Status- und Prestigebedürfnissen. Zudem können symbolische Repräsentationen der Partei, also z.B. die Parteifahne, affektive Wirkungen entfalten. Relativ unabhängig von parteiinternen Beziehungsstrukturen, kann schließlich die parteigebundene Teilhabe am politischen Prozess die Möglichkeit des Auslebens positiver Gefühle wie Freude und Vergnügen am politischen Geschehen bieten.

Die zweite Quelle des Eigenwertes der Parteizugehörigkeit bilden Normen. Normative Beitrittsanreize liegen somit vor, wenn vom Individuum internalisierte Verhaltenserwartungen der Umwelt den Beitritt zu einer Partei nahelegen. Der Parteibeitritt besitzt daher für das Individuum als Dokumentation normkonformen Verhaltens sich selbst und anderen gegenüber einen Eigenwert. Hierzu gehören

(1) die auf der intergenerationalen Weitergabe von Normen basierende Tradierung von Parteibindungen im Rahmen der Familie,
(2) die auf die Angehörigen sozial-moralischer Milieus (Lepsius 1966) im Rahmen der eindimensionalen Milieusozialisation einwirkenden parteispezifischen Beitrittsnormen, die über Sozialisationsprozesse zum einen im Grup-

---

10 Für eine detaillierte Analyse und Kritik der Kategorien „Gemeinschaft" und „Gesellschaft" bei Ferdinand Tönnies vgl. König (1955).

Modell zur Erklärung der Entwicklung und Sozialstruktur

penmilieu selbst und zum anderen in den das Milieu organisatorisch abstützenden Vorfeldorganisationen herausgebildet werden und
(3) die Beitrittsanreize aufgrund allgemeiner demokratischer Beteiligungsnormen („Bürgerpflicht").

Im Gegensatz zu den verschiedenen Arten expressiver Anreize sind die instrumentellen Anreize dadurch gekennzeichnet, dass die Parteizugehörigkeit Mittelcharakter besitzt, d.h. vom Individuum als Instrument zur Erreichung individueller Zwecke unterschiedlichster Art angesehen wird. Beitrittsanreize dieser Art deuten auf ein „gesellschaftliches" Verständnis von Partei hin und lassen sich der Weberschen zweckrationalen Handlungsorientierung zuordnen. Nach der Art der mit Priorität versehenen Zwecke, lässt sich diese Klasse von Anreizen einteilen in wertbezogene, im engeren Sinne politische und in materielle Anreize.

Wertbezogene Anreize sind gegeben, wenn die Parteimitgliedschaft als Mittel zur besseren Unterstützung bzw. Verwirklichung von Wertorientierungen, also den vom Individuum gewünschten Gestaltungsprinzipien der Gesellschaft und des politischen Systems, angesehen wird.

Die politische Kategorie umfasst Begründungszusammenhänge von Parteibeitritten, die auf die Ziel- und Prozessaspekte des politischen Systems bezogen sind. Zielbezogene politische Anreize liegen dann vor, wenn die Parteizugehörigkeit als Instrument zur Unterstützung bzw. Durchsetzung von vom Individuum als wichtig erachteten politischen Anliegen, Interessen und Zielsetzungen – bzw. zur Unterstützung von diese Ziele vertretenden Führungspersönlichkeiten – angesehen wird. Prozessbezogene politische Anreize liegen vor, wenn die Parteibindung für das Individuum Mittelcharakter in Bezug auf das Bedürfnis nach kognitiver Verarbeitung und Durchdringung des politischen Prozesses besitzt. Hierzu gehören insbesondere das Streben nach Wissen, Information, Einsicht, Verstehen und Teilhabe am politischen Diskurs.

Materielle Anreize sind dann gegeben, wenn die Parteizugehörigkeit vom Individuum als Instrument zur Erlangung von auf die eigene Person bezogenen materiellen Vorteilen angesehen wird. Diese Klasse von Anreizen kann wiederum in gratifikations- und positionsbezogene Anreize differenziert werden. Gratifikationsbezogene Anreize liegen vor, wenn die mit der Parteimitgliedschaft als Mittel verfolgten Zwecke auf die Erlangung von monetären Gratifikationen bzw. sonstigen in monetären Größen ausdrückbaren Gütern und Dienstleistungen gerichtet sind. Bei positionsbezogenen Anreizen stehen dagegen die über berufliche Positionsverbesserungen erreichbaren materiellen Vorteile im Vordergrund. Zu nennen sind hierbei insbesondere berufliche Kontakte und die verschiedenen parteipolitischen Patronageformen in Bezug auf Stellenvermittlung und Karriereförderung im ökonomischen wie politischen Bereich.

Wenn im Rahmen der bisherigen Argumentation nicht explizit auf das gerade für die deutsche Parteienforschung so zentrale Machtstreben eingegangen wurde, so bedeutet dies keine Negierung dieses Anreizes zum Parteibeitritt. Allerdings ist anzumerken, dass das Machtmotiv in einigen Anreizklassifikationen tatsächlich nicht explizit berücksichtigt wird und machtorientierte Argumentationslinien sich, aus offensichtlichen Gründen, stärker auf die Ebene von Parteieliten als auf die Parteimitglieder an der Basis beziehen. In unserer Anreizklassifikation taucht das Streben nach politischer Macht jedoch deshalb nicht als eigene Klasse auf, weil es in seinen unterschiedlichen Ausformungen (Selbstzweck bzw. Instrumentalcharakter) durch die schon beschriebenen Anreizarten abgedeckt wird. Wird Macht von einem Individuum ausschließlich um ihrer selbst willen angestrebt, besitzt also die Machtausübung über andere einen intrinsischen Belohnungscharakter durch Sublimation des Machttriebs, so lässt sich das Machtstreben den affektiven Anreizen zuordnen. Wird Macht angestrebt, um spezifische politische Zielsetzungen durchsetzen zu können, so lässt sich dies unter die zielbezogenen politischen Anreize subsumieren. Stehen die über Machtpositionen erreichbaren materiellen Vorteile im Vordergrund, so sind damit materiell-positionsbezogene Anreize angesprochen.

Die Stärke dieser verschiedenen Beitrittsanreize ergibt sich aus der vom Akteur erwarteten Wahrscheinlichkeit, mit der die positiv bewerteten Folgen des Parteibeitritts eintreten. Dies impliziert insbesondere, dass ein und dieselbe Anreizart je nach betrachteter Partei zu unterschiedlich starken Beitrittsanreizen führen kann. Gelten z.B. für einen Akteur nur materielle Anreize, so könnte er die Wahrscheinlichkeit der Erlangung von materiellen Vorteilen durch Ämter oder Patronage bei Regierungsparteien höher einschätzen als bei Oppositionsparteien und daher einen größeren Anreiz haben, einer Regierungspartei beizutreten.

Den Beitrittsanreizen stehen jedoch auch Beitrittshemmnisse, also vom Akteur negativ bewertete erwartete Folgen der Beitrittsentscheidung, gegenüber. Die Beitrittshemmnisse können in zwei Kategorien aufgeteilt werden, nämlich Beitritts- und Partizipationskosten. Beitrittskosten bilden die Erwartungen über den Aufwand, der für den Parteibeitritt und den Verbleib in der Partei – unabhängig vom innerparteilichen Aktivitätsniveau – getrieben werden muss. Der Aufwand beim Parteibeitritt ist relativ hoch, wenn vom potenziellen Mitglied ein hohes Maß an Eigeninitiative verlangt wird, und relativ niedrig, wenn eine Ansprache durch andere erfolgt und ihm eigene Anstrengungen abgenommen werden. Die laufenden Kosten des Verbleibs richten sich nach der Höhe des Mitgliedsbeitrags, den jedes Parteimitglied zu entrichten hat. Die Finanz- und Beitragsordnungen der Parteien geben dazu Richtwerte je nach Einkommenshöhe vor. Der tatsächlich gezahlte Betrag wird jedoch der Selbsteinschätzung des Mitglieds überlassen und den Parteien stehen über Appelle hinaus keine Möglichkeiten offen, die Mitglieder zur „Beitragsehrlichkeit" in Bezug auf ihre Einkommenshöhe zu bewegen.

Ist die Anreizstruktur des Individuums so geartet, dass die erwarteten positiven Folgen des Parteibeitritts nur eintreten, wenn der Akteur in mehr oder minder starkem Maße am innerparteilichen Geschehen aktiv teilnimmt, so kommen Partizipationskosten in Form erwarteter negativer Aspekte der Teilnahme hinzu. Diese können in Form der Probleme einer langfristigen Organisationsbindung, der Raum-Zeitgebundenheit innerparteilicher Partizipation, der zeitintensiven und thematisch breiten Partizipationserfordernisse und einer für das neue Mitglied abschreckenden innerparteilichen Organisationskultur bestehen.

Gemäß den Grundannahmen unseres Modells ist der Akteur grundsätzlich dazu motiviert, der Partei beizutreten, wenn die Beitrittsanreize die Beitrittshemmnisse übersteigen. Wir wollen uns nun den Faktoren zuwenden, die diese Beitrittsmotivation durch ihre Wirkung auf die Beitrittsanreize und/oder Beitrittshemmnisse beeinflussen.

3.2 Einflussfaktoren auf die Beitrittsanreize und -hemmnisse

Die Parteibeitrittsmotivation wird zum einen von der Struktur und den Aktivitäten der in Frage kommenden Partei und zum anderen von den Eigenschaften des Akteurs beeinflusst. Strukturfaktoren wie die Größe der Partei, die Zusammensetzung ihrer Mitgliedschaft oder ihre Rolle als Regierungs- bzw. Oppositionspartei sowie die inhaltlichen und organisationspolitischen Aktivitäten der Partei beeinflussen die Erwartungen und Bewertungen des Akteurs. Daher können die Parteien auch gezielt versuchen, durch das Setzen von Beitrittsstimuli, d.h. von Aktivitäten, die Beitrittsanreize schaffen bzw. erhöhen und/oder Beitrittshemmnisse verringern bzw. abschaffen und/oder mit den Handlungsalternativen verknüpften Erwartungen und Bewertungen verschlechtern, die Beitrittsmotivation von Akteuren zu ihren Gunsten zu verändern. Andererseits können sie durch ihr Handeln auch das Gegenteil bewirken, nämlich Beitrittsanreize vermindern bzw. abschaffen und Beitrittshemmnisse schaffen bzw. erhöhen. Kommen z.B. die Akteure zu der Auffassung, dass eine Partei ihre traditionellen Grundwerte verraten hat, vermindert sich drastisch die wertbezogenen Anreize zum Parteibeitritt.

Die für die Konstruktion der Entscheidungssituation über Beitrittsanreize und -hemmnisse relevanten Eigenschaften des Akteurs lassen sich in zwei große Gruppen gliedern: Prädispositionen und Ressourcen[11]. Zu den Prädispositionen, die die Erwartungen und Bewertungen des Akteurs in Bezug auf einen Parteibeitritt beeinflussen, gehören affektiv-emotionale Bedürfnisse, im Sozialisationsprozess erworbene Wertorientierungen und Normen, politische Einstellungen, in der Vergangenheit gemachte Erfahrungen und das Ausmaß an Betroffenheit von politischen Vorgängen. Affektiv-emotionale Bedürfnis-

---

11 Zum Forschungsstand über die einzelnen Faktoren, der hier auf das Erklärungsmodell bezogen zusammengefasst und durch eigene Überlegungen ergänzt wird, vgl. die in den Anm. 2 und 3 genannten Überblicksdarstellungen und die dort diskutierte weiterführende Literatur.

se, Wertorientierungen und Normen bilden, wie bei der Klassifikation der Anreizarten schon näher ausgeführt wurde, die Quellen des Eigenwerts einer Parteizugehörigkeit und beeinflussen daher positiv die expressiven Anreize. Die instrumentellen Anreize werden vor allem durch das allgemeine politische Interesse, die spezifischen inhaltlich-politischen und materiellen Interessen sowie die Betroffenheit des Akteurs von politischen Vorgängen positiv beeinflusst. Alle Anreizarten wiederum können prinzipiell von den Erfahrungen tangiert werden, die der Akteur in der Vergangenheit mit unterschiedlichen politischen und sozialen Partizipationsformen gemacht hat. Neben den Anreizen können auch die Beitrittshemmnisse durch die Prädispositionen beeinflusst werden. So reduzieren z.B. die früheren Erfahrungen mit organisationsbezogenen Partizipationsformen den erwarteten Aufwand für den Parteibeitritt und wenn diese Erfahrungen sehr positiv waren, tragen sie möglicherweise dazu bei, auch in den Parteien keine allzu partizipationshemmende Organisationskultur zu erwarten, negative Erfahrungen wirken dagegen eher abschreckend.

Neben den sich auf das „Wollen" beziehenden Prädispositionen prägen auch Faktoren die subjektive Situationskonstruktion des Akteurs, die sich auf sein „Können" in Form partizipationsnotwendiger bzw. -hilfreicher Ressourcen beziehen. Zur partizipationsrelevanten Ressourcenausstattung des Akteurs gehören

(1) Kenntnisse, Fertigkeiten und Fähigkeiten im kognitiven und kommunikativen Bereich, die für die politische Partizipation notwendig bzw. hilfreich sind, wie z.B. die Fähigkeit zur Aufnahme und Verarbeitung komplexer Informationen und zur effektiven Artikulation der eigenen Interessen gegenüber Dritten[12],
(2) ein Budget an disponibler Zeit und
(3) die Möglichkeit, den finanziellen Erfordernissen bestimmter Aktivitäten entsprechen zu können.

Verfügt ein Individuum über ein hohes Ausmaß an partizipationsrelevanten Ressourcen, so vermindert dies die von ihm perzipierten Beitrittshemmnisse und erhöht insbesondere die politisch-instrumentellen Anreize und zwar vor allem über deren Erwartungskomponente, da das Individuum die Wahrscheinlichkeit, die mit der Parteimitgliedschaft verbundenen Zielsetzungen zu erreichen, höher einschätzt. Zudem beeinflusst die Ressourcenausstattung neben ihrem direkten Effekt auf die Beitrittsanreize und -hemmnisse auch wiederum in vielfältiger Weise die Prädispositionen des Akteurs, etwa durch die positiven Auswirkungen von kognitiven Kompetenzen auf das politische Interesse. Insgesamt ist daher davon auszugehen, dass Individuen mit einer ho-

---

12 Eine Möglichkeit zur Operationalisierung dieser Ressource über die Selbsteinschätzung des Individuums bildet das Konzept der internal political efficacy (politisches Kompetenzgefühl), vgl. hierzu Niedermayer (2005: 29ff.).

hen Ressourcenausstattung unter sonst gleichen Bedingungen eher in eine Partei eintreten als Personen mit geringen Ressourcen.

3.3 Sozialstrukturelle Einflussfaktoren und Handlungsalternativen

Um mit dem Analysemodell die Veränderungen in der Größe und Sozialstruktur von Parteimitgliedschaften erklären zu können, muss der bisherige Argumentationsgang noch in zwei Richtungen erweitert werden. Zum einen in Richtung der möglichen sozialstrukturellen Einflussfaktoren auf die Ressourcen und Prädispositionen des Akteurs und zum anderen in Richtung möglicher Handlungsalternativen zum Parteibeitritt.

Sowohl die Ressourcenausstattung eines Akteurs als auch seine Prädispositionen werden von Merkmalen seiner Position in der Sozialstruktur beeinflusst. Bei der Ressourcenausstattung sind dies im Wesentlichen seine Bildung, die Art seiner Berufstätigkeit und sein Einkommen. Eine hohe formale Bildung, eine Stellung im Erwerbsleben, die viel frei verfügbare Zeit lässt, ein spezifischer Beruf, der kognitive und kommunikative Fähigkeiten vermittelt, und ein höheres Einkommen wirken sich positiv auf die für eine parteibezogene Partizipation relevante Ressourcenausstattung aus.

Die Überlegungen zum Einfluss der Ressourcenausstattung und ihrer sozialstrukturellen Bedingungsfaktoren auf die Beitrittsentscheidungen der Akteure auf der Mikroebene können daher in vier Mesoebenen-Hypothesen zur Sozialstruktur der Parteimitgliedschaften transformiert werden:

- In den Parteimitgliedschaften sind Personen mit hoher Bildung überrepräsentiert.
- In den Parteimitgliedschaften sind bestimmte Berufsgruppen, vor allem der Öffentliche Dienst[13], überrepräsentiert.
- In den Parteimitgliedschaften sind Personen mit höherem Einkommen überrepräsentiert.
- In den Parteimitgliedschaften sind Nichterwerbstätige überrepräsentiert.

Zur letzten These ist allerdings anzumerken, dass bei der Beurteilung der Überrepräsentation der Rentner als der größten Gruppe der Nichterwerbstätigen noch eine Reihe weiterer Faktoren berücksichtigt werden muss, vor allem die Tatsache, dass in jüngeren Jahren mit anderer Ressourcenausstattung beigetretene Mitglieder später zu Rentnern werden.

Die Ressourcenausstattung eines Akteurs beeinflusst seine Entscheidung darüber, ob er einer Partei beitritt oder nicht und wie aktiv er sich in ihr betätigt. Diese Art von Einfluss besitzen auch bestimmte Prädispositionen, vor

---

13 „Eine Ursache hierfür ist, dass die im Öffentlichen Dienst Beschäftigten häufig in einem politiknahen Bereich tätig und mit öffentlichen Angelegenheiten betraut sind. Darüber hinaus können sie in der Regel ihre frei verfügbare Zeit gut kalkulieren" (Biehl 2005: 102).

allem die allgemeine demokratische Beteiligungsnorm und das generelle politische Interesse. Beide Faktoren werden u.a. von im Sozialisationsprozess erworbenen, geschlechtsspezifischen Rollenorientierungen geprägt, nach denen Politik eher „Männersache" ist. Zudem besteht immer noch eine geschlechtsspezifische Segregation des Arbeitsmarktes mit systematischen Einkommensunterschieden und berufstätige Frauen verfügen durch die Doppelbelastung mit Haushalt und Kindererziehung über ein geringeres disponibles Zeitbudget, sodass Frauen auch von der Ressourcenausstattung her benachteiligt sind. Es lässt sich daher die Hypothese bilden:

– In den Parteimitgliedschaften sind Frauen unterrepräsentiert.

Damit ist jedoch noch nicht die Frage beantwortet, zu Gunsten welcher Partei die Entscheidung des Akteurs ausfällt. Dies wird durch die übrigen Prädispositionen determiniert, die vor allem zu parteispezifisch unterschiedlichen Beitrittsanreizen führen.

Die durch die von bestimmten sozialstrukturellen Merkmalen beeinflussten parteispezifischen Werte, Normen und materiellen Interessen geprägten Beitrittsanreize spielen eine große Rolle, wenn die Parteibeitrittsentscheidung mit Hilfe der Konfliktlinientheorie erklärt wird. Unter einer gesellschaftlichen Konfliktlinie (cleavage) soll hier eine tief greifende, über eine längere Zeit stabile, konflikthafte und im Rahmen des intermediären Systems institutionalisierte Spaltungslinie zwischen Bevölkerungsgruppen verstanden werden, die über ihre sozialstrukturelle Positionierung und die hieraus abgeleiteten materiellen Interessen und Wertvorstellungen, bzw. primär über ihre unterschiedlichen Wertvorstellungen, definiert sind (Niedermayer 2009b). Die traditionellen, eindeutig in der Sozialstruktur verankerten Konfliktlinien in Westeuropa bildeten sich im 19. Jahrhundert vor dem Hintergrund der durch die Industrielle Revolution und die Nationalstaatsbildung bewirkten Umbrüche und Verwerfungen heraus. Lipset und Rokkan (1967: 14ff.) unterscheiden vier zentrale cleavages: (1) der Klassenkonflikt zwischen Kapitaleignern und abhängig Beschäftigten, (2) der Stadt-Land-Konflikt zwischen dem städtischen Bürgertum in Industrie, Handel und Gewerbe und den durch den Landadel vertretenen Agrarinteressen, (3) der Kirche-Staat-Konflikt zwischen dem Machtanspruch des neuen Nationalstaats und den historisch gewachsenen Vorrechten der – katholischen – Kirche und (4) der Zentrum-Peripherie-Konflikt zwischen den zentralstaatlichen Eliten und den Vertretern ethnischer, sprachlicher oder religiöser Minderheiten.

Für Deutschland waren hierbei vor allem der Klassenkonflikt und eine spezifische Form des Kirche-Staat-Konflikts, nämlich die bereits seit der Reformation existierende und mit der Etablierung der politischen und kulturellen Hegemonie des Protestantismus durch die von Preußen dominierte Reichseinigung politisch aktualisierte konfessionelle Konfliktlinie zwischen Katholizismus und Protestantismus, relevant. Beide Konfliktlinien wurden in der Folgezeit noch verstärkt durch die Herausbildung sozial-moralischer Milieus,

Modell zur Erklärung der Entwicklung und Sozialstruktur

also lebensweltlicher Gesinnungsgemeinschaften mit vielfältiger organisatorischer Abstützung. Zu diesen traditionellen, für die (vor-)industriellen Gesellschaften typischen Konfliktlinien ist heutzutage eine neue, primär auf Wertekonflikten basierende, die post-industriellen Gesellschaften charakterisierende Spaltungslinie hinzugekommen: Der Konflikt zwischen libertären und autoritären Wertorientierungen. Dieser Konflikt ist zwar durch eine weitaus schwächere sozialstrukturelle Verankerung gekennzeichnet, libertäre Wertorientierungen werden jedoch eher durch Personen vertreten, die eine hohe Ressourcenausstattung im oben diskutierten Sinne aufweisen.

Parteien repräsentieren aus der Sicht der Konfliktlinientheorie Koalitionen zwischen den die Konflikte repräsentierenden jeweiligen Bevölkerungsgruppen und politischen Teileliten, die ihre Interessen und Werte in der politischen Arena vertreten. Damit bestehen bei den Gruppenmitgliedern parteispezifisch geprägte Interessen, Wertorientierungen und durch gruppenspezifische Sozialisationsprozesse geprägte Normen, die die expressiven und politisch-instrumentellen Beitrittsanreize beeinflussen. Wenn und insoweit die traditionellen deutschen Konfliktlinien heute noch Relevanz besitzen, können daher die folgenden Hypothesen zur sozialstrukturellen Zusammensetzung der Mitgliedschaften der einzelnen deutschen Parteien formuliert werden:

- In der SPD-Mitgliedschaft sind die Arbeiter überproportional vertreten.
- In der Mitgliedschaft der bürgerlichen Parteien CDU, CSU und FDP sind die Selbständigen überproportional vertreten.

Wenn die CDU und die CSU, die nach dem Zweiten Weltkrieg als konfessionsübergreifende Parteien mit dem Anspruch gegründet wurden, die christlich orientierten Wähler beider Konfessionen anzusprechen, dennoch bis heute ihren bis in die Gründungsphase des Kaiserreichs zurückreichenden historischen Wurzeln verhaftet bleiben, dann sind die Katholiken in diesen beiden Parteien überproportional vertreten.

Aufgrund der Überlegungen zur Libertarismus-Autoritarismus-Konfliktlinie, wo die Grünen den Libertarismuspol parteiorganisatorisch vertreten, lässt sich zudem die Hypothese bilden:

- In der Mitgliedschaft der Grünen sind ressourcenstarke Personen besonders überrepräsentiert.

Die sich aus der Konfliktlinientheorie ergebenden Überlegungen führen zudem zu Differenzierungen der aus der Ressourcenausstattung abgeleiteten Sozialstrukturhypothesen durch die Rolle, die bestimmten Parteien bei der politischen Einbindung ressourcenschwacher Bevölkerungsgruppen zukommt: „Parteien [...] wurden auch mit dem Zweck gegründet, Bürger mit begrenzten Beteiligungsmöglichkeiten zusammenzuführen, um deren individuelles Partizipationsdefizit durch die Möglichkeiten, die sich aus der Zusammenführung einer großen Zahl Gleichgesinnter ergeben, auszugleichen.

In den festen Strukturen einer Partei können deshalb auch ressourcenschwache Personen einen Beitrag zum Erreichen politischer Ziele leisten, zu dem sie auf sich alleine gestellt kaum in der Lage wären" (Biehl 2005: 61). Diese Rolle kam historisch vor allem der SPD zu. Wenn sie sie heute noch ausfüllt, dann lassen sich zwei Hypothesen bilden:

- In der SPD-Mitgliedschaft ist der Anteil an Personen mit geringer Bildung höher als in den anderen Parteien.
- In der SPD-Mitgliedschaft ist das Einkommensniveau geringer als in der Mitgliedschaft der anderen Parteien.

Neben den bisher genannten Parteien wird das deutsche Parteiensystem durch die Partei DIE LINKE geprägt, die 2007 aus der Vereinigung der PDS mit der WASG entstanden ist. Hypothesen zur Sozialstruktur der Mitgliedschaft dieser Partei, die vor allem aus Wähleranalysen[14] abgeleitet werden können, müssen zwischen zwei Zeiträumen differenzieren: Bis zum Anfang des 21. Jahrhunderts bestand die Kernklientel der damaligen PDS aus den Angehörigen der ehemaligen „sozialistischen Dienstklasse", also den Eliten der ehemaligen DDR, und war daher weder die bevorzugte Partei der Arbeiter noch der nach Einkommen oder Bildung ressourcenschwachen Personen. In neuerer Zeit wurden jedoch gerade für diese Bevölkerungsgruppe starke wertbezogene und politische Beitrittsanreize gesetzt, indem die Partei sich in ihrer Außenkommunikation als Anwalt der „Modernisierungsverlierer" und einzige Partei der sozialen Gerechtigkeit präsentierte, was auf der Wählerseite durchaus erfolgreich war. Daher lässt sich vermuten:

- In der Mitgliedschaft der ehemaligen PDS waren Arbeiter unterrepräsentiert.
- In der Mitgliedschaft der ehemaligen PDS waren nach Bildung und Einkommen ressourcenstarke Personen überrepräsentiert.
- In der Mitgliedschaft der LINKEN haben sich diese Strukturcharakteristika in Richtung größerer Repräsentanz von nach Beruf, Einkommen und Bildung ressourcenschwachen Personen verschoben.

Letzteres würde auch bedeuten, dass die LINKE in Zukunft mit der SPD um die Einbindung ressourcenschwacher Bevölkerungsteile konkurriert oder diese Rolle sogar von der SPD übernimmt.

Neben den Normen, Werten und Interessen wurde auch das Maß an Betroffenheit des Akteurs von politischen Vorgängen als Prädisposition des Akteurs angesehen. Da die Betroffenheit von politischen Vorgängen mit dem Grad sozialer Integration variiert und diese Variable ihrerseits mit dem Verlauf des Lebenszyklus in Verbindung zu bringen ist, der vor allem über das Alter erfasst wird, kann als letzte Hypothese zur Sozialstruktur formuliert werden:

---

14 Vgl. zum Folgenden Niedermayer (2006).

Modell zur Erklärung der Entwicklung und Sozialstruktur 107

- In den Parteimitgliedschaften sind Personen mittleren Alters, d.h. die Altersgruppe mit der stärksten sozialen Integration, überrepräsentiert.

Mit der Diskussion der sozialstrukturellen Variablen, die die Ressourcen und Prädispositionen des Akteurs beeinflussen, sind die verschiedenen Einflussfaktoren auf die Art und Stärke der subjektiven Motivation zum Parteibeitritt vollständig erfasst. Ob aus der Beitrittsmotivation ein tatsächlicher Parteibeitritt wird, hängt jedoch von den vom Akteur perzipierten Handlungsalternativen ab. Diese lassen sich in drei Kategorien differenzieren:

- Eintritt in eine andere Partei,
- andere Formen politischer Partizipation und
- unpolitische Möglichkeiten zur Gestaltung des disponiblen Zeitbudgets.

An alle vom Akteur wahrgenommenen Handlungsalternativen aus diesen drei Bereichen sind jeweils auch bestimmte Erwartungen und Bewertungen geknüpft, die wiederum von den schon angesprochenen Variablen auf der Mikro-, Meso- und Makroebene beeinflusst werden, u.a. in begrenztem Maße auch von der potenziellen Beitrittspartei. Somit bestehen auch für diese Alternativen bestimmte Handlungsanreize und -hemmnisse, die – beim Überwiegen der Anreize – den Akteur zu einer anderen Entscheidung motivieren können. Nach der im Modell angenommenen Regel der Selektion des Handelns aus den zur Verfügung stehenden Alternativen erfolgt der Beitritt zu einer bestimmten Partei daher nur, wenn er die mit der stärksten Motivation verbundene Alternative darstellt.

Mit diesem Modell lassen sich nicht nur die Beitritts-, sondern auch die Austritts- und Ausschlussentscheidungen erklären[15]. Aus den ursprünglichen Beitrittsanreizen und -hemmnissen werden nach dem Treffen der Beitrittsentscheidung Anreize und Hemmnisse, die den Verbleib eines Akteurs in der Partei bzw. seinen Austritt oder Ausschluss erklären. Mit zunehmender Dauer der Parteimitgliedschaft erhöht sich prinzipiell die Wahrscheinlichkeit, dass Veränderungen in der sozialstrukturellen Position des Mitglieds und/oder Veränderungen seiner Ressourcenausstattung bzw. seiner Prädispositionen[16] einerseits und/oder Entwicklungen in seiner Partei und/oder Veränderungen der perzipierten Handlungsalternativen andererseits die ursprüngliche Motivationsstruktur verändern. Beitrittsanreize und -hemmnisse dürfen daher nicht mit Bleibeanreizen oder -hemmnissen gleichgesetzt werden, aber letztere können mit dem gleichen Instrumentarium kategorisiert und analysiert werden.

---

15 Die Todesfälle als verbleibende Abgangskategorie natürlich nicht, da sie zwar individuelle Verhaltensweisen aber keine Entscheidung zwischen verschiedenen Handlungsalternativen darstellen.
16 Zu den Prädispositionen zählen nun an prominenter Stelle die vom Mitglied in der Partei gemachten Erfahrungen.

Für die explizite Austrittsentscheidung eines Mitglieds leuchtet dies unmittelbar ein. Das Mitglied wird eine solche Entscheidung dann treffen, wenn Veränderungen der oben beschriebenen Art die Anreize, in der Partei zu verbleiben, so weit herabsetzen und/oder die Bleibehemmnisse in Form der Verbleibe- und Partizipationskosten so weit steigern und/oder die Attraktivität der perzipierten Handlungsalternativen so weit ansteigen lassen, dass die Motivation zu alternativen Handlungen – also sich nicht mehr oder anderweitig politisch zu betätigen – größer wird als die Motivation zum Verbleib in der Partei. So kann z.b. eine den Werten und politischen Zielsetzungen des Parteimitglieds eklatant widersprechende Änderung der inhaltlichen Ausrichtung einer Partei dazu führen, dass sich die wertbezogenen und politischen Bleibeanreize dramatisch verringern, so dass die Motivation, in der Partei zu verbleiben, stark herabgesetzt wird. Besteht dann eine Handlungsalternative in Form des Beitritts zu einer anderen Partei, deren inhaltliche Ausrichtung zu der des Individuums kompatibel ist, so erhöht sich die Wahrscheinlichkeit eines Parteiaustritts noch zusätzlich.

Auch den als Austritt behandelten Abgängen und den Parteiausschlüssen liegen von den beschriebenen Faktoren beeinflusste vorherige Entscheidungen des Mitglieds zugrunde, die eine Abwendung von der Partei signalisieren, z.B. der Entschluss, seine Beitragszahlungen einzustellen oder sich in einer Weise zu verhalten, die als parteischädigend gewertet werden kann.

4. Fazit

Mit dem hier vorgestellten Modell können alle Arten von individuellen Entscheidungen der verschiedenen relevanten Akteure analysiert werden, die – in der beschriebenen Weise aggregiert – die Gestalt, d.h. Größe und Sozialstruktur und zeitliche Entwicklung der sozialen Gebilde „Mitgliedschaften von Parteien" prägen. All diese Entscheidungen werden von drei Gruppen von Faktoren beeinflusst: den von den individuellen Eigenschaften der jeweiligen Akteure und den Strukturgegebenheiten und Aktivitäten der jeweiligen Partei beeinflussten Beitrittsanreizen und Beitrittshemmnissen, sowie den zur Verfügung stehenden Handlungsalternativen.

Literatur

Biehl, Heiko (2005): Parteimitglieder im Wandel, Wiesbaden: VS-Verlag.
Boll, Bernhard (2001): Beitrittsmotive von Parteimitgliedern, in: Bernhard Boll und Everhard Holtmann (Hrsg.), Parteien und Parteimitglieder in der Region, Wiesbaden: Westdeutscher Verlag, S. 19-30.
Boyer, Josef/Kössler, Till (Bearb.) (2005): SPD, in: Boyer, Josef/Kössler, Till (Bearb): SPD, KPD und kleinere Parteien des linken Spektrums sowie DIE GRÜ-

NEN. Mitgliedschaft und Sozialstruktur 1945-1990. Handbuch zur Statistik der Parlamente und Parteien in den westlichen Besatzungszonen und in der Bundesrepublik Deutschland, Teilband IV, Düsseldorf: Droste, S. 31-734.
Esser, Hartmut (1999): Soziologie. Allgemeine Grundlagen, Frankfurt am Main/New York: Campus.
Franz, Corinna/Gnad, Oliver (Bearb. 2005): CDU und CSU. Mitgliedschaft und Sozialstruktur 1945-1990. Handbuch zur Statistik der Parlamente und Parteien in den westlichen Besatzungszonen und in der Bundesrepublik Deutschland, Teilband II, Düsseldorf: Droste, S. 33-513.
Gabriel, Oscar W./Niedermayer, Oskar (2001): Parteimitgliedschaften: Entwicklung und Sozialstruktur, in: Oscar W. Gabriel, Oskar Niedermayer und Richard Stöss (Hrsg.), Parteiendemokratie in Deutschland, 2. akt. und erw. Aufl., Bonn: Bundeszentrale für politische Bildung, S. 274-296.
Gabriel, Oscar W./Völkl, Kerstin (2005): Politische und soziale Partizipation, in: Oscar W. Gabriel und Everhard Holtmann (Hrsg.), Handbuch politisches System der Bundesrepublik Deutschland, 3. Aufl., München: Oldenbourg, S. 523-573.
Gniss, Daniela (Bearb.) (2005): FDP, in: Gnad, Oliver et al. (Bearb.): FDP sowie kleinere bürgerliche und rechte Parteien. Mitgliedschaft und Sozialstruktur 1945-1990. Handbuch zur Statistik der Parlamente und Parteien in den westlichen Besatzungszonen und in der Bundesrepublik Deutschland, Teilband III, Düsseldorf: Droste, S. 35-174.
Heberle, Rudolf (1951): Social Movements. An Introduction to Political Sociology, New York: Appleton-Century-Crofts.
König, René (1955): Die Begriffe Gemeinschaft und Gesellschaft bei Ferdinand Tönnies, in: Kölner Zeitschrift für Soziologie und Sozialpsychologie 7. Jg. (4), S. 348-420.
Lindenberg, Siegwart (1985): An Assessment of the New Political Economy: Its Potential for the Social Sciences and for Sociology in Particular, in: Sociological Theory 3. Jg. (1), S. 99-114.
Lipset, Seymour M./Rokkan, Stein (1967): Cleavage Structures, Party Systems, and Voter Alignments: An Introduction, in: Seymour Martin Lipset und Rokkan Stein (Hrsg.), Party Systems and Voter Alignments. Cross-national Perspectives, New York: The Free Press, S. 1-64.
Lepsius, M. Rainer (1966): Parteiensystem und Sozialstruktur: Zum Problem der Demokratisierung der deutschen Gesellschaft, in: Wilhelm Abel, Knut Borchardt, u.a. (Hrsg.), Wirtschaft, Geschichte und Wirtschaftsgeschichte, Stuttgart: Fischer, S. 371-393.
Meckling, William H. (1976): Values and the Choice of the Individual in the Social Sciences, in: Schweizerische Zeitschrift für Volkswirtschaft und Statistik 112. Jg. (4), S. 545-560.
Müller, Frank/Traub, Rainer (2004): Motivstrukturen der Stuttgarter Parteimitglieder, in: Melanie Walter-Rogg und Oscar W. Gabriel (Hrsg.), Parteien, Parteieliten und Mitglieder in einer Großstadt, Wiesbaden: VS-Verlag, S. 25-47.
Niedermayer, Oskar (1989): Innerparteiliche Partizipation, Opladen: Westdeutscher Verlag.
Niedermayer, Oskar (2001): Beweggründe des Engagements in politischen Parteien, in: Oscar W. Gabriel, Oskar Niedermayer und Richard Stöss (Hrsg.), Parteiende-

mokratie in Deutschland, 2. akt. u. erw. Aufl., Bonn: Bundeszentrale für politische Bildung, S. 297-311.

Niedermayer, Oskar (2005): Bürger und Politik, 2. akt. und erw. Aufl., Wiesbaden: VS-Verlag.

Niedermayer, Oskar (2006): Die Wählerschaft der Linkspartei.PDS 2005: sozialstruktureller Wandel bei gleich bleibender politischer Positionierung, in: Zeitschrift für Parlamentsfragen 37. Jg. (3), S. 523-538.

Niedermayer, Oskar (2009a): Der Wandel des parteipolitischen Engagements der Bürger, in: Steffen Kühnel, Oskar Niedermayer und Bettina Wertle (Hrsg.), Sozialer Wandel, Gender und Wahlverhalten, Wiesbaden: VS Verlag für Sozialwissenschaften (im Druck).

Niedermayer, Oskar (2009b): Gesellschaftliche Konfliktlinien und die Polarisierung des Parteiensystems aus der Sicht der Bürger, in: Steffen Kühnel, Oskar Niedermayer und Bettina Westle (Hrsg.), Sozialer Wandel, Gender und Wahlverhalten (im Druck), Wiesbaden: VS Verlag für Sozialwissenschaften.

Polis (2004): Neumitglieder 2004. Ergebnisse der Befragung im September 2004, Berlin: SPD-Parteivorstand.

Weber, Max (1956): Wirtschaft und Gesellschaft, 4. Aufl., Tübingen: Mohr.

Wiesendahl, Elmar (2006): Mitgliederparteien am Ende? Wiesbaden: VS Verlag für Sozialwissenschaften.

Heiko Biehl

Soziale Entwurzelung und Repräsentationsverlust der Parteien

1. Einleitung: Die Mitgliederpartei vor einer ungewissen Zukunft

Seit rund zwei Jahrzehnten herrscht in der Parteienforschung ein regelrechter Wettbewerb. Von unterschiedlicher Seite wird das Ende der Mitgliederpartei prognostiziert und versucht, einen neuen Begriff für den kommenden Parteientyp zu etablieren. Dabei ist die Zahl der vorgeschlagenen Ettiketierungen kaum noch überschaubar: Kartellpartei (Katz/Mair 1995), Medienpartei (von Alemann/Marschall 2002), professionalisierte Medienkommunikationspartei (Jun 2004), Berufspolitikerpartei (von Beyme 2001), Fraktionspartei (Radunski 1991), Netzwerkpartei (Machnig 2000), professionalisierte Wählerpartei (Panebianco 1988) usw. (vgl. hingegen Wiesendahl 2006a). Betrachtet man die diversen Parteimodelle genauer, dann ist eine Reihe von Gemeinsamkeiten festzustellen. So wird diagnostiziert, dass die Mitglieder zunehmend an Bedeutung verlieren und sich die Parteien anderer Mittel und Ressourcen zur Aufgabenerfüllung bedienen: Die finanzielle Absicherung der Parteiorganisation erfolgt vorrangig durch staatliche Zuwendungen und Spenden. Die Massenmedien sind primäres Instrument der Wähleransprache. Über die Anliegen und Einstellungen der Bevölkerung informieren Meinungsumfragen und Interviews mit Fokusgruppen. Die innerparteiliche Macht konzentriert sich zunehmend auf die Abgeordneten und die Parteiführung. Dadurch – so wird bilanziert – können sich die Parteien auf ihre Kernaufgaben konzentrieren: die Erringung politischer Macht und die Übernahme öffentlicher Ämter.

Als Begleiterscheinung änderten sich auch Zahl, Zusammensetzung und Funktion der Mitglieder. Die Parteien neuen Typs kämen mit einer deutlich geringeren Zahl an Angehörigen aus. Diese verstünden ihre Partei in erster Linie als politisches Beteiligungsunternehmen und seien zum politischen Engagement fähig und willens. In der Folge wandelt sich das Verständnis politischer Repräsentation. In den Mitgliederparteien werden die Beziehungen zu den Bürgern noch wesentlich von den Parteiangehörigen selbst getragen. Diese sind einerseits in der Lage, die Ansichten der Partei in ihr soziales Umfeld zu kommunizieren und für die eigenen Positionen zu werben. Andererseits speisen sie die Wünsche und Haltungen der Bürger in die innerparteilichen Debatten ein. Je heterogener und umfangreicher die Mitgliedschaften, umso stärker vernetzt sind die Parteien mit den verschiedenen gesellschaftlichen Gruppierungen und Milieus. Die Verfechter eines neuen Parteientyps bestreiten den Nutzen dieser Verbindungen nicht, allerdings könnten die entsprechenden Aufgaben ebenso mit anderen Mitteln und auf anderen Wegen erfüllt werden. Eine umfangreiche und sozial heterogene Mitgliedschaft sei jedenfalls für die Parteien nicht länger notwendig, um den Erfordernissen politischer Repräsentation gerecht zu werden. Wesentlich sei vielmehr die inhaltliche Vertretung gesellschaftlich relevanter Positionen und Überzeugungen. Repräsentation ist demzufolge bereits dann gewährleistet, wenn sich die Parteien in ihrer Programmatik und in ihrem politischen Handeln an den Vorstellungen und Wünschen der Bürger orientieren. Klaus von Beyme (2000: 156) bringt diese Sichtweise auf den Punkt, wenn er formuliert, dass in den Parteien mittlerweile „Responsivität und Meinungsrepräsentation statt sozialer Repräsentation" zähle.

Dieser Sicht des Parteienwandels wird im Folgenden eine Postion entgegengestellt, derzufolge es nur einem System mitgliederstarker Parteien, die – in ihrer Gesamtheit – Vertreter aller gesellschaftlicher Gruppierungen integrieren, gelingen kann, politische Repräsentation im umfassenden Sinne zu gewährleisten. Um diese Auffassung zu stützen, wird gezeigt, dass es den deutschen Parteien und ihren Mitgliedschaften bereits gegenwärtig schwer fällt, sämtliche Facetten politischer Repräsentation abzudecken. Der Abschied von der Mitgliederpartei würde die bestehenden Defizite nochmals verschärfen, da die avisierten Parteitypen allesamt nicht in der Lage sind, die Repräsentationsfunktion von Parteien in demokratischen Systemen in ihrer Gänze zu erfüllen.

Nachfolgend wird der in Teilen der Parteienforschung verwendete Repräsentationsbegriff als verkürzt kritisiert, da er wesentliche Aufgaben der Parteien und ihrer Mitglieder – insbesondere die Beziehungen zu Wählern und Anhängern – vernachlässigt. Mittels eines erweiterten Repräsentationskonzepts, wie von Hanna Pitkin (1972) vorgeschlagen, werden die weiteren Facetten politischer Repräsentation aufgezeigt. Demnach lassen sich die inhaltliche, deskriptive, formale und symbolische Dimension von Repräsentation unterscheiden. Dieses Modell erlaubt es, die gegenwärtige Situation der deutschen Parteien und ihrer Mitgliedschaften sowie die absehbare Entwicklung einzuordnen und begründet zu bewerten. Dazu wird das Pitkin'sche Schema an die Belange der Parteien und ihrer Mitglieder angepasst, um die gegenwärtige Lage und erkennbare Trends zu evaluieren. Empirische Grundlage sind die Befunde der Potsdamer Parteimitgliederstudie und von zahlreichen anderen Untersuchungen zu Parteiangehörigen, die in den letzten Jahren in Deutschland durchgeführt wurden. Aus der Gesamtschau der vier Dimensionen werden Perspektiven für die weitere Entwicklung der Mitgliederparteien entwickelt. Zunächst ist jedoch zu klären, weshalb Repräsentation eine wesentliche Aufgabe politischer Parteien ist.

2. Repräsentation als Aufgabe politischer Parteien

Was ist eine Partei und welche Aufgaben hat sie zu erfüllen? Die Parteienforschung hat hierauf eine kaum noch zu überschauende Zahl von Antworten geliefert. In der wissenschaftlichen Literatur werden den Parteien mit unterschiedlichen Definitionen stets auch abweichende Aufgaben und Funktionen zugeschrieben. In den 1980er und 1990er Jahren hatten Kataloge Konjunktur, die versuchten, die diversen Aufgaben der Parteien zu kategorisieren (Schmid/Zolleis 2005b: 11). Bis heute ist eine entsprechende Übersicht fester Bestandteil von Lehrbuchdarstellungen über politische Parteien geblieben (von Alemann 1995, 2003: Kap. 9; von Beyme 2001: 329; Schmid/Zolleis 2005: 11ff.; Wiesendahl 2006b). Dabei weisen die verschiedenen Vorschläge – allen Unterschieden zum Trotz – eine bemerkenswerte Fülle von Überschneidungen auf. So kann als Konsens gelten, dass die Parteien insbesondere der Rekrutierung politischen Personals, der Interessenaggregation und -artikulation sowie als Verbindungselement zwischen Staat und Gesellschaft dienen. Für die Bundesrepublik liegt jenseits dieser wissenschaftlichen Positionen eine rechtliche Normierung vor. Das *Gesetz über die politischen Parteien* schreibt in Abs. 1, § 1, Zi. 2 folgende Aufgaben vor:

„Die Parteien wirken an der Bildung des politischen Willens des Volkes auf allen Gebieten des öffentlichen Lebens mit, indem sie insbesondere auf die Gestaltung der öffentlichen Meinung Einfluß nehmen, die politische Bildung anregen und vertiefen, die aktive Teilnahme der Bürger am politischen Leben fördern, zur Übernahme öffentlicher Verantwortung befähigte Bürger heranbilden, sich durch Aufstellung von Bewerbern an den Wahlen in Bund, Ländern und Gemeinden beteiligen, auf die politische Entwicklung in Parlament und Regierung Einfluß nehmen, die von ihnen erarbeiteten politischen Ziele in den Prozeß der staatlichen Willensbildung einführen und für eine ständige lebendige Verbindung zwischen dem Volk und den Staatsorganen sorgen".

In vielen Definitionen, in den meisten Funktionskatalogen und in der Setzung des Parteiengesetzes ist die Auffassung angelegt, dass den Parteien eine Mittlerfunktion zwischen dem staatlichen Apparat und dem öffentlichen Raum zukommt und die Parteien die Interessen der Bürger in den staatlichen Entscheidungsprozess hineintragen (Stöss 2001: 31). Im Gesetzestext, wie in vielen wissenschaftlichen Funktionszuschreibungen, ist damit zumindest implizit eine Idee präsent, die für moderne Demokratien von zentraler Bedeutung ist: die Idee der Repräsentation. Demzufolge sind einige Bürger stärker in den politischen Prozess involviert als andere. Die politische Beteiligung erfolgt in Stufen unterschiedlicher Intensität. Zwar sind in Demokratien die meisten politischen Aktivitäten, wie etwa Wahlen, Parteizugehörigkeit, Demonstrationen oder Bürgerinitiativen, de jure weitgehend unkonditioniert und stehen jedem beteiligungswilligen Bürger offen. De facto zeigt sich jedoch, dass die diversen Arenen politischer Aktivität unterschiedlich stark genutzt werden und nur wenige Bürger sich zur „high-intensity participation" (Whiteley/Seyd 2002) entschließen. Der Grundgedanke der Repräsentation besagt, dass einige Personen sich stellvertretend für andere engagieren. In Demokratien ist der Repräsentationsbegriff in erster Linie auf Parlamente und Volksvertreter konzentriert, aber keineswegs auf diese beschränkt. Er besitzt ebenso Relevanz für Parteien und deren Mitglieder, die sich stets auch stellvertretend für andere in den politischen Prozess einbringen. Repräsentation wird jedoch nicht nur als Funktion den Parteien zugeschrieben, diese besetzen den Begriff zuweilen selbst und nutzen ihn zur Eigendarstellung. So deutet bereits die zumindest von der deutschen Sozial- und Christdemokratie reklamierte Zuschreibung *Volkspartei* auf den Anspruch hin, nicht nur für eine kleine Zahl von Anhängern zu agieren, sondern – zumindest potenziell – für die gesamte Bevölkerung zu stehen, sie zu vertreten und zu repräsentieren (Veen 1999). Damit wird zugleich der Versuch unternommen, politische Rechtfertigung und Unterstützung zu erlangen. Der Anspruch, andere zu repräsentieren, kann damit als eine politische Legitmationsanstrengung gelten.

Trotz seiner Relevanz ist der Begriff der Repräsentation bislang eher sporadisch auf die Situation der Parteien und insbesondere ihrer Mitglieder transferiert und für die Parteienforschung nutzbar gemacht worden (vgl. jedoch Kitschelt 2000: 164; Widfeldt 1995). Zwar findet die Vokabel regelmäßige Verwendung in der einschlägigen Literatur, aber nur allzu selten wird dabei den konzeptionellen Grundlagen der Repräsentationsforschung ausreichende Aufmerksamkeit geschenkt und die konzeptionelle Qualität des Repräsentationsbegriffs ausgeschöpft.[1] Im Folgenden wird ein klassisches Konzept politischer Repräsentation aus der Parlamentarismusforschung auf die gegenwärtige Lage der deutschen Parteimitglieder angewendet. Dadurch lassen sich die diversen Aspekte politischer Repräsention besser erfassen und ermessen, wo Defizite bestehen.

3. Das Konzept der Repräsentation nach Hanna Pitkin

Das Konzept der Repräsentation nach Pitkin ist vor allem auf parlamentarische Systeme orientiert und spezifiziert. Seit seiner Veröffentlichung im Jahre 1967 hat es die Debatte in der Parlamentarismusforschung entscheidend geprägt und gilt bis heute als wesentliche Referenz (Buchstein 1997: 411ff.; Dovi 2006; Schüttemeyer 1995: 548f.). Diese Relevanz ist nicht zuletzt dem Umstand geschuldet, dass Pitkin die verschiedenen Dimensionen des Repräsentationsbegriffs systematisiert, differenziert und für die empirische For-

---

1 Populärer und einflussreicher ist demgegenüber das von Kay Lawson eingeführte linkage-Konzept, das substanzielle empirische Forschung angeregt hat (vgl. jüngst Römmele u.a. 2005). Insbesondere Thomas Poguntke (2000, 2005) kommen mit seiner vergleichende linkage-Forschung wichtige Verdienste in diesem Zusammenhang zu. Wie im Weiteren deutlich wird, gibt es durchaus Überschneidungen zwischen dem linkage-Begriff und dem Konzept der Repräsentation.

schung nutzbar gemacht hat. Zwar gibt es neuere Forschungsansätze, die andere Facetten politischer Repräsentation zur Diskussion stellen, diese stehen jedoch fast allesamt in der Tradition Pitkins oder setzen sich zumindest mit ihrem Konzept auseinander.[2]

Pitkin beschreibt ihre eigene Definition von Repräsentation als Paradox. Demnach zeichnet sich Repräsentation durch „making present in *some sense* of something which is nevertheless *not* present literally or in fact" (Pitkin 1972: 8f., Hervorh. i.O.) aus. Hierbei wird der Stellvertretungsaspekt der Repräsentation akzentuiert. Daran anknüpfend differenziert die Autorin vier Aspekte der Repräsentation aus. Unter formaler Perspektive werden die Auswahl- und Entscheidungsprozesse subsummiert, die zur Benennung des Repräsentanten führen. Im Fokus deskriptiver Repräsentation steht die Frage, wie stark sich Repräsentanten und Repräsentierte hinsichtlich ihrer sozialen Merkmale und Zugehörigkeiten ähneln. Symbolische Repräsentation fragt nach der Akzeptanz der Repräsentanten bei den Repräsentierten. Schließlich stellt Pitkin unter Handlungs- bzw. inhaltlicher Repräsentation die Frage, inwiefern die Vertreter die Ansichten und Anliegen der Entsender teilen und in den politischen Prozess einbringen. Diese Unterscheidungen sind intensiv in der Forschung zu Parlamenten genutzt worden. Im Folgenden werden die Kategorien detailliert erläutert und auf die gegenwärtige Situation der deutschen Parteien und ihrer Mitglieder angewendet.

4. Parteimitgliedschaften und Repräsentation

Seit einiger Zeit ist ein ununterbrochen hohes Interesse der Forschung an den Mitgliedschaften der Parteien festzustellen. Seit 1990 wurden alleine in Deutschland insgesamt siebzehn Erhebungen zu Parteianghörigen durchgeführt (vgl. Walter-Rogg/Gabriel 2004: 313-320). Eine Vielzahl internationaler Untersuchungen (vorwiegend aus Großbritannien und dem skandinavischem Raum) kommt hinzu. In der Folge liegt eine solche Fülle an Informationen und Wissen über Parteimitglieder vor, wie vor zwei Jahrzehnten noch kaum vorstellbar. In den Untersuchungen stehen Fragen nach der Zusammensetzung der Parteiangehörigen, ihrer Motivation zum Parteibeitritt, den Konturen und Beweggründen innerparteilichen Engagements sowie zu den politischen Einstellungen im Fokus. Trotz – oder gerade wegen – der Vielzahl von Studien gewinnt man zuweilen den Eindruck, dass die Bewertung und Ein-

---

2 Einflussreich zuletzt Mansbridge (2003), die eine alternative Auffächerung des Repräsentationskonzepts vorschlägt. Kritisch hinsichtlich der tatsächlichen Wirkung Pitkins äußerte sich vor geraumer Zeit noch Buchstein (1997: 377, Fn. 4): „Pitkins Buch ist in den USA zwar einerseits zu einem häufig in Fußnoten zitierten Klassiker zum Thema ‚representation' geworden. Dies steht jedoch in Kontrast zu der Tatsache, daß es keine Beiträge gibt, die eine sachliche Auseinandersetzung oder auch nur Rekonstruktion ihrer Arbeit unternehmen".

ordnung der Ergebnisse nicht mit dem gewachsenen Informationsstand Schritt gehalten hat. Woran es zuweilen mangelt, sind geeignete Maßstäbe, anhand derer die vielfältigen Befunde eingeordnet werden können, um zum besseren Verständnis des Niedergangs der Mitgliederorganisation und zur gegenwärtigen Situation der Parteien beizutragen[3].

Wenn nachfolgend der Pitkin'sche Repräsentationsbegriff auf die Parteien und deren Mitglieder angewendet wird, dann gelten die Parteiangehörigen als Repräsentanten (vgl. Detterbeck 2005: 67ff.; Scarrow 1994). Dabei repräsentieren sie in der ein oder anderen Weise die Anhänger- und Wählerschaft einer Partei sowie zusammen genommen die Bevölkerung insgesamt. Die Deutung der Parteiangehörigen als Repräsentanten scheint aufgrund ihrer politischen Stellung gerechtfertigt: Mitglieder gestalten innerparteiliche Willensbildungs- und Entscheidungsprozesse mit, wählen das Spitzenpersonal der Parteien und Kandidaten für öffentliche Ämter. Zu berücksichtigen ist dabei, dass sie kein Mandat erhalten. Sie werden von niemandem gewählt oder bestimmt, sondern entscheiden sich für diese Rolle. In der Folge sind Parteiangehörige auch nicht im selben Maße Dritten gegenüber verpflichtet, wie etwa Abgeordnete. Politische Repräsentation durch Parteimitglieder ist – legt man die in der deutschen Debatte einschlägige Unterscheidung (vgl. Buchstein 1997) – zugrunde, folglich eher als eine über Symbole vermittelte Beziehung zu begreifen denn als Willensbeziehung.

Aufgrund ihrer heraus gehobenen Stellung und ihres Einflusses ist es aus demokratietheoretischer, parteitheoretischer sowie strategischer Perspektive relevant, für wen die Parteiangehörigen stehen: Stellen sie eine eigene Gruppe mit besonderem Profil und abweichenden Forderungen dar oder entsprechen sie der Anhänger- und Wählerschaft einer Partei? Dies wird zunächst mit Blick auf die inhaltlichen Wünsche und Forderungen von Mitgliedern und Bürgern diskutiert, da sowohl die Anhänger der Mitgliederparteien als auch die Verfechter eines neuen Parteityps die Relevanz inhaltlicher Repräsentation anerkennen.

4.1 Inhaltliche Repräsentation: Unterscheidbare Einstellungen, Positionen und Forderungen

In Pitkins Konzept kommt der inhaltlichen bzw. Handlungskomponente der Repräsentation eine zentrale Rolle zu (Pitkin 1972: 114, 209). Diese Facette begreift „representation as an acting for others, an activity in behalf of, in the

---

[3] Die nachfolgenden Ausführungen nehmen vor allem auf die Ergebnisse der Potsdamer Parteimitgliederstudie Bezug (vgl. Biehl 2004, 2005, 2006; Heinrich u.a. 2002; Klein 2006). Im Rahmen dieser bereits im Jahre 1998 durchgeführten Studie wurden Mitglieder aller im Jahr Bundestag vertretenen Parteien (CSU, CDU, FDP, SPD, Grüne und PDS) befragt. Zusätzliche Beachtung erfahren ausgewählte Befunde anderer regionaler, nationaler und internationaler Untersuchungen, sofern diese das Bild akzentuieren oder differenzieren.

interest of, as the agent of, some else" (Pitkin 1972: 113). Inhaltliche Repräsentation rückt das tatsächliche Handeln des Repräsentanten in den Mittelpunkt. In der Parlamentarismusforschung wird demgemäß das Abstimmungsverhalten der Abgeordneten beleuchtet und in Bezug zu den Interessen, Wünschen und Anliegen der Wähler gesetzt. Diese Interaktion, die prinzipiell ebenso zwischen Wählern und Parteien besteht, wird mittlerweile auch in der Parteienforschung unter dem Begriff der Responsivität konzeptionell wie empirisch behandelt (vgl. Herzog 1989: 325-327; Schüttemeyer 1995: 549f.). Dabei ist für die Ebene der Parteiangehörigen von Belang, ob diese mit ihren Handlungen den Wünschen und Vorstellungen der Wähler und Anhänger der Partei gerecht werden. Wesentlich ist folglich die Vertretung gesellschaftlich relevanter Positionen und Überzeugungen (Herzog 1989: 309ff.; Schmitt 1987: Kap. 2; ders. 2001; Schüttemeyer 1998: 354ff.; Walter 1997).

Pitkin hat ihren Ansatz einst auf Parlamentarier und deren Abstimmungsverhalten ausgelegt. Eine entsprechende Handlungsdimension gibt es für Parteiangehörige zunächst nicht. Zwar können Mitglieder sich in den internen Entscheidungsprozess einer Partei aktiv einbringen und an Abstimmungen unterschiedlichster Art teilnehmen. Allerdings ist diese Sphäre innerparteilichen Engagements nicht so standardisiert und institutionalisiert wie das Abstimmungsverhalten von Parlamentarieren – und dadurch weitaus schwieriger zu erfassen. Wozu jedoch empirische Erkenntnisse vorliegen und was zumindest als ein Indikator für etwaige Handlungen gelten kann, sind die Einstellungen von Parteiangehörigen. Die diversen Untersuchungen zu Parteimitgliedern beleuchten stets auch deren politischen Überzeugungen und Haltungen. Deshalb liegen sowohl Informationen zu grundlegenden Einstellungen der Parteiangehörigen als auch zu deren Positionen auf der Rechts-Links-Skala und Aussagen zu politischen Einzelfragen vor.

Die vorhandenen Befunde zeigen, dass die diversen Mitgliedschaften für unterscheidbare politische Forderungen eintreten (Biehl 2005: 187ff.; Scarrow 2007: 643; Welter/Lateier 2004: 230; Widfeldt 1995). So positionieren die Mitglieder sich und ihre Parteien sehr differenziert auf der Links-Rechts-Skala. Mit Blick auf konkrete politische Themen und Sachfragen sind darüber hinaus substanzielle Unterschiede festzustellen. Im Vergleich zu den jeweiligen Anhängerschaften ist festzustellen, dass die politischen Forderungen der Mitgliedschaften pointierter und polarisierter sind. Die Mitglieder der verschiedenen Parteien decken in ihrer Gesamtheit die gesamte Breite gesellschaftlicher Einstellungen ab. Obwohl die Parteiangehörigen hinsichtlich ihrer sozialen Zusammensetzung keineswegs ein Abbild der deutschen Gesellschaft bzw. der jeweiligen Anhängerschaften darstellen, vertreten sie in den Parteien somit diejenigen Standpunkte, die auch in der Bevölkerung bzw. in der jeweiligen Anhängerschaft Anklang finden.[4] Dies lässt den Schluss zu,

---

4 Einschränkenderweise ist zuzugestehen, dass dies nicht notwendigerweise bedeutet, dass die Programmatik der Parteien oder deren Handeln dieser Pluralität gerecht werden.

dass eine gewisse Pluralität vorhanden und damit die inhaltliche Repräsentation gesellschaftlicher Anliegen durch die Parteimitglieder durchaus gewährleistet ist. Folgt man den Verfechtern eines neuen Parteientyps, wäre damit der Repräsentationspflicht der Parteien und ihrer Angehörigen bereits genüge getan. Eine solche Auffassung basiert jedoch auf einem reduzierten Verständnis politischer Repräsentation, das nicht zuletzt die Relevanz sozialer Merkmale unterschätzt.

4.2 Deskriptive Repräsentation: Diskrepanzen zwischen Wählern und Mitgliedern

Die deskriptive Facette von Repräsentation vergleicht Repräsentanten und Repräsentierte. Anspruch des Vertreters ist es, dem Vertretenen zu ähneln: ‚to be' oder ‚to be like' – in den Worten Pitkins (1972: 61). Bei dieser Art der Repräsentation werden soziale Merkmale verglichen. Welche dies sind, hängt vom historischen, geographischen und politischen Kontext ab (Pitkin 1972: 87). Die Relevanz deskriptiver Repräsentation und sozialer Ähnlichkeit ist in der Politikwissenschaft umstritten. In der Parlamentarismusforschung lädt der bloße Vergleich von Wählern und Gewählten naturgemäß zur Kritik ein, da er als theoretisch wenig elaboriert und methodisch wenig reizvoll gilt. Ein Hauptpunkt der Kritik zielt dabei auf das Verhältnis zwischen den sozialen Merkmalen des Repräsentanten und seinem Verhalten (Pitkin 1972: 64, 90, 102). So wird infragegestellt, ob aufgrund einer sozialen Ähnlichkeit bereits auf eine inhaltliche Übereinstimmung geschlossen werden kann (Herzog 1989: 309-311). Die Verfechter sozialer Repräsentation sehen sich entsprechend dem Vorwurf des reinen Proportionalismus (mit Blick auf Parlamente) oder des Proporzes (in Bezug auf Parteien) ausgesetzt. Dem ist – insbesondere mit Blick auf die Parteimitgliedschaft – entgegenzuhalten, dass personale Beziehungen zu sozialen Gruppierungen wesentlich sind, damit die Mitglieder als linkage zwischen Partei und Wählerschaft fungieren können (vgl. Pitkin 1972: 82ff.). Die Parteien kannten schon immer die geschriebenen und ungeschriebenen Regeln des Proporzes, die bei der Vergabe von Ämtern und Aufgaben die Berücksichtigung diverser Gruppen innerhalb der Partei anordnen. Gleich ob hinsichtlich des Alters, des Geschlechts, der regionalen oder beruflichen Herkunft, bei der Besetzung von Posten – und dies gilt für die Bundes- oder Landesebene, aber in Teilen auch für den kommunalen Bereich – wird versucht, eine angemessene Repräsentanz der verschiedenen innerparteilichen Gruppierungen zu garantieren. Dieses Prinzip, das eine gewisse Einschränkung der Wahlfreiheit und eine bewusste Abkehr vom Leistungs- und Auswahlprinzip darstellt, gilt vielen als Zeichen der Verkrustung der Parteien. Allerdings – und dies wird allzu häufig übersehen – ist der Proporz ein Instrument, das Vertretern gewisser gesellschaftlicher Gruppierungen die Übernahme politischer Verantwortung erleichtert. In letzter Zeit ist deshalb in der wissenschaftlichen Literatur und der politischen Praxis eine gewisse Rehabilitierung der deskriptiven Repräsentation auszumachen. So zeigte etwa Katherine Tate (2001), dass die Zufriedenheit mit einem Abgeordneten und das Gefühl, vertreten zu werden, u.a. von den sozialen Charakteristika des Abgeordneten abhängt. Die Parteien wiederum legten sich in den letzten Jahren zusätzliche Proporzmechanismen – insbesondere für Frauen und Jugendliche – zu, um für Bevölkerungsgruppen attraktiv zu sein, deren Angehörige bislang seltener den Weg in die Parteien fanden.

Mit Blick auf die gegenwärtige Situation der deutschen Parteimitglieder ist der Befund zur deskriptiven Repräsentation – ungeachtet dieser Bemühungen – jedoch eindeutig (Biehl 2005: 94ff.). Seit mehreren Jahrzehnten ist eine zunehmende Homogenisierung der diversen Parteimitgliedschaften in sozialstruktureller Hinsicht festzustellen. So finden sich unter den Parteiangehörigen ungeachtet aller Bestrebungen seitens der Parteien immer noch deutlich mehr Männer als Frauen. Aufgrund der geringen Bereitschaft junger Bürger, sich den Parteien anzuschließen, sind Ältere überrepräsentiert. Von den Berufsgruppen sind insbesondere die öffentlich Bediensteten in den Mitgliedschaften präsent. Zudem dominieren Akademiker in den Parteien. Deren Anteil liegt zwischen einem Drittel und gut der Hälfte der Mitglieder und ist in den letzten Jahren offensichtlich nochmals merklich angestiegen (vgl. Neu 2007: 14). Damit wird eine Entwicklung fortgeschrieben, die bereits vor drei Jahrzehnten ihren Ausgang nahm, und die Hans-Joachim Veen und Peter Gluchowski (1979) als Nivellierung der Mitgliederstrukturen beschrieben. In der Tendenz sind zunehmende Differenzen zwischen Mitgliedern und Bevölkerung auszumachen und die deskriptive Repräsentation ist immer weniger sichergestellt.

Ungeachtet des eindeutigen Befundes stellt sich die Frage der Bewertung: Ist diese Entwicklung tatsächlich problematisch oder kommt der deskriptiven Repräsentation nur eine untergeordnete Bedeutung zu? Die Verfechter eines neuen Parteientyps vertreten die Auffassung, dass die inhaltliche Vertretung gesellschaftlicher Anliegen wesentlich ist – und zwar unabhängig vom sozialen Hintergrund der Mitglieder. Dem ist entgegenzuhalten, dass bestimmte Bevölkerungskreise, insbesondere ressourcenschwache Bürger immer seltener den Weg in die Parteien finden, obwohl diese das ideale politische Betätigungsfeld wären, da sie durch ihren organisatorischen Charakter die Teilnahme am politischen Geschehen erleichtern. Dies lässt darauf schließen, dass mittlerweile soziale Hürden bestehen, die den Weg in die Parteien versperren.

4.3 Formale Repräsentation: Die (unsichtbaren) Hürden der Parteimitgliedschaft

Unter formaler Repräsentation behandelt Pitkin Auswahl- und Entsendeprozeduren, die bei der Bestimmung von Repräsentanten Anwendung finden sowie die Kontrollmöglichkeiten durch das Elektorat. Es geht mit Blick auf das parlamentarische System folglich um die Frage, wie Abgeordnete gewählt, mandatiert und kontrolliert werden. Diese Perspektive scheint auf den ersten Blick keine Relevanz für die Zugehörigkeit zu einer Partei zu haben, denn Mitglied kann grundsätzlich jeder werden und dies ohne wesentliche Restriktionen. So bestehen nur niedrige rechtliche Hürden, wenn Bürger einer Partei beitreten wollen, und die finanzielle Aufwendungen in Form von Mitgliedsbeiträgen sind in aller Regel überschaubar. Auch die aus der Partizipationsforschung bekannten sozioökonomischen Hindernisse politischer Aktivität scheinen nur eine untergeordnete Rolle zu spielen, schließlich verlangt die schiere Zugehörigkeit zu einer Partei – im Unterschied zur Übernahme eines Amtes oder Mandats – noch kein intensives Engagement. Erleichternd kommt hinzu, dass die Zahl der Angehörigen einer Partei nicht begrenzt ist. Während sich um einen Sitz im Parlament in der Regel mehrere Kandidaten bewerben, ist eine solche Konkurrenzsituation allenfalls in autoritären und totalitären Systemen üblich, in demokratischen Staatswesen jedoch unbekannt. Wie viele Mitglieder eine Partei hat, ist nicht restringiert. Im Gegenteil, es ist ein Anliegen demokratischer Parteien, eine große Zahl von Bürgern zur Mitgliedschaft zu bewegen.

Angesichts dieser Voraussetzungen sollte der Zugang zu politischen Parteien barrierefrei sein. Die empirische Forschung verweist jedoch darauf, dass sich nicht alle soziale Gruppierungen gleichermaßen den Parteien anschließen. Wie im Abschnitt 4.2 dargelegt, sind Vertreter gewisser sozialer Gruppen überrepräsentiert. Angesichts der sozialstrukturellen Zusammensetzung der Mitglieder liegt der Verdacht nahe, dass trotz der geringen formalen Bedingungen doch sublime soziale und politische Hürden bestehen, die einigen Bürgern den Beitritt erschweren. Dies ist umso bemerkenswerter, als der sozioökonomische Status einer Person zwar einen Einfluss darauf hat, ob sie einer Partei angehört, aber nicht welcher und kaum, wie stark sie sich in ihrer Partei engagiert. Denn wie fast sämtliche Studien zur innerparteilichen Partizipation nachweisen, üben die sozialen Merkmale und die Resourcenausstattung der Parteiangehörigen nur einen begrenzten Einfluss auf ihr innerparteiliches Engagement aus (Bürklin 1997: 131ff.; Hallermann 2003: 125f.; Heinrich u.a. 2002; Klein 2006: 57; Niedermayer 1989: 238). Die reine Mitgliedschaft zu einer Partei scheint folglich mit Hindernissen versehen zu sein, wobei zwei Entwicklungen zusammen spielen:

1. Die Schrumpfung der klassischen Trägermilieus, der gewerkschaftlich organisierten Arbeiternehmerschaft für die Sozialdemokratie und des kir-

chentreuen, traditionellen Bürgertums für die Christdemokratie, führt immer weniger Bürger aufgrund ihrer Lebens- und Erwerbsumstände unmittelbar an die Parteien heran. Die Einbindung in feste Deutungs- und Engagementzirkel, in denen Vereins-, Verbands- und Parteimitgliedschaften Hand in Hand gehen, ist seltener als noch vor wenigen Jahrzehnten. Im Ergebnis ist die Parteimitgliedschaft ein zunehmend individualisierter Schritt geworden, den insbesondere sozial oder kognitiv politisch involvierte Bürger gehen. Dies reduziert jedoch die Chancen, wenig partizipationswillige und -fähige Bürger im Laufe einer Mitgliedschaft zu politisieren und zu mobilisieren.
2. Verstärkend kommt hinzu, dass die Neurekrutierung von Mitgliedern schwerpunktmäßig aus dem Umfeld der bisherigen Parteiangehörigen erfolgt. Konzentriert sich die Mitgliedschaft aber auf gewisse soziale Gruppierungen, so wirkt dies im Ergebnis homogenisierend (Mayntz 1982: 119). Den Parteien dürfte es auf absehbare Zeit schwer fallen, sich die gesellschaftlichen Kreise zu erschließen, die immer weniger in die Parteien finden. Offensichtlich hält das ‚akademische Milieu' in einigen Orts- und Kreisverbänden gegenwärtig bereits interessierte Nicht-Akademiker von einer Mitgliedschaft ab.

Mit Blick auf das von Pitkin formulierte Kriterium ist folglich festzuhalten, dass die Parteien Repräsentationsprobleme in dem Sinne haben, als dass es einigen gesellschaftlichen Gruppierungen leichter fällt, sich einer Partei anzuschließen. Die deskriptiven Repräsentationsdefizite bauen offenkundig unsichtbare soziale Hürden auf, die insbesondere ressourcenschwächeren Bürgern den Weg in die Parteien erschweren.

4.4 Symbolische Repräsentation: Das Misstrauen gegenüber Parteien und Mitgliedern

Pitkin hat der Repräsentation auch eine affektive Komponente zugeschrieben. Unter symbolischer Repräsentation fasst die Autorin die Akzeptanz, die der Repräsentant bei den Repräsentierten genießt. Demnach wird dem Repräsentanten ein Vertretungsanspruch zugestanden, wenn er Zustimmung erfährt und als authentisch gilt (Pitkin 1972: 94). Dabei ist zunächst offen, worauf diese Akzeptanz beruht. Sie kann Ausdruck sozialstruktureller Gemeinsamkeiten sein, wie die deskriptive Repräsentation nahelegt. Sie kann Ergebnis inhaltlichen Engagements sein, wenn sich der Repräsentant für die Interessen der Repräsentierten einsetzt. Zustimmung lässt sich aber ebenso über Emotionalität und Symbolik erreichen. Dann wird der Vertreter als legitimer Verfechter der eigenen Interessen angesehen, man vertraut ihm und glaubt an ihn (Pitkin 1972: 99f., 106).

Mit Blick auf die Parteimitglieder stellt sich unter dieser Perspektive die Frage, inwieweit ihr Tun auf Akzeptanz und Unterstützung in der Bevölkerung trifft (Scarrow 2007: 643). Angesichts der Tatsache, dass sich Parteiangehörige in den demokratischen Prozess einbringen, die Anliegen anderer vertreten und zur Entscheidungsfindung beitragen, könnte ihnen von Außenstehenden Anerkennung für ihr Engagement entgegengebracht werden. Wie ein Blick in die wissenschaftliche Literatur (oder auch nur in die Tagespresse) verrät, ist dies jedoch allzu selten der Fall. Das geringe Zutrauen zu den Parteien ist in der Bundesrepublik – wie in vielen anderen Staaten – mittlerweile fast notorisch. Befragungen zeigen darüber hinaus, dass nur eine Minderheit der Bürger davon ausgeht, dass Parteimitglieder öffentliches Ansehen genießen. Die Parteiangehörigen schätzen ihr gesellschaftliches Renommee nochmals geringer ein (Biehl 2005: 155). Das wenig positive Image der Parteien und der Parteizugehörigkeit schlägt sich zugleich negativ auf die Rekrutierung neuer Mitglieder aus. Insbesondere bei jüngeren Bürgern, die der Hauptadressat von Mitgliederwerbung sind, gilt die Parteizugehörigkeit als wenig attraktiv und reizvoll. Deshalb genießen junge Parteiangehörige bei ihren Gleichaltrigen auch kein hohes Ansehen (Wiesendahl 2001). Zum mäßigen Renommee der Parteimitglieder tragen zwei Umstände bei: die Vermutungen über die selbstbezogenen Motive vieler Parteiangehöriger sowie der sukzessive Rückzug der Mitgliedschaften aus dem öffentlichen Raum.

Die Politikwissenschaft weist seit ihren Anfängen darauf hin, dass politisches Engagement – gleich in welcher Form und auf welcher Ebene – nicht nur durch inhaltliche Überzeugungen und die Bereitschaft, sich für andere einzusetzen, motiviert ist. Einige, die politisch aktiv sind, wollen auch politische Verantwortung in Amt und Mandat übernehmen oder streben ganz persönliche Zielsetzungen an. Entsprechend nennen die Bürger, befragt nach den Gründen, weshalb sich jemand in einer politischen Partei engagiert, am häufigsten die Identifikation mit Inhalten und die Freude an der politischen Arbeit. Ein bemerkenswerter Teil der Befragten unterstellt den Mitgliedern jedoch auch die Verfolgung persönlicher – etwa beruflicher – Interessen (Biehl 2005: 240). Auch in der politikwissenschaftlichen Literatur findet sich die Vermutung, dass Parteiangehörige zunehmend eigene Vorteile suchen. Unter dem Stichwort „neues Parteimitglied" (Bürklin u.a. 1997: 15) wird postuliert, dass sich das Verhältnis der Mitglieder zu ihren Parteien verändert habe. Während die Parteizugehörigkeit früher eher Ausdruck einer emotionalen und affektiven Verbindung gewesen sei, spielten heutzutage instrumentelle Erwägungen und der Wille zur politischen Mitgestaltung eine größere Rolle. Die Mitgliederforschung hat folglich einen ‚neuen Parteiangehörigen' ausgemacht, der sich weniger aufgrund innerer Verbundenheiten einer Partei anschließt, sondern die mit einer Mitgliedschaft einhergehenden Vor- und Nachteile kalkuliert. An anderer Stelle habe ich mich bereits kritisch mit der empirischen Fundierung dieser Vermutung auseinandergesetzt (Biehl 2004; 2005). Es ist allerdings zuzugestehen, dass es angesichts der sozialstrukturellen Komposition der Parteimitgliedschaften wenig verwunderlich ist, wie und warum diese Vermutung entstehen kann.

Für die Perspektive der Repräsentation ist nicht wesentlich, ob die These vom ‚neuen Parteimitglied' zutrifft oder nicht, sondern die Tatsache, dass sie eine große öffentliche wie wissenschaftliche Aufmerksamkeit erfährt, ist für sich genommen bereits aussagekräftig. Denn es gilt immer noch als anrüchig, sich aufgrund selbstbezogener Motive politisch zu engagieren. Mithin ist die Legitimation und Akzeptanz derjenigen, die sich aufgrund solcher Motive in den politischen Prozess einbringen, stets fragil. Die Vermutungen über die Partizipationsantriebe vieler Mitglieder deuten – in Zusammenschau mit dem geringen öffentlichen Ansehen der Parteien insgesamt – darauf hin, dass die Parteimitglieder nicht ungeteilt als Repräsentanten wahrgenommen und akzeptiert werden. Die Antwort auf die von Pitkin (1972: Kap. 5) aufgeworfene Frage nach dem *standing for* wird mit Blick auf die Parteiangehörigen allzu häufig mit einem ‚*für sich selbst*' beantwortet.

Ein weiterer Grund dafür, dass die Parteien im Allgemeinen und die Mitglieder im Besonderen Akzeptanzschwierigkeiten haben, dürfte deren sukzessiver Rückzug aus dem vorpolitischen Raum sein. Gesellschaftliche Verankerung gehört originär zu den Parteien.[5] In den Massenparteien des späten 19. und frühen 20. Jahrhunderts spielte die organisatorische Einbindung in die klassischen Milieus noch eine ganz wesentliche Rolle. Diese Verbindungen waren bis weit in die zweite Hälfte des 20. Jahrhunderts weitgehend intakt. Die aktuellen Untersuchungen belegen zwar, dass die Parteien immer noch Beziehungen zu ihren einstigen Trägerschichten unterhalten und sich weiterhin merkliche Differenzen in den Vereins- und Verbandszugehörigkeiten der Mitglieder zeigen (Biehl 2006). Allerdings ist angesichts der sozialstrukturellen Homogenisierung der Parteimitgliedschaft zum einen zu konstatieren, dass Parteiangehörige mit gleichem sozialstrukturellem Hintergrund sich für divergierende Interessen einsetzen. Dabei ist fraglich, wie überzeugend es wirkt, wenn sich – zugespitzt formuliert – ein Beamter, der SPD-Mitglied ist, in einer Gewerkschaft Arbeitnehmerinteressen vertritt und, ein Beamter, der der FDP angehört, im Berufsverband Unternehmerinteressen. Zum anderen führt die weiterhin sinkende Zahl an Parteimitgliedern dazu, dass Parteien ihre Präsens in den Vereinen und gesellschaftlichen Zusammenschlüssen nach und nach einbüßen. Diese Entwicklung ist problematisch, denn es zeigt sich, dass dort, wo Parteien stabil und erfolgreich sind, sie auch stark im vorpolitischen Raum verankert sind (und umgekehrt). Als Paradebeispiel mag die CSU gelten, von deren Mitgliedern alleine ein Drittel (!) gleichzeitig der Freiwilligen Feuerwehr angehört (Biehl 2005: 94ff.; Kießling 2004: 71ff.). Wenn aber die Zahl der Parteiangehörigen sinkt und in der Fol-

---

5 In diesem Punkt sind sich selbst zwei sonst zumeist widersprechende Klassiker sozialwissenschaftlichen Denkens einig. Karl Marx (1972 [1847]: 182) erklärt in *Das Elend der Philosophie*: „Man sage nicht, dass die gesellschaftliche Bewegung die politische ausschließe. Es gibt keine politische Bewegung, die nicht gleichzeitig auch eine gesellschaftliche wäre". Max Weber (1980 [1922]: 539) hält fest: „Das ‚parteimäßige' Gemeinschaftshandeln enthält…stets eine Vergesellschaftung".

ge Mehrfachmitgliedschaften seltener werden, dann gehen persönliche Kontakte und Netzwerke verloren, mittels derer die Parteien die Kommunikation mit der Bevölkerung vor Ort, im Alltag und auf kommunaler Ebene gewährleisten kann. Dort wo die etablierten Parteien kaum noch im gesellschaftlichen Raum verankert sind, verlieren sie an gesellschaftlicher Präsenz und Akzeptanz und öffnen sich letztlich die Möglichkeiten für andere – etwa populistische oder rechte – Parteien (Decker 2007). Die Bürger jedenfalls wünschen eine stärkere Verankerung der Parteien im vorpolitischen Raum und fordern ein Festhalten am Prinzip der Mitgliederpartei. Eine einschlägige Befragung (Biehl 2005: 210ff.) zeigt, dass die Mehrheit der Bevölkerung eine deutliche Präferenz für einen Parteientyp zeigt, der eine große Zahl von Mitgliedern integriert und diesen größere Mitwirkungsrechte als bislang einräumt. Entsprechend aufgebauten Parteien wird eher zugetraut, die Verbindungen zwischen Politik und Gesellschaft aufrechtzuerhalten und relevante Anliegen der Bürger in den politischen Raum zu transportieren. Kurz: das Gros der Bevölkerung wünscht sich einen Fortbestand der Mitgliederparteien bei erweiterten Kompetenzen für die Parteibasis. Die tatsächliche Entwicklung der Parteien mit massiven Mitgliederverlusten und zunehmender Dominanz ressourcenstarker Bevölkerungsgruppen läuft jedoch diesen Präferenzen zuwider und trägt ihren Teil zum geringen Ansehen der Parteien sowie zum niedrigen Vertrauen, das ihnen entgegen gebracht wird, bei. Aus Sicht der Bevölkerung stellt sich die gegenwärtige Situation der Parteien jedenfalls als defizitär dar und die Parteien und deren Mitglieder werden nur noch bedingt als Repräsentanten akzeptiert.

5. Krise der parteipolitischen Repräsentation als Folge des Schwunds und Wandels der Parteimitgliedschaften

In der Parteienforschung laufen zwei Debatten parallel, die substanziell zusammen gehören: Die Diskussion um das Ende der Mitgliederpartei und die Emergenz eines neuen Parteientyps einerseits sowie die insbesondere empirisch orientierten Forschungsanstrengungen zu den Mitgliedern andererseits. Mit dem von Pitkin eingeführten Konzept der Repräsentation wurde versucht, die vielfältigen Kenntnisse zu den Parteiangehörigen einzuordnen, begründet zu bewerten und für die Debatte um die künftige Gestalt der Parteien fruchtbar zu machen.

Die Frage, ob die Parteien und insbesondere ihre Angehörigen die Wähler und Anhänger (noch) repräsentieren, wurde unter den Aspekten inhaltlicher, deskriptiver, formaler und symbolischer Repräsentation diskutiert. Dabei zeigte sich, dass die Einstellungen der Parteimitgliedern durchaus als repräsentativ für die Haltungen der Bürger gelten können. Demgegenüber sind Defizite hinsichtlich der deskriptiven Repräsentation auszumachen und in der

Folge Zugangsbarrieren zur Mitgliedschaft zu identifizieren. Dies führt zu Akzeptanzproblemen und Legitimationsdefiziten der Parteien im Allgemeinen und der Mitgliedschaften im Besonderen. In der Gesamtschau ist deshalb eine kritische Bilanz zu ziehen: Die Parteien und ihre Angehörigen haben bereits gegenwärtig Schwierigkeiten, den vielfältigen und differenzierten Anforderungen politischer Repräsentation in Gänze gerecht zu werden.

Dieser Befund steht der Einschätzung vieler entgegen, die für einen routinierten Umgang mit dem anhaltenden Mitgliederschwund plädieren. Demnach sollten die Parteien sich auf die Klientel partizpationsfähiger und - williger Bürger konzentrieren, ihre Mitgliederorganisation von vereinsmässigen Elementen entlasten und auf die politische Arbeit ausrichten. Angesichts der vorhandenen Repräsentationsdefizite scheint eine solch abgeklärte Haltung jedoch problematisch. Denn die Parteiangehörigen lassen sich nicht auf ihre Funktion als Rekrutierungspool für parteipolitische Eliten reduzieren. Sie sind vielmehr der eigentliche Garant lebendiger Beziehungen der Parteien in die Bevölkerung. Die Konzentration der Parteien auf wenige Trägergruppen kostet die Parteien Präsenz im vorpolitischen Raum und wertvolle Kommunikationskanäle. Nicht zuletzt die Mitgliedschaften leisten einen Beitrag zur Akzeptanz und Legitimation der Parteien. Was durch die kleinere Zahl und das exklusivere Profil der Angehörigen scheinbar an politischer Manövrierbarkeit und Adapationsfähigkeit gewonnen ist, geht an Authenzität und Glaubwürdigkeit verloren (Scarrow 2007: 643; vgl. hingegen Kitschelt 2000: 160). Durch den Mitgliederschwund und die daraus resultierende soziale Entwurzelung der Parteien ist viel riskiert und wenig gewonnen. Denn der Abschied vom Modell der Mitgliederpartei kann Konsequenzen zeitigen, die über die Parteien hinaus gehen und die Demokratie als solche tangieren. Demgemäß konstatieren auch Korte u.a. (2005: 109): „Die Mitgliederkrise der deutschen Parteien ist auch eine Krise der Repräsentation".

Eine wachsende Zahl von Stimmen fordert mittlerweile eine Revitalisierung staatsbürgerlichen Engagements – nicht nur, aber auch in den Parteien –, um die Beeinflussbarkeit politischer Prozesse und die Gestaltbarkeit gesellschaftlicher Bedingungen erfahrbar zu machen. Nicht zuletzt Pitkin (2004) selbst hat sich mit Blick auf die USA entsprechend geäußert. Nur durch eine Revitalisierung (partei-)politischer Aktivität kann der Krise der parteipolitischen Repräsentation wirksam begegnet werden.

Literatur

Alemann, Ulrich von (1995): Parteien, Reinbek bei Hamburg: Rowohlt.
Alemann, Ulrich von/Marschall, Stefan (2002): Parteien in der Mediendemokratie – Medien in der Parteiendemokratie, in: Dies. (Hrsg.), Parteien in der Mediendemokratie, Opladen: Westdeutscher Verlag, S. 15-41.

Beyme, Klaus von (2000): Parteien im Wandel. Von den Volksparteien zu den professionalisierten Wählerparteien, Opladen: Westdeutscher Verlag.
Beyme, Klaus von (2001): Funktionenwandel der Parteien in der Entwicklung von der Massenmitgliederpartei zur Partei der Berufspolitiker, in: Oscar W. Gabriel, Oskar Niedermayer und Richard Stöss (Hrsg.), Parteiendemokratie in Deutschland, 2. aktualisierte Auflage, Bonn: Bundeszentrale für politische Bildung, S. 315-339.
Biehl, Heiko (2004): Parteimitglieder neuen Typs? Sozialprofil und Bindungsmotive im Wandel, in: Zeitschrift für Parlamentsfragen 35. Jg. (4), S. 75-93.
Biehl, Heiko (2005): Parteimitglieder im Wandel. Partizipation und Repräsentation, Wiesbaden: VS-Verlag.
Biehl, Heiko (2006): Wie viel Bodenhaftung haben die Parteien? Zum Zusammenhang von Parteimitgliedschaft und Herkunftsmilieu, in: Zeitschrift für Parlamentsfragen 37. Jg. (2), S. 277-292.
Buchstein, Hubertus (1997): Repräsentation ohne Symbole – Die Repräsentationstheorie des „Federalist" und von Hanna F. Pitkin, in: Gerhard Göhler (Hrsg.), Institution – Macht – Repräsentation. Wofür Institutionen stehen und wie sie wirken, Baden-Baden: Nomos, S. 376-432.
Bürklin, Wilhelm (1997): Bestimmungsgründe innerparteilicher Partizipation, in: Ders., Viola Neu und Hans-Joachim Veen (Hrsg.), Die Mitglieder der CDU. Interne Studien der Konrad-Adenauer-Stiftung, Nr. 148, Sankt Augustin, S. 73-150.
Decker, Frank (2007): Parteiendemokratie im Wandel, in: Ders. und Viola Neu (Hrsg.), Handbuch der deutschen Parteien, Wiesbaden: VS-Verlag, S. 19-61.
Detterbeck, Klaus (2005): Die strategische Bedeutung von Mitgliedern für moderne Parteien, in: Josef Schmid und Udo Zolleis (Hrsg.), Zwischen Anarchie und Strategie. Der Erfolg von Parteiorganisationen, Wiesbaden: VS-Verlag, S. 63-76.
Dovi, Suzanne (2006): Political Representation, Stanford Encyclopedia of Philosophy, unter: http://plato.stanford.edu/entries/political-representation/.
Gluchowski, Peter/Veen, Hans-Joachim (1979): Nivellierungstendenzen in den Wähler- und Mitgliedschaften von CDU/CSU und SPD 1959-1979, in: Zeitschrift für Parlamentsfragen 10. Jg. (3), S. 312-331.
Hallermann, Andreas (2003): Partizipation in politischen Parteien. Vergleich von fünf Parteien in Thüringen, Baden-Baden: Nomos.
Heinrich, Roberto/Biehl, Heiko/Lübker, Malte (2002): Abschlussbericht zum DFG-Projekt „Parteimitglieder im Vergleich. Partizipation und Repräsentation", Potsdam: Universität Potsdam.
Herzog, Dietrich (1989): Was heißt und zu welchem Ende studiert man Repräsentation?, in: Ders. und Bernhard Weßels (Hrsg.), Konfliktpotentiale und Konsensstrategien. Beiträge zur politischen Soziologie der Bundesrepublik, Opladen: Westdeutscher Verlag, S. 307-335.
Jun, Uwe (2004): Der Wandel von Parteien in der Mediendemokratie. SPD und Labour Party im Vergleich, Frankfurt am Main: Campus.
Katz, Richard S./Mair, Peter (1995): Changing Models of Party Organization. The Emergence of the Cartel Party, in: Party Politics 1. Jg. (1), S. 5-29.
Kießling, Andreas (2004): Die CSU. Machterhalt und Machterneuerung, Wiesbaden: VS-Verlag.
Kitschelt, Herbert (2000): Citizens, Politicians, and Party Cartellization. Political Representation and State Failure in Post-Industrial Democracies, in: European Journal of Political Research 37. Jg. (2), S. 149-179.

Klein, Markus (2006): Partizipation in politischen Parteien. Eine empirische Analyse des Mobilisierungspotenzials politischer Parteien sowie der Struktur innerparteilicher Partizipation in Deutschland, in: Politische Vierteljahresschrift 47. Jg. (1), S. 35-61.
Korte, Karl-Rudolf/Florack, Martin/Grunden, Timo (2005): Strategien erfolgreicher Mitgliederwerbung der politischen Parteien, in: Josef Schmid und Udo Zolleis (Hrsg.), Zwischen Anarchie und Strategie. Der Erfolg von Parteiorganisationen, Wiesbaden: VS-Verlag, S. 96-113.
Lawson, Kay (Hrsg.) (1980): Political Parties and Linkage: A Comparative Perspective, New Haven: Yale University Press.
Machnig, Matthias (2000): Auf dem Weg zur Netzwerkpartei, in: Frankfurter Hefte/Neue Gesellschaft 47. Jg. (11), S. 654-660.
Mansbridge, Jane (2003): Rethinking Representation, in: American Political Science Review 97. Jg. (4), S. 515-528.
Marx, Karl/Engels, Friedrich (1972): Werke, Band 4, Berlin: Dietz Verlag.
Mayntz, Renate (1982 [1963]): Soziologie der Organisation, Reinbek bei Hamburg: Rowohlt.
Neu, Viola (2007): Die Mitglieder der CDU, Berlin: Konrad-Adenauer-Stiftung.
Niedermayer, Oskar (1989): Innerparteiliche Partizipation, Opladen: Westdeutscher Verlag.
Panebianco, Angelo (1988): Political Parties. Organization and Power, Cambridge: Cambridge University Press.
Pitkin, Hanna F. (1972): The Concept of Representation, Berkley: University of California Press.
Pitkin, Hanna F. (2004): Representation and Democracy. Uneasy Alliance, in: Scandinavian Political Studies 27. Jg. (3), S. 335-342.
Poguntke, Thomas (2000): Parteiorganisation im Wandel. Gesellschaftliche Verankerung und organisatorische Anpassung im europäischen Vergleich, Wiesbaden: Westdeutscher Verlag.
Poguntke, Thomas (2005): Parteien ohne (An)bindung. Verkümmern die organisatorischen Wurzeln der Parteien?, in: Josef Schmid und Udo Zolleis (Hrsg.), Zwischen Anarchie und Strategie. Der Erfolg von Parteiorganisationen, Wiesbaden: VS-Verlag, S. 43-62.
Radunski, Peter (1991): Fit für die Zukunft?, in: Sonde 24. Jg. (4), S. 3-8.
Römmele, Andrea/Farrell, David/Ignazi, Piero (Hrsg.) (2005): Political Parties and Political Systems. The Concept of Linkage Revisited, Westport: Praeger Publishers.
Scarrow, Susan E. (1994): The 'paradox of enrollment'. Assessing the costs and benefits of party memberships, in: European Journal of Political Research, 25. Jg. (1), S. 41-60.
Scarrow, Susan E. (2007): Political Activism and Party Members, in: Russell J. Dalton und Hans-Dieter Klingemann (Hrsg.), The Oxford Handbook of Political Behavior, Oxford: Oxford University Press, S. 636-654.
Schmid, Josef/Zolleis, Udo (2005): Zwischen Anarchie und Strategie. Der Erfolg von Parteiorganisationen, in: Dies. (Hrsg.), Zwischen Anarchie und Strategie. Der Erfolg von Parteiorganisationen, Wiesbaden: VS-Verlag, S. 9-21.
Schmitt, Hermann (1987): Neue Politik in alten Parteien. Zum Verhältnis von Gesellschaft und Parteien in der Bundesrepublik, Opladen: Westdeutscher Verlag.

Schmitt, Hermann (2001): Politische Repräsentation in Europa. Eine empirische Studie zur Interessenvermittlung durch allgemeine Wahlen, Frankfurt am Main: Campus.

Schüttemeyer, Suzanne S. (1995): Repräsentation, in: Dieter Nohlen und Rainer-Olaf Schultze (Hrsg.), Lexikon der Politik, Band 1, Politische Theorien, München: C.H. Beck, S. 543-552.

Schüttemeyer, Suzanne S. (1998): Fraktionen im Deutschen Bundestag 1949-1997. Empirische Befunde und theoretische Folgerungen, Opladen: Westdeutscher Verlag.

Stöss, Richard (2001): Parteiendemokratie oder Parteienstaat?, in: Oscar W. Gabriel, Oskar Niedermayer und Richard Stöss (Hrsg.), Parteiendemokratie in Deutschland, 2. aktualisierte Auflage, Bonn: Bundeszentrale für politische Bildung, S. 13-35.

Tate, Katherine (2001): The Political Representation of Blacks in Congress. Does Race Matter?, in: Legislative Studies Quaterly 26. Jg. (4), S. 623-638.

Veen, Hans-Joachim (1999): Volksparteien – Die fortschrittlichste Organisationsform politischer Willensbildung, in: Zeitschrift für Parlamentsfragen 30. Jg. (2), S. 377-381.

Walter, Melanie (1997): Politische Responsivität. Messungsprobleme am Beispiel kommunaler Sportpolitik, Wiesbaden: Deutscher Universitäts-Verlag.

Walter-Rogg, Melanie/Gabriel, Oscar W. (Hrsg.) (2004): Parteien, Parteieliten und Mitglieder in einer Großstadt, Wiesbaden: VS-Verlag.

Weber, Max (1980 [1922]): Wirtschaft und Gesellschaft, 5. Auflage, Tübingen: Mohr Siebeck.

Welter, Jochen/Lateier, Michael (2004): Bundespolitische Themen, Policy-Profile und innerparteiliche Partizipation, in: Melanie Walter-Rogg und Oscar W. Gabriel (Hrsg.), Parteien, Parteieliten und Mitglieder in einer Großstadt, Wiesbaden: VS-Verlag, S. 209-232.

Whiteley, Paul/Seyd, Patrick (2002): High-Intensity Participation: The Dynamics of Party Activism in Britain, Ann Arbor: University of Michigan Press.

Wiesendahl, Elmar (2001): Keine Lust mehr auf Parteien. Zur Abwendung Jugendlicher von den Parteien, in: Aus Politik und Zeitgeschichte, B 10, S. 7-19.

Wiesendahl, Elmar (2006a): Mitgliederparteien am Ende. Eine Kritik der Niedergangsdiskussion, Wiesbaden: VS-Verlag.

Wiesendahl, Elmar (2006b): Parteien, Frankfurt am Main: Fischer Taschenbuch.

Widfeldt, Andres (1995): Party Membership and Party Representativeness, in: Hans-Dieter Klingemann und Dieter Fuchs (Hrsg.), Citizens and the State. Beliefs in Government, Oxford: Oxford University Press, S. 134-182.

Christian Junge

Parteien ohne Eigenschaften?
Zur Diffusion organisationaler Identität von CDU und SPD aus der Perspektive ihrer Mitglieder

1. Einführung[1]

Kassandrarufe des Niedergangs und der Krise begleiten auch die deutschen Parteien fast seit ihrer Entstehung. Dennoch erweisen sie sich zumindest als recht effektive Problemlösungsagenturen in der staatlichen Sphäre – zu denen es dort ohnehin nicht viele Alternativen gibt. Wirft man dieser Tage einen Blick in die einschlägigen politischen Magazine und Tageszeitungen, so kann man den Eindruck gewinnen, dass die Parteien nach Legitimitäts- und Mitgliederkrisen nun auch noch von einer *Identitätskrise* gebeutelt werden[2]. Mag man auch voreiligen Krisenbefunden zu Recht skeptisch gegenüberstehen, so nimmt die Diagnose von der Identitätskrise der Parteien in der Regel doch auf ein komplexes Vermittlungsdefizit Bezug, von dem sich viele Menschen in Deutschland angesprochen fühlen dürften. Schon seit längerer Zeit wird gerade den großen Parteien hierzulande vorgeworfen, nur unzureichend ein einigermaßen widerspruchsfreies und wiedererkennbares Erscheinungsbild zu vermitteln, in dem deutlich Kerninhalte und Alleinstellungsmerkmale zum Ausdruck kommen. Zusammenfassend drückt das Martin Bell in der Marketingfachzeitschrift *Werben und Verkaufen* so aus: „Als Politikmarken unterscheiden sich etablierte Parteien hierzulande kaum noch. Das Bild, das sie als Marken abgeben, zeigt sich verwaschen, verfärbt und weichgespült". Besonders die Vermittlung von Unterschieden scheint die Parteien heute vor Pro-

---

1 Ich nehme die Veröffentlichung dieses Beitrages zum Anlass, einigen Personen Dank zu sagen, die dieses Projekt im Laufe der Zeit begleitet und unterstützt haben. Hier will ich in allererster Linie Walter Reese-Schäfer nennen. Ferner danke ich Thomas von Winter und – stellvertretend für die Konrad-Adenauer-Stiftung – Daniela Tandecki. Teile der Konzeption entstanden im Rahmen eines Forschungsaufenthaltes an der Columbia University (New York), der ohne die Unterstützung durch Volker Berghahn und Charles Tilly (†) nicht möglich gewesen wäre. Nicht zuletzt gilt der Dank Uwe Jun, Oskar Niedermayer und Elmar Wiesendahl für die Möglichkeit, dass vorliegende Projekt zunächst im Rahmen der DVPW-Jahrestagung des Arbeitskreises Parteienforschung und nun als Beitrag zu diesem Sammelband einer breiteren Öffentlichkeit zugänglich machen zu können.
2 Zum Beispiel: „Union in der Identitätskrise" (Der Spiegel, Online-Ausgabe vom 01. Februar 2008), „Identitätskrise. Wohin steuert die SPD?" (Katharina Schuler in Die Zeit, Online-Ausgabe vom 16. Januar 2006), „CSU in der Identitätskrise" (Peter Fahrenholz in Süddeutsche Zeitung, Online-Ausgabe vom 18. Juli 2008).

bleme zu stellen. Längst gehört es zu den Gemeinplätzen, dass gerade in Deutschland „überall die gleichen Parteien antreten", so wie es Stefan Schmitz vergangenes Jahr im Nachrichtenmagazin *Stern* formulierte.

Auch die Organisationsforschung adressiert Fragen der Unterscheidbarkeit, der Kerneigenschaften und Konstanten von Organisationen. Das Konstrukt der *organisationalen Identität* bezeichnet dort die zentralen, unterscheidenden und über die Zeit gleichbleibenden Eigenschaften einer Organisation aus der Sicht ihrer Mitglieder. Organisationswissenschaftler haben sich in den letzten Jahren nicht nur der theoretischen Ausarbeitung dieses Konzeptes gewidmet. Sie konnten einerseits empirisch aufzeigen, dass es sich bei organisationaler Identität weniger um ein starres Vorstellungsbild, denn um das fragile Konstrukt einer Ordnung handelt, das auch zum Problem werden kann – etwa dann, wenn die Organisation selbst widersprüchliche Selbstdarstellungen kommuniziert. Anderseits zeigen jüngste Forschungsarbeiten, dass ein diffuses Bild von der eigenen Organisation negative Effekte auf die Mitgliederidentifikation haben kann.

Diese von der Organisationsforschung hergestellte Verbindung zwischen „Mikroebene" (der Mitglieder) und „Makroebene" (der Führung) ist in der Parteienforschung bisland kaum empirisch in Angriff genommen worden. Zwar erfährt die Identitätsdimension der Unterscheidbarkeit seit längerer Zeit große Aufmerksamkeit durch die Parteienforscher. Im Streit um Polarisierung und Konvergenz etwa in Parteiprogrammen aber wird vergessen zu fragen, ob sich diese Phänomene auch und gerade in der Wahrnehmung der *Mitglieder* niederschlagen. Das heißt, ob – aus Sicht der Aktivitas – neben der Dimension der Unterscheidbarkeit noch andere Identitätsdimensionen „problematisch" sein können, und ob damit Auswirkungen – z.B. auf das Gefühl der Verbundenheit mit der eigenen Partei – verknüpft sind. So interessiert sich das hier vorgestellte Projekt im Rahmen eines qualitativen Research Designs grundsätzlich für das Bild, das sich die Mitglieder der Parteien CDU und SPD von ihrer Partei machen. Dabei sind zwei Fragen von zentraler Bedeutung. Erstens fragt das Projekt danach, ob die Mitglieder der beiden mitgliederstärksten Volksparteien (heute noch) in der Lage sind, problemlos zu benennen, was die eigene Partei im Kern ausmacht, wie und wodurch sich die eigene Partei von vergleichbaren anderen Parteien unterscheidet und was im Laufe der Zeit an der eigenen Partei gleich geblieben ist. Zweitens interessiert, welche Konsequenzen es hat, wenn diese Angaben nur noch unter Schwierigkeiten oder gar nicht mehr möglich sind.

2. Die Identität von Organisationen

Auch in der Parteienforschung wird der Begriff Identität im Zusammenhang mit Parteien benutzt (Ishiyama/Shafqat 2000; von Beyme 2000; Schmitter

2001; Stöss 2002; Reichhart-Dreyer 2002; von Alemann 2003; Bukow/Rammelt 2003; Jun 2004a; Burkhardt 2005). Setzt man die Anzahl entsprechender Aufsätze allerdings in Beziehung zum Output der Parteienforschung insgesamt (Caramani/Hug 1998), so stellt der Diskurs um „Partei-Identität" – falls man überhaupt von einem Diskurs sprechen kann – nicht einmal eine Fußnote im dicken Buch der Parteienforschung dar. Schwerer noch wiegt, dass sich im Vergleich zu anderen Bereichen der Sozialwissenschaften (Reese-Schäfer 1999) keine elaborierten *Konzepte* und nur selten überhaupt dezidierte Definitionen dessen finden lassen, was „Partei-Identität" sein könnte. Vergleicht man schließlich die vorliegenden Begriffsbestimmungen, so zeigt sich, dass *ein* Terminus für ganz unterschiedliche empirische Referenten genutzt wird. So kommt Elmar Wiesendahl (2000) der Verdienst zu, in einem Aufsatz erstmals dezidiert auf die „Identitätsauflösung" politischer Parteien hingewiesen zu haben. Dennoch konkurriert seine Lesart von Partei-Identität (2000: 275f.) als „symbolisches Einverständnisverhältnis" zwischen Partei und ihren Bezugsgruppen z.B. mit Thomas Falkners Acht-Punkte-Modell, das beim Mitgliederselbstverständnis beginnt und mit der „kulturellen Ausstrahlung" der Partei endet (2000: 230). Für Kenneth Janda und andere (1995: 171) geht es wiederum um „the image that citizens have in mind when they think about that party".

Gewiss ist diese Begriffsverwirrung kein Verschulden der Parteienforschung allein. Sie kennzeichnet vielmehr den sozialwissenschaftlichen Identitätsdiskurs insgesamt, hat dieser doch mittlerweile „babylonische Ausmaße" (Hatch/ Schultz 2000) angenommen und macht die ernsthafte Auseinandersetzung mit dem Begriff Identität oft zu einer frustrierenden Angelegenheit (Brubaker/Cooper 2000).

Was jedenfalls die Parteienforschung betraf, gab das weitgehende Fehlen einer geteilten Vorstellung und eines weiterführenden Konzeptes von Partei-Identität dazu Anlass, sich in anderen Bereichen der Sozialwissenschaften nach einem anschlussfähigen Konzept umzusehen. Da Parteien als Organisationen aufgefasst werden können, schien in diesem Zusammenhang der Begriff der „organisationalen Identität" vielversprechend. Auch dieses Theorem hat seine Tücken. Dennoch hat sich in der Organisationsforschung ein gewisser Konsens dahingehend entwickelt, was unter der Identität einer Organisation zu verstehen ist – allein dieser Umstand kann im terminologischen Dschungel des Identitätsdiskurses nicht hoch genug eingeschätzt werden. Ferner arbeiten viele Organisationsforscher im Vergleich zur Parteienforschung kontinuierlich an einer Elaborierung der Konzeption und untersuchen organisationale Identität heute z.B. als Faktor organisationaler Bindung.

2.1 Organisationale Identität als mehrdimensionale Sinnstruktur

Die systematische Beschäftigung der Organisationsforschung mit dem Begriff Identität beginnt 1985. In diesem Jahr erschien ein Aufsatz der Organisationswissenschaftler Stuart Albert und David Whetten. Dort definieren die Autoren die Identität einer Organisation als „those features that are somehow seen as the criterion of claimed central character, that distinguish the organization from others with which it may be compared and that exhibit some degree of sameness or continuity over time" (Albert/Whetten 2004: 90). An dieser Begriffsbestimmung haben sich in der Folgezeit viele Wissenschaftler orientiert. Auch hier dient sie als Ausgangspunkt weiterer Überlegungen.

„Organizational identity" besteht nach der hier vorgeschlagenen Lesart zunächst aus zwei Komponenten. Erstens setzt sich das Bild, das sich ein Mitglied von (s)einer Organisation macht, aus „Features" zusammen. Entscheidend aber ist zweitens, dass organisationale Identität weder auf diese einzelnen Merkmale noch auf deren bloße Summe abzielt. Wie auch Charles Tilly (2002, 2003) deutlich gemacht hat, bezeichnet Identität (auf personaler wie organisationaler Ebene) grundsätzlich eine bestimmte Anordnung, ein spezifisches Arrangement, letztlich eine *Struktur* von Merkmalen. Im Licht dieser Perspektive lassen sich aus der Definition von Albert und Whetten drei unterschiedliche Ordnungsprinzipien ableiten: *Kontinuität, Zentralität* und *Unterscheidbarkeit*. Das Prinzip der Kontinuität („sameness over time") referiert auf die Beschaffenheit eines Merkmals der Organisation über einen zeitlichen Verlauf hinweg. Es präsupponiert, dass Merkmale im Laufe eines Zeitabschnittes in ihrer Gestalt und in ihrem Bedeutungsgehalt gleich bleiben. Zentralität („claimed central character") bezeichnet ein weiteres Ordnungsprinzip, in dem zwischen wichtig und unwichtig unterschieden, eine Beziehung zwischen zentralen und weniger zentralen Merkmalen formuliert wird. Hier geht es mithin um eine Hierarchie. Distinktivität („distinguish from others") schließlich ist ein dritter sinnhafter Strukturzusammenhang, der auf Unterschiede verweist, zwischen vergleichbaren Merkmalen der eigenen und denen signifikanter anderer Organisationen. Obwohl es in der Definition von Albert und Whetten keine Rolle spielt, wird *Kohärenz* gelegentlich als viertes Identitätsprinzip herangezogen. Hier geht es um das Verhältnis der Widerspruchslosigkeit und Stimmigkeit von Merkmalen im Bild eines Mitgliedes von der eigenen Organisation.

Tabelle 1: Organisationale Identität

Dimensionen	Ordnungsprinzipien
Zentralität	Merkmal „a" [Organistion a] > Merkmal „b" [Organistion a]
Unterscheidbarkeit	Merkmal „a" [Organistion a] ≠ Merkmal „a" [Organistion b]
Kontinuität	Merkmal „a" [Organistion a] Zeitpunkt t_1 = Merkmal „a" [Organistion a] Zeitpunkt t_2
Kohärenz	Merkmal „a" [Organistion a] ≈ Merkmal „b" [Organistion a]

Quelle: Eigene Darstellung

Organisationale Identität als Verbund dieser Sinnstrukturen wird schließlich in einem *konstruktiv-kognitiven Prozess* von Menschen – die Forschung betont hier in erster Linie Mitglieder einer Organisation – *immer wieder aufs neue hervorgebracht*. Mit anderen Worten ist organisationale Identität als innere Ordnungsvorstellung keine independente „organisationale Prädisposition", sondern zugleich fragiler Prozess und immer vorläufiges Ergebnis menschlichen Denkens, Handelns und Fühlens (Hatch/Schultz 2004).

Das Konzept von organisationaler Identität hat Vorzüge, weist aber auch Schwächen auf. Einerseits bieten Albert und Whetten eine Lösung für das notorische Definitionsproblem von Identität an. Während an anderem Ort immer noch darüber gestritten wird, ob nun *ausschließlich* Unterscheidbarkeit mit Identität zu tun hat oder ob Identität doch letztlich nur *ausschließlich* eine Frage der Kontinuität ist, werden bei Albert und Whetten die gängigen Identitätsprinzipien schlicht in einem Konzept addiert und zusammengefasst. Der Nachteil des Konzepts besteht augenscheinlich darin, dass der Begriff der organisationalen Identität auf der „inhaltlichen" Ebene der Merkmale etwas unscharf ist. Während Ordnungsprinzipien wie Unterscheidbarkeit noch benannt werden können, scheint es schwierig zu sein, ex ante zu bestimmen, was denn diese „features" genau sind, zwischen denen Strukturzusammenhänge hergestellt werden sollen. Geht es um „values" (Gioia/Schultz/Corley 2000), um „beliefs" (Bouchikhi et al. 1998) oder um „Normen, Modelle, Symbole, für verbindlich gehaltene Werte, die die jeweilige Lebensgemeinschaft definieren" (Hettlage 1997: 10)? Diese Unschärfe macht die Nutzung des Begriffes nicht unmöglich. Wichtig aber ist eine Präzisierung dieser abstrakten Termini, die letztlich nur in der direkten empirischen Auseinandersetzung mit konkreten Organisationen und deren Mitgliedern selbst vorgenommen werden kann.

2.2 Wenn organisationale Identität zum Problem wird

In den letzten Jahren operiert die organisationswissenschaftliche Identitätsforschung auf zwei Ebenen. Einerseits geht es – gewissermaßen auf der „Mikroebene" organisationsinterner Hierarchien – um organisationale Identität als Wahrnehmung oder Konstrukt durch die Mitglieder einer Organisation. Zum anderen aber erfährt auch die „Makro-", also die Führungsebene einer Organisation seit längerer Zeit Aufmerksamkeit durch die Wissenschaftler. Untersucht werden dann Praxen organisationalen Identitätsmanagements, z.B. durch die Führung eines Unternehmens (Alvesson 1994; Elsbach/Kramer 1996; Chrein 2003; Ginzel/Kramer/Sutton 2004). Dahinter verbergen sich auch zwei unterschiedliche Vorstellungen über den „Produktionsort" von organisationaler Identität: „Researchers in the cognitive tradition view identities as organizational building blocks which are held by individual organizational members. Second, structuralistic approaches locate multiple organizational identities in social phenomena such as cultural values, organizational stories, and organizational use of language" (Jaeger/Mittlechner 2005: 2). Vorgeschlagen wird hier, beide Ebenen als Teil derselben Medaille zu sehen. Mitglieder einer Organisation beziehen sich zumindest zu einem gewissen Maß auch auf jene „organisationalen Autobiografien", die von der Führungsebene erarbeitet und zur Orientierung zur Verfügung gestellt werden (Scott/Lane 2000). Damit geht es letztlich um Angebot und Nachfrage von Sinn.

In manchen Arbeiten hat dieses Kommunikationsverhältnis zwischen „oben" und „unten" die Anmutung eines „top-down" Kommunikationsverhältnisses (Cheney/Christensen 2001). De facto aber wäre das Bild einer losen und störanfälligen Koppelung eher zutreffend. Forschungen legen nahe, dass es trotz elaborierter Strategien internen Image- und Identitätsmanagements (z.B. Pratt/Foreman 2000) zur *Diffusion organisationaler Identität* auf der Mitgliederebene kommen kann. Mit diesem Arbeitsbegriff sollen hier die Probleme eines Mitgliedes bei der Hervorbringung einer basalen inneren Ordnungsvorstellung in Bezug auf das Bild von der eigenen Organisation bezeichnet werden. Diese Probleme werden dann virulent, wenn z.B. ein Parteimitglied Schwierigkeiten damit hat, zu benennen, welche Werte eigentlich zum Kern der eigenen Partei gehören, angesichts welcher Normen sich die eigene Partei von anderen unterscheidet und welche Zielvorstellungen eigentlich im Laufe der Zeit gleich geblieben sind.

In jüngster Zeit hat sich die Organisationsforschung auch mit den Auswirkungen solch „verwaschener" Bilder von der eigenen Organisation beschäftigt. Sendet eine Organisation etwa widersprüchliche Signale aus „regarding what it stands for and why", so schlägt sich dieses Vermittlungsproblem auch im Mitgliederbild von der eigenen Organisation nieder (Kreiner/Ashforth 2004). Während eine gelingende Identitätsarbeit auf individueller Ebene, eine klare Vorstellung von jenen Dingen, die bei einer Organisation zentral sind, wie sich die Organisation von anderen unterscheidet und was im Laufe der Zeit gleich bleibt – von Glenn Kreiner und Blake Ashforth als „organizational identity strength" bezeichnet – sich *positiv* auf die Identifikation auswirkt, bewirkt „organizational identity incongruence" eine innere Distanzierung der Mitglieder von ihrer Organisation.

Damit verweist die Konzeption organisationaler Identität auf eine von Mitgliedern der Organisation zu erbringende kognitive Leistung, von deren Gelingen oder Scheitern es offenbar abhängen kann, wie sich ein Mitglied mit seiner Organisation identifiziert. Vor diesem Hintergrund verwundert es kaum, dass aktuelle empirische Forschungsarbeiten – trotz im Detail divergierender Operationalisierungen – organisationale Identität als Bedingungsfaktor von Identifikation, kooperativem Verhalten und „commitment" in den Blick genommen haben (Foreman/Whetten 2002; Dukerich/Golden/Shortell 2002; Cole/Bruch 2006; Bartels et al. 2007).

3. Beiträge zur Forschung: Das Beispiel Parteienkonvergenz

Der im letzten Abschnitt skizzierte Zusammenhang lässt sich auf Parteien übertragen. Auch Parteien sind Organisationen. Es gibt mit der *Party on the Ground* einerseits, der *Party in Central* und *Public Office* andererseits, unterschiedliche Hierarchieebenen. Auch in Parteien existieren organisationale Selbstbeschreibungen, deren Konstruktion „von oben" zumindest koordiniert wird und die unteren Ebenen als Orientierung dienen soll. Hier sind in erster Linie Parteiprogramme zu nennen. Dort geht es nicht nur um die bloße Auflistung von Zielvorstellungen, Normen und Werten der Partei. Implizit werden auch jene Strukturen mit kommuniziert, die Identität ausmachen, indem beschrieben wird, welche Werte *zentral* sind, durch welche Normen sich die eigene Partei von anderen *unterscheidet* und welche Zielvorstellungen im Laufe der Zeit *gleich geblieben* sind. Während Kreiner und Ashforth allerdings die Identitätsdimension der Kohärenz als problematisch ins Auge gefasst haben, scheint es in der Parteienforschung hauptsächlich um die Dimension der *Unterscheidbarkeit* zu gehen. Sie ist vor allem bei den Großparteien CDU und SPD zum Problem geworden.

3.1 Der Diskurs um Parteienkonvergenz

Karl-Rudolf Korte (2003: 112) hat das Parteiensystem der Bundesrepublik wie folgt beschrieben: „It is becoming increasingly difficult to clearly distinguish between the policy of the Social Democrats and those of the Christian Democrats as both seek to appropriate for themselves what is referred to as the new centre". Anschaulich werde dieses Problem auch bei den programmatischen Schriften der Parteien. Hier sekundiert Johannes Kuppe in *Das Parlament*: „Für alle Parteien korrodieren die Grenzen großer Teile ihrer Programme bis hin zur Unkenntlichkeit. In vielen Bereichen, vom zu Grunde liegenden Menschenbild bis zu den Zielvorstellungen von Frieden, sozialer Gerechtigkeit und Schutz der Menschenwürde gibt es so große Schnittmengen, so dass unterscheidende Spezifikationen nur noch nach tiefschürfenden Erklärungen verständlich werden". Das hier angedeutete Phänomen mangelnder Unterscheidbarkeit von Parteien beschäftigt die Forschung unter dem Begriff Parteienkonvergenz schon seit längerer Zeit. Mit Konvergenz gemeint ist ein Prozess der Annäherung von Parteien oder Parteienfamilien innerhalb eines Parteiensystems, der sich in der Regel sowohl auf die Politikformulierung in programmatischen Schriften als auch die politische Performanz von Parteien in Regierungsverantwortung beziehen kann.

Neben der Erklärung von Konvergenz – es werden vom Wandel der sozialen Umwelt und der damit verbundenen strategischen Ausrichtung auf den Median-Wähler (Downs 1957; Kirchheimer 1964; Hindmoor 2004) über die Spezifik des Parteienwettbewerbs (Bartolini 2002) bis hin zu institutionellen

Arrangements (Schmidt 2001) eine ganze Reihe von Fakten angeführt – hat sich die Parteienforschung auch mit dem empirischen Nachweis der These von der Parteienkonvergenz beschäftigt. In diesem Bereich dominieren nach wie vor standardisierte inhaltsanalytische Auswertungen von Parteiprogrammen und Regierungserklärungen (Poguntke 2003). Es finden sich umfassende, komparativ ausgerichtete Analysen der Programmatik führender Parteien aus 45 OECD-Staaten (etwa Budge/Robertson/Hearl 1987) ebenso wie Studien, die sich auf die nationalstaatliche Ebene beschränken (Spiliotes/Vavreck 2002; Goot 2002; Goot 2004). Eine Arbeit, die sowohl programmatische Positionen als auch „party performances" integriert, wurde von Miki Caul und Mark Gray (2000) vorgelegt.

Ein einheitlicher Tenor zeigt sich indes nicht. Einerseits sei – zu diesem Schluss kommen z.b. Hans-Dieter Klingemann und Andrea Volkens (2001) oder jüngst auch Michelle Williams (2008) – die These von der Konvergenz politischer Parteien in Deutschland hin zu moderaten Positionen empirisch nicht belegbar. Caul und Gray (2000) anderseits sehen die Annahme von Konvergenz im Grundsatz bestätigt, sowohl in Bezug auf die Programmatik, wie auch hinsichtlich der Implementation politischer Problemlösungsstrategien.

3.2 Offene Fragen und Forschungsbedarf

Die Debatte um Parteienkonvergenz zeigt exemplarisch, dass die Parteienforschung zwar keinen eigenständigen Identitätsdiskurs hervorgebracht hat, sich aber dort sehr wohl Anhaltspunkte finden lassen, die uns dabei helfen können, die Gestalt des Identitätsproblems politischer Parteien einzugrenzen. Aus Sicht der Parteienforschung ist das Identitätsproblem der Parteien ein Problem der (mangelnden) Unterschiede. Wirft man einen Blick zurück auf die Definition organisationaler Identität, adressiert die Parteienforschung damit aber (1.) nur eine von vier möglichen Identitätsdimensionen.

Übertragen wir die Makro- und Mikrometapher der organisationswissenschaftlichen Identitätsforschung auf die Parteienforschung, so zeigt sich (2.), dass die Parteienforschung exklusiv die „Makroebene" politischer Parteien in den Blick genommen hat. Werden Programme und Policies als Indikatoren von Parteienkonvergenz genutzt, so steht damit implizit das Identitätsmanagement der Parteieliten, nämlich *Party in Public* bzw. *in Central Office* im Fokus der Aufmerksamkeit. Parteien aber haben noch ein drittes Gesicht: die *Party on the Ground*. Die Perspektive der Basis allerdings wird in der Parteienforschung nicht berücksichtigt. Somit bleibt eine zentrale Frage offen: Gibt es eigentlich *auch in der Wahrnehmung der Parteimitglieder ein Identitätsproblem der Parteien*? Wenn ja: Wie ist dieses Problem ausgeprägt? Wie wirkt sich etwa die Konvergenz von Sinnangeboten (z.B. Programme) auf die individuelle Konstruktion organisationaler Identität bei Parteimitgliedern aus? Lassen sich neben Unterscheidbarkeit weitere problematische Identitätsdimensionen ausmachen? Wie einfach ist es etwa für ein Parteimitglied, aus der täglichen Informationsflut der Medien, aus dem komplexen Informationsangebot der eigenen Partei immer wieder jene Merkmale herauszufiltern, die von zentraler Bedeutung sind? Wie einfach ist es, an der eigenen Partei Wiedererkennungsmerkmale zu identifizieren – in Zeiten, in denen sich Parteien immer schneller an eine sich rasch wandelnde Umwelt anpassen müssen? Schließlich last but not least: Lassen sich – wie von der Organisationsforschung angedeutet – zwischen bestimmten Identitätsproblemen und Disidentifikation oder gar problematischem Engagement Verbindungen herstellen?

4. Forschungsfragen, Erkenntnisinteresse, Research Design

Im Gegensatz zur bisherigen Praxis in der Parteienforschung will das hier beschriebene Vorhaben nicht oben, sondern „unten", an der Basis ansetzen. Das Identitätsproblem politischer Parteien soll hier nicht durch quantitative Inhaltsanalysen von Parteiprogrammen erforscht werden, sondern aus der *Sicht ihrer Mitglieder*. Der erste Forschungsfokus zielt so auf das Bild ab, das Mitglieder von ihrer eigenen Partei haben. Ein besonderes Augenmerk soll dabei der Diffusion organisationaler Identität gelten: Haben Mitglieder Schwierigkeiten, Unterschiede auszumachen, den Kern der Partei zu identifizieren oder Konstanten zu benennen? Der zweite Forschungsfokus nimmt die individuellen Ausprägungen der emotionalen Bindung an die Partei und Formen des Engagements in den Blick. Ziel ist es dabei, *Verbindungen* zwischen negativen Ausprägungen im ersten und zweiten Fokus auszuloten: Hat also der Rückzug eines SPD-Mitgliedes aus der aktiven Parteiarbeit auch damit zu tun, dass es ihm kaum noch gelingt, die zentralen Werte auszumachen? Ist die Abkühlung der emotionalen Bindung eines CDU-Mitgliedes an die eigene Partei auch darauf zurückzuführen, dass ihm die Unterschiede zwischen den Programmen nicht mehr deutlich sind? Das Erkenntnisinteresse lässt sich in folgender Forschungsfrage zusammenfassen: Kann man Diffusion organisationaler Identität bei Mitgliedern politischer Parteien nachweisen? Wenn ja: Wie ist diese Diffusion ausgeprägt? Wirkt sich die fallspezifische Ausprägung von Identitätsdiffusion auf das Denken, Handeln und Fühlen der Parteimitglieder im Allgemeinen bzw. Engagement und Identifikation der Mitglieder im Besonderen aus?

Die Ausgestaltung eines Research-Designs richtet sich nicht nur an der Fragestellung, sondern auch an der Beschaffenheit der theoretischen Vorkenntnisse aus. Von Theorien könnte streng genommen überhaupt nur dann gesprochen werden (Schnell/Hill/Esser 1995: 51f.), wenn es in Bezug auf den konkreten Organisationstyp der politischen Partei ein System von schlüssigen wie empirisch geprüften „wenn-dann-Aussagen" gibt, die einerseits das Phänomen der Identitätsdiffusion beschreiben sowie andererseits insbesondere den Zusammenhang von organisationaler Identität auf der einen sowie parteipolitischem Engagement durch Mitglieder auf der anderen Seite beschreiben und darüber hinaus erklären. Das ist nicht der Fall.

Auch mit abstrakten Konzepten (wie organisationale Identität) ist empirische Forschung sehr wohl möglich (Berg 2007). Allerdings kann das primäre Erkenntnisinteresse dann nur ein exploratives sein, das zunächst darauf abzielt, *aus dem empirischen Material heraus* abstrakte Kategorien mit konkreten Inhalten zu füllen, um dann sukzessive Sinnzusammenhänge innerhalb und zwischen den Kategorien auszuloten. Weniger sinnvoll erscheint es, aus abstrakten Konzepten (wie eben organisationaler Identität) Hypothesen zu deduzieren (Punch 2005). Ohne Hypothesen schließlich ist die Implementierung eines testenden, nomologisch-deduktiven Research-Designs unangebracht[3].

Konzeptionelle Vorüberlegungen legen nahe, dass sinnhafte Ordnungszusammenhänge wie organisationale Identitäten auch durch *Narrationen* geschaffen werden (Czarniawska 1997). Daher ist es sinnvoll, Narrationen im Forschungsprozess, während der Feldforschung, als Datensorte zu generieren, um an und in ihnen – gemäß des explizierten Forschungsinteresses – Sinnsetzungsprozesse wie Identitätskonstruktionen nachvollziehen zu können. Quantitative Datensorten (Punch 2005: 40ff.), also Mengen und Häufigkeiten, sind dafür weniger geeignet. Im vorliegenden Projekt wurden deswegen Leitfadeninterviews (Marotzki 2003) als Methode der Datenerhebung ausgewählt.

In Bezug auf das hier skizzierte Vorhaben muss die Art und Weise der Datenanalyse einerseits ermöglichen, subjektive Sinnsetzungsprozesse und Ordnungsentwürfe – die in Form von Narrationen vorher generiert worden sind – analytisch nachzuvollziehen und aufzubereiten sowie die Beschreibung von organisationaler Identität und der jeweils subjektiven Ausprägung von Identitätsdiffusion auf organisationaler Ebene möglich zu machen. Das Erkenntnisinteresse geht aber über die „bloße" Deskription hinaus. Es geht auch darum, Diffusion mit jeweils subjektiven Ausprägungen von Identifikation sowie spezifischen Mustern parteipolitischer Aktivität in Verbindung zu setzen – und im Idealfall letzteres durch erstes zu erklären. Dieser spezifischen Kombination von Beschreiben und Erklären, vor allem aber das systematische in Beziehung setzen von zwei Faktoren auf der Basis qualitativer Daten kann durch die Methode der kategoriellen Inhaltsanalyse (Kelle/Kluge 1999; Kluge 2000) Rechnung getragen werden, die in diesem Vorhaben zur Anwendung kommt.

Für die Forschungspraxis bedeutete dies, dass nach der Datenerhebung zunächst eine vollständige Transkription aller geführten Leitfadeninterviews vorgenommen wurde. Dieses empirische Rohmaterial wurde in das qualitati-

---

3 Aus dem Verzicht auf Hypothesen zugunsten von forschungsleitenden Fragen und einem explorativen Erkenntnisinteresse lässt sich herauslesen, dass es sich beim vorliegenden Projekt um eine Forschungsanlage handelt, die gemeinhin als „qualitativ" bezeichnet wird.

ve Datenanalyseprogramm *Atlas/ti* eingespeist (Strübing 1997). Es folgte eine Codierung des Materials. Entsprechende Textpassagen aus den Interviews wurden dabei drei Oberkategorien zugeordnet, die sich aus der Fragestellung ergeben haben: (1.) organisationale Identität und Diffusion, (2.) Identifikation und (3.) Engagement. Nach der Verschlagwortung wurden alle Oberkategorien intern ausdifferenziert und die Ausprägungen miteinander in Beziehung gesetzt.

In der einschlägigen Literatur finden sich schließlich nur wenige Angaben zum Umfang von qualitativen Stichproben und darüber, nach welchen Kriterien die Auswahl der Gesprächspartner (und damit der Fälle) zu vollziehen ist (Kelle/Kluge 1999). In der vorliegenden Abhandlung wurden die Fälle entlang eines „theoretischen Samplings" (Kromrey 1995) nach bestimmten Kriterien ausgewählt. Vorüberlegungen legen nahe, dass das Problem der Diffusion von organisationaler Identität nicht auf *alle* Typen politischer Parteien (und folglich deren Mitglieder) zutrifft. Als besonders „gefährdet" können jene Parteien angesehen werden, die dem Primat der Stimmenmaximierung folgen, die über eine komplexe interne Organisationsstruktur verfügen sowie Parteien, die sich in kontinuierlicher/längerer Regierungsbeteiligung, vor allem auf der Bundesebene, befinden oder befunden haben. Wendet man diese Kriterien an, so empfehlen sich vor allem die CDU und die SPD als Untersuchungsobjekte. Aus der Fragestellung lässt sich ableiten, dass vor allem Identitätsdiffusion in Auswirkung auf parteipolitisches Engagement analysiert werden soll. In Betracht für die Auswahl kommen deswegen vor allem Mitglieder, die aktiv sind, bzw. aktiv gewesen sind. Ferner wurde die Fallauswahl nach vier Kriterien – Geschlecht, Alter, regionale Herkunft und Position innerhalb der Partei – vorgenommen. Numerisch wurde der Stichprobenumfang auf n = 30 festgelegt. Er entspricht damit dem Durchschnittswert qualitativer Studien (Halloway/Wheeler 1997: 93). Von den insgesamt 30 Interviews wurden 15 Mitglieder der SPD und 15 Mitglieder der CDU aus Ost- und Westdeutschland befragt. Die Interviews wurden im Zeitraum zwischen März und August 2007 geführt. Von den 30 Interviews gingen schließlich 26 in die abschließende Auswertung ein.

5. Erkenntnisse aus der empirischen Feldstudie

In diesem Kapitel werden einige Erkenntnisse aus der empirischen Feldstudie vorgestellt. Da die qualitative Datenauswertung noch nicht abgeschlossen worden ist, haben die folgenden Abschnitte den Charakter eines Zwischenberichtes. Dennoch können auf der Basis des qualitativen Sample Aussagen über die Ausprägungen und Auswirkungen des Identitätsproblems politischer Parteien gemacht werden. Bei der Darstellung der empirischen Zwischenergebnisse wird auf zweierlei Wert gelegt. Einerseits soll skizziert werden, wie sich die abstrakten Kategorien organisationaler Identitätsdiffusion konkret und inhaltlich im empirischen Datenmaterial darstellen. Um diese Ausprägungen anschaulich zu machen, werden bei der Darstellung auch Zitate aus den jeweiligen Gesprächen genutzt. Neben dieser inhaltlichen Ebene existiert eine zweite Ebene. Sie gibt an, wie sich Ausprägungen von Identitätsdiffusion innerhalb des Samples quantitativ verteilen. Verwendete Häufigkeitsangaben sollen dabei hauptsächlich einen plastischen Eindruck des empirischen Materials vermitteln. Pro forma sei klargestellt, dass diese Angaben natürlich keinen Anspruch auf Repräsentativität erheben.

5.1 Widersprüche und Konvergenzen als dominante Ausprägungen

Aus den drei Dimensionen organisationaler Identität lassen sich zunächst drei mögliche Ausprägungen der Diffusion organisationaler Identität ableiten: problematische Zentralität, problematische Unterscheidbarkeit und problematische Kontinuität. Damit standen drei Ausgangskategorien der Inhaltsanalyse fest. Jeder dieser Kategorien konnten während der Kodierung der Daten Zitate zugeordnet werden. Neben der Zuordnung von Zitaten zu bereits definierten Kategorien gehört es zur (spezifisch qualitativen) Stärke der kategoriellen Inhaltsanalyse, nicht nur bereits vorab definierte Kategorien auszuarbeiten, sondern aus dem Material heraus auch *neue* Kategorien zu deduzieren. So erwies sich die Kategorie der (problematischen) Kohärenz im empirischen Material als stark ausgeprägt, obwohl sie nicht zu den ursprünglichen Identitätsdimensionen des Albert/Whetten-Konzeptes gehört. Als zweite „neue" und damit insgesamt fünfte Ausprägung von Identitätsdiffusion wurde die Kategorie „Diffusion mehrdeutig" aus dem empirischen Material heraus rekonstruiert. Hier wurden Zitate eingeordnet, die zwar eine Beziehung zum Konzept der Identitätsdiffusion haben, aber nicht eindeutig einer ganz bestimmten der bisherigen Kategorien zugeordnet werden konnten. Eine entsprechende Einordnung wurde dann vorgenommen, wenn z.B. von einem „unklaren" Erscheinungsbild der Partei gesprochen wurde. Diese Kategorie wird am Ende der Gesamtauswertung nochmals einer Analyse unterzogen werden. In diesem Beitrag soll sie daher keine weitere Berücksichtigung finden.

Tabelle 2: Ausprägungen Diffusion organisationaler Identität insgesamt

Kategorien Diffusion	Zitate gesamt	Fälle gesamt	Fälle CDU	Fälle SPD
Problematische Kohärenz	38	16	9	7
Problematische Differenz	35	17	8	9
[Diffusion mehrdeutig]	[20]	[8]	[5]	[3]
Problematische Zentralität	17	12	9	3
Problematische Kontinuität	14	12	5	7

Quelle: Eigene Darstellung

Parteien ohne Eigenschaften? 141

Um den Grad der Verankerung der einzelnen Kategorien im empirischen Material – und damit ihre grundsätzliche Relevanz – einschätzen zu können, wurden sie mit Atlas/ti nach der Gesamtanzahl der ihnen jeweils zugeordneten Zitate in eine Rangfolge gebracht. Dieses Ranking zeigt, dass das Identitätsproblem der CDU und SPD aus Sicht ihrer Mitglieder vor allem ein Problem *schwieriger Kohärenz* und *prekärer Unterscheidbarkeit* ist: Das Parteienbild der befragten Mitglieder ist also durch Widersprüche und Konvergenzen gekennzeichnet. Wie die Übersicht verdeutlicht, sind auch die anderen Dimensionen von Identitätsdiffusion präsent. Aber sie sind bei weitem nicht so deutlich im Material ausgeprägt. Abschnitt 5.1 soll nun zeigen, was Diffusion organisationaler Identität in Bezug auf politische Parteien aus der Sicht ihrer Mitglieder bedeutet. In Abschnitt 5.2 werden mögliche Auswirkungen in den Blick genommen. Um die qualitativen Daten ihrer Spezifik angemessen und anschaulich darstellen zu können (und um den Rahmen dieses Aufsatzes nicht vollends zu sprengen), konzentrieren sich die folgenden Ausführungen (1.) auf problematische Kohärenz und (2.) Unterscheidbarkeit, also auf jene beiden Ausprägungen von Identitätsdiffusion, die in den geführten Interviews besonders dominant sind.

Im Übrigen weist jeder Einzelfall eine spezifische Kombination problematischer Identitätsdimensionen auf. Eine andere Möglichkeit, einen Überblick über die Ausprägungen von Identitätsdiffusion zu erhalten, besteht also darin, auf der Ebene der Einzelfälle die Anzahl jeweils problematischer Dimensionen organisationaler Identität zu erfassen. Gruppiert man diese Anzahl problematischer Dimensionen, lässt sich eine Art „Intensitätsskala" erarbeiten.

Tabelle 3: „Intensität" Diffusion organisationaler Identität

„Intensität" Diffusion nach Anzahl problematischer Dimensionen je Einzelfall	Fälle gesamt	Fälle CDU	Fälle SPD
Diffusion „schwach" (zwei Dimensionen problematisch)	22	13	9
Diffusion „mittel" (drei Dimensionen problematisch)	15	7	8
Diffusion „stark" (vier Dimensionen problematisch)	5	2	3
Diffusion „sehr stark" (fünf Dimensionen problematisch)	–	–	–

Quelle: Eigene Darstellung

Die Übersicht zeigt, dass bei fast allen Einzelfällen mindestens zwei Dimensionen organisationaler Identität problematisch sind. Immer noch deutlich mehr als 50 Prozent der Befragten haben Probleme damit, drei Ordnungsprinzipien zu konstruieren. Bei einem knappen Viertel der Interviewpartner waren sogar vier Dimensionen organisationaler Identität problematisch. Lediglich für die Gruppierung „sehr starke Diffusion", bei der *alle* aus dem

Datenmaterial des Samples herausgearbeiteten Dimensionen organisationaler Identität problematisch hätten sein müssen, konnte kein entsprechender Einzelfall gefunden werden.

5.1.1 „Also diese Widersprüche, die sind da" – Kohärenz als Problem

Das Kriterium der Stimmigkeit gehört nicht zu den Komponenten von organisationaler Identität im Modell von Albert und Whetten. Dennoch wird es von einigen Autoren als Identitätsmerkmal genutzt und findet als Indikator bei Modellierungen etwa von „organizational identity strength" in der Studie von Kreiner und Ashforth (2004) Verwendung. In der Wahrnehmung des Organisationstypus Volkspartei durch ihre Mitglieder spielt die Kategorie der problematischen Kohärenz in jedem Fall eine wichtige Rolle. Zwei Ebenen sind im empirischen Datenmaterial besonders gut zu erkennen. Erstens können jene Merkmale, die von den Mitgliedern als Kern der eigenen Partei wahrgenommen werden, oft mit dem *praktischen Handeln* der Partei (in Regierungsverantwortung) in Widerspruch geraten. Widersprüche zeigen sich aber auch dann, wenn Kerninhalte mit der *Realität der Partei „vor Ort"*, in der lokalen Parteiorganisation, in den Abteilungen und Ortsverbänden, konfrontiert werden.

Tabelle 4: Ausprägungen der Kategorie „problematische Kohärenz"

Widersprüche Unterkategorien	Zitate gesamt	Fälle gesamt	Fälle CDU	Fälle SPD
„Kern" vs. „Policies"	14	9	4	5
„Kern" vs. „Organisationswirklichkeit"	9	4	2	2
Sonstige	15	12	8	4

Quelle: Eigene Darstellung

Alleine rund ein Drittel der Befragten Parteimitglieder nimmt Widersprüche im Parteienbild war, die sich auf den Konflikt zwischen Kerninhalten und dem Handeln der Partei in der Regierungsverantwortung hauptsächlich auf Bundesebene beziehen. Schaut man auf die Verteilung der Fälle, scheint sich auch hier zunächst eine Gleichverteilung zwischen den Parteien zu zeigen. Nimmt man aber als Basis der Verteilung des Problems die Anzahl der Zitate, so sind von 14 Zitaten neun Zitate Mitgliedern der SPD zuzuordnen. Bei Mitgliedern der SPD ist das Problem der Widersprüchlichkeit also stärker verankert. Von diesen neun Zitaten beziehen sich fast alle auf einen Kerninhalt: *„Soziale Gerechtigkeit"*. In diesem Zusammenhang sagt ein Sozialdemokrat aus Berlin: „Soziale Gerechtigkeit, dass macht die SPD für mich ganz wichtig aus. Gleichzeitig gibt es Momente, wo man zweifelt. Das drängt sich auf, in den letzten Jahren hatten wir große Diskussionen um Hartz IV. Da haben sich viele gefragt, was hat das noch mit sozialer Gerechtigkeit zu tun?"

Parteien ohne Eigenschaften? 143

Auch die entsprechenden Textpassagen der CDU-Mitglieder haben einen gemeinsamen Nenner. Hier geht es um das Kernmerkmal des *„christlichen Menschenbildes"*. Ein CDU-Mitglied aus Hessen verdeutlicht den Widerspruch: „Die CDU ist für mich die Partei, die vor allem für das christliche Menschenbild steht. Aber wo will man das christliche Menschenbild dann praktisch in der Steuerpolitik ausmachen? Ist es christlich, wenn man die Mehrwertsteuer erhöht, oder ist es das nicht?".

Aber nicht nur das Regierungshandeln ist Quell des Widerspruches. Auch das Gesicht, das die Partei in den Ortsverbänden und Abteilungen zeigt, kann Unstimmigkeiten hervorrufen. In diesem Kontext berichtet ein Berliner CDU-Mitglied über die ersten Erfahrungen in einem Westberliner Ortsverband. „Ich war überrascht, als ich 1998 noch erfahren habe, wie eine Frau von den Erlebnissen berichtet hat, wie sie mal ‚rüber' gefahren ist. Da dachte ich mir: hoppla. In der Partei der Einheit, das hat die CDU für mich immer zentral ausgemacht. Das hat mich dann doch etwas befremdet". Mit diesem Zitat soll illustriert werden, dass persönliche Kerninhalte (CDU als „Partei der Einheit") in Konflikt mit der Realität vor Ort (CDU als Partei der fortgesetzten Trennung von Ost und West) geraten können. Ein Mitglied der SPD Berlin erzählt von den Eindrücken aus ihrer Abteilung: „Ja klar. Im Kern stehen Sachen wie Gerechtigkeit, aber auch Solidarität. Aufpassen, auf den anderen. Ein Auge auf den, auf das Geld. Also auf die Bosse, sozusagen. Aber das gehört, glaube ich, noch zum ersten Teil des Interviews. Nämlich zu der Familiengeschichte. Wo das auch so innerhalb der Familie kolportiert wurde, könnte man fast sagen. Wenn ich es genau bedenke, habe ich es in Gesprächen auch so erlebt. Aber letztlich in der Partei selber, oder in meinen Erlebnissen, meinen Erfahrungen, eigentlich nicht. Das eher nicht. Im Gegenteil. In der SPD, dass ist ja auch eine Erkenntnis, die nicht neu ist und trotzdem bitter: Da läuft auch viel Diskriminierung. Natürlich hörst du da Sprüche über Frauen. Natürlich hörst du da Sprüche über Schwule, wie in jeder anderen Organisation auch. Das hat mit Solidarität nichts zu tun". Auch hier geht es um den Widerspruch zwischen Kern (diesmal: SPD als „solidarische Partei") und Organisationswirklichkeit (SPD als „unsolidarische Partei").

5.1.2 „Wo siehst Du Unterschiede?" – Differenz als Problem

Nach den Widersprüchen im Bild von der eigenen Partei ist offensichtlich Unterscheidbarkeit das zweite große (Identitäts)Problem. Mitglieder beider Parteien haben Schwierigkeiten bei der Konstruktion von Differenz. Als Referenzgröße wurde übrigens – ohne Vorgabe durch den Interviewer – auf die jeweils andere Partei verwiesen. CDU-Mitglieder also nahmen in der Regel Vergleiche mit der SPD vor, SPD-Mitgliedern diente die CDU als Referenzpunkt.

Eine kategorieinterne Ausdifferenzierung führte zur Bildung von drei Subkategorien. Auffällig war zunächst ein *allgemeines Gefühl* fehlender Unterschiede. Hier wurde von einem Eindruck grundsätzlicher Annäherung berichtet, ohne dass diese Konvergenz näher an Beispielen festgemacht wurde. Dazu gehören Zitate wie das folgende eines Mitgliedes der CDU Berlin: „Der Trend geht nun mal leider dahin, alles weichzuspülen, und rund zu lutschen, damit es ja keine Ecken gibt". „Politik", so fährt der junge Mann fort, „wird auch in Zukunft von Parteien gemacht werden – aber die Unterschiede zwischen den Parteien werden verwischen".

Tabelle 5: Ausprägungen der Kategorie „problematische Unterschiede"

Konvergenz Subkategorien	Zitate gesamt	Fälle gesamt	Fälle CDU	Fälle SPD
Konvergenz allgemein	5	10	4	6
Konvergenz Policies	12	9	5	4
Konvergenz Programme	5	5	1	4
Konvergenz sonstige	3	2	2	–

Quelle: Eigene Darstellung

Ferner fällt es den Mitgliedern beider Parteien vor allem schwer, Differenzen anhand unterschiedlicher Positionen in den *praktischen Politikfeldern* herzustellen. Ein Mitglied der SPD Brandenburg illustriert dieses Problem: „Das nun eine Ursula von der Leyen an der Stelle Elterngeld, eine SPD-Politik macht, ist für uns eigentlich ein riesiger Vorteil. Ist aber an der Stelle, wo es darum geht, Parteien zu unterscheiden, ein Riesenproblem. Weil das war immer ein SPD-Thema". Neben einem allgemeinen Konvergenzgefühl und schwieriger Unterscheidbarkeit in der praktischen Politik sind auch die *Programme* oft kaum hilfreich dabei, Unterschiede zu markieren. In dieser Unterkategorie sind SPD-Mitglieder überrepräsentiert. Ein Mitglied der hessischen SPD kommt nach eingehender Lektüre des neuen Grundsatzprogramms zu dieser Einschätzung: „Die nähern sich an, die Programme. Also, wo siehst du da noch Unterschiede?" „Ich habe an der Umfrage teilgenommen", berichtet ein Berliner Sozialdemokrat. „Für das SPD-Programm. Das Programm ist weitgehend unpräzise. Es sind solche Sachen, wo jeder zustimmen kann. Allgemeinplätze. Und eigentlich muss ich sagen: Niveaulos wird sie. Plätschert so dahin, eine wie die andere. Die CDU kann das gleiche Programm genauso schreiben".

Wie Tabelle 5 zeigt, ist wahrgenommene Parteienkonvergenz keine Randerscheinung im qualitativen Sample. Alleine ein Drittel der befragten Mitglieder beider Parteien hat z.B. Schwierigkeiten, Differenzen zwischen beiden Parteien anhand distinkter politischer Problemlösungsstrategien herzustellen. In mindestens fünf Einzelfällen finden sich sowohl Anzeichen „genereller Diffusion der Unterschiede" wie auch Anzeichen von „Policy-Konvergenz". Das sind rund 20 Prozent der Befragten.

Parteien ohne Eigenschaften?

Das empirische Material lässt im Fall von wahrgenommener Parteienkonvergenz auch Rückschlüsse auf die Ursachenkomplexe zu. Recht deutlich wird die Liste potentieller Erklärungsfaktoren (1.) vom Problemkomplex „Kooperation und Kompromisse der Parteien im Rahmen der Großen Koalition" angeführt. So erklärt ein Mitglied der CDU Baden-Württemberg: „Also, ich denke, die Frage nach den Unterschieden wäre besser zu beantworten, wenn wir keine Große Koalition hätten. Während der Großen Koalition ist es klar, dass sich die Parteien in einer gewissen Form und Weise einander annähern müssen, um dann regierungsfähig zu sein. Nach außen wird sich das sicherlich so darstellen, dass ein gemeinsames Annähern der Parteien stattfindet". Insgesamt referieren 15 Zitate auf diesen Faktor. Diese Zitate stammen insgesamt von zehn unterschiedlichen Fällen. Drei dieser Fälle sind Mitglieder der SPD, sieben Mitglieder der CDU. Rund 40 Prozent der Befragten sehen die Annäherung der Parteien mehr oder weniger als Effekt der Großen Koalition.

Berichtet wird weiterhin aber auch (2.) von einer wahrgenommenen „Angst" der Parteien und ihrer führenden Vertreter, „sich festzulegen", „genaue Positionen zu beziehen" und „Zuspitzungen zuzulassen". Diese Einschätzungen betreffen weniger die konkreten politischen Problemlösungsstrategien der Parteien in Regierungsverantwortung, als das alltägliche Kommunikationsverhalten ihrer führenden Repräsentanten. Dies kann neben der Großen Koalition – als vielleicht temporären Faktor – auf den eher „strukturellen" Faktor des Parteienwettbewerbs verweisen (vgl. Kapitel 6). Auf einem Wählermarkt, der sich vor allem durch eine Erosion tradierter Bindungen und elektoraler Volatilität kennzeichnet, kann es sich für etablierte Parteien als sinnvolle Strategie erweisen, auf eine polarisierende Kommunikation zu verzichten. Das nimmt die Basis wahr. Demnach bemerkt ein Mitglied der SPD Berlin: „Aber es ist natürlich schon richtig, dass man nicht zu sehr zuspitzen darf. Weil dann sicherlich, die Gefahr besteht, dass man eine wichtige, große Gruppe der Gesellschaft verstößt. Gerade wenn gewählt wird".

Ferner ist (3.) die allgemeine Vielfalt politischer Informationen im Alltagsleben vieler Mitglieder zu einem Hindernis geworden: „Es wird zunehmend komplexer und komplizierter in unserer Welt, solche Probleme wirklich zu analysieren. Das muss nicht nur damit zusammenhängen, dass die Probleme tatsächlich komplizierter sind, sondern das hat in meinen Augen was damit zu tun, dass wir mit sehr, sehr viel mehr Informationen zugebrettert und geschüttet werden und zunächst mal auch sortieren müssen. Und dass man dann abschichten muss", gibt ein CDU-Mitglied aus Baden-Württemberg zu Protokoll. Sein Fazit: „Ich denke, es ist einfach schwieriger heute, es erfordert mehr Aufwand, die Unterschiede zu erkennen".

Aufschlussreich ist (4.) noch der letzte Faktor „Informationsdefizite". Auf die Frage, warum es so schwer ist, die Unterschiede zwischen den Parteien zu erkennen, geht es nicht nur um „Makrofaktoren" wie die Sichtbarkeit von Parteieffekten in der Großen Koalition oder vage formulierte Programmschriften, sondern auch um persönliche Defizite. Es geht z.B. um einen Mangel an spezifischem *Wissen*. Dieses Wissen kann bei der Konstruktion von Unterschieden sehr wichtig sein und z.B. durch eine Arbeit im politiknahen Bereich generiert werden. „Ja. Ich bin da super-privilegiert", verdeutlicht ein Mitglied der SPD Berlin, das hauptberuflich im Deutschen Bundestag arbeitet. „Weil ich mich täglich damit auseinander setze und das auch kann. Auch beruflich, ja. Ich bin mir deswegen auch manchmal nicht sicher, ob ich dann zu viel von den Leuten verlange, wenn ich sage, jeder müsste die Unterschiede erkennen können". Entsprechend verdichtet sich im empirischen Datenmaterial der Eindruck, dass insbesondere jene Mitglieder Erfolg bei der Konstruktion von Unterschieden haben, die entweder beruflich im politischen Bereich arbeiten oder (oft begleitend) wissensintensive Ehrenämter innerhalb der Partei ausfüllen.

5.2 Diffusion organisationaler Identität, Engagement und Identifikation

Das Erkenntnisinteresse des vorliegenden Projektes zielt nicht nur darauf ab, Ausprägungen von Identitätsdiffusion zu rekonstruieren, so wie sie im vorangegangenen Abschnitt beschrieben worden sind. Wenn möglich soll auch die Frage einer Klärung zugeführt werden, ob Diffusion organisationaler Identität Auswirkungen auf das Denken, Handeln und Fühlen der Mitglieder im Allgemeinen hat – auf Engagement und Identifikation im Besonderen. Damit sind Kausalitäten angesprochen. Quantitativen Forschungsanlagen steht dafür z.B. die Technik der Faktorenanalyse zur Verfügung. Aber auch im Rahmen einer qualitativen kategoriellen Inhaltsanalyse lassen sich methodisch kontrolliert Verbindungen zwischen abhängigen und unabhängigen Variablen herstellen. Im vorliegenden Projekt wurde das generierte Datenmaterial nach Textstellen abgesucht, in denen die *Befragten selbst* eine sinnhafte Kausalverbindung herstellen. Entsprechend wurden zunächst alle diese Textpassagen gesammelt, in denen sich die befragten Parteimitglieder kommentierend auf die im letzten Abschnitt beschriebenen Ausprägungen von Identitätsdiffusion beziehen. Diese Kommentare wurden im Rahmen der kategoriellen Inhaltsanalyse weiter ausdifferenziert und unter Berücksichtigung der Fragestellung und auf der Basis des vorgefundenen Materials in drei Gruppen eingeteilt: „neutral/indifferent", „negativ allgemein" sowie „negativ persönlich". In der ersten Kategorie fanden solche Zitate Platz, in denen die jeweiligen Ausprägungen von Identitätsdiffusion zwar dezidiert kommentiert wurden, aber diese Kommentare nicht negativ waren (Kodierbeispiel: „Freilich unterscheiden sich die Parteien nicht mehr großartig, aber wenn ich von mir spreche, ist das auch kein großes Problem"). In Kategorie zwei fielen Passagen, in denen fallspezifische Ausprägungen von Identitätsdiffusion negativ bewertet wurden, ohne dass in der Textpassage allerdings ein Bezug zur kom-

Parteien ohne Eigenschaften? 147

mentierenden Person zu erkennen war (Kodierbeispiel: „Natürlich gibt es diese Widersprüche. Und für die Parteien an sich ist das nicht gut"). Die dritte Kategorie bezeichnet negative Bewertungen mit erkennbaren Bezug zur eigenen Person (Kodierbeispiel: „Wenn ich die SPD nicht mehr von der CDU unterscheiden kann, ist das schon ein Problem für mich").

Aber zunächst wurden auch hier wieder alle Zitate, die sich kommentierend auf eine der Dimensionen von Identitätsdiffusion bezogen, nach der Gesamtanzahl in eine Reihenfolge gebracht. Tabelle 6 macht deutlich, dass die Identitätsdimensionen der Unterscheidbarkeit und Kohärenz nicht nur grundsätzlich am stärksten im empirischen Material verankert sind. Widersprüche und Konvergenzen erfahren auch die meisten (negativen) Bewertungen. Ein Viertel der Gesprächspartner z.B. bewertet das Annähern der Parteien respektive Widersprüche im Parteibild negativ. Ebenso wie im letzten Abschnitt sollen die beiden im Material besonders dominanten Ebenen kurz skizziert werden.

Tabelle 6: Neutrale oder negative Bewertungen Diffusion organisationaler Identität

Bewertungen Diffusion	Zitate gesamt	Fälle gesamt	Fälle CDU	Fälle SPD
Konvergenz gesamt	19	7	4	3
Widersprüche gesamt	12	7	4	3
[Diffusion mehrdeutig gesamt]	8	4	3	1
Kontinuität gesamt	7	5	2	3

Quelle: Eigene Darstellung

Negative Bewertungen seitens der Mitglieder wurden im Kontext aller drei im empirischen Material dominierenden Ausprägungen problematischer Unterscheidbarkeit vorgenommen. Die meisten Zitate beziehen sich auf das allgemeine Gefühl mangelnder Unterscheidbarkeit. Hier zeigen sich zunächst generell negative Bewertungen. So sei das Problem mangelnder Unterscheidbarkeit vor allem ein „Problem für die jüngeren Mitglieder und Wähler", wie ein Mitglied der SPD Hessen anmerkt. Für ein Mitglied der CDU Berlin hingegen wirkt sich das Problem allgemeiner Parteienkonvergenz „vor allem auf die Mitglieder konservativer Parteien aus".

Tabelle 7: Neutrale und negative Bewertungen „problematische Unterschiede"

Bewertungen Konvergenz	„neutral"	„negativ allgemein"	„negativ persönlich"
Konvergenz allgemein	Zwei Fälle [Zwei Zitate]	Drei Fälle [Drei Zitate]	Fünf Fälle [Sieben Zitate]
Konvergenz Policies	Ein Fall [Ein Zitat]	Drei Fälle [Vier Zitate]	Ein Fall [Drei Zitate]
Konvergenz Programme	–	Ein Fall [Ein Zitat]	Ein Fall [Ein Zitat]

Quelle: Eigene Darstellung

Hinsichtlich der Fragestellung wichtig aber sind die Einzelfälle der zweiten und dritten Kategorie. Hier zeigt sich zum einen ein *Zusammenhang zwischen Identitätsdiffusion in Gestalt problematischer Unterscheidbarkeit und Identifikation*. So erzählt ein CDU-Mitglied aus Berlin: „Wobei die Parteien wirklich nicht gut beraten sind damit, alle Unterschiede aufzuwischen und jedem entgegenzukommen. Je klarer das Profil, die Unterscheidung, ist, umso besser wird es zumindest bei mir mit der Identifikation mit dieser Partei sein".

Es finden sich zum anderen auch Textpassagen, die auf einen *Zusammenhang zwischen Identitätsdiffusion in der Gestalt problematischer Unterscheidbarkeit und der Motivation, sich mittelfristig für die Partei einzusetzen*, hindeuten. In diesem Zusammenhang ist z.B. eine Textzeile aus dem Gespräch mit einem CDU-Mitglied aus Berlin aufschlussreich: „Da ist keine Unterscheidbarkeit mehr und somit totale Frustration, da nehme ich mich nicht aus, und da dürfen wir nicht hinkommen".

Die in diesen Zitaten Gestalt annehmende Hypothese von den negativen Auswirkungen wahrgenommener Konvergenz auf Identifikation und Engagement wird erhärtet, wenn man sich die betroffenen Einzelfälle etwas genauer anschaut. In *allen* der insgesamt sechs Fälle, die Konvergenz negativ mit Bezug auf die eigene Person bewerten, ist auch das Engagement und/oder die Identifikation mit der eigenen Partei „negativ ausgeprägt". Mit anderen Worten: Alle befragten Parteimitglieder, die Probleme haben mit der Konstruktion von Differenz zwischen den Parteien (und dies negativ bewerten), haben auch Probleme, sich in der Partei zu engagieren bzw. Probleme, sich uneingeschränkt mit der eigenen Partei zu identifizieren. Und das wären immerhin knapp 25 Prozent der Befragten. In Tabelle 8 werden die entsprechenden sechs Fälle in einer Übersicht dargestellt.

Parteien ohne Eigenschaften? 149

Tabelle 8: Konvergenz, Engagement und Identifikation in Einzelfällen

Konvergenz, Engagement und Identifikation	Fall 1 (CDU)	Fall 2 (CDU)	Fall 3 (SPD)	Fall 4 (SPD)	Fall 5 (SPD)	Fall 6 SPD)
Anteil Engagement an Freizeit derzeit nicht vorhanden		◻				
Anteil Engagement an Freizeit in letzter Zeit rückläufig	◻				◻	◻
Anteil Engagement an Freizeit Prognose Zukunft rückläufig		◻		◻	◻	◻
Motivation Engagement nicht vorhanden, sehr ambivalent, oder rückläufig	◻					
Identifikation mit der eigenen Partei nicht vorhanden, sehr ambivalent oder abnehmend	◻		◻			

Quelle: Eigene Darstellung

Auch die Widersprüche im Bild von der eigenen Partei werden nicht nur formuliert, sondern kommentiert. Im Vergleich zur Kategorie „problematische Unterscheidbarkeit" fällt zum einen auf, dass hier mehr Fälle vertreten sind, die fallspezifische Ausprägungen problematischer Kohärenz eher neutral oder indifferent bewerten. „Tja, ich, ich akzeptiere das sozusagen, oder ich nehme das an und sage mir dann so halt, naja die guten Sachen überwiegen", sagt ein Mitglied der Berliner SPD. „Man diskutiert, und nachdem ich nun auch selber weiß, dass das so ist, dann darf man sich nicht zu sehr aufregen, und muss sehen: es ist eben so. Und zuckt die Schultern", ergänzt ein anderes Berliner SPD-Mitglied. Zum anderen zeigt sich, dass sich aus den Zitaten, in denen Widersprüche auch in Bezug auf die eigene Person negativ bewertet werden, zwar ebenso Sinnverbindungen zu Engagement und Identifikation abgeleitet werden können, dies aber im Einzelfall schwieriger ist.

6. Ausblick: Organisationale Identität als „Tacit Knowledge"

Nach ihrer vergleichenden Analyse von Parteiprogrammen und Policies kommen Miki Caul und Mark Gray (2000: 235f.) zu dem Schluss, dass „political parties across advanced industrial democracies increasingly find it difficult to maintain distinct identities (...). The absence of clear distinctions between party promises before elections and in party policies and outcomes after elections may greatly affect the way voters think about parties". Nach den bisher vorliegenden Erkenntnissen muss dieser Einschätzung zugestimmt werden – und das nicht nur in Bezug auf die Wähler, sondern auch auf die (aktiven) Mitglieder von Parteien. Das Forschungsprojekt zeigt, dass ein klares Profil der deutschen Großparteien in der Wahrnehmung ihrer Mitglieder alles andere als eine Selbstverständlichkeit ist.

Das hier als Leitidee genutzte Konzept der organisationalen Identität umfasst als Set unterschiedlicher und eigenständiger Ordnungsprinzipien nicht nur Unterscheidbarkeit. Dennoch ist die Identitätsdimension der Unterscheidbarkeit jene Dimension, die als Kategorie im empirischen Material am stärksten verankert ist. Zudem zeigt sich, dass von allen möglichen Ausprägungen organisationaler Identitätsdiffusion vor allem fehlende oder problematisch gewordene Unterscheidbarkeit eine Auswirkung hat auf die Identifikation eines Mitgliedes mit der eigenen Partei und seine Bereitschaft, sich für die Partei aktiv zu engagieren. Mit dieser Erkenntnis leistet das Projekt auch einen Beitrag zur Organisationsforschung, indem eine Hypothese unterstützt wird, die Jane Dutton et al. (1994: 239f.) bereits vor einigen Jahren aufgestellt haben: „The greater the distinctiveness of an organizational image relative to other organizations, the stronger a members organizational identification".

Für die Parteienforschung ergibt sich unter anderem die Notwendigkeit, den (empirischen) Forschungsfokus bei der Erörterung von Parteienkonvergenz nicht nur auf die Analyse von Programmen zu beschränken, sondern dezidiert auf die zentralen Bezugsgruppen der Parteien – Wähler *und* Mitglieder – auszuweiten. Und dies auch, um einen sich hier andeutenden Widerspruch in Angriff zu nehmen, von dem bereits Constantine Spiliotes und Lynn Vavreck (2002: 2) berichtet haben und der auch auf Deutschland zutrifft: Während der *Midterm Elections*, die 1998 in den Vereinigten Staaten stattfanden, gaben im Rahmen des *National Election Study Survey* rund 50 Prozent der Befragten an, keine Unterschiede zwischen den großen Parteien der USA erkennen zu können. Im gleichen Zeitraum zeigten Forschungsarbeiten zum Stimmverhalten im US-amerikanischen *House of Congress* eine Polarisierung der großen Parteien entlang zentraler Themenbereiche. Wie passt dies zusammen?

„Die Unterscheidbarkeit der großen Parteien wieder herzustellen, die Nivellierung, auf das sich niemand bei den Unterschieden zu sehr erschrecke, aufzugeben – das ist das Wichtigste, das am nächsten Liegende", schrieb Stephan-Andreas Casdorff vor einiger Zeit in einem Leitartikel des Berliner *Tagesspiegels*. Wie dies aber gelingen kann, bleibt weiter offen. Etablierte Parteien operieren in einem Feld institutioneller Rahmungen, die sich – unter „Identitätsgesichtspunkten" – schnell als Prokrustesbett erweisen können. Während z.B. auch das Wahlrecht Koalitionsbildungen fördert, die der Sichtbarkeit von Parteieffekten in der praktischen Politikgestaltung nicht dienlich

Parteien ohne Eigenschaften?

sind, setzt die Logik des Parteienwettbewerbs Anreize, beim Entwurf von Selbstbeschreibungen auf allzu deutliche Unterschiede zu verzichten. Dies dürfte insbesondere unter den Bedingungen zunehmender elektoraler Volatilität zutreffen, welche die stimmenmaximierende Parteien auf dem Wählermarkt heute mehr denn je verletzlich machen. Und in dieser Situation „of high vulnerability, established parties may be unwilling to take the risk of identifying clearly with policies and issues (...). In these situations, there is a strong incentive to define issues in such a way that no opposing sides are identifiable" (Bartolini 2002: 107).

Die Forschung zeigt aber auch, dass es sich bei Konvergenz nicht um Kausalautomatismen handelt, bei denen sich Annäherungen auf der Makroebene (auf der Ebene von Policies oder Programmen) zwangsläufig in der Wahrnehmung der Mitglieder niederschlagen. Innerhalb der qualitativen Stichprobe fanden sich Einzelfälle, die bei der Konstruktion von Differenz sehr wohl erfolgreich waren. Diese Fälle haben gemeinsam, dass alle betreffenden Mitglieder hauptberuflich mit Politik zu tun haben, ehrenamtlich auch öffentliche Ämter auf der kommunalen oder auf der Kreisebene ausfüllen (hier werden Unterschiede oft auf der Landes- oder kreispolitischen Ebene markiert), sowie dezidiert Parteiprogramme bzw. ähnliche Informationsangebote der Partei nutzen. Dazu sagt ein Mitglied der hessischen CDU: „Deshalb freut es mich, wenn ich einfach nur diese Zusammenfassungen bekomme. Es ist ja nicht so, dass ich nicht gerne lese, nur: es ist schwierig für mich den Überblick zu behalten, da schaue ich dann schon ganz gezielt. Wo habe ich jetzt diesen Zehn-Punkte-Plan. So etwas finde ich genial. Für mich gehört sowas als Plakat gedruckt und in den Schaukasten gehangen. Ja! Das wäre etwas, wo man sagen könnte: Das sind wir, da gibt es Unterschiede, doch! Das könnte man auch mal klarmachen". So können Programme als Orientierungsquellen bei der individuellen Konstruktion organisationaler Identität durch die Mitglieder nützlich sein. Allerdings müssen Parteien dafür sorgen, dass Grundsatzprogrammdiskussionen von der Basis besser angenommen werden. Viele der befragten Mitglieder haben das Procedere der Programmfindung kritisch bewertet.

Im Fokus auf (problematische) Differenz dürfen andere Dimensionen organisationaler Identität – z.B. Zentralität – nicht vergessen werden. Wie die bisherigen Ausführungen gezeigt haben, können zugeordnete zentrale Merkmale im Widerspruch stehen zu dem, was die Partei im politischen Alltag macht. Auch kann das Problem bestehen, dass sich Kerninhalte der eigenen Partei kaum noch von den entsprechenden, vergleichbaren Merkmalen anderer Parteien unterscheiden. Wahrscheinlich ist ferner auch, dass Mitglieder der CDU und SPD *überhaupt* Probleme damit haben, in Bezug auf die eigene Partei zu benennen, was zentrale Eigenschaften, also die „Essenz" aus ihrer Sicht ausmacht. Grundsätzlich lässt das empirische Datenmaterial zumindest den Schluss zu, dass sich Mitglieder beider Parteien einer unübersichtlichen und komplexen politischen Wirklichkeit konfrontiert sehen. Das betrifft auch und gerade die eigene Partei. Diese wirkt zwischen Gemeinderat und Europäischem Parlament auf allen politischen Ebenen. Die Anzahl der abgedeckten Politikfelder ist dabei ebenso groß wie sich die Agenda relevanter Probleme immer schneller ändert. Aber nicht nur das Nebeneinander vieler Akteure, Arenen, Politikfelder und medialer Vermittler macht die Komplexität aus. Hinzu kommt, dass diese Ebenen miteinander in Austauschbeziehungen verbunden sind. Ein SPD-Mitglied aus Brandenburg versucht, diese Problematik in Worte zu fassen: „Hinzu kommt also, dass Politik, bis herunter auf die kommunale Ebene, eine solche Komplexität erreicht hat, die für viele Konsumenten schwer zu erfassen ist. Und für Bürger, die sich bloß in Teilgebieten noch einbringen, für die nur noch das Teilgebiet voll erfassbar ist. Auch nicht mehr in der großen Spannbreite. Diese ganz extreme Spezialisierung, die Einzug gehalten hat, die macht so einer Volkspartei natürlich extrem zu schaffen. Eigentlich könnten wir für alles sein". In dieser vielschichtigen Realität wird die Frage danach, was die eigene Partei im Kern ausmacht, zu einem schwierigen Unterfangen: „Ja", berichtet ein CDU-Mitglied aus Berlin, „manchmal ist das in der Tat schwierig. Das herauszufiltern". „Ich glaube, im Moment ist es schwierig, dass definitiv und explizit zu sagen", ergänzt ein CDU-Mitglied aus Baden-Württemberg.

Der Aufsatz schließt mit einigen Anmerkungen zur Funktion organisationaler Identität. Jenseits von Fragen der Diffusion ergeben sich Anzeichen, dass organisationale Identität als Ordnungsvorstellung eine spezifische Wissensform (*Tacit Knowledge*) darstellt, die z.B. bei der Durchführung von Handlungen innerhalb der Partei sehr wichtig ist. Diese durch die soziologische Ethnomethodologie inspirierte Perspektive auf organisationaler Identität als handlungsorientierendem „Rahmen" wird auch in der Organisationsforschung vertreten (Golden-Biddle/Rao 2004). Mitgliederstudien (z.B. Heinrich/Lübker/Biehl 2002) haben nun in diesem Zusammenhang die Relevanz von Werten für Parteimitglieder gezeigt. Anscheinend aber zählt es in alltäglichen und wiederkehrenden Handlungskonstellationen (die befragten Mitglieder nennen hier z.B. Entscheidungssituationen im Lokalparlament oder die Kommunikation der Partei nach außen beim alltäglichen Canvassing) nicht nur, über eine Summe z.B. spezifischer Wertvorstellungen und Normen zu verfügen, die ein Mitglied mit der eigenen Partei assoziiert. Vielmehr kommt es darauf an, dass Werte, Normen und Zielvorstellungen in ein bestimmtes *Ordnungsverhältnis* gebracht werden können, bei dem eben Identitätsdimensionen wie Zentralität, Unterscheidbarkeit und Kohärenz eine wichtige Rolle spielen. So sprechen Mitglieder in den Gesprächen immer wieder von einer „inneren Ordnung", einem „Kompass" oder einer „inneren Landkarte". Diffundiert diese innere Ordnungsvorstellung, kann etwa, wie es ein CDU-Mitglied aus Berlin ausdrückt, „die Argumentationskraft, die man auch sich selbst gegenüber braucht, für die Motivation, und auch die Argumentationskraft, die man nach außen braucht, entscheidend geschwächt werden".

Parteien ohne Eigenschaften? 153

So gibt die Anwendung des Konstrukts organisationale Identität auf politische Parteien schließlich auch dazu Anlass, neu über die Voraussetzungen von Mitgliederengagement nachzudenken, dessen Analyse angesichts der Relevanz aktiver Parteiarbeit (Wiesendahl 2006: 80ff.) bei fortgesetztem Mitgliederrückgang (Niedermayer 2008) mehr denn je wichtig ist. Obwohl die Auseinandersetzung mit Mitgliederengagement zum Standardrepertoire der Parteienforschung gehört, wird der Forschungsstand in jüngerer Vergangenheit auch kritisch bewertet. So bezeichnet Oskar Niedermayer (2001: 297) die Informationsgrundlage über die „tatsächliche Motivstruktur" des Engagements von Parteimitgliedern immer noch als „sehr lückenhaft". Vielleicht hat diese Lücke auch mit einer hegemonialen Stellung bestimmter theoretischer Perspektiven in diesem Bereich zu tun. Arbeiten zu Parteimitgliedern und ihren Bindungsmotiven orientieren sich – wie die Parteienforschung insgesamt (Jun 2004b: 167ff.) – dicht am Konzept der *rationalen Wahl*. In den Arbeiten von Seyd und Whiteley (1992) etwa wird parteipolitisches Engagement als Handlungstypus konzipiert, bei dem spezifische *Kosten* (z.B. Verlust von Freizeit) instrumentelle sowie nicht-instrumentelle „*Nutzenvorteile*" gegenüberstehen.

Diese Perspektive hat sich freilich bewährt. Insgesamt besteht aber bei allzu starker Dominanz des *Rational Choice* Paradigmas die Gefahr, dass andere Einflussgrößen auf Engagement aus dem Blickfeld geraten, die sich nicht ohne weiteres mit einer Heuristik individueller Kosten-Nutzen-Kalkulationen erfassen lassen, aber durchaus auch Potential besitzen. Wie gezeigt werden sollte, kann organisationale Identität als gutes Beispiel für einen solchen Faktor dienen.

Literatur

Albert, Stuart/Whetten, David A. (2004): Organizational Identity, in: M. J. Hatch und M. Schultz, (Hrsg.), Organizational Identity. A Reader, Oxford: Oxford University Press, S. 89-118.
Alemann, Ulrich von (2003): Das Parteiensystem der Bundesrepublik Deutschland, Opladen: Leske + Budrich.
Alvesson, Mats (1994): Talking in Organizations. Managing Identity and Impressions in an Advertising Agency, in: Organization Studies 15. Jg. (4), S. 535-563.
Bartels, Jos et al. (2007): Multiple Organizational Identification Levels and the Impact of Perceived External Prestige and Communication Climate, in: Journal of Organizational Behavior 28. Jg. (2), S. 173-190.
Bartolini, Stefano (2002): Electoral and Party Competition. Analytical Dimensions and Empirical Problems, in: José R. Montero, Richard Gunther und Juan J. Linz (Hrsg.), Political Parties. Old Concepts and New Challenges, Oxford: Oxford University Press, S. 84-112.
Bell, Martin (2008): Weichgespült, verfärbt, verwaschen. Als Politikmarken unterscheiden sich etablierte Parteien kaum noch, in: Werben und Verkaufen 16. Jg. (14), S. 10-13.

Berg, Bruce (2007): Qualitative Research Methods for the Social Sciences, Boston: Pearson.
Beyme, Klaus von (2000): Parteien im Wandel. Von der Volkspartei zur professionalisierten Wählerpartei, Wiesbaden: Westdeutscher Verlag.
Bouchikhi, Hamid et al. (1998): The Identity of Organizations, in: David Whetten und Paul C. Godfrey (Hrsg.), Identity in Organizations. Building Theory through Conversation, London: Sage, S. 33-79.
Brubaker, Rodgers/Cooper, Frederick (2000): Beyond Identity, in: Theory and Society 29. Jg. (1), S. 1-47.
Budge, Ian/Robertson, David/Hearl, Derek (1987): Ideology, Strategy and Party Change. Spatial Analysis of Post-War Election Programs in 19 Democracies, Cambridge: Cambridge University Press.
Bukow, Sebastian/Rammelt, Stephan (2003): Parteimanagement vor neuen Herausforderungen. Die Notwendigkeit strategischer Steuerung sowie Anforderungen an parteiinterne Organisation und externe Kommunikation für moderne Regierungsparteien am Beispiel der Grünen, Münster: Lit.
Burkhardt, Benjamin (2005): Joschka Fischer spielt Uncle Sam. Bemerkungen zum unübersehbaren Identitätswandel der Grünen, in: Wilhelm Hofmann und Franz Lesske (Hrsg.), Politische Identität visuell, Münster: Lit, S. 65-86.
Caramani, Daniele/Hug, Simon (1998): The Literature on European Parties and Party Systems since 1945. A Quantitative Analysis, in: European Journal of Political Research 33. Jg. (4), S. 497-524.
Casdorff, Stephan-Andreas (2005): Links zu sein bedarf es wenig, in: Der Tagesspiegel vom 23.06.2005, S. 1.
Castells, Manuel (2002): Die Macht der Identität, Opladen: Leske + Budrich.
Caul, Miki/Gray, Mark M. (2000): From Platform Declarations to Policy Outcomes. Changing Party Profiles and Partisan Influence over Policy, in: Russell J. Dalton und Martin P. Wattenberg (Hrsg.), Parties without Partisans. Political Change in Advanced Industrial Democracies, Oxford: Oxford University Press, S. 208-237.
Cheney, George/Christensen, Lars Thøger (2001): Organizational Identity. Linkages between 'Internal' and 'External' Organizational Communication, in: Frederic M. Jablin und Linda L. Putnam (Hrsg.), The New Handbook of Organizational Communication, London: Sage, S. 231-269.
Chrein, Samia (2003): Reducing Dissonance. Closing the Gap Between Projected and Attributed Identity, in: Bertrand Moingeon und Guillaume Soenen (Hrsg.), Corporate and Organizational Identities. Integrating Strategy, Marketing, Communication and Organizational Perspectives, London: Routledge, S. 115-130.
Cole, Michael S./Bruch, Heike (2006): Organizational Identity Strength, Identification and Commitment and their Relationships to Turnover Intention. Does Organizational Hierarchy Matter?, in: Journal of Organizational Behavior 27. Jg. (6), S. 585-605.
Czarniawska, Barbara (1997): Narrating the Organization. Dramas of Institutional Identity, Chicago: The University of Chicago Press.
Downs, Anthony (1957): An Economic Theory of Democracy, New York: Harper and Row.
Dukerich, Janet M./Golden, Brian/Shortell, Stephen (2002): Beauty is in the Eye of the Beholder. The Impact of Organizational Identification, Identity and Image on the Cooperative Behaviors of Physicians, in: Administrative Science Quarterly 47. Jg. (3), S. 507-533.

Dutton, Jane E. et al. (1994): Organizational Images and Member Identification, in: Administrative Science Quarterly 39. Jg. (2), S. 239-263.
Elsbach, Kim/Kramer, Roderick (1996): Members' Responses to Organizational Identity Threats. Encountering and Countering the Business Week Ratings, in: Administrative Science Quarterly 41. Jg. (2), S. 442-476.
Fahrenholz, Peter (2008): Die CSU in der Identitätskrise. Die Hypothek der Zweidrittel-Jahre, unter: http://www.sueddeutsche.de/bayern/artikel/172/186583/.
Falkner, Thomas (2000): Parteienidentität zwischen Fremdzuweisung und Selbstintention, in: Michael Brie und Rudolf Woderich (Hrsg.), Die PDS im Parteiensystem, Berlin: Dietz, S. 229-238.
Foreman, Peter/Whetten, David A. (2002): Members' Identification with Multiple-Identity Organizations, in: Organization Science 13. Jg. (6), S. 618-635.
Ginzel, Linda/Kramer, Roderick/Sutton, Robert (2004): Organizational Impression Management as a Reciprocal Influence Process. The Neglected Role of the Organizational Audience, in: Mary Jo Hatch und Majken Schultz (Hrsg.), Organizational Identity. A Reader, Oxford: Oxford University Press, S. 223-261.
Gioia, Dennis A./Schultz, Majken/Corley, Kevin G. (2000): Organizational Identity, Image and Adaptive Instability, in: Academy of Management Review 25. Jg. (1), S. 63-81.
Golden-Biddle, Karen/Rao, Hayagreeva (2004): Breaches in the Boardroom. Organizational Identity and Conflicts of Commitment in a Nonprofit Organization, in: Mary Jo Hatch und Majken Schultz (Hrsg.), Organizational Identity. A Reader, Oxford: Oxford University Press, S. 313-345.
Goot, Murray (2002): Party Convergence, again. Refereed paper presented to the Jubilee conference of the Australasian Political Studies Association, Canberra: Australian National University.
Goot, Murray (2004): Party convergence reconsidered, in: Australian Journal of Political Science 39. Jg. (1), S. 49-73.
Hatch, Mary Jo/Schultz, Majken (2000): Scaling the Tower of Babel. Relational Differences between Identity, Image and Culture in Organizations, in: Majken Schultz, Mary Jo Hatch und Michael D. Larsen (Hrsg.), The Expressive Organization. Linking Identity, Reputation and the Corporate Brand, Oxford: Oxford University Press, S. 12-35.
Hatch, Mary Jo/Schultz, Majken (2004): The Dynamics of Organizational Identity, in: Dies. (Hrsg.), Organizational Identity. A Reader, Oxford: Oxford University Press, S. 377-403.
Heinrich, Roberto/Lübker, Malte/Biehl, Heiko (2002): Parteimitglieder im Vergleich. Partizipation und Repräsentation. Kurzfassung des Abschlussberichts zum gleichnamigen DFG-Projekt, Potsdam: Universität Potsdam.
Hettlage, Robert (1997): Identitätsmanagement. Soziale Konstruktionsvorgänge zwischen Rahmung und Brechung, in: Welttrends 5. Jg. (15), S. 7-23.
Hindmoor, Andrew (2004): New Labour at the Centre. Constructing Political Space, Oxford: Oxford University Press.
Holloway, Immy/Wheeler, Stephanie (1997): Qualitative Pflegeforschung. Grundlagen qualitativer Ansätze in der Pflege, Wiesbaden: Ullstein Medical.
Ishiyama, John/Shafqat, Sahar (2000): Party Identity Change in Post Communist Politics. The Cases of the Successor Parties in Hungary, Poland and Russia, in: Communist and Post Communist Studies 33. Jg. (4), S. 439-455.

Jaeger, Urs/Mitterlechner, Matthias (2005): Identity shifts in multiple identity organizations, unter: http://www.cse.unisg.ch/download.php?file_id=245.
Janda, Kenneth et al. (1995): Changes in Party Identity. Evidence from Party Manifestos, in: Party Politics 1. Jg. (2), S. 171-196.
Jun, Uwe (2004a): Sozialdemokratie in der Krise. Die SPD auf der Suche nach einer neuen Identität, in: Gesellschaft – Wirtschaft – Politik 53. Jg. (3), S. 325-340.
Jun, Uwe (2004b): Parteien und Parteiensystem, in: Ludger Helms und Uwe Jun (Hrsg.), Politische Theorie und Regierungslehre. Eine Einführung in die politikwissenschaftliche Institutionenforschung, Frankfurt am Main: Campus, S. 163-193.
Kelle, Udo/Kluge, Susann (1999). Vom Einzelfall zum Typus. Fallvergleich und Fallkontrastierung in der qualitativen Sozialforschung, Opladen: Leske + Budrich.
Kirchheimer, Otto (1964): Politik und Verfassung, Frankfurt am Main: Suhrkamp.
Klingemann, Hans-Dieter/Volkens, Andrea (2001): Struktur und Entwicklung von Wahlprogrammen in der Bundesrepublik Deutschland 1949-1998, in: Oscar W. Gabriel, Oskar Niedermayer und Richard Stöss (Hrsg.), Parteiendemokratie in Deutschland, Bonn: Bundeszentrale für Politische Bildung, S. 507-527.
Kluge, Susann (2000): Empirisch begründete Typenbildung in der qualitativen Sozialforschung, in: FQS – Forum Qualitative Sozialforschung 1. Jg. (1), unter: http://www.qualitative-research.net/index.php/fqs/article/view/1124/2498.
Korte, Karl-Rudolf (2003): The Party System in Germany and Party Fragmentation in the European Union, in: Ajay K. Mehra, D. D. Khanna und Gert W. Kueck (Hrsg.), Political Parties and Party Systems, New Delhi: Sage, S. 100-128.
Kreiner, Glenn E./Ashforth, Blake (2004): Evidence Toward an Expanded Model of Organizational Identification, in: Journal of Organizational Behavior 25. Jg., S. 1-27.
Kromrey, Helmut (1995): Empirische Sozialforschung. Modelle und Methoden der Datenerhebung und Datenauswertung, Opladen: Leske + Budrich.
Kuppe, Johannes L. (2004): Verschieden, aber nicht zu unterscheiden. Müssen und können sich die politischen Parteien in Deutschland noch voneinander abgrenzen?, unter: http://www.das-parlament.de/2004/31-32/thema/002.html.
Marotzki, Winfried (2003): Leitfadeninterviews, in: Ralf Bohnsack, Winfried Marotzki und Michael Meuser (Hrsg.), Hauptbegriffe qualitativer Sozialforschung. Ein Wörterbuch, Opladen: Leske + Budrich, S. 114.
Niedermayer, Oskar (2001): Beweggründe des Engagements in politischen Parteien, in: Oscar W. Gabriel, Oskar Niedermayer und Richard Stöss (Hrsg.), Parteiendemokratie in Deutschland, Bonn: Bundeszentrale für Politische Bildung, S. 297-312.
Niedermayer, Oskar (2008): Parteimitglieder in Deutschland: Version 2008. Arbeitshefte aus dem Otto-Stammer-Zentrum, Nr. 13, Berlin, Freie Universität Berlin 2008, unter: http://www.polwiss.fu-berlin.de/osz/dokumente/PDF/AHOSZ13.pdf.
Nn (2008): Union in der Identitätskrise, unter: http://www.spiegel.de/politik/deutschland/0,1518,532451,00.html.
Pratt, Michael G./Foreman, Peter O. (2000): Classifying Managerial Responses to Multiple Organizational Identities, in: Academy of Management Review 25. Jg. (1), S. 18-42.
Poguntke, Thomas (2003): International vergleichende Parteienforschung, Keele European Parties Research Unit (KEPRU) Working Paper 17, unter: http://209.85.129.132/search?q=cache:4TysuaikPEAJ:www.keele.ac.uk/depts/spire/research/KEPRU/Working_Papers/KEPRU%2520Paper17.doc+Poguntke,+Thomas+(2003):

Parteien ohne Eigenschaften? 157

+International+vergleichende+Parteienforschung,&hl=de&ct=clnk&cd=1&gl=de
&lr=lang_de|lang_en|lang_fr.
Punch, Keith F. (2005): Introduction to Social Research, London: Sage.
Reichart-Dreyer, Ingrid (2002): CDU – Kräfte sammeln in der Opposition. Die Union auf der Suche nach Identität und Profil, in: Tilman Mayer und Reinhard Meier-Walser (Hrsg.), Kampf um die politische Mitte. Politische Kultur und Parteiensystem seit 1998, München: Hanns-Seidel-Stiftung, S. 75-91.
Reese-Schäfer, Walter (1999) (Hrsg.): Der Diskurs der Identitätsforschung, Opladen: Leske + Budrich.
Schmidt, Manfred G. (2001): Parteien und Staatstätigkeit. Parteiendemokratie in Deutschland, in: Oscar W. Gabriel, Oskar Niedermayer und Richard Stöss (Hrsg.), Parteiendemokratie in Deutschland, Bonn: Bundeszentrale für Politische Bildung, S. 528-550.
Schmitter, Philippe C. (2001): Parties Are Not What They Once Were, in: Larry Diamond und Richard Gunther (Hrsg.), Political Parties and Democracy, Baltimore: The Johns Hopkins University Press, S. 67-89.
Schmitz, Stefan (2008): Was schert mich der Wählerwille?, unter: http://www.stern.de/politik/deutschland/617789.html.
Schnell, Rainer/Hill, Paul B./Esser, Elke (1995): Methoden der empirischen Sozialforschung, München: Oldenbourg.
Schuler, Katharina (2006): Identitätskrise. Wohin steuert die SPD?, unter: http://www.zeit.de/online/2006/03/Presseschau_Montag.
Scott, Susanne G./Lane, Viki R. (2000): A Stakeholder Approach to Organizational Identity, in: Academy of Management Review 25. Jg. (1), S. 43-62.
Seyd, Patrick/Whiteley, Paul F. (1992): Labour's Grass Roots. The Politics of Party Membership, Oxford: Clarendon.
Spiliotes, Constantine J./Vavreck, Lynn (2002): Campaign Advertising. Partisan Convergence or Divergence?, in: The Journal of Politics 64. Jg. (1), S. 249-261.
Stöss, Richard (2002): Macht und Identität. Das Dilemma der Bündnisgrünen vor der Bundestagswahl 2002. Festvortrag bei der Eröffnung des neuen Domizils des Archivs Grünes Gedächtnis Berlin am 31. Januar 2002, in: Stachlige Argumente 2. Jg., Nr. 134, unter: http://gruene-berlin.de/positionen/stach_arg/134/134-stoess.htm.
Strübing, Jörg (1997): Atlas/ti-Knvs. Einführung in das Arbeiten mit dem Programm Atlas/ti für Windows95-Versionen 4.0 und 4.1, Berlin: Freie Universität Berlin, Institut für Soziologie.
Tilly, Charles (2002): Stories, Identities and Political Change, Lanham: Rowman and Littlefield.
Tilly, Charles (2003): Political Identities in Changing Politics, in: Social Research 70. Jg. (2), S. 605-620.
Wattenberg, Martin (2002): Where Have all the Voters Gone? Cambridge/Ma.: Harvard University Press.
Wiesendahl, Elmar (2000): Identitätsauflösung. Anschlusssuche der Großparteien an die postindustrielle Gesellschaft, in: Robert Hettlage und Ludgera Vogt (Hrsg.), Identitäten in der modernen Welt, Wiesbaden: Westdeutscher Verlag, S. 275-295.
Wiesendahl, Elmar (2006): Partizipation in Parteien. Ein Auslaufmodell?, in: Beate Hoecker (Hrsg.), Politische Partizipation zwischen Konvention und Protest. Eine studienorientierte Einführung, Opladen: Barbara Budrich, S. 74-99.

Williams, Michelle Hale (2008): Kirchheimer Revisited. Party Polarization, Party Convergence or Party Decline in the German Party System, in: German Politics 17. Jg. (2), S. 105-123.

Viola Neu

Sozialstruktur und politische Orientierung der CDU-Mitglieder 1993-2006

1. Einleitung

Die „Partei, eine Bande von Eseln" schrieb im Jahr 1851 Friedrich Engels an Karl Marx (Marx/Engels 2006: 27, 190). Es handelt sich um ein sehr frühes Urteil über eine deutsche Partei, das im Lauf der Jahre nicht milder ausfiel. 1865 schrieb Engels wiederum an Marx: „daß die Herren vom ‚Social-Demokrat' wieder mit uns anbinden wollten, ist bezeichnend für das Lumpenpack. Halten jeden für ebensolchen Scheißkerl wie sie selbst." (Marx/Engels 2006: 31, 159). Wie diese Zitate illustrieren, standen Parteien schon immer im Focus der Kritik. Dies galt nicht nur für deren Repräsentanten, sondern auch immer für die Organisationsformen von politischen Parteien. In der Parteienforschung erfreut sich die These des Endes der Mitgliederparteien einer „großen Beliebtheit", wie es von Alemann/Spier (2008: 29) formulieren. Doch ist die These des Endes der Mitgliederparteien ebenso zu hinterfragen, wie die These des Endes der Volksparteien, die in den 1980er Jahren in vielen Publikationen der Parteienforschung populär war (Wildenmann 1989; Wiesendahl 1990).

Elmar Wiesendahl (2006) kritisiert das Untergangsmantra, das in der Parteienforschung weit verbreitet ist. Allein die Tatsache, dass vor allem die beiden Volksparteien etwa seit Beginn der 1980er Jahre in erheblichem Ausmaß Mitglieder verloren haben, ist wesentliches inhaltliches Standbein dieser Debatte. Dabei leiden die Parteien weniger an Austritten (sieht man von der Austrittswelle der SPD in Folge der Politik der Agenda 2010 einmal ab), denn an einem Mangel an Eintritten und dem Problem des Mitgliederverlustes durch Versterben. Auch die Repräsentationsdefizite von Parteien stellen kein neues Phänomen dar. Vor allem bei jüngeren Bürgern, Frauen, aber auch in der Gruppe der niedrig Gebildeten haben Parteien eine geringe Beteiligungsquote, was in der Forschung breit diskutiert wird (Wiesendahl 2006). Als eines der möglichen Ursachenbündel für die schwach ausgeprägte parteipolitische Partizipation wird neben dem geringen Interesse der Bürger an der Politik auch die Frage nach der Beziehung zwischen Bürgern und Parteien gestellt. Hier werden in zahlreichen Studien der Vertrauensschwund gegenüber den Parteien und die wachsende Parteienverdrossenheit thematisiert (Pickel/Walz 1998).

In etwa seit der Studie von Oskar Niedermayer (1989) hat sich die Analyse von Parteimitgliedern in Deutschland zu einem eigenen Forschungszweig

(Walter-Rogg/Gabriel 2004: 313) entwickelt, wobei die ersten bundesweiten repräsentativen Mitgliederstudien in den 1970er Jahren von Wolfgang Falke durchgeführt wurden. Seit der Potsdamer Mitgliederstudie (Heinrich/Lübker/Biehl 2002; Biehl 2005) liegen mittlerweile auch vergleichende repräsentative Arbeiten zu Parteimitgliedern auf Bundesebene vor.

2. Sozialstruktur der CDU-Mitglieder[1]

In einer Reihe von Untersuchungen (Heinrich/Lübker/Biehl 2000; Boll 2001; Biehl 2005; Gluchowski/Veen 1979) ist die Sozialstruktur von Parteimitgliedern – auch der CDU (Falke 1982; Bürklin/Neu/Veen 1997) – gut dokumen-

---

1 Die Konrad-Adenauer-Stiftung hat im Oktober 2006 insgesamt 25.000 CDU-Mitglieder schriftlich-standardisiert befragt. Die Feldzeit begann am 6. Oktober (Versand der Fragebögen) und endete am 12. Dezember 2006. Im November wurden alle Befragten ein zweites Mal angeschrieben. Die Ziehung erfolgte nach einer reinen Zufallsauswahl. Die Umfrage war absolut anonym. Es fand keinerlei Rücklaufkontrolle statt (bspw. durch nummerierte Fragebögen). Die Stichprobe war disproportional angelegt. 20.000 Fragebogen wurden in die alten Länder verschickt. 5.000 (20 Prozent) in die neuen Länder. Dies war nötig, um einen entsprechend großen Rücklauf aus den neuen Ländern zu erhalten, um eigene repräsentative Aussagen treffen zu können. Der Anteil der Mitglieder der neuen Länder an der Gesamtmitgliedschaft beträgt 9,5 Prozent (ca. 49.000). Insgesamt antworteten 7.307 CDU-Mitglieder. Dies entspricht einer Rücklaufquote von 29,9 Prozent. Der Rücklauf verteilt sich wie folgt: Von allen Fragebögen kamen 22,6 Prozent aus den neuen Ländern und 76,3 Prozent aus den alten Ländern (1,1 Prozent waren ohne Angabe). Bei Organisationsmitgliedern gilt eine durchschnittliche Rücklaufquote von 20 Prozent als empirisch ausreichend. Systematische Verzerrungen sind nicht aufgetreten. Die Umfrage kann vor diesem Hintergrund als repräsentativ bewertet werden. Die Angaben in der Mitgliederstatistik der CDU sind in drei Merkmalen belastbar: Alter und Geschlecht, da sie sich nach dem Eintritt nur schwerlich ändern lassen, sowie das Bundesland, in dem das Mitglied geführt wird. Alle anderen Merkmale weisen Probleme auf, da sie zum Zeitpunkt des Beitritts erhoben werden und sich im Zeitverlauf ändern können, ohne dass in Mitgliederkarteien (dies gilt für alle Parteien) entsprechende Änderungen vorgenommen werden. Somit ist die Struktur der Erwerbstätigkeit durch die Umfrage besser abgebildet als in der Mitgliederkartei. Daher wird die Güte der erhobenen Daten nur nach den „belastbaren" Merkmalen bewertet und die Umfrage nach Alter, Geschlecht und Bundesland gewichtet. Es zeigt sich, dass es zwischen den erhobenen Daten und der Mitgliederkartei bezogen auf das Alter nur geringe Abweichungen gibt, hinsichtlich des Geschlechts jedoch deutliche. Aufgrund der disproportionalen Stichprobe und der Überquote für die neuen Länder ergeben sich die Abweichungen in der Umfrage zur Mitgliederstatistik. Bereits in den Jahren 1977 und 1992/1993 hat die Konrad-Adenauer-Stiftung Umfragen unter CDU-Mitgliedern durchgeführt. Somit bot es sich für diese Studie an, Vergleiche und Trends zu den vorherigen Umfragen zu ermöglichen. Im Unterschied zu 1993 konnte allerdings keine repräsentative Bevölkerungsumfrage parallel zur Mitgliederumfrage durchgeführt werden. Daher können die Ergebnisse nicht in Relation zu den Wählern der CDU interpretiert werden. Rückschlüsse von Bedürfnissen der Mitglieder auf die Bevölkerung sind daher nicht möglich. Die Erfahrung mit den Ergebnissen von 1993 zeigt, dass sich zwischen den politischen Vorstellungen der Mitglieder und der Wähler Unterschiede feststellen lassen. Dieser Befund scheint – auch wenn wir dies nicht über eine eigene Bevölkerungsumfrage abgleichen können – sich zu bestätigen.

tiert. Trotz Unterschieden im Detail gibt es sozialstrukturelle Eigenschaften von Mitgliedern, die für alle Parteien typisch sind. Parteimitglieder haben ein überdurchschnittliches hohes Bildungsniveau, Beschäftigte im öffentlichen Dienst sind überrepräsentiert, jüngere Jahrgänge (unter 40jährige) sind unterrepräsentiert. Parteien haben zudem bei Frauen Mobilisierungsprobleme. In der Sozialforschung wird von der „Dominanz ressourcenstarker Bürger" gesprochen (Biehl 2005: 41). Demnach sind die Ressourcen Bildung (als intellektuelle Ressource), Zeit und Einkommen bestimmende Einflussfaktoren, die vor allem das Ausmaß und die Art und Weise der Teilnahme bestimmen (Verba/Nie/Kim 1978). Doch auch die Werte, Normen, Einstellungen und Haltungen – vermittelt durch Sozialisationserfahrungen – bestimmen die politische Partizipation (Lipset/Rokkan 1967). Darüber hinaus haben Kosten-Nutzen-Abwägungen einen Einfluss auf die Teilhabe (Whiteley/Seyd 1996).

Die Mitglieder der Parteien tragen dabei nach wie vor die sozialstrukturell sichtbaren Merkmale der alten gesellschaftlichen Konfliktlinien: Doch befinden sich diese historischen gewachsenen Cleavagelinien im Wandel. Die „Nivellierungstendenzen" (Gluchowski/Veen 1979; Gabriel/Niedermayer 2001) in der Wählerschaft finden auch ihre Entsprechung auf der Mitgliederebene. Es gibt zwar noch „typische" Sozialstrukturen: In der FDP hat der alte Mittelstand eine starke Stellung, die SPD hat einen (mittlerweile jedoch nur noch geringfügig) höheren Anteil an Arbeitern, und die Union hat einen hohen Anteil an kirchenverbundenen, vor allem katholischen Mitgliedern. Doch unterliegen Strukturen dem allgemeinen gesellschaftlichen Wandel. Mit der Erosion der traditionellen Milieus lösen sich auch die Parteien von diesen. Die Sozialstrukturen der Wähler und der Mitglieder gleichen sich einander an (Gluchowski/Graf/von Wilamowitz-Moellendorff 2001; Gabriel/Niedermayer 2001).

2.1 Alter und Geschlecht

Im Zeitverlauf[2] fällt zunächst die Verschiebung der Altersstruktur der CDU-Mitglieder auf. Der Anteil jüngerer Mitglieder ist seit 1993 zurückgegangen, der Anteil der über 60jährigen ist gestiegen. War 1993 etwa ein Drittel der CDU-Mitglieder über 60 Jahre alt, so ist es 2006 knapp die Hälfte. 1966 betrug der Anteil der über 56jährigen (Einteilung: bis 1910 geboren) 42 Prozent. In den 1970er Jahren war eine Verjüngung der Mitgliederstruktur zu beobachten. So betrug der Anteil der über 58jährigen (Geburtsjahrgänge bis 1920) nur noch 23 Prozent; 1982 der Anteil der über 62jährigen 18 Prozent. Ab etwa Mitte der 1980er Jahre setzt der Prozess des „Alterns" der Partei-

---

2 Sofern keine andere Quelle angegeben ist, beziehen sich alle vergleichenden Angaben auf die Mitgliederumfrage von 1992/1993, die von der Konrad-Adenauer-Stiftung durchgeführt wurde.

mitglieder ein. So betrug der Anteil über 60jähriger 1986 24 Prozent und 1990 29 Prozent (Handbuch 2005: 158).

Dieses Phänomen der Überalterung der Parteimitglieder betrifft jedoch nicht nur die CDU. Vielmehr zeigen sich bei allen Parteien Veränderungen der Altersstruktur. 2005 betrug der Anteil der über 60jährigen bei der PDS 70,5 Prozent. Die SPD hatte einen Anteil von 43,6 Prozent, die CSU von 41,5 Prozent und die FDP von 34 Prozent. Lediglich bei den Grünen könnte der Anteil an über 60jährigen mit geschätzten 10 Prozent unterdurchschnittlich sein (Niedermayer 2006). Etwa 25 Prozent der Bevölkerung sind derzeit über 60 Jahre alt.[3]

Der Frauenanteil in der CDU liegt konstant seit den 1990er Jahren bei etwa 25 Prozent. Im Vergleich zu den 1960er Jahren hat die CDU ihren Frauenanteil damit etwa verdoppelt (1962: 14,5 Prozent; Handbuch 2005: 144). Auch dies ist im Vergleich zu anderen Parteien nicht auffällig. So hat die SPD einen Frauenteil von ca. 30 Prozent, die FDP von ca. 23 Prozent und die CSU von ca. 18 Prozent. Bei den Grünen sind ca. 37 Prozent der Mitglieder Frauen. Der höchste Frauenanteil mit ca. 45 Prozent findet sich bei der Linkspartei.PDS. Somit haben selbst die Grünen, die als erste deutsche Partei paritätische Frauenquoten einführten und Frauenpolitik in das Zentrum ihrer Agenda stellten, in der Mitgliedschaft einen vergleichsweise geringen Frauenanteil.

Tabelle 1: Altersstruktur im Vergleich.

	2006	1993
Männer	75	75
Frauen	25	25
16-24 Jahre	2	2,0
25-29 Jahre	3	3,7
30-39 Jahre	10	12,2
40-49 Jahre	16	20,9
50-59 Jahre	21	29,2
60-69 Jahre	24	18,1
70 und älter	23	13,6

2006: Umfragedaten, gewichtet mit der Mitgliederstatistik; 1993: Mitgliederstatistik; Angaben in Prozent.
Quelle: Konrad-Adenauer-Stiftung, Politik und Beratung, Archiv-Nr.: 9202, 2006.

2.2 Konfession und christliche Werte

Insgesamt sind in der CDU die Katholiken im Vergleich zur Gesamtbevölkerung überrepräsentiert. Etwa die Hälfte der CDU-Mitglieder ist katholisch,

---
3 Eigene Berechnung, Statistisches Jahrbuch 2006.

ein Drittel ist evangelisch und ca. 17 Prozent sind konfessionslos oder gehören einer anderen Religion an. In der Bevölkerung zeigt sich hingegen eine andere Verteilung: Bundesweit bekennt sich etwa jeweils ein Drittel zu einer der beiden großen Konfessionen. Ein weiteres Drittel ist ohne Bekenntnis oder gehört einem anderen Glaubensbekenntnis an (Datenreport 2004: 184). Die Konfessionsstruktur der CDU weicht vor allem in den neuen Ländern stark vom Bevölkerungsdurchschnitt ab (Datenreport 2006: 184).[4] Während in den neuen Ländern ca. 6 Prozent dem katholischen und 38 Prozent dem evangelischen Glauben angehören, ist vor allem der Anteil der Katholiken unter den CDU-Mitgliedern überdurchschnittlich hoch (Deutsche Bischofskonferenz 2005; Evangelische Kirche in Deutschland 2004).[5] Überrepräsentiert sind auch Protestanten, während Konfessionslose deutlich unterrepräsentiert sind. Bei der Konfessionszugehörigkeit der CDU-Mitglieder ergeben sich im Vergleich zu 1993 nur geringe Veränderungen. So ist der Anteil der Katholiken in den neuen Ländern gestiegen und beträgt jetzt 23 Prozent (1993: 18 Prozent).

In der chronologischen Aufstellung von Oskar Niedermayer (2006) zeigen sich im Zeitverlauf von 1991 bis 2005 leichte Verschiebungen in der Zusammensetzung der Mitgliedschaft der CDU. Der Anteil der Katholiken ist nur geringfügig zurückgegangen (von ca. 52 auf 50 Prozent). Der Anteil der Protestanten ist um ca. 6 Punkte gesunken (von ca. 39 auf 33 Prozent). Zugenommen haben diejenigen, die keiner der beiden großen Konfessionen angehören: Von knapp 10 Prozent stellen sie heute etwa 17 Prozent der Mitglieder. Doch hat sich die Konfessionsstruktur der Partei seit den 1950er Jahren deutlich geändert. 1956 waren etwa 27 Prozent der CDU-Mitglieder evangelisch und 83 Prozent katholisch. Erst in den 1970er Jahren ist der Anteil der Protestanten angestiegen (nachdem er in den 1960er Jahren mit 22 Prozent 1966 den niedrigsten Wert erreichte). 1978 waren etwa ein Drittel der CDU-Mitglieder evangelisch, was sich seit dieser Zeit nur geringfügig verändert (Handbuch 2005: 188). Lediglich Anfang der 1990er Jahre (vermutlich durch die Mitglieder der CDU in den neuen Bundesländern) ist der Anteil der Protestanten für wenige Jahre angestiegen (Niedermayer 2006). Entsprechend der christlichen Verortung der CDU weichen die Mitglieder in ihrem religiösen Verhalten und ihren Einstellungen von der Bevölkerung ab. Nach den statistischen Angaben der katholischen und der evangelischen Kirche besuchen etwa 15 Prozent der Katholiken und rund 4 Prozent der Protestanten den Sonntagsgottesdienst (Datenreport 2006: 184).

Bei den CDU-Mitgliedern zeigt sich ein gegensätzliches Verhalten. Nur etwa jeder Fünfte in der CDU bleibt Gottesdiensten (eher) fern, rund die Hälfte geht zumindest gelegentlich in die Kirche und 21 Prozent in den neuen

---

4 Ca. 3,3 Millionen Menschen gehören dem Islam an; etwa 2 Millionen bekennen sich zu anderen christlichen Gemeinschaften.
5 Eigene Berechnung,

bzw. 28 Prozent in den alten Ländern besuchen mindestens einmal in der Woche einen Gottesdienst. Dabei zeigt sich in der Tendenz, dass der Anteil derjenigen Mitglieder, die keine Bindung an die Kirchen aufweisen, sowie diejenigen, die auch nicht die Kirchen besuchen, zurückgegangen ist. Während in der Bevölkerung gleichermaßen die Säkularisierung (Wolf 2007) fortschreitet, nimmt in der CDU im Aggregat die Bedeutung von Religion und Kirche zu. Dies ist jedoch ein altersabhängiger Effekt, der in den Durchschnittswerten nicht sichtbar ist. Von den jüngeren Jahrgängen geht ein gutes Drittel nicht mehr in die Kirche, bei den über 70jährigen sind es nur 15 Prozent, die nicht in die Kirche gehen. Somit spiegelt sich die gesamtgesellschaftliche Entwicklung in der CDU-Mitgliedschaft wider. Auch wenn die hier zitierten Daten (Wolf 2007) aufgrund unterschiedlicher Messinstrumente nicht direkt mit der Mitgliederumfrage vergleichbar sind, verdeutlichen sie, welche Entwicklung die Gesellschaft prägt. Es werden nur noch 16 Prozent der ab 1965 geborenen als Kernmitglieder den Kirchen zugerechnet; bei den Jahrgängen, die von 1919 bis 1932 geboren wurden, gelten 35 Prozent als Kernmitglieder, bei den Jahrgängen 1933-1945 27 Prozent und bei den 1946-1964 geborenen 19 Prozent. Somit setzt sich die Säkularisierung langsam, aber stetig fort. In der Tendenz kann man sagen, dass die Distanz zu den Kirchen zunimmt, je jünger die Menschen sind. Dieser Trend zeigt sich auch in der CDU-Mitgliedschaft.

Betrachtet man die CDU-Mitglieder auf der Basis der alten gesellschaftlichen Konfliktlinien[6] (cleavages), befinden sie sich eindeutig auf der Seite „Kirche". Dementsprechend hoch ist die Kirchenbindung. Knapp die Hälfte der Mitglieder fühlt sich den Kirchen stark verbunden. Damit korrespondiert, dass die Bindung an die Gewerkschaften, die die Konfliktlinie des „Kapitals" repräsentieren, in der CDU verhältnismäßig schwach ausgeprägt ist. Nach der Verbundenheit mit Gewerkschaften befragt, antworten 3 Prozent, sie fühlen sich stark verbunden, 21 Prozent sagen, sie seien etwas verbunden und 70 Prozent geben an, sie hätten überhaupt keine Bindung an die Gewerkschaften. Somit zeigt sich, dass die CDU-Mitglieder stark auf der konfessionell/ kirchlichen Linie verortet sind. Quantitativ ist deren Bedeutung in der Gesellschaft und somit für das Wahlverhalten deutlich gesunken. So wird die CDU zwar von ca. 75 Prozent der Katholiken mit häufigem Kirchgang gewählt. Dies entspricht allerdings etwa 5 Prozent der Wähler insgesamt.[7]

---

6   An gesellschaftlichen Konfliktlinien können Bündnisse zwischen gesellschaftlichen Großgruppen und Parteien entstehen (z.B. die Bindung der Arbeiterschaft/Gewerkschaften an die SPD und die Bindung der Christen/Kirchen an die CDU). Diese gesellschaftlichen Großgruppen sind durch die Sozial- und Wertstruktur miteinander verbunden. Doch ist das entscheidende, dass Parteien die Interessen vertreten und immer wieder aktualisieren. Abgekürzt werden diese Konfliktlinien z.B. mit den Begriffen Arbeit/Kapitel oder Staat/Kirche, Stadt/Land, Zentrum/Peripherie.

7   Eigene Berechnung auf der Basis der Wahltagsbefragung von Infratest dimap zur Bundestagswahl 2002. Für die Bundestagswahl 2005 wurden keine Angaben über Kirchgangshäufigkeit, Konfession und Wahlverhalten veröffentlicht.

Tabelle 2: Konfessionszugehörigkeit und Kirchgangsfrequenz.

	1993		2006	
	Alte Länder %	Neue Länder %	Alte Länder %	Neue Länder %
Evangelisch	34	62	35	57
Katholisch	58	18	57	23
Sonstige/keine	8	20	9	19
Kirchgangsfrequenz				
Häufig	34	16	28	21
gelegentlich	43	48	48	52
Selten/nie	23	36	20	24
Kirchenbindung				
Stark	38	37	50	46
Schwach	46	48	39	43
keine	13	14	6	6

(Häufig: bis einmal die Woche; gelegentlich bis mehrmals im Jahr, selten: einmal im Jahr und seltener) fehlende Werte zu 100 Prozent: keine Angabe.
Quelle: Konrad-Adenauer-Stiftung, Politik und Beratung, Archiv-Nr.: 9202, 2006.

Aufgrund der hohen konfessionellen Gebundenheit, genießen christliche Werte und Religion bei den Mitgliedern einen sehr hohen Stellenwert. Das „C" könnte man dabei in der Mitgliedschaft mit dem Begriff „Markenkern" beschreiben. So findet die Aussage, dass das „C" in der CDU ein Relikt aus alten Zeiten sei, noch nicht einmal bei jedem Fünften Mitglied Zustimmung. Die individuelle Bedeutung der Religion ist in der CDU im Vergleich zu 1993 sogar noch größer geworden. Sagten 1993 54 Prozent in den neuen und 61 Prozent in den alten Ländern, Religion sei für sie der tragende Grund ihres Lebens, so ist das Zustimmungsniveau in Ost und West 2006 um ca. 10 Punkte gestiegen, was auf die Altersstruktur zurückgeführt werden kann. Dabei zeigt sich, dass das „C" durchaus eine Klammer zwischen den alten und den neuen Ländern bildet, da eine erstaunlich hohe Übereinstimmung in den religiösen Werten und Einstellungen besteht.

Tabelle 3: Einstellungen zur Religion.

	2006	
	West	Ost
Das „C" in der CDU ist ein Relikt aus alten Zeiten. Darauf könnte die Partei verzichten.	19	15
Religion ist für mich der tragende Grund meines Lebens.	70 (61)	64 (54)

Zahlen in Klammer: 1993, Wiedergegeben sind die Positionen „stimme voll und ganz zu" und „stimme eher zu" auf einer vierstufigen verbalisierten Skala. Angaben in Prozent.
Quelle: Konrad-Adenauer-Stiftung, Politik und Beratung, Archiv-Nr.: 2006.

2.3 Beruf und Bildung

Vergleichende Mitgliederumfragen aller Bundestagsparteien haben in den letzten Jahren einen wesentlichen Befund weiter gestützt: Es gibt eine deutliche Nivellierung der Sozialstrukturen der Parteien, d.h. die Sozialprofile der Mitglieder von Parteien ähneln sich erheblich. Wie bereits erwähnt, sind in den Parteien vor allem „ressourcenstarke" Bürger aktiv, also solche Bürger, die einen gehobenen sozialen Status und ein höheres sozioökonomisches Niveau haben. Dabei lösen sich die Parteien langsam von ihren traditionellen sozialen Milieus (Gluchowski/Veen 1979, Gabriel/Niedermayer 2001).[8] In der CDU spiegelt sich dies in den Veränderungen der Mitgliedschaft[9] wider. 1966 betrug der Anteil der Selbständigen noch 30 Prozent, 1990 23 Prozent (Handbuch 2005: 214) und 2006 14 Prozent. Parallel vollzog sich der Aufstieg der Angestellten, deren Anteil sich von 1966 (21 Prozent) auf 29 Prozent 1990 ausweitete. Insgesamt hat sich der Anteil von Beamten und Angestellten seit den 1960er Jahren bis heute verdoppelt: Gehörten 1966 etwa ein Drittel der Mitglieder der CDU den Berufsgruppen Angestellte/Beamte an, so waren es 40 Jahre später zwei Drittel (Handbuch 2005: 214). Parallel ist der Anteil der Selbständigen innerhalb der Zeitspanne halbiert. Noch stärker ging der Anteil der Arbeiter zurück: von 21 Prozent 1966 auf 6 Prozent 2006 zurückgegangen.

Angestellte[10] und Beamte, die Aufgaben übernehmen, die dem gehobenen oder dem höheren Dienst entsprechen, sind in der CDU überrepräsentiert. So üben bzw. übten 46 Prozent Aufgaben aus, die auf dem Niveau wissenschaftlicher Mitarbeiter und darüber einzustufen sind. Deutlich zurückgegangen ist der Arbeiteranteil (von 16 auf 6 Prozent). Dies korrespondiert mit Ergebnissen anderer Mitgliederumfragen. Die repräsentative Umfrage der Universität Potsdam hat für die CDU einen Arbeiteranteil von 3 Prozent gemessen. Nach den Angaben dieser Studie beläuft sich der Anteil der Arbeiter in der Bevölkerung auf 14 Prozent. Der durchschnittliche Anteil in allen Parteien beträgt 6 Prozent. Die SPD hat einen Arbeiteranteil von 8 Prozent (Heinrich/Lübker/Biehl 2000: 12).

8　Gabriel und Niedermayer (2001) sprechen davon, dass im Falle der Union die Loslösung vom Herkunftsmilieu mit der abgeschwächten Verankerung im katholischen Milieu einhergeht. Gluchowski und Veen (1979) nennen auch den alten Mittelstand. Im Zuge der nachindustriellen Gesellschaftsordnung sind in allen Parteien die Träger der Dienstleistungsgesellschaft (Angestellte und Beamte) die stärkste Gruppe.
9　Die Daten entsprechen der zentralen Mitgliederkartei der CDU. Wie bereits in Fußnote 1 diskutiert, sind die Angaben mit gewisser Vorsicht zu interpretieren, da individuelle Veränderungen nicht enthalten sind.
10　Gefragt wurde nach der gegenwärtigen und früheren Berufstätigkeit.

Tabelle 4: Berufliche Position der CDU-Mitglieder.

	1993	2006
Auszubildende	1	2
Arbeiter/Meister	16	6
Beamte/Angestellte		
Einfach	5	5
Mittel	17	14
Gehoben	19	28
Höher	10	18
Landwirte	6	4
Selbstständige	18	14
Sonstige	9	8

Gefragt wurde nach der gegenwärtigen und bei nicht mehr Erwerbstätigen nach der früheren beruflichen Position. Angaben in Prozent.
Quelle: Konrad-Adenauer-Stiftung, Politik und Beratung, Archiv-Nr.: 9202, 2006.

Beim Bildungsniveau zeigt sich von 1993 bis 2006 ein klarer Trend hin zur Akademisierung. Hatten 1993 noch 43 Prozent ein niedriges Bildungsniveau und etwa ein Viertel ein hohes Bildungsniveau, haben sich 2006 die Verhältnisse fast vertauscht. 2006 weist ungefähr die Hälfte der Mitglieder ein hohes Bildungsniveau auf und jeder Fünfte ein niedriges. Der Anstieg an Mitgliedern mit hoher Bildung könnte mit der Befragungsart der Umfrage zusammenhängen. Erfahrungsgemäß neigen Personen mit einem höheren Bildungsniveau eher zum Ausfüllen von schriftlichen Fragebögen. Doch ist der Anstieg zu groß, so dass er nicht nur durch umfragespezifische Begleitumstände entstanden sein kann. Wahrscheinlich ist ein Zusammenhang mit den rückläufigen Mitgliederzahlen. In Parteien waren schon immer besser Gebildete und Angehörige des öffentlichen Dienstes bzw. Angestellte überrepräsentiert. Dieser Trend könnte sich in Zukunft noch verstärken.

Tabelle 5: Bildung (höchster Abschluss).

	1993	2006
Hauptschule	43	19
Realschule	32	31
Abitur/Studium	25	46

Fehlende Werte zu 100 Prozent: keine Angabe. Nicht geprüft werden kann, ob vor allem Personen mit niedrigem Bildungsniveau die CDU verlassen haben. Angaben in Prozent.
Quelle: Konrad-Adenauer-Stiftung, Politik und Beratung, Archiv-Nr.: 9202, 2006.

3. Steht die Mitgliederpartei vor dem Ende?

In der Parteienforschung wird vor dem Hintergrund des nachlassenden Interesses der Bürger an parteipolitischer Aktivität häufig die Frage gestellt, ob die Mitgliederpartei[11] eine überholte Organisationsform sei. Diejenigen in der Parteienforschung, die vom Ende der Mitgliederpartei ausgehen, machen dies überwiegend an den rückläufigen Mitgliederzahlen fest. Unbeachtet bleibt die Dimension, ob der Rückgang der Nettozahlen auch Auswirkungen auf die Parteiarbeit insgesamt hat oder, so die Gegenthese, durch ein erhöhtes Aktivitätsniveau der Mitglieder kompensiert wird. Hier soll nur eines der Kriterien geprüft, die von Wiesendahl (2006: 21) als essentielles Merkmal der Mitgliederpartei angeführt werden. Nach seiner Definition charakterisiert die Mitgliederpartei, dass sie sich von anderen durch die intensive Nutzung der Ressourcen unterscheide, die ihnen freiwillig von den Mitgliedern zur Verfügung gestellt werden. Im Gegenzug müssten die Parteien ihren Mitgliedern Partizipations- und Entscheidungsmöglichkeiten über Personal und programmatischen Kurs einräumen. Die Grenzen dieses freiwilligen Engagements sind da zu suchen, wo sich die Ziele der Mitglieder von denen der Parteielite unterscheiden, da Mitglieder schwer zu mobilisieren sind, wenn sie sich mit den Zielen der Partei nicht identifizieren. Ein hohes Aktivitätsniveau würde so zum einen die These des „zwangsläufigen" Endes der Mitgliederpartei zumindest relativieren. Gleichermaßen kann man daran hilfsweise überprüfen, ob sich die Mitgliederpartei von der Parteielite wegbewegt.

3.1 Aktivitätsniveau

Insgesamt weist die CDU-Mitgliedschaft ein hohes Aktivitätsniveau[12] auf. Etwa ein Drittel der Mitglieder ist durch ein Amt oder ein Mandat in die tagesaktuelle Arbeit in der Partei eingebunden. Aber auch die Einbindung in das gesellschaftliche Leben ist stark ausgeprägt. So sind 16 Prozent Mitglied einer Großorganisation (wie z.B. einer Gewerkschaft), 36 Prozent anderer Organisationen (auch Berufsverbände) und 5 Prozent einer Bürgerinitiative. Absolut fest verankert ist die CDU im Vereinsleben. 67 Prozent der Befragten sind auch in Vereinen (wie Gesang-, Sport-, oder Schützenvereinen) Mitglied. Nur 14 Prozent geben an, ausschließlich Mitglied in der CDU zu sein. Somit kann die Mitgliedschaft nach wie vor als wichtiger Multiplikator in die Gesellschaft hinein gesehen werden. Allerdings ist diese Funktion nicht überall gleichermaßen

---

11 Vgl. zur Problematik der Definition der Mitgliederpartei: Wiesendahl (2006: 16).
12 Direkte Vergleichsmöglichkeiten zu anderen Parteien sind nicht gegeben, da unterschiedliche Daten erhoben worden sind. Insgesamt geht man davon aus, dass etwa 40 Prozent der Mitglieder aller Parteien vollständig passiv sind. Nach den Angaben der Potsdamer Mitgliederumfrage wenden 11 Prozent der CDU-Mitglieder 20 Stunden und mehr pro Monat für die Partei auf und 35 Prozent 5 bis 20 Stunden.

verbreitet. So ist die CDU-Mitgliedschaft überwiegend im ländlichen Raum verortet. Allein 58 Prozent der Mitglieder wohnen in Dörfern (in ländlicher wie in städtischer Umgebung) sowie in ländlichen Kleinstädten. In Großstädten wohnen nur 6 Prozent im Stadtzentrum und weitere 11 Prozent in den Vororten.

Erstaunliche Veränderungen zu 1993 zeigen sich beim Aktivitätsniveau. Während 1993 und 1977 etwa die gleiche Bereitschaft zur Partizipation messbar war, ist 2006 in der Mitgliedschaft eine wesentlich größere Bereitschaft zur aktiven Mitarbeit vorhanden. 44 Prozent könnten sich vorstellen, aktiv in der Partei mitzuarbeiten und auch ein Amt oder ein Mandat zu übernehmen. Dies ist ein Zuwachs von 20 Punkten gegenüber 1993. Es ist nicht auszuschließen, dass diese Veränderung eine Folge der sinkenden Mitgliederzahl ist. Es kann sein, dass überwiegend die „stille Mehrheit" aus der Partei ausgetreten ist, also diejenigen, die nur passive Mitglieder waren und deren Bindung an die Partei daher auch schwächer ist. Dies kann anhand der Daten jedoch nicht geprüft werden.

Tabelle 6: Aktivitätsbereitschaft der Mitglieder.

	2006	1993	1977
Aktive Mitarbeit, gegebenenfalls auch Übernahme eines Amtes/Mandats	44	25	25
Gelegentliche Mitarbeit, jedoch keine Übernahme eines Amtes/Mandats	24	26	33
Unterstützung der Partei durch Mitgliedschaft, ohne selber an irgendwelchen Aktivitäten teilzunehmen	28	44	41
Weiß nicht, keine Antwort	4	6	1

Angaben in Prozent.
Quelle: Konrad-Adenauer-Stiftung, Politik und Beratung, Archiv-Nr.: 7702, 9202, 2006.

Bei der Einstufung des Aktivitätsniveaus könnte auch der „Wunsch Vater des Gedankens" gewesen sein. Dafür spricht, dass die Frequenz des Besuchs von Veranstaltungen im Zeitverlauf etwa gleich geblieben ist. 2006 sind etwa 16 Prozent der Mitglieder als „Aktivisten" zu charakterisieren, die regelmäßig Veranstaltungen besuchen. 1993 betrug der Anteil 13 und 1977 16 Prozent. Der Anteil der aktiven Mitglieder im Zeitvergleich ist somit (wahrscheinlich) unabhängig von der absoluten Anzahl der Mitglieder. Der Anteil der Passiven, die maximal einmal im Jahr eine Veranstaltung der Partei besuchen, ist im Vergleich zu 1993 etwa konstant (38 Prozent Passive 2006 zu 42 Prozent Passiven 1993) und im Vergleich zu 1977 geringfügig gewachsen. Auch dies ist ein Hinweis darauf, dass das Aktivitätsniveau unabhängig von der Anzahl der Mitglieder ist.

In den Daten könnte sich jedoch auch ein neuer Mitgliedertyp abzeichnen. Während früher von vielen Mitgliedern bewusst eine passive Mitgliedschaft angestrebt wurde, könnte dies als Motiv in den Hintergrund getreten sein. Möglicherweise treten nur noch solche Mitglieder in Parteien ein, die sich auch politisch engagieren wollen. Dies zeigt sich auch an der Zunahme der pragmatisch-politisch-ideologischen Beitrittsmotive und dem Rückgang der sozial-geselligen Motive. Damit würde die reine Anzahl der Mitglieder als Maßstab für die Bewertung der Mitgliederparteien an Bedeutung verlieren. Aktive Gestaltung von Politik und die Mitgestaltung der weltanschaulichen Basis würden damit bedeutsamer als das gesellige Parteileben. Aber auch die passive Mitgliedschaft (man wird nur Mitglied, um eine Partei finanziell/ ideell zu unterstützen), würde sich verändern.

Tabelle 7: Häufigkeit des Besuchs von Veranstaltungen.

	2006	1993	1977
Täglich, fast täglich	1	0	1
Etwa 2-3 mal in der Woche	3	2	3
Etwa ein mal in der Woche	5	5	5
Etwa alle 14 Tage	7	6	7
Etwa ein mal im Monat	18	18	20
Etwa alle 2-3 Monate	27	27	32
Etwa ein mal im Jahr	23	20	18
Seltener als ein mal im Jahr	8	8	6
Nie, fast nie	7	13	8
Weiß nicht, verweigert	2	2	1

Angaben in Prozent.
Quelle: Konrad-Adenauer-Stiftung, Politik und Beratung, Archiv-Nr.: 7702, 9202, 2006.

3.2 Innerparteiliches Engagement

Insgesamt zeigt sich im Vergleich zu 1993 eine weiterhin hohe Bereitschaft zum Engagement der Mitglieder. Insgesamt ist sogar eine größere Bereitschaft feststellbar und zwar zur punktuellen Partizipation und zur langfristigen Übernahme von Verantwortung durch Ämter oder Mandate. War 1993 ein knappes Drittel nicht bereit, in Arbeitskreisen oder Gremien mitzuarbeiten, ist dieser Anteil 2006 auf 19 Prozent gesunken. Auch die Bereitschaft zur Kandidatur ist gestiegen. 1993 lehnten 56 Prozent der Mitglieder prinzipiell ab, für ein öffentliches und 49 Prozent für ein Amt in der Partei zu kandidieren. Dieser Wert ist 2006 auf 35 Prozent gesunken.

Tabelle 8: Bereitschaft zum parteiinternen Engagement 2006.

	Habe ich bereits getan	Wäre ich bereit zu tun	Käme für mich nicht in Frage
Plakate kleben	45 (33)	15 (29)	34 (33)
Flugblätter und Informationsmaterial verteilen	55	18	22
In der Öffentlichkeit Symbole der CDU tragen (z.B. Pin, T-Shirt)	38	26	30
Bei sozialen Aktionen der Partei mitmachen (z.B. Seniorenbetreuung)	30 (37)	48 (39)	16 (20)
Im persönlichen Gespräch neue Mitglieder werben	41 (34)	31 (38)	23 (24)
Bei Bedarf zusätzlich Geld spenden	39 (25)	25 (41)	32 (29)
In Arbeitskreisen oder anderen Gremien der Partei an der Formulierung politischer Aussagen mitwirken	35 (27)	41 (36)	19 (32)
Für ein Amt der Partei kandidieren oder für ein öffentliches Amt kandidieren	43 (21)	17 (25)	35 (49)

Aufgrund unterschiedlicher Antwortvorgaben und Listenpunkten sind die Daten 2006 und 1993 nicht direkt vergleichbar. Daher ist 1993 in Klammer gesetzt. 1993 sollte nur als ungefährer Anhaltspunkt für Veränderungen interpretiert werden.
2006 wurden die Mitglieder gebeten anzukreuzen, was auf sie persönlich zutrifft: Die Antwortvorgaben lauteten: Habe ich bereits getan; Wäre ich bereit zu tun; Käme für mich nicht in Frage. Die Antwortvorgabe 1993 lautete: Habe ich bereits gemacht und würde ich: ...auch bestimmt wieder tun ...vielleicht wieder tun; ... bestimmt nicht mehr tun; Habe ich noch nie gemacht, würde ich: ... aber bestimmt tun; ...vielleicht tun; ...bestimmt nicht tun.
1993: „Plakate kleben und Flugblätter und Informationsmaterial verteilen" wurde in einem, „Für ein Amt kandidieren und ein Mandat übernehmen" wurde in zwei Items abgefragt. Angaben in Prozent.
Quelle: Konrad-Adenauer-Stiftung, Politik und Beratung, Archiv-Nr.: 9202, 2006.

Nach wie vor ist davon auszugehen, dass in den Ortsverbänden versucht wird, die gesamte Mitgliedschaft mit einzubeziehen. Nur 20 Prozent geben an, dass sie noch nie von ihrer Ortspartei angesprochen worden seien, aktiv in der Partei oder im Wahlkampf mitzuwirken. 15 Prozent sagen, sie würden nie von CDU-Mitgliedern auf Ortsebene angesprochen. Dies deutet auf enge und hohe Kommunikationsnetzwerke hin. 43 Prozent geben an, sie würden auf Ortsebene regelmäßig, 39 Prozent sie würden selten angesprochen.

3.3 Motive für das Engagement

Als motivierend für die Parteiarbeit wird die Möglichkeit gesehen, interessante Leute kennen zu lernen. Dies sagen 79 Prozent der Mitglieder. Auch Wahlkampfzeiten sind emotional positiv besetzt. So äußern 51 Prozent die

Ansicht, dass es Spaß macht, sich im Wahlkampf zu engagieren. Mit sozialer Anerkennung rechnen jedoch nur 41 Prozent. Somit hat dieses eher altruistische Motiv einen geringen Reiz. Ein sehr schwacher Motivationsschub geht von der Hoffnung auf berufliche Vorteile aus (auch wenn Menschen in Umfragen erfahrungsgemäß aufgrund der geringen sozialen Akzeptanz „egoistischer" Partizipationsmotive eher ihre wirkliche Meinung verschleiern). Nur 18 Prozent sehen in beruflichen Vorteilen einen Grund, sich zu engagieren. Dieser Wert korrespondiert mit den Beitrittsmotiven. Insgesamt kann man demnach davon ausgehen, dass als Minimum ein Fünftel der Mitglieder persönliche Interessen mit der Mitgliedschaft in Einklang zu bringen versucht.

Die Kosten des Engagements werden von den Mitgliedern durchaus gesehen. Dies ist vor allem die Anstrengung, sich nach der Arbeit zu engagieren (71 Prozent) sowie die Begrenzung des Zeitbudgets für Privates (57 Prozent). Aber auch bei der Chance auf Politikgestaltung sehen die Mitglieder eher Kosten als Nutzen. 60 Prozent geben an, dass man zu lange in der Partei mitgearbeitet haben muss, bis man spürbaren Einfluss auf Entscheidungen ausüben kann.

Tabelle 9: Motive für das Engagement.

	2006	1993
Gestaltung der Politik:		
Man muss zu lange aktiv in der Partei mitgearbeitet haben, bis man wirklich Einfluss auf Entscheidungen ausüben kann	60	57
Soziale Anerkennung:		
Wer sich in einer Partei engagiert, kann mit Achtung und Anerkennung rechnen.	41	47
Nutzen und Kosten des Engagements:		
Nach einem langen Arbeitstag auf Parteiveranstaltungen zu gehen, kann sehr ermüdend sein.	71	74
Das Engagement in der Partei läßt häufig zu wenig Zeit für Freunde und Familie	57	60
Es macht Spaß sich im Wahlkampf zu engagieren.	51	45
Persönlicher Nutzen:		
Als aktives Parteimitglied kann man interessante Leute kennenlernen.	79	73
Für Leute wie mich kann es berufliche Vorteile bringen, sich zur CDU zu bekennen.	18	21

Wiedergegeben sind die Positionen „stimme voll" und „stimme eher" zu auf einer fünfstufigen verbalisierten Skala (die anderen Antwortalternativen waren: bin unentschieden, lehne eher ab, lehne voll ab). Angaben in Prozent.
Quelle: Konrad-Adenauer-Stiftung, Politik und Beratung, Archiv-Nr.: 9206, 2006.

Auch wenn die soziale Anerkennung in der Mitgliedschaft weniger relevant für das individuelle Engagement ist, so nehmen es die Mitglieder doch positiv wahr, dass sie aus der Sicht Dritter ein „gutes Ansehen" haben. Diese positive Wahrnehmung durch den „significant other" kann durchaus einen Anreiz zur Beteiligung bieten und ist mit sozialer Anerkennung gleichzusetzen. 67 Prozent der Parteimitglieder im Westen und 62 Prozent der Mitglieder im Osten sind dieser Auffassung. Im Vergleich zu 1993 hat sich die Einschätzung in den Landesteilen angeglichen, wobei im Westen ein minimaler Rückgang der vermuteten Akzeptanz und im Osten ein leichter Zuwachs zu verzeichnen ist.

Tabelle 10: Partei und Mitglieder aus der wahrgenommenen Perspektive anderer („significant other").

	West	Ost
Soziale Normen:		
Die Mitglieder der CDU sind alles in allem gut angesehen.		
1993	71	56
2006	67	62

Wiedergegeben sind die Positionen „stimme voll" und „stimme eher" zu auf einer fünfstufigen verbalisierten Skala (die anderen Antwortalternativen waren: bin unentschieden, lehne eher ab, lehne voll ab). Angaben in Prozent.
Quelle: Konrad-Adenauer-Stiftung, Politik und Beratung, Archiv-Nr.: 9202, 2006.

3.4 Der Eintritt in die CDU

Zunächst stellt sich die Frage, wie der Kontakt zur Partei hergestellt wird. Dabei spielt die „Selbstrekrutierung" eine entscheidende Größe. Die größte Gruppe ist von sich aus zur Partei gegangen (31 Prozent). Insgesamt von großer Bedeutung sind auch persönliche Kontakte im privaten Umfeld. 16 Prozent nennen Freunde und Bekannte und 15 Prozent die Familie als Auslöser für eine Mitgliedschaft. Aber auch persönliche Kontakte zu einem Politiker sind für immerhin 14 Prozent ein Schlüsselimpuls. Alle anderen Kontaktmöglichkeiten haben einen geringeren Stellenwert (Kollegen, Vereine, Internet und Gewerkschaften).

Das wichtigste Motiv in die CDU einzutreten, war der hohe Grad an weltanschaulicher Übereinstimmung. 84 Prozent der Mitglieder geben dies im Nachhinein an. An zweiter Stelle der Beitrittsmotive rangieren die politische Partizipation und die politische Problemlösung. 70 Prozent erklären, dass sie davon ausgingen, sich als Mitglied besser informieren zu können, politische Themen zu diskutieren und in der Politik mitzubestimmen. Politische Ziele durchsetzen und gesellschaftliche Probleme lösen wollten 68 Prozent der Mitglieder. Aber auch die sozial-emotionalen Motive spielen eine große Rolle. So erwarteten 61 Prozent, dass sie gut aufgehoben seien und mit netten

Leuten zusammen kämen. Am reinen Nutzen orientierte Motive sind weit abgeschlagen. 19 Prozent geben an, dass es für sie persönlich von Nutzen gewesen sei, Mitglied der CDU zu sein; 15 Prozent nennen die Verfolgung wirtschaftlicher Interessen.

Tabelle 11: Motive für Beitritt und Verbleib in der CDU.

Jeweils: sehr wichtig/ wichtig	1993	2006
Für Leute wie mich war die CDU die einzig mögliche politische Heimat.	79	84
Als Mitglied konnte ich mich besser politisch informieren, politische Themen diskutieren und in der Politik mitbestimmen	73	70
Als Mitglied konnte ich daran mitarbeiten, politische Ziele durchzusetzen und gesellschaftliche Probleme zu lösen.	66	67
Ich habe erwartet, dass ich in der CDU gut aufgehoben bin und mit netten Leuten zusammen komme.	69	61
Als Mitglied der CDU konnte ich auch meine eigenen wirtschaftlichen Interessen besser verfolgen.	28	15
Es war für mich auch persönlich und beruflich von Nützen, Mitglied der CDU zu sein.	27	18

Der Fragetext lautet: „Wenn man Mitglieder von Parteien nach den Gründen für ihren Parteibeitritt fragt, erhält man häufig die nachfolgend aufgeführten Antworten. Bitte denken Sie einmal an die Gründe, die Sie persönlich damals zum Eintritt bewogen haben." Ausgewiesen sind die Antworten sehr wichtig/wichtig auf einer vierstufigen Skala. Angaben in Prozent.
Quelle: Konrad-Adenauer-Stiftung, Politik und Beratung, Archiv-Nr.: 9202, 2006

Der Beitritt entstand aus einem Motivbündel, das die politisch-inhaltliche Politikgestaltung, die weltanschauliche Nähe und die Erwartung, in der CDU auf Gleichgesinnte zu treffen, umfasst. Im Vergleich zu 1993 ist die Relevanz, Gleichgesinnte zu treffen, gesunken. Zwischen den Generationen bestehen deutliche Unterschiede bei den Beitrittsmotiven. Für die Generationen der über 60jährigen spielt das Motiv der „politischen Heimat" eine wesentlich größere Rolle als in den jüngeren Generationen. Während z.B. 48 Prozent der über 70jährigen die CDU als einzig mögliche politische Heimat bewerten, sind es bei den bis 24jährigen 32 Prozent (jeweils: sehr wichtig). Auch bei der politischen Gestaltung zeichnen sich deutliche Unterschiede der politischen Generationen ab. Für 38 Prozent der bis 24jährigen waren die politischen Informationen ein sehr wichtiger Eintrittsgrund; bei den über 70jährigen sagen dies 23 Prozent. Originäre Politikgestaltung geben 31 Prozent der jüngsten Altersgruppe als sehr wichtigen Beitrittsgrund an, in der ältesten Gruppe nennen 19 Prozent dieses Motiv. Damit haben in den jüngeren Altersgruppen die auf den politischen Prozess bezogenen Motive eine wesentlich größere Bedeutung als bei den älteren Mitgliedern.

Vor den Zielkonflikt Pragmatismus vs. Grundwerteorientierung gestellt, entscheiden sich die Mitglieder für ein entschiedenes „sowohl-als-auch". So-

Sozialstruktur und politische Orientierung der CDU-Mitglieder 1993-2006   *175*

wohl die Pluralität (71 Prozent) als auch die Geschlossenheit (79 Prozent) werden von einer absoluten Mehrheit befürwortet. 79 Prozent sprechen sich für das christliche Welt- und Menschenbild als alleinige Grundlage für politisches Handeln aus, 75 Prozent sagen, dass die konkrete Problemlösung die alleinige Grundlage für politisches Handeln sein soll. 85 Prozent lehnen es ab, in der Programmatik dem Zeitgeist hinterher zu laufen, auch wenn dies zum Verlust von Wählerstimmen führt. Die hohen Zustimmungsraten zu eher konträren Positionen könnten dem Wunsch entsprechen, dass auf die Problemlagen der Menschen zwar pragmatische Antworten gegeben werden, diese jedoch auf dem christlichen Wertekonsens fußen sollen.

Tabelle 12: Innerparteilicher Pluralismus.

	Es stimmen jeweils zu:		
	2006	1993	1977
Die CDU sollte möglichst viele, auch widerstrebende Interessen in sich aufnehmen.	71	79	68
Die innerparteiliche Diskussion in der CDU sollte niemals zu intensiv geführt werden, dass die Geschlossenheit der Partei gefährdet wird.	79	77	83
Das christliche Welt- und Menschenbild sollte in der CDU die alleinige Grundlage für politisches Handeln bilden.	79		
Es sollte für die CDU wichtiger sein, konkrete Probleme zu lösen, als an ihren Grundwerten festzuhalten	75		
Die CDU sollte in der Programmatik nicht den Zeitgeist nachlaufen, auch wenn dies zum Verlust von Wählerstimmen führt.	85		

Dargestellt sind die Werte von +3 bis +1 auf einer von +3 bis -3 reichenden Skala (ohne Nullpunkt). Fehlende Werte: Frage nicht erhoben. Angaben in Prozent.
Quelle: Konrad-Adenauer-Stiftung, Politik und Beratung, Archiv-Nr.: 9202, 7702, 2006.

4. Typologie[13] der CDU-Mitglieder

Ziel ist es, ein Bild der Partei zu zeichnen, indem sich ähnelnde und sich unterscheidende Mitglieder in Gruppen zusammengefasst werden. Dabei werden die Gruppen durch eine Kombination aus Sozialstruktur und politischen Einstellungen gebildet. Eine solche Unterteilung kann natürlich weder umfassend noch thematisch ausdifferenziert sein und die gesamte Vielfalt und Nuancen der Einstellungsdimensionen erfassen. Nicht jedes Mitglied wird sich eindeutig in einer der Gruppen wiederfinden. Bei einer solchen Typenbildung handelt es sich ähnlich wie bei der Milieu- oder Lebensstilforschung um den Versuch, Gruppen von Gleichgesinnten zu bilden, um Komplexität zu reduzieren. Mitgliedschaften unterliegen einem permanenten Wandel. Somit sind Einteilungen von Mitgliedern immer Momentaufnahmen. Die unterschiedlichen Typen werden weniger auf der Basis gesellschafts- und wirtschaftspolitischer Streitfragen gebildet. Dies ergibt sich als Notwendigkeit, da in der CDU-Mitgliedschaft in fast allen erhobenen Fragen großer inhaltlicher Konsens existiert. Im Folgenden wird daher nur auf trennende Merkmale eingegangen, die eine Differenzierung nach Typen zulassen.

4.1 Die gesellschaftspolitisch Liberalen (17 Prozent)

Diese Gruppe zeichnet sich durch gesellschaftspolitische Liberalität aus. Die Angehörigen dieser Gruppe sind eher pragmatisch in ihrem politischen Denken, doch nicht beliebig. Die CDU soll gleichermaßen an ihren Grundwerten orientiert, wie in der Lage sein, ihre Politik den aktuellen Anforderungen anzupassen. In ihr finden sowohl marktliberale als auch sozialstaatlich orientierte Positionen Unterstützung.

Während in allen anderen Gruppen die Gleichstellung von Ehepaaren mit gleichgeschlechtlichen Paaren entschieden abgelehnt wird, fände eine solche Politik bei 55 Prozent der gesellschaftspolitisch Liberalen starken[14] Zuspruch, bei weiteren 43 Prozent stieße die Gleichstellung auf Toleranz. Interessant ist, dass sich in diesem Mitglieder-Typus gerade einmal zwei Prozent ableh-

---

13 Die Analyse der Mitgliedertypen basiert auf einer Clusteranalyse. Das Ziel einer Clusteranalyse ist es, z.B. Befragte so in Gruppen zu unterteilen, dass diejenigen, die einer Gruppe angehören, sich möglichst ähnlich sind, während gleichzeitig die Befragten der unterschiedlichen Gruppen deutlich voneinander unterscheidbar sind. Um die Ähnlichkeit zu messen, wird eine Kombination mehrerer Merkmale miteinander verglichen. In diesem Fall flossen in die Clusteranalyse die Meinung zu fünf politischen Fragen, das Alter, die Haltung zu den Kirchen und das Bildungsniveau ein.

14 Bei der Auswertung blieben die mittleren/diffusen Zustimmungs- und Ablehnungswerte (+1, 0, -1) unberücksichtigt. Dargestellt sind in diesem Abschnitt nur die starken (+3, +2) Zustimmungen und die starken (-3, -2) Ablehnungen. Damit werden die Kontraste zwischen den Gruppen deutlicher.

nend zeigen. Damit korrespondiert die Ablehnung des traditionellen Familienbildes. 73 Prozent sprechen sich klar dagegen aus, dass Frauen nach der Geburt von Kindern ihre Berufstätigkeit beenden und sich ganz der Familie widmen sollen. Nur drei Prozent äußern sich positiv zu dieser Aussage. Dabei ist ihnen aber durchaus klar, dass sie in der Frage der Gleichstellung gleichgeschlechtlicher Paare mit der Ehe eine innerparteiliche Minderheitenmeinung teilen. Sie vermuten, dass insgesamt nur 11 Prozent aller Mitglieder einer solchen Politik stark zustimmen würden, was genau der Quote starker Zustimmung in der gesamten Partei entspricht. In der Frage des traditionellen Familienbildes vermutet diese Gruppe jedoch, sie würden eine stärkere Minderheitenposition einnehmen, als dies tatsächlich der Fall ist. So nimmt man in dieser Gruppe an, nur 28 Prozent der Mitglieder würden das traditionelle Familienbild ablehnen; tatsächlich waren es in der Umfrage jedoch 48 Prozent.

Etwa die Hälfte (48 Prozent) stimmt der Meinung stark zu, dass es nur eine staatliche Mindestrente geben sollte und der einzelne für sein Rentenniveau selbst vorsorgen müsse. In der Frage nach einer staatlichen Garantie von Arbeitsplätzen zeigt man sich bei den gesellschaftspolitisch Liberalen eher unentschlossen: 21 Prozent stimmen stark zu, 36 Prozent lehnen dieses Modell deutlich ab und 43 Prozent können sich nicht eindeutig entscheiden. In der Selbstwahrnehmung stuft sich dieser Typus entsprechend seiner grundsätzlichen politischen Haltungen eher links[15] von der vermuteten Mehrheit ein. Zwischen den gesellschaftspolitisch Liberalen und den Traditionsbewussten besteht die stärkste Trennlinie aller Gruppen. Sie unterscheiden sich vor allem in der Frage der Religiosität bzw. im Grad der Säkularisierung. Während 74 Prozent der Traditionsbewussten fordern, dass das christliche Welt- und Menschenbild die alleinige Grundlage für politisches Handeln bilden sollte, unterstützen dies in der liberalen Gruppe nur 29 Prozent. Dies zeigt sich auch in der Ablehnung der Aussage: „Das ‚C' in der CDU ist ein Relikt aus alten Zeiten. Darauf könnte die Partei verzichten". Während 52 Prozent aller Mitglieder diese Aussage deutlich ablehnen, beträgt der Anteil im liberalen Lager 32 Prozent. Ähnlich verhält es sich mit der Aussage „Religion ist für mich der tragende Grund meines Lebens". Von den gesellschaftspolitisch Liberalen stimmen 13 Prozent dieser Aussage „voll und ganz" zu, bei den Traditionsbewussten[16] sind es 56 Prozent.

Die Mitglieder dieser Gruppe stammen überwiegend (57 Prozent) aus einem familiären Umfeld, in dem Familienmitglieder auch zu anderen Parteien als der CDU neigen. Bei den Traditionsbewussten ist das familiäre Umfeld, bezogen auf die Parteineigung, homogener. Hier geben 40 Prozent an, es gäbe auch andere Neigungen in der Familie. Auch im Freundeskreis ist das

---

15 Mittelwert auf einer von 1 bis 11 reichenden rechts-links-Skala: Selbst: 6,95, Partei 7,15.
16 Fasst man für die unterschiedlichen Milieus die Aussagen „stimme voll und ganz zu" sowie „stimme eher zu" ergibt sich folgende Verteilung: Wirtschaftsliberale: 69 Prozent; Sozialstaatsorientierte: 73 Prozent; Traditionsmilieu: 85 Prozent; Liberale: 42 Prozent.

Umfeld der Angehörigen des liberalen Milieus heterogen geprägt. Nur 17 Prozent geben an, dass in ihrem Freundeskreis überwiegend die Neigung zur CDU bestünde (64 Prozent machen keine Angabe). In den anderen Milieus gibt jeweils ein knappes Drittel an, einen politisch der CDU nahestehenden Freundeskreis zu haben. In dieser Gruppe existiert eine andere Hierarchie der wichtigsten Themen. Ebenso wie bei den Marktwirtschaftsorientierten haben klassisch konservative Themen eine geringere Bedeutung. Verbrechensbekämpfung, Ausländerzuzug, aber auch soziale Sicherheit werden signifikant seltener genannt. Während bspw. bei den Traditionsbewussten Verbrechensbekämpfung von 65 Prozent als sehr wichtig eingestuft wird, sind es bei den Liberalen 42 Prozent. Die Einschränkung des Zuzugs von Ausländern nennen bei den gesellschaftspolitisch Liberalen 27 Prozent als sehr wichtig, von den Traditionsbewussten sind es 43 Prozent. Soziale Sicherheit gewährleisten steht für 44 Prozent der Liberalen auf der höchsten Rangstufe; bei den Traditionsbewussten sagen 63 Prozent, es sei sehr wichtig.

Auch in der Frage nach der Bewertung von Koalitionen unterscheiden sich die Gruppen deutlich. In der Gruppe der gesellschaftspolitisch Liberalen ist die Akzeptanz von Koalitionen unter Einbeziehung der Grünen noch am größten. So bewerten 29 Prozent eine CDU/Grünen-Koalition auf Bundesebene positiv; von den Traditionsbewussten äußern sich nur 15 Prozent zustimmend. Sozialstrukturell zeichnet sich diese Gruppe durch einen überdurchschnittlichen Anteil von Frauen aus (36 Prozent). Die neuen Länder und somit auch die Konfessionslosen (20 Prozent) sind überdurchschnittlich stark. Diese Gruppe hat von allen anderen Gruppen die niedrigste Kirchgangsfrequenz. 40 Prozent gehen selten bis nie in die Kirche, nur 6 Prozent häufig. Dementsprechend haben auch nur 28 Prozent eine starke Kirchenbindung. 58 Prozent haben ein hohes Bildungsniveau (Abitur und höher). Damit liegen sie deutlich über dem Durchschnitt von 48 Prozent. Die Angehörigen dieser Gruppe weisen die schwächste Vernetzung in der Zivilgesellschaft auf. In Organisationen, Vereinen, Bürgerinitiativen oder sonstigen Verbänden sind jeweils etwa 20 Prozent engagiert. Mehr als die Hälfte der Angehörigen dieser Gruppe ist im Dienstleistungssektor beschäftigt. Diese Gruppe hat das niedrigste Durchschnittsalter. Nur 19 Prozent sind über 60 Jahre (50 Prozent im Durchschnitt der Mitglieder), 33 Prozent sind unter 40 Jahre alt. Die Gruppe der 40-49jährigen ist mit 27 Prozent besonders groß (insgesamt sind 15 Prozent aller Mitglieder in dieser Altersgruppe). In der Berufsstruktur zeigen sich in dieser Gruppe nur geringe Abweichungen zum CDU-Durchschnitt.

4.2 Die Traditionsbewussten (26 Prozent)

In der Gruppe der Traditionsbewussten überschneiden sich die marktwirtschaftlichen und die sozialstaatlichen Positionen. Im gesellschaftspolitischen

Bereich nehmen die Angehörigen des Milieus eine dezidiert konservative Position ein. 58 Prozent bejahen den Gedanken der stärkeren Eigenvorsorge bei der Rente (bei einer staatlichen Mindestrente), wobei diese Gruppe von einer solchen Politik nicht mehr betroffen wäre, da sie sich fast ausschließlich aus älteren Mitgliedern zusammensetzt. Gleichermaßen ist die Zustimmung gegenüber der staatlichen Garantie von Arbeitsplätzen groß. 53 Prozent äußern sich positiv und nur ein Prozent würde die staatliche Garantie deutlich ablehnen. Die Gleichstellung von gleichgeschlechtlichen Paaren mit Ehepaaren stößt auf deutliche Ablehnung. 76 Prozent äußern sich dezidiert negativ und nur vier Prozent zeigen eine positive Haltung. In dieser Gruppe finden sich die Befürworter der traditionellen Rolle der Frau in der Familie. 37 Prozent stimmen der Aussage stark zu, dass Frauen nach der Geburt ihre Berufstätigkeit beenden sollen, 48 Prozent nehmen eine mittlere Position ein und nur 16 Prozent lehnen die Beendigung der Berufstätigkeit ab.

Während die Motivstrukturen bei dem Eintritt in den anderen Gruppen recht ähnlich aussehen, dominieren bei den Traditionsbewussten die weltanschaulichen und sozial-emotionalen Eintrittsmotive. So wurde die CDU stärker als einzige politische Heimat wahrgenommen und es bestand häufiger der Wunsch mit netten Leuten zusammen zu kommen. Dementsprechend bildet die Dimension der sozialen Anerkennung einen stärkeren Anreiz zum Engagement als in den anderen Gruppen. Aufgrund des hohen Alters ist in dieser Gruppe der Wunsch und die Bereitschaft nach aktiver Teilhabe am schwächsten ausgeprägt. Nur 34 Prozent gehören zu den Aktivisten. In den anderen Gruppen liegt der Wert bei ca. 50 Prozent. In dieser Gruppe entspricht die Geschlechterverteilung dem Durchschnitt in der Partei. Die Angehörigen stammen überdurchschnittlich häufig aus den alten Ländern und leben in Dörfern (in ländlicher Umgebung). Der Anteil der Katholiken liegt mit 57 Prozent genauso wie der Anteil regelmäßiger Kirchgänger (41 Prozent wöchentlich) über dem Durchschnitt. Diese Gruppe verfügt generationsbedingt über das niedrigste formale Bildungsniveau aller Milieus. 37 Prozent verfügen über einen niedrigen, 39 Prozent über einen mittleren und 24 Prozent über einen hohen Schulabschluss. Der Anteil der Rentner (Pensionäre) liegt deutlich über dem Durchschnitt. Der Anteil derjenigen, die im Handwerk und der Landwirtschaft tätig sind, ist erhöht, der Dienstleistungssektor ist seltener vertreten. Diese Gruppe hat das höchste Durchschnittsalter: 75 Prozent sind über 60 Jahre alt. 10 Prozent sind unter 50 Jahre alt. Aufgrund des eher niedrigen Bildungsniveaus kommen Arbeiter etwas häufiger vor, höhere Angestellte/Beamte deutlich seltener.

4.3 Die Marktwirtschaftsorientierten (32 Prozent)

Hier dominieren wirtschaftsliberale Einstellungen, die auf Verantwortung des Einzelnen setzen und staatliche Fürsorge ablehnen. In gesellschaftspolitischer

Hinsicht existieren gleichermaßen wertkonservative und liberale Haltungen. 64 Prozent stimmen der Aussage zu: „Der Staat soll nur eine Mindestrente garantieren. Wer mehr möchte, muss selbst dafür sorgen". 72 Prozent lehnen es ab, dass der Staat jedem das Recht auf einen Arbeitsplatz garantieren soll. Die Gleichstellung von gleichgeschlechtlichen Paaren mit Ehepaaren wird deutlich (von 91 Prozent) abgelehnt. Aber damit hängt diese Gruppe nicht automatisch dem traditionellen Familienbild an. Denn mehr als die Hälfte (54 Prozent) lehnt es entschieden ab, dass Frauen nach der Geburt von Kindern ihre Berufstätigkeit beenden und sich ganz der Familie widmen sollen.

Bei den Marktwirtschaftsorientierten ist die größte Diskrepanz zwischen der Selbsteinstufung auf der rechts-links-Skala und der Einschätzung der Partei sichtbar. Sie selbst sehen sich um 1,10 Punkte weiter[17] rechts. In keiner anderen Gruppe wird die Partei auf der Skala so weit links verortet. Wie bei den gesellschaftspolitisch Liberalen, wird auch bei den Marktwirtschaftsorientierten die Bedeutung der Themen Verbrechensbekämpfung und Ausländerzuzug deutlich geringer eingestuft als bei den Christlich-Sozialen und den Traditionsbewussten. Vor allem das Thema der Gewährleistung sozialer Sicherheit hat einen deutlich niedrigeren Stellenwert. Nur 31 Prozent dieses Milieus geben an, dass dieses Thema sehr wichtig sei, während zwei Drittel der Traditionsbewussten und der Christlich-Sozialen diesem größte Wichtigkeit attestieren. Während in allen Gruppen alle Möglichkeiten der innerparteilichen Reform auf eine hohe Zustimmung stoßen, gibt es im wirtschaftsliberalen Milieu gegenüber in der Satzung festgeschriebenen Quoten eine deutliche Zurückhaltung. Nur 51 Prozent stimmen diesem Punkt zu. Hier wird eine rot-schwarze Koalition deutlich negativ bewertet. 84 Prozent sagen, eine solche Koalition auf Bundesebene sei schlecht.

Männer finden sich überdurchschnittlich häufig in dieser Gruppe. Bezogen auf die Verteilung auf die alten und die neuen Ländern, Konfession und Kirchgangshäufigkeit zeigen sich keine signifikanten Besonderheiten. Etwa die Hälfte (53 Prozent) fühlt sich den Kirchen verbunden. Entsprechend ihrer Themenpräferenz fällt die Bindung an die Gewerkschaften besonders schwach aus. 78 Prozent geben an, überhaupt keine Bindung an die Gewerkschaften zu haben. Auffällig ist das innerhalb der CDU höchste Bildungsniveau in dieser Gruppe: 69 Prozent haben einen Abschluss mit Abitur. Nur 7 Prozent haben ein Bildungsniveau auf dem Niveau der Volksschule und 24 Prozent haben mittlere Reife. Diese Gruppe zeichnet sich durch eine starke gesellschaftliche Vernetzung aus. Jeweils etwa ein Drittel ist Mitglied einer Organisation, eines Vereins, einer Bürgerinitiative oder einer sonstigen Organisation. Damit ist die Gruppe am häufigsten außerhalb der CDU engagiert. Etwa die Hälfte ist im Dienstleistungssektor tätig. Die Gruppenmitglieder sind im Durchschnitt etwas jünger als die Mitglieder der anderen Gruppen. 45 Prozent sind jedoch auch hier über 60 Jahre alt. In keiner anderen

---

17 Mittelwert Selbsteinstufung: 7,66; Mittelwert Partei: 6,76.

Gruppe sind höhere Angestellte und Beamte so stark vertreten: 28 Prozent ordnen sich dieser Berufsgruppe zu (Gesamtanteil CDU-Mitglieder: 18 Prozent). Ebenfalls (leicht) erhöht ist der Selbständigenanteil.

4.4 Die Christlich-Sozialen (25 Prozent)

In diesem Milieu finden sich vor allem Befürworter eines sozialstaatlich orientierten Gemeinwesens. In gesellschaftspolitischer Hinsicht gibt es ein Nebeneinander liberaler wie konservativer Gesellschaftsbilder. In keiner anderen Gruppe stößt der Gedanke einer staatlichen Mindestrente bei großer Eigenfürsorge auf so deutlichen Widerstand. 79 Prozent lehnen ein solches Modell strikt ab. Interessant ist hier ein Vergleich mit der eigenen Position und der vermuteten Mehrheit in der CDU. Während hier vermutet wird, 21 Prozent würden diese Position teilen, sind es tatsächlich insgesamt 44 Prozent. Somit wird die Größe der Lager deutlich falsch eingeschätzt. Einer Garantie von Arbeitsplätzen stimmen 31 Prozent klar zu, 46 Prozent zeigen eine in dieser Frage eher diffuse Haltung und 23 Prozent würden eine Garantie ablehnen. Eine stärkere Akzeptanz von staatlich garantierten Arbeitsplätzen findet sich nur noch bei den Traditionsbewussten.

Gesellschaftspolitisch sprechen sich die Mitglieder dieses Typus gegen die Gleichstellung von Ehepaaren mit gleichgeschlechtlichen Paaren aus (85 Prozent). Dem traditionellen Familienbild von nicht-berufstätigen Frauen in der Familie stimmen nur 12 Prozent entschieden zu, von 54 Prozent wird es deutlich abgelehnt.

Bei der Ansprache über politische Begriffe zeigen sich abweichende Bedürfnisse. Nach ihrer Ansicht sollte die CDU auf die Begriffe Solidarität, Gerechtigkeit, Gleichheit, Chancengleichheit und Sicherheit deutlich mehr Wert legen. Hierin unterscheidet sich dieser Mitgliedertyp vor allem von den Marktwirtschaftsorientierten, die all diesen Begriffen weniger Relevanz zuschreiben. Bei der Verteilung der Geschlechter sowie der Ost-West-Verteilung gibt es keine Abweichungen vom Durchschnitt. Ebenso verhält es sich mit Konfession und Kirchgang. Auch hier liegen sie etwa im Durchschnitt der Gesamtmitgliedschaft. In dieser Gruppe sind die mittleren und unteren Bildungsabschlüsse überrepräsentiert. Entsprechend der gesamtpolitischen Ausrichtung dieser Gruppe, gibt es einen überdurchschnittlich hohen Anteil an Gewerkschaftsverbundenen (26 Prozent). Deutlich stärker, wenn auch nicht überdurchschnittlich, ist die Verbundenheit mit der Kirche (54 Prozent). Die Altersstruktur dieses Mitgliedertyps entspricht in der Verteilung etwa den Durchschnittswerten der Gesamtmitgliedschaft. In der Berufsstruktur sind Angestellte/Beamte, die Tätigkeiten ausüben, die dem mittleren Dienst entsprechen, leicht überrepräsentiert. Selbständige finden sich deutlich seltener in dieser Gruppe.

5. Zusammenfassung

In der Literatur wird der Rückgang der absoluten Mitgliederzahlen häufig als „Krise" der Volksparteien interpretiert. In dieser Umfrage zeigt sich hingegen, dass sich die Bedeutung von Mitgliedschaft für den Einzelnen verändert hat. Die aktive Gestaltung von Politik steht im Vordergrund, während die sozialgeselligen Motive der Parteiarbeit allmählich an Bedeutung verlieren. Für den Beitritt in die CDU sind die auf den politischen Prozess bezogenen Motive wichtiger geworden, was – auch im Vergleich zu 1992 – auf einen neuen Mitgliedertypus hinweist: aktiv und politikorientiert. Daher ist die Aktivitätsbereitschaft trotz gesunkener Mitglieder sogar gestiegen. Auch wenn das Ausbluten der Mitgliederparteien unübersehbar ist, ist die reine Anzahl noch kein Hinweis darauf, dass es automatischen Wandel gibt, der die Mitgliederpartei als eine vorübergehende Phase der Parteientwicklung erscheinen lässt. Es deutet viel darauf hin, dass es eher die berühmten „Karteileichen" sind, die den Parteien den Rücken zuwenden oder den Parteien erst gar nicht mehr beitreten. War es in den 1970er Jahren für breite Teile der Gesellschaft eher Konsens, in eine Partei einzutreten, um sie gewissermaßen passiv zu unterstützen, ohne konkrete Partizipationsansicht, so scheinen heute nur noch diejenigen Bürger Parteien beizutreten, die auch das Bedürfnis nach aktiver politischer Gestaltung haben. Rückgang von Mitgliedern sollte daher aus einer neuen Perspektive beleuchtet werden: Sind es überwiegend passive Mitglieder (wahrscheinlich in allen Parteien), die auf dem Rückzug sind, müsste die Debatte um die „Krise" der Mitgliederparteien unter weiteren Aspekten geführt werden. Die reine Anzahl würde für die Politik- und Kampagnenfähigkeit der Parteien weniger Bedeutung haben als die Frage des Aktivitätsniveaus. Doch bedeutet diese neue Entwicklung auch für die Mitgliederparteien ein Umdenken. Wer heute den neuen Mitgliedern nicht schnell Partizipationsangebote unterbreitet, darf nicht darauf vertrauen, dass diese den Parteien die Treue halten.

Die Mitglieder von Parteien wiesen schon immer eine andere soziale Zusammensetzung als die Bevölkerung auf. In Parteien engagieren sich Bürger, die „ressourcenstark" sind, also solche, die eher den höheren Schichten angehören. Arbeiter sind daher in allen Parteien deutlich unterrepräsentiert und Beschäftigte des öffentlichen Dienstes überrepräsentiert. Jede Partei hat so etwas wie ein typisches Gesicht, das sie von anderen Parteien unterscheidet. Diese Gesichtszüge unterscheiden die Parteien aber auch von denen der Gesamtbevölkerung. Die Ergebnisse der Umfrage machen deutlich, dass die Mitgliederstruktur der CDU – wie die der anderen Parteien auch – nicht mit der vielfältigen und heterogenen Zusammensetzung der Gesellschaft identisch ist. Die herausragenden Merkmale der CDU-Mitglieder, wie hohes Durchschnittsalter, überdurchschnittlicher Männeranteil, starke religiöse Orientierung, Akademisierung und Verankerung im ländlichen Raum, machen umgekehrt auch deutlich, welche Gruppen in der Gesellschaft zur Zeit noch zu wenig angesprochen werden. Dies gilt insbesondere für die neuen Länder, in denen eine konfessionell und religiös verwurzelte Mitgliedschaft auf ein weitgehend säkularisiertes Umfeld trifft.

In einer empirischen Analyse von politischen Streitfragen kristallisierten sich vier Mitgliedertypen heraus, die sich auch sozialstrukturell unterscheiden. Die vier Mitgliedertypen differieren vor allem durch die Einstellungen zum Sozialstaat und dem traditionellen Gesellschaftsbild. Die Liberalen sind vornehmlich in der Gesellschaftspolitik tolerant. Sie unterstützen sowohl marktliberale als auch sozialstaatliche Positionen. Dieser Gruppe gehören vor allem die jüngeren Mitglieder der CDU an. Es gibt einen überdurchschnittlich hohen Frauenanteil. In keiner Gruppe ist die Bindung an die Kirchen schwächer ausgeprägt. Der gesellschaftspolitisch liberale Typ und der traditionsbewusste Typ unterscheiden sich am stärksten voneinander. Vor allem in gesellschaftspolitischen Fragen zeigt sich der Traditionsbewusste konservativ. Hier sind vor allem ältere Mitglieder zu Hause (75 Prozent sind über 60 Jahre alt). Religion und Kirchenbindung sind sehr wichtig. Bei den Marktwirtschaftsorientierten finden sich überdurchschnittlich häufig Männer mit hoher Bildung. Gewerkschaftsorientierte CDU-Mitglieder sind überdurchschnittlich stark im Typus der Christlich-Sozialen beheimatet.

Literatur

Alemann, Ulrich von/Spier, Tim (2008): Parteimitglieder nach dem „Ende der Mitgliederpartei". Ein Überblick über Forschungsergebnisse für Westeuropa seit 1990, in: Österreichische Zeitschrift für Politikwissenschaft 37. Jg. (1), S. 29-44.
Biehl, Heiko (2005): Parteimitglieder im Wandel. Partizipation und Repräsentation, Wiesbaden: VS-Verlag.
Boll, Bernhard (2001): Sozialstruktur und politische Einstellungen, in: Ders. und Everhard Holtmann (Hrsg.), Parteien und Parteimitglieder in der Region, Wiesbaden: Westdeutscher Verlag, S. 31-43.
Bürklin, Wilhelm P./Neu, Viola/Veen, Hans-Joachim (1997): Die Mitglieder der CDU, Interne Studie Nr. 148/1997, Sankt Augustin.
Datenreport 2004 (2004), Bundeszentrale für politische Bildung (Hrsg.), Bonn.
Datenreport 2006 (2006), Bundeszentrale für politische Bildung (Hrsg.), Wiesbaden.
Deutsche Bischofskonferenz, Referat Statistik (2005): Bevölkerung und Katholiken nach Bundesländern.
Evangelische Kirche in Deutschland (2004): Statistik, Mitglieder.
Falke, Wolfgang (1982): Die Mitglieder der CDU. Eine empirische Studie zum Verhältnis von Mitglieder- und Organisationsstruktur, Berlin: Duncker und Humblot.
Gabriel, Oscar W./Niedermayer, Oskar (2001): Parteimitgliedschaften: Entwicklung und Sozialstruktur, in: Dies. und Richard Stöss (Hrsg.), Parteiendemokratie in Deutschland, Bonn: Bundeszentrale für politische Bildung, S. 274-296.
Gluchowski, Peter/Graf, Jutta/Wilamowitz-Moellendorff, Ulrich von (2001): Sozialstruktur und Wahlverhalten in der Bundesrepublik Deutschland, in: Oscar W. Gabriel, Oskar Niedermayer und Richard Stöss (Hrsg.): Parteiendemokratie in Deutschland, Bonn: Bundeszentrale für politische Bildung, S.181-203.

Gluchowski, Peter/Veen, Hans-Joachim (1979): Nivellierungstendenzen in den Wähler- und Mitgliedschaften von CDU/CSU und SPD von 1959-1979, in: Zeitschrift für Parlamentsfragen 10. Jg. (3), S. 312-331.
Franz, Corinna/Gnad, Oliver (Bearb.): CDU und CSU. Mitgliedschaft und Sozialstruktur 1945-1990. Handbuch zur Statistik der Parlamente und Parteien in den westlichen Besatzungszonen und in der Bundesrepublik Deutschland, Telband II, Düsseldorf: Droste.
Heinrich, Roberto/Lübker, Malte/Biehl, Heiko (2002): Parteimitglieder im Vergleich: Partizipation und Repräsentation. Kurzfassung des Abschlussberichts zum gleichnamigen DFG-Projekt, Potsdam, http://www.uni-potsdam.de/u/ls/_regierungssystem _brd/index.htm, S. 9-23, vom 24.02.2007.
Lipset, Seymour Martin/Rokkan, Stein (Hrsg.) (1967): Party Systems and Voter Alignments. Cross National Perspectives, New York: The Free Press.
Marx, Karl/Engels, Friedrich (2006): Werke, 16. überarbeitete Auflage, Berlin: Dietz.
Niedermayer, Oskar (1989): Innerparteiliche Partizipation, Opladen: Westdeutscher Verlag.
Niedermayer, Oskar (2006): Parteimitglieder seit 1990, in: Arbeitshefte aus dem Otto-Stammer-Zentrum, Nr. 10, Freie Universität Berlin, Berlin http://www. polwiss.fu-berlin.de/osz/dokumente/PDF/AHOSZ10.pdf, vom 19.2.2007.
Pickel, Gerd/Walz, Dieter (1998): Demokratie- oder Politikverdrossenheit? Die Entwicklung des politischen Institutionenvertrauens und der politischen Unterstützung in der Bundesrepublik Deutschland seit 1989, in: Dies und Susanne Pickel (Hrsg.), Politische Einheit – kultureller Zwiespalt? Die Erklärung politischer und demokratischer Einstellungen in Ostdeutschland vor der Bundestagswahl 1998, Berlin: Peter Lang, S. 59-79.
Statistisches Jahrbuch 2006, Statistisches Bundesamt, Wiesbaden.
Verba, Sidney/Nie, Norman/Kim, Jae-On (1978): Participation and Political Equality, A Seven-Nation-Comparison, Cambridge: Cambridge University Press
Walter-Rogg, Melanie/Gabriel, Oscar W. (Hrsg.) (2004): Parteien, Parteieliten und Mitglieder in einer Großstadt, Wiesbaden: VS-Verlag.
Whiteley, Paul F./Seyd, Patrick (1996): Rationality und Party Activism – Encompassing Test of Alternative Models of Political Participation, in: European Journal of Political Research 29. Jg. (2), S. 215-234.
Wiesendahl, Elmar (1990): Der Marsch aus den Institutionen. Zur Organisationsschwäche politischer Parteien in den Achtziger Jahren, in: Aus Politik und Zeitgeschichte B 21, S. 3-14.
Wiesendahl, Elmar (2006): Mitgliederparteien am Ende? Eine Kritik der Niedergangsdiskussion, Wiesbaden: VS-Verlag.
Wildenmann, Rudolf, (1989): Volksparteien: Ratlose Riesen?, Baden-Baden: Nomos.
Wolf, Christof (2007): Keine Anzeichen für ein Wiedererstarken der Religion. Analysen zum Wandel von Konfessionszugehörigkeit und Kirchenbindung, in: ISI Nr. 37, Januar 2007, S. 7-11.

Themenfeld 3
Parteiorganisationsreformen

Uwe Jun

Organisationsreformen der Mitgliederparteien ohne durchschlagenden Erfolg: Die innerparteilichen Veränderungen von CDU und SPD seit den 1990er Jahren

1. Einleitung

Das Thema „Organisationsreformen" der Parteien stand spätestens zu Beginn der 1990er Jahre deutlicher sichtbar auf der Agenda der deutschen Parteienforschung, hat aber zuletzt wieder an Interesse verloren. Insbesondere im letzten Jahrzehnt des letzten Jahrhunderts sind von Seiten der Politikwissenschaft und der Politik zahlreiche Vorschläge zu Veränderungen der Gestaltung der Organisationsstrukturen von Parteien veröffentlicht worden (siehe beispielsweise Meyer et al. 1994; von Alemann 1995: 121ff.; Reichart-Dreyer 2001: 586ff.). Wenn diese Vorschläge auch mehr Eingang in Bibliotheken denn in Parteien gefunden haben, so sind doch immerhin einzelne Ideen auch bei den Parteien nicht unbeachtet geblieben. Dennoch betrachtet die Parteienforschung die seit den 1990er Jahren durchgeführten Organisationsreformen der beiden deutschen Großparteien CDU und SPD nicht mit großem Enthusiasmus und bescheinigt diesen keine großen Erfolge. So konstatiert Elmar Wiesendahl (2006: 159), dass „von den hinter den Organisationsreformen stehenden Zielen (...) keines auch nur annähernd verwirklicht worden" sei. Mit Blick die Organisationsreformen der CDU kommt Frank Bösch (2005: 183) zu dem Ergebnis, dass „interessante Ansätze zum Ausbau einer Bürgerpartei und zur Stärkung der innerparteilichen Demokratie versandeten". Nicht viel anders sieht es auf Seiten der anderen Großpartei aus: „Wie auch immer die SPD sich in den letzten Jahren intern modernisiert und reorganisiert hat, an ihrer nachlassenden öffentlichen Attraktivität hat dies nichts geändert" (von Alemann/Godewerth 2005: 170).

Tatsächlich konnten weder der anhaltende Verlust an Mitgliedern gestoppt werden, noch hat sich die Attraktivität von Parteien als gesellschaftlicher Partizipationsraum nennenswert erhöht. Den häufig konstatierten Entfremdungsprozessen zwischen Parteien und Bürgern ist durch die Organisationsreformen ebenso wenig nachhaltig entgegengewirkt worden wie dem damit einhergehenden Vertrauensverlust in die Problemlösungskompetenzen der Parteien. Doch worin liegen schließlich die Ursachen und Gründe für diese relative Erfolglosigkeit der Organisationsreformen? Die folgende Abhandlung versucht einige Antworten auf diese Frage zu geben. Dazu wird zunächst der Begriff der Organisationsreform näher bestimmt und in einzelne

Bereiche aufgefächert, um eine begriffliche und inhaltliche Klarheit des Themas zu gewährleisten. Anschließend wird diskutiert, unter welchen Bedingungen von Erfolgen von Organisationsreformen gesprochen werden kann. Im Mittelpunkt der Abhandlung stehen die Darlegung und Analyse der einzelnen Reformen von CDU und SPD mit Blick auf das Modell der Mitgliederpartei, das heißt es wird untersucht, welche Konzepte die beiden Parteien vorgelegt haben, um ihren Status als Mitgliederpartei zu wahren. Auf der Basis der Ergebnisse dieser Reformschritte folgt eine Bewertung der Reformen und der Versuch einer Erklärung der relativen Erfolglosigkeit der Vorhaben.

2. Organisationsreform: Begriff und Bereiche

Unter Organisationsreformen politischer Parteien sollen im folgenden alle planvollen, auf strategische Entscheidungen zurückzuführenden Veränderungen der Organisationsstrukturen einer Partei, die unmittelbar das Binnenleben betreffen, verstanden werden. Organisationsreformen dienen der Verfolgung von Zielen der Organisation über einen längeren Zeitraum und sind im Kontext sich verändernder Umwelten der jeweiligen Partei zu betrachten. Häufigster Ausgangspunkt von Organisatiosreformen sind interne oder externe Stimuli, die entweder durch veränderte innerparteiliche Machtkonstellationen und/oder durch Veränderungen der Umwelten der einzelnen Partei hervorgerufen werden. Nicht selten sind innerparteiliche Krisenerscheinungen oder eine krisenhafte Situation der Gesamtpartei Auslöser von Organisationsreformen. Reformen umfassen sowohl statuarische Veränderungen der Organisationsstruktur wie die Ausgestaltung des alltäglichen Binnenlebens einer Partei. Durch das intentionale, auf eine strategische Entscheidung zurückzuführende Handeln unterscheiden sich Organisationsreformen vom bloßen Wandel einer Partei, dem keine strategische Entscheidung zugrunde liegen muss.

Organisationsreformen bieten Parteien die Möglichkeit organisationsstrukturell Anschlussfähigkeit an die Veränderungen ihrer Umwelten unter Beweis zu stellen, um somit dem an politische Organisationen herangetragenen normativen Anspruch der Aufnahme von Umweltveränderungen gerecht zu werden (siehe Deeg/Weibler 2005: 26). Für politische Parteien sind die gesellschaftlichen Umwelten von besonderer Bedeutung, da sie als zentrale Organisationen der politischen Willensbildung eine Vermittlerrolle zwischen den gesellschaftlichen Interessen und Werten und der staatlichen Politik übernehmen. Sie müssen primär durch ihre Organisationsstrukturen diesen Vermittlungsprozess durch umfassende Kommunikationsleistungen gewährleisten.

Organisationsreformen sind im wesentlichen in fünf unterschiedlichen Bereichen anzusiedeln, die insgesamt miteinander verzahnt sind und als komplexes Ganzes betrachtet werden sollen:

1) Die Aktivitäten der einzelnen Mitglieder
In diesem Bereich ist zu betrachten, wie Organisationsreformen darauf abzielen, die einzelnen Möglichkeiten der Aktivitäten der Parteimitglieder zu beeinflussen und welche innerhalb der Organisation erwünscht oder weniger erwünscht sind. Unterschieden werden kann zwischen organisationsbezogenen und inhaltlich-programmatischen Aktivitäten[1]. Organisationsbezogene Handlungen beziehen sich auf organisatorische Aufgaben wie Verteilung von Wahlkampfmaterial, Mitwirkung an Info-Ständen oder soziale Aktivitäten und sichern letztlich das Funktionieren des Binnenlebens einer Partei. Inhaltlich-programmatische Aktivitäten bedeuten die Mitwirkung an der Politikformulierung der Partei etwa durch Teilnahme an innerparteilichen Diskussionen oder die Wahl bzw. Aufstellung von Kandidaten für Ämter und Mandate. Wenn Reformen in diesem Bereich greifen, steht dahinter die Frage, ob und inwieweit Mitglieder als strategische Organisationsressourcen genutzt werden, wobei beide Aktivitätsformen angesprochen und dabei in Ergänzung zueinander stehen. Es gilt Reformen zu entwickeln, die Anreize für verstärkte Mitarbeit setzen und die unterschiedlichen Partizipations- und Teilhaberechte im Organisationsgefüge austariert, wobei der Aspekt der Freiwilligenorganisation stets beachtet werden sollte. Konkret gilt es auch die Mitgliederrechte bei der Kandidatenaufstellung und der Programmformulierung zu betrachten.

Politische Parteien in Westeuropa sehen sich selbst häufig als Mitgliederparteien, die beitrittswillige Bürgern integrieren und ihnen ein innerparteiliches Betätigungsfeld bieten. Der Aktivitätsgrad der einzelnen Parteimitglieder variiert erheblich. Während aktive Mitglieder ein hohes Maß an Partizipationsbereitschaft aufweisen und ihre Partizipationsbereitschaft sich an einer Vielzahl von Aktivitäten zeigt, unterstützt das einfache Mitglied die Partei durch Mitgliedsbeiträge oder Spenden, zeigt aber ansonsten wenig Interesse am Parteileben. Reformen können sowohl die eine wie die andere Gruppe durch ihre Ausrichtung bevorzugen. Derzeit sind unter den Mitgliedern der deutschen Parteien nach der Potsdamer Mitgliederstudie 50 Prozent sogenannte „Karteileichen" (ohne nennenswerte innerparteiliche Aktivität), 19 Prozent Versammlungsbesucher (ihre Aktivität beschränkt sich weitgehend auf den gelegentlichen Besuch von Parteiversammlungen), 18 Prozent sind ämterorientiert und 14 Prozent geselligkeitsorientiert (Klein 2006). Der Anteil der häufiger Aktiven liegt dieser Studie zufolge bei über 30 Prozent, das wäre im internationalen Vergleich betrachtet hoch, denn nach verschiedenen Studien ist der Anteil der häufiger Aktiven in den Parteien zwischen 10 und 45 Prozent zu veranschlagen (vgl. Scarrow 2000: 95), mit abnehmender Tendenz seit den

---

1 Hallermann (2003: 67ff.) unterscheidet zwischen formalen und inhaltlichen Aktivitäten der Parteimitglieder. Vgl. zu den unterschiedlichen Motiven des Beitritts und des Handelns von Parteimitgliedern auch Niedermayer (2001) und Klein (2006).

neunziger Jahren des letzten Jahrhunderts (Heidar 2006: 307). Besondere Beachtung muss an dieser Stelle den ehrenamtlichen und hauptamtlichen Aktivisten geschenkt werden, die zu erheblichen Teilen das alltägliche Binnenleben in Parteien bestimmen. Zu fragen ist daher, welche gemeinsamen bzw. unterschiedlichen Aufgaben und Handlungsmöglichkeiten diesen beiden Gruppen von Aktivisten zugewiesen werden.

2) Innerparteilicher Entscheidungsprozess und Machtverteilung
Hier geht es hauptsächlich darum zu untersuchen, ob und inwieweit es durch Organisationsreformen zu Verlagerung von Macht und Entscheidungskompetenzen innerhalb einer Partei kommt. Lassen sich durch Reformen Veränderungen des innerparteilichen Entscheidungsprozesses konstatieren und gibt es im Hinblick auf die innerparteiliche Machtverteilung Gewinner und Verlierer der Neustrukturierung? Zu betrachten sind sowohl informale wie formale Veränderungsprozesse. Da eine politische Partei aufgrund ihrer Heterogenität und Fragmentierung aus verschiedensten Gruppen und Gruppierungen zusammengesetzt ist (programmatisch-ideologisch, thematisch, territorial, hierarchisch), sind Gewinner und Verlierer häufig nicht leicht auszumachen. Die genaue Verortung der Macht in Parteien ist im Einzelfall vorzunehmen. Besondere Beachtung verdient die Stellung der Parteiführung innerhalb der Parteiorganisation. Dazu zählen neben dem Parteivorsitzenden das Präsidium, wichtige Vorstandsmitglieder, es können aber auch einflussreiche Berater des Parteivorsitzenden, sofern sie der Partei angehören, dazu gezählt werden, da nicht selten „auf der Leitungsebene auf der Basis von ausgewählten Kontakten und nicht auf der Basis komplexer, ausgearbeiteter Vorlagen der Informationsverarbeitung entschieden wird" (Luhmann 2000: 254). Als engster Kreis der Parteiführung sind in politischen Parteien als „lose verkoppelte Anarchien" (Lösche 1993; Wiesendahl 1998) die Mitglieder eines strategischen Zentrums zu identifizieren. Es umfasst Personen, die strategisch relevante Positionen im Parteiapparat besetzen, drei bis fünf Personen, die mit einem „gestaffelten System verbunden sind, von dem die ihnen unmittelbar zugeordnete Ebene (Vertraute) von besonderer Bedeutung ist" (Raschke 2001: 25f.). Organisationsreformen sind in besonderer Weise darauf hin zu untersuchen, ob und inwieweit die jeweilige Parteiführung von diesen profitiert oder sie möglicherweise an Autonomie und Machtkompetenzen verliert. Dies gilt umso mehr, als sich in der Parteienforschung die Erkenntnis durchsetzt hat, dass Parteien „heute noch mehr als früher von ihrer Führung bestimmte Organisationen" sind (Mair et al. 1999: 395).

3) Das Verhältnis einzelner inhaltlicher Gruppierungen und Gruppen zueinander
Wie bereits oben erwähnt, existieren innerhalb von politischen Parteien zahlreiche Gruppierungen (horizontal) und Untergliederungen (vertikal), ein „Neben und Miteinander typologisch verschiedener Strukturelemente"

(Mintzel 1993: 78), vielfach segmentiert, fragmentiert und parzelliert. Parteien konstituieren sich aus verschiedenen Gruppen und Subeinheiten, die nur lose miteinander verbunden sind. Sie sind häufiger auch durch die Bildung informaler und formaler Faktionen gekennzeichnet, nicht selten mit eigenen Namen und Symbolen (Köllner/Basedau 2006). Da die einzelnen Organisationssegmente über ein Mindestmaß an Autonomie verfügen, ist zu fragen, wie diese durch Organisationsreformen berührt und in den Kontext der die gesamte Organisation übergeordneten Ziele gestellt waren. Zu behandeln ist, inwieweit Reformen die Position einzelner Gruppierungen innerhalb der Gesamtorganisation begünstigen oder benachteiligen mit Blick auf Ressourcen oder Mitwirkung im innerparteilichen Willensbildungsprozess (außerhalb von direkten Machtkompetenzen), wobei auch hier zwischen formalen und informalen Handlungsmöglichkeiten unterschieden werden kann. Zu beachten ist also die vertikale Machtteilung zwischen den unterschiedlich formalisierten innerparteilichen Gruppierungen und Vereinigungen.

4) Die kommunikative Vernetzung zwischen der Parteiführung und den Mitgliedern bzw. regionalen und lokalen Untergliederungen
Die kommunikative Vernetzung zwischen den einzelnen Organisationsteilen einer politischen Partei ist unterschiedlich ausgestaltet, in den meisten Fällen ist von einer eher schwachen Ausprägung auszugehen (Sarcinelli 2007). Häufig sind die direkten kommunikativen Verbindungslinien eher dünn, so dass die unterschiedlichen Meinungen, Werte, Interessen und Positionierungen der einzelnen Organisationssegmente nur eingeschränkt an die Parteiführung weiter gegeben werden können. Auch der indirekte Weg via Massenmedien steht den Parteigliederungen nur begrenzt zur Verfügung. Das Internet bietet zwar erhebliche Kapazitäten zur innerparteilichen Kommunikation an, die Verarbeitungskapazitäten setzen aber auch hier enge Grenzen. Der Parteiführung bietet sich dagegen der Zugang zu Massenmedien, mit denen sie ihre Informationen an die Parteibasis oder Subeinheiten weiter leiten können. Organisationsreformen können darauf abzielen, die kommunikativen Verbindungslinien zu verstärken oder weiter abzuschwächen, je nachdem, ob eine handlungsorientierte Kommunikation die Teilhabe möglichst vieler Mitglieder an vielfältigen Entscheidungsprozessen gewährleisten soll oder ob die „Perspektive des professionellen Kommunikationsplaners, der die Mitgliedschaft seiner Partei allenfalls als unberechenbare Restgröße strategischer politischer Planungen erfährt" (Meyer et al. 1994: 126), dominiert. Die einzelnen Kanäle der innerparteilichen Diskussion können führungszentriert oder zumindest partiell durchlässig sein und miteinander verbunden werden.

5) Die Öffnung der Strukturen für Akteure außerhalb der formalen Mitgliedschaft
Das Modell der Mitgliederpartei, wie es im politischen System Deutschlands bestimmend ist, bietet ihren Mitgliedern exklusive Teilhaberechte

wie etwa die Kandidatenauswahl für innerparteiliche und öffentliche Ämter bzw. Mandate oder die programmatische Richtungsbestimmung. Diese exklusiven Einflussmöglichkeiten können durch Organisationsreformen direkt betroffen sein, in dem Mitglieder diese behalten oder sogar ausgebaut werden; aber sie können den Mitgliedern auch die Exklusivität entziehen, in dem Akteure außerhalb der Partei Rechte zugesprochen werden, die direkt das Binnenleben berühren. Diese Rechte können auch unterhalb der Mitentscheidungsbefugnisse angesetzt werden. Organisationsreformen können darauf abzielen, die Grenzen der Organisation zu flexibilisieren, so dass auch außerhalb der Partei stehende Akteure den zur Verfügung gestellten Partizipationsraum nutzen können, ohne eine formale Mitgliedschaft mit ihren (geringen) Pflichten eingehen zu müssen. Die Prozesse innerparteilicher Willensbildung würden mit einem solchen Schritt aufgelockert werden und eine stärkere Involvierung politisch interessierter Bürger in innerparteiliche Angelegenheiten ermöglicht.

3. Maßstäbe für den Erfolg von Organisationsreformen

Reformen von Organisationsstrukturen können insgesamt auf drei Ebenen betrachtet werden (vgl. Jun 2004: 133):

1) Inhaltliche Ausgestaltung der Reformvorhaben
2) Intendierte Ziele und der Prozess der Implementation
3) Reale Auswirkungen (auch nicht intendierte) im Alltagsleben der Organisation

Die Ergebnisse auf allen drei Ebenen sind im Zusammenhang zu betrachten und korrespondieren auch oft miteinander; es können aber auch deutliche Divergenzen auftreten, die es gilt in die Bewertung miteinzubeziehen. Zu bewerten sein wird, ob die inhaltlich formulierten Vorhaben bzw. intendierten Ziele erreicht, mit welchen Mitteln und Instrumenten diese umgesetzt werden und welche Folgewirkungen sich daraus für das Binnenleben einer Organisation ergeben. Dabei dürfen die externen Umstände nicht ausgeblendet werden, da der Erfolg von Organisationsreformen nicht nur von inhaltlichen Konzepten, der Erarbeitung von Strategien und deren angemessener Implementation abhängt, sondern auch von externen Einflussfaktoren wie etwa gesellschaftlichen Werten und Normen, situativen Umständen oder der Parteienkonkurrenz. Die externen Bedingungen begrenzen oder erweitern die Möglichkeiten der Durchsetzung von Organisationsreformen und sind als ein zentraler Faktor der Bewertung stets zu vergegenwärtigen.

Als sehr erfolgreich können Organisationsreformen dann gelten, wenn die formalen inhaltlichen Ziele erreicht, die intendierten Auswirkungen durchgesetzt, der Prozess der Implementation effektiv verlief und die innerparteilichen Akteure eine überwiegend positive Wahrnehmung der Auswirkungen im Alltagsleben der Partei haben. Die Effektivität des Prozesses muss an der Mittel-Ziel-Relation gemessen werden, wobei die Angemessenheit des Einsatzes von Mitteln und Instrumenten intersubjektiv schwer bestimmbar ist.

Die inhaltlichen Ziele bzw. intendierten Auswirkungen von Organisationsreformen können von Partei zu Partei und zeitabhängig auch bei jeder einzelnen Partei deutlich differieren, auch je nach dem, welche strategische Gesamtausrichtung innerhalb der jeweiligen Partei im zeithistorischen und gesellschaftlichen Kontext vorherrscht. Neben der Existenzsicherung steht als Ziel von Organisationsreformen ein Macht-, Legitimations- und/oder Attraktivitätsgewinn gegenüber Wählern und (potenziellen) Mitgliedern im Vordergrund, entweder für die Gesamtpartei oder für einzelne Gruppierungen innerhalb der Organisation. Mit Blick auf das Modell der Mitgliederpartei ist daher davon auszugehen, dass Organisationsreformen zum einen den Mitgliedern Anreize bieten sollen in der Partei zu verbleiben oder potenziellen Mitgliedern den Eintritt zu erleichtern. Wenn Parteien nicht nur aus legitimatorischen und finanziellen Überlegungen heraus den Status der Mitgliederpartei bewahren wollen, bedeutet dies, dass sie Mitgliedern einen attraktiven Handlungsraum bieten müssen, den diese auch für sich in Anspruch nehmen können. Organisationsreformen müssen also im Hinblick auf das Modell der Mitgliederpartei daran gemessen werden, ob sie zur Fortexistenz dieser Parteiform beigetragen haben und für Mitglieder zumindest keinen Attraktivitätsverlust mit sich brachten, wobei ein Attraktivitätsgewinn vorteilhafter wäre. Der berechtigte Einwand bei der Bewertung der Organisationsreformen von SPD und CDU dagegen könnte lauten, dass es weder formal-inhaltliches noch intendiertes Ziel der Organisationsreformen war, den Status der Mitgliederpartei zu erhalten. Darauf soll bei der Bewertung der Reformen von CDU und SPD noch näher eingegangen werden.

Zunächst ist aber noch zu klären, welche Vorteile sich politische Parteien vom Status der Mitgliederpartei versprechen. Neben den schon genannten Vorteilen der höheren Legitimation und der Relevanz von Mitgliedern als wichtige Finanzierungsquelle der Parteiarbeit wird häufig auf weitere Vorzüge einer mitgliederstarken Organisation verwiesen: zum einen wirken Mitglieder als Multiplikatoren im lokalen Umfeld, als Mobilisatoren in Wahlkämpfen und als Rekrutierungsreservoir für politische Ämter und Mandate. Daneben können sie auch als Ideenlieferanten und Impulsgeber betrachtet werden, sowie als Basis der gesellschaftlichen Verankerung, die positive Folgen auf Wahlergebnisse mit sich bringen könnte, da eine breitere gesellschaftliche Verankerung den Sympathisantenkreis erweitern könnte. Es ist für politische Parteien durchaus auch rational normativ am Modell der Mitgliederpartei festzuhalten, da die Nachteile einer zahlenmäßig starken Mitgliedschaft kaum ins Gewicht fallen, wie etwa die Eigenständigkeit bei programmatischen oder ideologisch-wertebasierten Fragen, welche den um Wählerwirksamkeit nachsuchenden Parteiführungen mit Blick auf Wahlerfolge hinderlich sein könnte. Als mögliche Nachteile zu nennen sind auch die nicht selten selbstbezogenen Dialogkulturen und Rituale, die auf Außenstehende abschreckend wirken können, oder die finanziellen und infrastruturellen Aufwendungen zur Aufrechterhaltung einer Organisation (siehe auch Sickinger 2005).

4. Antworten von CDU und SPD auf die Krise der Mitgliederpartei

Die drei Problembereiche des Rückgangs der Mitgliederzahlen, der Überalterung und der zurückgehenden Partizipationsneigungen lassen die Frage aufkommen, ob die traditionelle Mitgliederpartei, basierend auf einer Massenmitgliedschaft und ehrenamtlichem Engagement eines kleineren Teils der Mitgliedschaft (Aktivisten, Gelegenheitsaktivisten), vornehmlich auf lokaler Ebene, zukunftsfähig ist. Die Entwicklungstendenzen in europäischen Parteien weisen eher in eine gegenteilige Richtung: Organisationsgrad und -dichte nehmen deutlich ab (Luther/Müller-Rommel 2002: 326). Insgesamt büßen Parteien in nahezu allen westeuropäischen Demokratien ihre Funktion als gesellschaftliche Repräsentanten deutlich ein (Bartolini/Mair 2001: 334; Siavelis 2006). Das Modell der Mitgliederpartei mit einer zahlenmäßig großen Mitgliedschaft hat offenkundig seine „Hochphase längst hinter sich" (Hornig 2008: 60). Welche Aktivitäten der deutschen Großparteien als Reaktion auf die oben genannte Entwicklungen sind zu beobachten?

4.1 Stärkung direktdemokratischer Verfahren

Während in den ostdeutschen Bundesländern die geringen Mitgliederzahlen ein Problem darstellen, ist es in den westdeutschen Bundesländern insbesondere die demographische Verteilung der Mitgliedschaft für die beiden Großparteien, da sich jüngere Menschen unter 30 Jahren kaum für einen Parteibeitritt gewinnen lassen und die beiden Großparteien nur noch einen geringen Jungmitgliederanteil aufweisen (siehe Tabelle 1; vgl. zur Entwicklung der Altersstruktur der Parteien Wiesendahl 2006: 44ff.). Im Jahr 1978 waren etwa noch mehr als 50 Prozent der Parteimitglieder jünger als 45 Jahre und nur etwa 25 Prozent gehörten der Gruppe der über 58jährigen an (vgl. Troitzsch 1980). Nicht verwunderlich ist angesichts dieser Altersentwicklung der Mitglieder, dass auch die Zahl der partizipationsbereiten ehrenamtlichen Mitglieder in den Parteien sinkt; was Franz Walter (2001: 4) schon vor sieben Jahren über die Aktivisten der SPD konstatiert – „grau und müde geworden, politisch eher melancholisch als zukunftsgewiss" – deutet jedenfalls nicht auf engagierte und selbstbewusste Partizipationsneigungen hin. Die in den letzten Jahren häufiger durchgeführten

Organisationsreformen der Mitgliederparteien ohne durchschlagenden Erfolg 195

Regionalkonferenzen brachten der CDU und auch der SPD zwar situativ-punktuell einen Mobilisierungsschub, haben aber die grundsätzlich weitgehend passive Haltung weiter Teile der Mitgliedschaft nicht überwunden. Was unternehmen die Parteien gegen diese Entwicklungen?

Zunächst sollte Erwähnung finden, dass sie nach wie vor – zumindest in ihren offiziellen Erklärungen – normativ am Modell der Mitgliederpartei festhalten und dazu aus legitimatorischen und finanziellen Erwägungen wohl auch kaum eine Alternative haben (siehe auch den Beitrag von Sebastian Bukow in diesem Band). Für Susan Scarrow (1999: 87) ist diese Haltung jedoch vornehmlich instrumentell bedingt: „Weil die Parteiführer die Idee akzeptierten, dass Parteimitglieder und starke lokale Netzwerke bei Wahlen nützlich sind, unterstützen sie in den 90er Jahren Initiativen, welche die Mitgliederorganisation wiederbeleben und modernisieren sollen"[2]. Damit gemeint sind zunächst Initiativen zur Einführung direktdemokratischer Instrumente und Verfahren wie Mitgliederbegehren und Mitgliederentscheide bei Sachthemen oder Urwahlen bei Personalfragen. Was bei den Sozialdemokraten mit der Einsetzung der Kommission „SPD 2000" im Jahre 1991 begann (siehe ausführlich Jun 1996), in der Urwahl des früheren Parteivorsitzenden Rudolf Scharping 1993 seinen medienwirksamsten Ausdruck fand und dann tatsächlich im Jahr 2000 vom damaligen Generalsekretär Franz Müntefering (2000) mit seinem Konzeptpapier „Demokratie braucht Partei" fortgesetzt wurde (siehe ausführlicher Jun 2004), fand – wenn auch zunächst mit „im Vergleich zur SPD zurückhaltendere(r) Einstellung" (Kießling 2001: 34) – ebenfalls Eingang in die CDU und wurde dort mit dem Konzept der „Bürgerpartei CDU. Reformprojekt für eine lebendige Volkspartei" auf dem 17. Bundesparteitag 2003 in Leipzig verabschiedet (siehe zu den Widerständen der Implementierung von innerparteilichen Reformen bei der CDU Wiesendahl 2006: 154). Die Mitgliederpartei soll gestärkt werden, in dem die einzelnen Mitglieder mehr Partizipationsrechte erhalten und sowohl bei der Aufstellung der Kandidaten für Partei- und öffentliche Ämter auf Landes- und Bundesebene wie bei der Festlegung von politischen Positionen und Sachfragen ihre Mitwirkungsrechte wahrnehmen können. Zu Recht verweist der Beschluss der CDU (2003: 10) zur Bürgerpartei darauf, dass die Mitgliedschaft in der Partei wieder „gewichtiger, spannender und verantwortungsvoller werden muss". Sie will daher jedem Mitglied die grundsätzliche Möglichkeit geben, auf alle wesentlichen Entscheidungen Einfluss zu nehmen. Vorgesehen sind für Mitglieder in den Kreisverbänden ein Rederecht auf Kreisparteitagen und ein mit Auflagen verbundenes Antragsrecht (CDU 2003: 11)[3]. Diese Partizipationsmöglichkeiten zielen in erster Linie auf aktive

---

2 An anderer Stelle benennt Scarrow (1999: 89) eine weitere instrumentelle Sichtweise der Parteiführungen auf die Einführung direktdemokratischer Elemente: „Wie in der SPD waren die organisatorischen Reformer in der CDU hauptsächlich von der Frage bewegt, wie die Zusammensetzung der Parteimitglieder das Image der Partei bei den Wählern beeinflussen würde".

3 „Innerhalb der in den Satzungen vorgesehenen Antragsfristen und unter Vorlage der erforderlichen Zahl unterstützender Unterschriften von Mitgliedern" (CDU 2003: 11).

Mitglieder ab und sollen ihnen unterhalb der Landes- und Bundesebene mehr Mitspracherechte einräumen.

Weitergehender sind direktdemokratische Verfahren der Teilnahme aller Mitglieder bei Personal- und Sachentscheidungen: Die Urwahl von Wahlkreiskandidaten für Kommunal-, Landtags- und Bundestagswahlen konnte sich dabei sowohl bei der CDU wie bei der SPD durchsetzen, bei der CDU mittlerweile wohl sogar häufiger als bei der SPD. Der Kreisverband Köln der CDU hat etwa öffentlichkeitswirksam das Mitgliederprinzip bei der Bestimmung der Kandidaten für öffentliche Ämter und Mandate durchgesetzt, während ein entsprechender Antrag in Berlin-Mitte gescheitert ist. Genaueres und vollständiges Zahlenmaterial zum Einsatz des Mitgliederprinzips bei der Bestimmung der Kandidaten ist aber von den Parteien nicht zu erhalten.

Daneben gab es insbesondere auf Landes- und Kreisebene, weniger auf Bundesebene, eine Reihe von Mitgliederbefragungen, -entscheiden und Urwahlen bei den einzelnen Parteien (siehe Reichart-Dreyer 2001: 575ff.). Bei der CDU sind Mitgliederbefragungen auf Bundes-, Landes- und Kreisebene möglich, wenn sie von einem Drittel der jeweiligen untergeordneten Gliederungen eingeleitet und die Vorstände der zuständigen Untergliederungen dies mit der absoluten Mehrheit ihrer Mitglieder beschließen. Die SPD kennt auf der Bundesebene einen Mitgliederentscheid bei Sachfragen auf der Grundlage eines Mitgliederbegehrens, das die Unterstützung von mindestens zehn Prozent aller Mitglieder benötigt. Möglich sind auch Mitgliederentscheide, die vom Bundesparteitag, vom Bundesvorstand oder den Bezirksvorständen ausgehen. Auch die einzelnen Landesverbände haben das Instrument der Mitgliederbefragung eingeführt und zum Teil eingesetzt (siehe Florack et al. 2005: 104).

Tabelle 1: Parteimitglieder nach Alter, 2006 & 2007, Stand jeweils 31.12., Angaben in Prozent

	CDU			SPD			CSU		
	bis 29	30 bis 59	ab 60	bis 29	30 bis 59	ab 60	bis 29	30 bis 59	ab 60
2006	5,4	47,2	47,1	5,7	49,2	45,1	5,4	52,1	42,4
2007	5,1	46,5	48,0	5,8	47,5	46,7	5,5	51,8	42,7

	FDP			Bündnis 90/Die Grünen			Linke		
	bis 29	30 bis 59	ab 60	bis 29	30 bis 59	ab 60	bis 29	30 bis 59	ab 60
2006	11,5	54,4	34,2	–	–	–	3,9	28,0	68,1
2007	10,7	54,4	34,9	13,3	75,3	11,4	–	–	–

Anmerkungen: Da für die Linke 2007 keine Daten vorliegen, wurden die Angaben für 2006 hinzugenommen; Parteieintritt möglich ab einem Alter von 16 Jahren (CDU, CSU, FDP) beziehungsweise 14 Jahren (SPD seit 1998, Linke ab 01.01.2008, vorher 16 Jahre). Die Grünen legen kein Mindestalter fest. An 100 Prozent fehlende Werte: ohne Angaben; Stichtag: jeweils 31.12.; CDU: am 31.12.1990 waren erst wenige ostdeutsche Mitglieder in der zentralen Mitgliederkartei der CDU erfasst, die Erfassung wurde im Oktober 1991 abgeschlossen. Der Altersaufbau der

Gesamt-CDU wird daher erst am 31.12.1991 verlässlich wiedergegeben; SPD: 1990 nur Westdeutschland; 1998 Eintrittsalter auf 14 Jahre heruntergesetzt; CSU: Zwischen 1995 und 2000 waren aufgrund von Problemen bei der EDV-Umstellung Auswertungen der Mitgliederkartei nach sozialstrukturellen Variablen kaum möglich, Stand: 1997: 31.07.1997, 2000: 19.01.2001, 2001: 28.01.2002, 2002: 16.01.2003, 2003: 14.01.2004, 2004: 08.02.2005, 2005: 16.01.2006, 2006: 10.01.2007, 2007: 10.01.2008; FDP: Daten erst ab 1996 verfügbar; Bündnis 90/Die Grünen: erstmals Informationen über die Altersstruktur verfügbar. Geburtsdaten von 81,45 Prozent der Mitglieder ausgewertet; Linke: Daten lagen für 2007 noch nicht vor.

Quelle der Daten und Anmerkungen: Niedermayer, Oskar (2008): Parteimitgliedschaften im Jahre 2007, in: ZParl 39. Jg. (2), S. 379-386, hier S. 385.

Das Resultat dieser erratischen, keiner klaren Linie folgenden Versuche der Durchsetzung direktdemokratischer Verfahren fällt aber doch eher ernüchternd aus. Weder wurde damit in der politischen Realität den einzelnen Mitgliedern in nennenswertem Umfang Macht übertragen, noch kam es – über punktuelle Ereignisse hinausgehend – zu erheblichen innerparteilichen Mobilisierungseffekten, wie sich Befürworter erhofften (vgl. Becker 1999). Man denke nur an das recht klägliche Scheitern des Mitgliederbegehrens von Teilen der SPD-Linken gegen das Reformprogramm Agenda 2010 der von der SPD geführten Bundesregierung im Jahr 2003. Im Gegenteil: Die durch die Einführung direktdemokratischer Verfahren intendierte Stärkung der Autonomie der Parteiführungen ließ die Bereitschaft zur aktiven Mitarbeit nicht nennenswert steigen. Zentrale politische Sachfragen oberhalb der Kreisebene wurden den Mitgliedern der CDU und der SPD bisher nicht unmittelbar zur Entscheidung vorgelegt. Bei Personalfragen zur Besetzung innerparteilicher Führungspositionen wurde zumeist nur auf direktdemokratische Verfahren zurückgegriffen, wenn eine Patt-Situation drohte, die Parteispitze keine klare Präferenz für einen bestimmten Kandidaten hatte oder gravierende innerparteiliche Konflikte vermieden werden sollten. Das beste Beispiel ist hier die letztlich aufgrund von Formfehlern fehlgeschlagene Mitgliederbefragung der Hamburger SPD zur Benennung ihres Spitzenkandidaten für die Bürgerschaftswahl 2008.

Die fehlende flächendeckende und umfassende Einführung von direktdemokratischen Elementen mag auch damit zusammenhängen, dass zumindest der Eindruck entstand, dass diese immer nur dann angewendet werden, wenn sich eine Partei in einem Entscheidungsdilemma befindet und sich die Parteispitze der Entscheidung entledigen möchte (so auch Kießling 2001: 36). Die im SPD-Statut vorgesehene Mitgliederbefragung zur Benennung eines Kanzlerkandidaten kam bislang nie zur Anwendung und wurde interessanterweise trotz entsprechender Hinweise einzelner Abgeordneter und eines Entscheidungsdilemmas im Vorfeld der Bundestagswahl 2009 nicht ernsthaft erwogen. Stattdessen wolle und sollte der seinerzeitige Parteivorsitzende Beck der Partei einen Vorschlag in dieser Personalfrage unterbreiten, den am Ende der Kandidat selbst öffentlichkeitswirksam verkünden musste. Die Bestätigung des Vorschlags erfolgte auf einem Sonderparteitag der SPD im Oktober 2008.

Es kann also festgehalten werden, dass die Einführung direktdemokratischer Elemente zur Stärkung der individuellen Mitglieder keine erheblichen Veränderungen der Organisationsstrukturen von CDU und SPD bewirkt hat. Nach wie vor ist das Delegiertenprinzip der wichtigste und häufigste Mechanismus im Entscheidungsprozess beider Großparteien. Ein Wandel der Aktivitäten der Mitglieder durch den Versuch der vermehrten Einführung direktdemokratischer Elemente hat ebenfalls nur in sehr begrenztem Ausmaß stattgefunden und ist oberhalb der kommunalen Ebene weitgehend begrenzt auf die Aufstellung von Kandidaten für die Landtage und den Bundestag. Das „krasse Beteiligungsgefälle unter den Parteimitgliedern" (Wiesendahl 2006: 154) ist mit der eher legitimationsbeschaffenden Einführung von Mitgliederbegehren, -befragungen und -entscheiden real im Alltagsleben von CDU und SPD nicht nennenswert verringert worden.

4.2 Öffnung der Partei: Projekte, Konferenzen, Netzwerke

Ähnlich wirkten sich die Versuche der Parteien aus, ihre Organisationsstrukturen zu flexibilisieren und sich gegenüber Nichtmitgliedern vermehrt zu öffnen. Diese – dem Modell der Mitgliederpartei eigentlich zuwiderlaufenden Bestrebungen – zielen darauf ab, neue, weniger dauerhafte, sondern punktuelle, themenbezogene Partizipationsformen in politischen Parteien zu eröffnen und damit die nach geographischen Ordnungsprinzipien orientierte Parteistruktur neben den bereits vorhandenen innerparteilichen Arbeitsgemeinschaften durch den Auf- und Ausbau thematischer Netzwerkstrukturen zu ergänzen. Damit reagierten SPD und CDU auf die Beobachtung, dass in großen Organisationen mit ihrem relativ starren organisatorischen Rahmen und der Fülle ihrer Mitglieder Individualisierungs- und Selbstentfaltungsbedürfnisse zu kurz kommen. Projektgruppen, offene Regionalkonferenzen, Netzwerke, Diskussionsforen oder Themenparteitage auf Kreisebene sollen Parteien dialogfähiger mit den unterschiedlichen gesellschaftlichen Gruppen machen, sollen zeitlich und inhaltlich begrenzte Partizipationsangebote sein, um den verloren gegangenen gesellschaftlichen Rückhalt partiell zu kompensieren. Mit den neuen Netzwerkgruppen sollen neue Vorstellungen und Unterstützergruppen für die Parteien gewonnen werden, somit ihr Mitglieder- und Wählerpotenzial erweitert werden.

Die Erfolge sind bisher aber begrenzt und lassen nur punktuelle Diskussionsforen entstehen, deren Mitwirkungsmöglichkeiten gegenüber gewählten Parteigremien als sehr gering einzustufen ist. Parteien wollen sich zwar der Ideen, Meinungen und Erfahrungen der Sympathisanten bedienen, doch in den formalen Entscheidungsprozess werden diese nicht integriert. Die thematischen Netzwerke sind allenfalls als eine machtpolitisch wenig einflussreiche Ergänzung zu den traditionellen Organisationseinheiten hinzugetreten. Dies kann auf die normative Grundlage des Parteiengesetzes, die eine nach geographischen Gesichtspunkten geordnete Struktur vorschreibt, als auch auf die Beharrungskraft der Strukturen von Großorganisationen und der geringen Bereitschaft bzw. Ressourcen (zeitlich, inhaltlich) eines großen Teils der Aktiven, sich dort einzubringen, zurückgeführt werden.

Die wohl umfassendsten und weitgehendsten Vorstellungen von Seiten der Parteien zur Flexibilisierung der Strukturen hatte zunächst Matthias Machnig, damaliger Bundesgeschäftsführer der SPD, mit seinem Konzept von der Netzwerkpartei entwickelt. Die CDU folgte ihm mit ihrer Idee der schon erwähnten Bürgerpartei. Machnig (2001a: 101) selbst beklagt den „organisationspolitischen Strukturkonservatismus" der Großparteien und sieht die Einführung von Netzwerken, in denen Mitglieder und Nichtmitglieder der Partei zeitlich und inhaltlich befristet an einzelnen Projekten und Themengebieten mit dem Ziel eines gemeinsamen Diskurses und dem Entwerfen gemeinsamer Lösungsansätze zusammenarbeiten, als Ausweg aus diesem Modernisierungsdefizit. Explizit spricht Machnig Konsens-, Diskurs-, Generationen-, Multiplikatoren- und Kompetenznetzwerke an, wobei er letzteren eine „zentrale Bedeutung" (2001: 112) beimisst, da deren Mitglieder aufgrund ihrer Kenntnisse, Fertigkeiten und ihrer spezifischen Erfahrung in einzelnen Politikbereichen das Wissensmanagement zur Lösung zentraler politischer Probleme betreiben können. Auch die CDU (2003: 4) setzt darauf, „viele informell aktive Multiplikatoren für die Mitwirkung an der politischen Tagesordnung zu gewinnen" und einen Netzwerkdialog mit zu etablieren, um die lose gewordene gesellschaftliche Verankerung wieder fester zu fundieren. Mit Hilfe von „Kompetenz- und Sympathisanten-Karteien" möchte die CDU die Ressourcen ihrer Mitglieder nutzen, diese stärker für die Parteiarbeit interessieren und einbinden. Das Konzept der Bürgerpartei der CDU dient jedoch wie auch die Idee der „Netzwerkpartei" nicht allein dazu, die Partizipationsmöglichkeiten der Mitglieder zu erhöhen und die Partei als Partizipationsraum attraktiver zu gestalten, sondern verfolgt einen weiteren, aus Sicht der Parteien offenkundig mindestens gleichwertiges, wenn nicht mit Blick auf gesellschaftliche Entwicklungen wichtigeres Ziel.

Machnig spricht es an einer Stelle unverhohlen aus – „eine unter den Bedingungen der individualisierten Mediengesellschaft *professionell* arbeitende Großorganisation" (Machnig 2001a: 116) zu schaffen bzw. zu sichern. Und diese Großorganisation wird *nicht mehr* durch die Zahl ihrer Mitglieder, sondern durch die Aktivitäten des dafür qualifizierten Teils der Mitgliedschaft bestimmt. Die Großpartei der Zukunft fungiert in dieser Sichtweise als eine öffentliche Dienstleistungsfirma, die professionell Kommunikationsleistungen erbringt, nach modernen Managementmethoden organisiert ist, Qualifikationen für künftige Mandatsträger vermittelt und somit aus für die Parteiarbeit gut ausgebildeten, motivierten, aktiven Mitgliedern besteht, die „Kenntnisse in modernem Management, der Moderation von Veranstaltungen und sozialen Konflikten und der professionellen Vorbereitung von Veranstaltungen" (Machnig 2001a: 114) oder als hauptamtliche Führungskräfte in „modernen Managementmethoden, Kommunikations- und Personalführungstechniken" (CDU 2003: 22) haben. In Bildungseinrichtungen und Akademien der Partei sollen diese aktiven, ressourcenstarken Partizipatoren oder „unerlässlichen Organisatoren, kommunikativen Schnittstellen und kontinuitätssichernden Erfahrungsträger" (CDU 2003: 22) ausgebildet werden, um hauptsächlich noch zwei Aufgaben wahrzunehmen: die Mobilisierung der Mitglieder- und Wählerschaft sowie die Rekrutierung der Kandidaten für öffentliche Ämter. Beides geschieht in enger Abstimmung mit den Entscheidungen des strategischen Zentrums der Partei, das unter Hinweis auf die Gesetze der Medien und ihrer Nachrichtenfaktoren (insbesondere Aktualität und Status) erweiterte Spielräume für sich in Anspruch nehmen kann.

Die im Zeitverlauf der letzten 35 Jahre ausgebauten Apparate der Parteigeschäftsstellen[4] mit ihren hauptamtlichen Funktionären und die Stäbe in den Parlamenten, die ohnehin gemeinsam permanent die alltäglichen Parteigeschäfte unter Führung der strategischen Zentren auf Bundes- und Landesebene festlegen und das Bild der Partei in Medien und Öffentlichkeit bestimmen, erhalten dem Konzept nach in einer als „lose verkoppelten Anarchie" organisierten Partei mehr Autonomie, um Dienstleistungen anzubieten und Wählerkoalitionen zu organisieren, somit als „Dienstleistungszentrum für alle Ebenen der Partei" (CDU 2003: 25) fungieren zu können. Die Segmente der Organisation auf lokaler Ebene sind aus der Sicht der Planer in den Bundesgeschäftsstellen weitgehend nur noch exklusiv ein Instrument, um die Kampagnenfähigkeit zu erhöhen und strategische Mehrheitsfähigkeit auf dem Wählermarkt herzustellen. Entsprechend liest sich in den Plänen Münteferings „Demokratie braucht Partei" kaum noch etwas von direktdemokratischen Beteiligungsrechten der Mitgliedschaft. Auch bei der CDU steht Professionalisierung der Parteiarbeit weiter oben auf der Tagesordnung als die Diskussion um Mitgliederentscheide, -befragungen und -initiativen (siehe CDU 2003: 17ff.). Dazu haben beide Parteien Akademien zur Qualifizierung der haupt- und ehrenamtlichen Mandatsträger eingerichtet, so gründete die SPD eine Kommunal- und jüngst auch eine Führungsakademie. Attraktivitätsgewinn durch verstärkte Professionalisierung war schon primäres Ziel der SPD-Organisationsreform „Demokratie braucht Partei" (vgl. Jun 2004: 143ff.). Sie soll helfen, das kleiner werdende Reservoir an zukünftigen Mandats- und Amtsträgern effektiver zu nutzen.

Die Professionalisierung ihrer Organisationsstrukturen ist als wesentliches Ergebnis der Reformen hin zu Netzwerkparteien erhalten geblieben, ansonsten sind die Reformbemühungen weitgehend stecken geblieben und ha-

---

4 Erst in jüngster Zeit ist aufgrund der Finanzknappheit der Bundesparteien ein Rückgang der hauptamtlich Beschäftigten in den Geschäftsstellen bei beiden Großparteien zu beobachten, der jedoch bei der SPD wieder aufgefangen werden konnte. Bei der CDU sank die Zahl im Konrad-Adenauer-Haus von 150 im Jahre 1992 auf derzeit knapp 120, bei der SPD ist die Zahl der hauptamtlich Beschäftigten im Willy-Brandt-Haus in etwa konstant bei 190 geblieben (Angaben der Bundesgeschäftsstellen).

ben bisher wenig zu einer größeren (Wieder-)Annäherung zwischen der Bürgergesellschaft und den Parteien beigetragen. Die Parteien haben zudem bislang noch keine überzeugende Lösung dafür gefunden, wie sie die schwierige Aufgabe bewältigen wollen, die vielstimmigen Diskurse der einzelnen Netzwerkgruppen zu moderieren und in entscheidungsbestimmtes Handeln zu transformieren, das heißt wie die Diskussionen in den Netzwerken in die innerparteiliche Willensbildung konkret einfließen kann (siehe auch Florack et al. 2005: 107ff.). Die CDU versuchte dieses Problem mit Hilfe ihres CRM-Projektes (*Customer-Relationship-Management*) zu lösen, das alle Gliederungen und Parteivereinigungen miteinander vernetzt, ohne aber ihre gesellschaftliche Anbindung in erkennbarem Maße zu erhöhen. Bei der SPD ließen sich nach dem Abgang Machnigs sogar zwischenzeitliche Rückschritte mit Blick auf die Etablierung von Netzwerkstrukturen beobachten, nach dem die von Kurt Beck geleitete Arbeitsgruppe ein Konzept zur modernen Mitgliederpartei entwickelt hatte (SPD 2005), was aber wenig Innovatives beinhaltete: „Vor lauter Sorge, nirgendwo anzuecken, ist dieses Konzept allerdings auch recht inhaltsarm und blutleer" (von Alemann/Godewerth 2005: 170). Unter der Leitung des bis vor kurzem amtierenden Bundesgeschäftsführers Gorholt wollte die SPD an Ideen zur Netzwerkpartei anknüpfen, ohne bislang ein grundlegend neues Konzept vorgelegt zu haben. Die organisationspolitische Aufstellung der SPD soll neu überdacht und eine Antwort auf den Mitglieder- und Einnahmeverlust der Partei gegeben werden. Dazu wurde im März 2008 vom Parteipräsidium eigens eine neue Arbeitsgruppe ins Leben gerufen, die unter der Leitung der Schatzmeisterin Barbara Hendricks bis Ende 2008 einen Bericht mit konkreten Reformvorschlägen vorlegen soll. Als besonderes Problem betrachtet es die Partei, dass es zu wenig ehrenamtliche Bewerber für innerparteiliche Vorstandsposten auf kommunaler Ebene gibt. Eine Zusammenlegung einzelner Ortsvereine scheint zur Problemlösung unumgänglich.

Dass Netzwerkstrukturen bislang hauptsächlich zur wirksamen Wahlkampf- und Kampagnenführung dienen, wird an dem jüngst von den politischen Parteien favorisierten „*grass roots campaigning*" deutlich. Es bringt strukturell betrachtet eine eher symbolische Aufwertung der Mitglieder zum Ausdruck; bei dieser Kampagnenform knüpfen die Parteiführungen an frühere Mobilisierungsaktionen ihrer Mitglieder in Wahlkämpfen an. Es soll darum gehen durch direkte Ansprache von Wählern vor Ort eine „dialogorientierte lokale Wahlkreiskommunikation" (Juknat/Römmele 2008: 171) wieder vermehrt zu etablieren. Sympathisanten einer Partei und deren Mitglieder vor Ort sollen potenzielle Wähler ansprechen und mobilisieren, um somit das Wählerpotenzial effektiver ausschöpfen zu können, da angesichts der Informationsflut in den Medien von einem steigenden Desinteresse an medial vermittelter Politik ausgegangen wird und die Parteizentralen sich von personaler Kommunikation ein stärkeres Durchdringen ihrer Botschaften versprechen. Dahinter steht die zwar oft zu hörende, aber kaum überprüfte und schon gar nicht abschließend bestätigte Auffassung, Wahlkämpfe *allzu sehr* auf Massenmedien *hin auszurichten*, sei eine Sackgasse (so etwa der SPD Koordinator im Bundestagswahlkampf 2005 Kajo Wasserhövel in Politik & Kommunikation, Wahlkampf Special 3, S. 15).

Die Planung und Koordinierung dieser „lokalisierten", aus den USA importierten Kampagnenform erfolgt aber weitgehend zentral durch die nationale Partei und deren Kampagnenteam unter Federführung des strategischen Zentrums und mit Hilfe von virtuellen, im Internet eingerichteten Wahlkampfplattformen. Die Anhänger vor Ort sollen vornehmlich im von der Parteiführung vorgegebenen Rahmen als Unterstützer fungieren. Mit Blick auf den ähnlich gelagerten Präsidentschaftswahlkampf der Republikaner 2004 formulieren die ansonsten die Ideen befürwortenden Voigt und Hahn (2008: 218): „In dieser Struktur spiegelte sich die Illusion von unabhängigem Engagement wider, welchem in der Realität jedoch Uniformität und Loyalität gegenüberstanden". Kann bei dieser Form der Wahlkampfunterstützung tatsächlich von einer substanziellen Aufwertung der Mitgliedschaft gesprochen werden? Oder ist nicht eher von instrumenteller Nutzung auszugehen? Als zentrales Medium dieser Wahlkampfform fungiert das Internet, das als kostengünstiges und schnelles Medium die Kommunikation zwischen der Parteiführung und der -basis und zwischen den einzelnen Organisationseinheiten der Parteien verbessern sowie als Diskussions- und Partizipationsraum mehr Einflussmöglichkeiten für das einzelne Mitglied oder kollektive Gruppen in den Parteien ermöglichen soll.

Tabelle 2: Mitgliederzahlen der im deutschen Bundestag vertretenen Parteien Vergleich 1995 und 2008.

	1995	2008
SPD	817.650	522.668
CDU	657.643	530.194
CSU	179.647	165.122
Die Linke	114.858	76.139
FDP	80.109	65.892
Bündnis 90/DIE GRÜNEN	46.245	45.100

Quelle: Angaben der Bundesgeschäftsstellen. Die Zahlen für die Linke beziehen sich im Jahr 1995 auf die PDS, die 2007 als Linke.PDS mit der WASG fusionierte.

4.3 Stärkung der innerparteilichen Kommunikationskanäle

Mit dem Aufkommen des Internets verbanden sich viele Hoffnungen an eine digital gestützte Partizipationserweiterung der Parteimitgliedschaft und an ein Mehr an innerparteilicher Demokratie (vgl. Margetts 2006). Das Internet bietet bessere Chancen für Parteien sich selbst darzustellen und über ihre Angebote zu informieren bis hin zur Bereitstellung von Dienstleistungsangeboten. Neue

Formen der inner- und außerparteilichen Kommunikation und der Partizipation scheinen denkbar, um die unterschiedlichsten Unterstützergruppen verlässlicher zu erreichen und eine diskursive handlungsorientierte Kommunikation zu gewährleisten. Gesellschaftliche Außeneinflüsse sollen stärker in die Parteiarbeit einfließen können und gleichzeitig haben die Parteien die Möglichkeit ihre Informationen ungefiltert in gesellschaftliche Gruppen zu vermitteln. Zielgruppenarbeit lässt sich mit diesem Instrument effizienter bewerkstelligen. Vielfältige Formen handlungsorientierter Kommunikation durch und mit Unterstützernetzwerken und direktdemokratische Abstimmungs- und Entscheidungsprozesse können via Internet organisiert werden. Internetkommunikation sollte also die Binnen- und Außenkommunikation erweitern und effektivieren, gleichzeitig die Mitgliederpartizipation ausbauen und vertiefen.

Den Parteimitgliedern sollen nach Vorstellung der SPD (2005: 11) „exklusive Informations- und Diskussionsangebote" gemacht werden. Dazu bieten beide Parteien neben ihrer frei zugänglichen Präsenz im Internet Mitgliedernetze an, die „dem einzelnen Mitglied einen umfassenden Überblick über die Beschlusslage und programmatischen Projekte der Partei *vermittel(n)"* (CDU 2003: 33, Hervorhebung durch den Verfasser) und ausschließlich von Mitgliedern genutzt werden sollen. Virtuelle Arbeitskreise sind entstanden, die bei der SPD bis zum „Vituellen Ortsverein (VOV)" reichen und das Wohnortprinzip ergänzen sollen. Dieser Anreiz der Parteimitgliedschaft, der exklusive Zugang zu Informationen durch Parteimitglieder, muss vor dem Hintergrund der Professionalisierung der Parteien jedoch differenziert betrachtet werden. Die dafür zunehmend mehr genutzten Online-Mitgliedernetze werden nämlich zentral von den Bundesgeschäftsstellen gesteuert und richten sich primär an die Funktionäre bzw. Hauptamtlichen der Parteien. Hier ist ein struktureller Vorteil der Parteimanager angelegt und wohl auch nicht veränderbar; die technisch gut ausgestatteten Bundes- oder Landesgeschäftsgeschäftsstellen mit ihrem dafür ausgebildeten Personal bestimmen die Rahmenbedingungen der Online-Kommunikation und setzen damit Inhalte und Formen des Prozesses fest (siehe auch Marschall 2001: 41). Von weitaus größeren Partizipations- oder gar Machtchancen der Mitgliedschaft durch die Onlinenetze der Parteien kann trotz aller theoretisch bestehenden Möglichkeiten bisher jedenfalls kaum gesprochen werden. Wiesendahl (2006: 171) formuliert pointiert: „Hochtrabende Erwartungen an digitale Partizipationsausweitung und elektronische Demokratie haben sich in Nichts verflüchtigt". Dafür verantwortlich gemacht werden kann der fehlende strategische Wille der Parteiführungen, die geringe organisatorische Kapazität der Parteigliederungen und die nur begrenzt vorhandene Akzeptanz solcher Instrumente bei den aktiven ehrenamtlichen Mitgliedern. Immerhin kann konstatiert werden, dass die Binnenkommunikation durch das Internet effizienter verläuft und den aktiven Mitgliedern mehr Beteiligungsmöglichkeiten einräumt, die aber nach bisherigen Erkenntnissen nur ansatzweise genutzt werden. Doch selbst wenn dieses Medium ins Zentrum moderner Wahlkampagnen rückt und wichtiger noch dessen Rückkanäle vermehrt zur Aktivierung und Stärkung der Mitglieder genutzt werden sollten, so lassen bisherige Erfahrungen Skepsis gegenüber allzu großem Optimismus im Hinblick auf die Wahrnehmung weitergehender Partizipationsrechte nur allzu angebracht erscheinen (vgl. Semetko 2006: 522f.; optimistischer Voigt/Hahn 2008). Zu bedenken ist zudem, dass das Internet als sogenanntes „*Pull Medium*" in erster Linie auch nur solche Gruppen mobilisiert, die ohnehin schon ein relativ starkes politisches Interesse aufweisen.

Fazit der Organisationsreformen von CDU und SPD: Der Trend zur organisatorischen Professionalisierung der Großparteien in Deutschland ist ungebrochen und wird von den Parteien weiter vorangetrieben. Sie verfügen trotz aller Finanzprobleme noch immer über recht gut ausgestattete Geschäftsstellen, die zusammen mit den Abgeordneten in den Fraktionen und Mitarbeitern in den Parlamenten sowie denen auf Regierungsebene und den Regierungsmitgliedern den politischen Alltag der Parteien dominieren. Längst haben die Hauptamtlichen Aufgaben ehrenamtlicher Mitglieder übernommen oder übernehmen müssen. Die Massenmitgliedschaft dient der Legitimation nach außen und trotz staatlicher Parteienfinanzierung als essentielle Finanzierungsquelle für kostenintensive Wahlkämpfe, die aktive Mitgliedschaft der Mobilisierung in Wahlkämpfen sowie punktuell bei als zentral erachteten kommunalpolitischen Themen und der Rekrutierung für öffentliche Ämter; für den innerparteilichen Entscheidungsprozess nimmt ihre Bedeutung ebenso ab wie als Wahlkampfressource (vgl. auch Niedermayer 2000). Parteitage sind längst zumeist medial inszenierte Akklamationsorgane (vgl. von Beyme 2000: 147; Müller 2002). Wahlkämpfe werden hauptsächlich mit Hilfe von Beratern sowie Experten aus Werbung und Marketing, von Event-Agenturen und Meinungsforschern geplant und (mit-)bestimmt (siehe für die SPD Jun 2004; für die CDU Focke 2007). Das Dilemma, sich zwischen erweiterten Partizipationsangeboten und Kontrollmöglichkeiten gegenüber der Parteiführung zugunsten der individuellen Parteimitglieder und den Autonomieansprüchen der Parteiführung in Aushandlungsprozessen im politischen Mehrebenensystem (siehe auch Detterbeck in diesem Band) entscheiden zu müssen, haben CDU und SPD insofern aufgehoben, als sie durch die Professionalisierung ihrer Strukturen den hauptamtlichen Mitgliedern mehr Ressourcen und größere Unabhängigkeit gegeben haben zuungunsten der Mitwirkungsmöglichkeiten ehrenamtlicher Mitglieder oberhalb der lokalen Ebene. Die Gewichte haben sich damit hin zur Berufspolitikerpartei und weg von der Freiwilligenpartei der Basis verschoben (siehe zu dieser Unterscheidung schon Sarcinelli 2007: 132). Den Anspruch, eine umfassende Mitgliederorganisation zu sein, können, wollen und werden die Parteien damit aber nicht aufgeben.

5. Konklusion und Ausblick

„Die gesellschaftliche Entwurzelung der Parteien schreitet voran" – diese schon 2001 von Joachim Raschke (2001: 18) formulierte Tendenz hat sich seitdem noch verschärft, nicht aller Organisationsreformen zum Trotz, sondern durch diese sogar partiell begünstigt. Parteien versuchen vergeblich gesellschaftlichen Entwicklungen hinterherzulaufen und verkennen, dass sie schlichtweg nicht genug Attraktion ausstrahlen und zu wenig Attraktivität besitzen, um wieder Massenmitgliedschaften der 1970er Jahre zu erreichen. Ihre gesellschaftliche Akzeptanz ist sehr gering (siehe Tabelle 2) und eine Veränderung dieses Tatbestandes ist auf absehbare Zeit nicht zu erwarten. Die Gesellschaft löst sich von den Parteien und die Parteien von ihr. Die Modernisierung der Organisationsstrukturen hat diese Entwicklung eher verstärkt denn abgeschwächt; sie läuft bislang durch ihre intendierten Auswirkungen und im realen Binnenleben hauptsächlich auf den professionellen Dienstleistungsbetrieb hinaus, der versucht, erfolgreich Interessen- und Wählerkoalitionen zu schmieden, Kampagnen organisiert und Wahlen gewinnt. In der primär von den Massenmedien organisierten und von diesen weitgehend auch bestimmten politischen Kommunikation des beginnenden 21. Jahrhunderts bedarf es dazu in weiten Teilen der Nutzung der Massenmedien durch professionell inszenierte Formen der Politik, welche den Selektions- und Präsentationsmechanismen der Medien Rechnung tragen und diese für sich nutzbar machen[5].

Es ist den Parteien erfolgreich ein Anpassungsprozess an veränderte Umwelten gelungen. Aus diesen Entwicklungen folgern Parteienforscher eine wachsende Entfremdung zwischen Mitglieder- und Berufspolitikerpartei (Sarcinelli 2007: 132; Wiesendahl 2006: 93ff.). Doch auch die Freiwilligen der Parteibasis entfernen sich von weiten Teilen der Gesellschaft (Biehl 2005); bei den Neumitgliedern überwiegen längst instrumentelle Beitrittsmotive gegenüber gesinnungs- und gefühlsmäßiger Loyalität (vgl. Klein 2006; Niedermayer 2001). Der inhaltlich immer wieder von CDU und SPD vorgetragene Wunsch, die Mitgliedszahlen zu erhöhen oder zumindest zu halten, hat sich ebenso wenig erfüllt wie die Hoffnung, das Binnenleben der Parteien für Außenstehende deutlich attraktiver zu gestalten. Dazu waren die Partizipationsangebote offenbar für Sympathisanten nicht ausreichend genug, fehlte es den Parteiführungen entweder an strategischen Konzepten oder am Willen diese gegen Widerstände durchzusetzen. Im Prozess der Implementation der Organisationsreformen wurden Prioritäten nicht klar ersichtlich; insgesamt überwogen zu sehr technokratische Gesichtspunkte, dabei brauchen gesell-

---

5   Die wenig ergiebige Diskussion um den Funktionsverlust der Parteimitglieder aufgrund der Medialisierung der politischen Kommunikation in Wahlkämpfen soll an dieser Stelle nicht geführt werden (siehe dazu Jun 2009). Denn die nach wie vor bestehende und nicht zu geringe Bedeutung der Mitglieder für das Organisationsleben der Parteien wird von einzelnen Autoren der Parteienwandelliteratur keineswegs bestritten (siehe Jun 2004: 406ff.), wie einzelne Kritiker gerne behaupten.

schaftliche Organisationen gesellschaftlich mobilisierbare Themen und sollten gesellschaftliche Strömungen integrieren, was sich durch technokratische, binnenzentrierte Reformen kaum herstellen lässt. Die SPD steht dabei aufgrund ihrer demographischen Struktur, der von Teilen der Mitgliedschaft abgelehnten Reformpolitik der Agenda 2010 und angesichts des Aufkommens zunächst der Grünen, dann der Linken vor größeren Problemen als die CDU, die seit Juli 2008 erstmals mitgliederstärkste Partei Deutschlands ist. Damit soll aber keineswegs den Parteien der „schwarze Peter" allein zugeschoben werden; sie haben sich zum Teil chancenlos gegen gesellschaftliche Stimmungen gestemmt, die parteipolitischen Aktivitäten skeptisch bis ablehnend gegenüberstehen. In diesem Umfeld sich zu behaupten ist auch kein leichtes Unterfangen, wie die Entwicklung nahezu aller Großparteien in Westeuropa zeigt. Daher ist es für Parteien die vordringlichste Aufgabe ihre Akzeptanzwerte in der Gesellschaft zu verbessern. Parteien sollten es nicht vernachlässigen, überlebensnotwendige Ressourcen der politischen Systeme wie öffentliche Akzeptanz, Unterstützung und Vertrauen herzustellen.

Noch mehr als in der Vergangenheit könnten Parteien aber auch Potenziale, Motive und Bedürfnisse der beitrittswilligen Bürger ermitteln und der Nachfrage entsprechende Angebote bereitstellen. Zu einem solchen Partizipationsmanagement gehört eine gemeinsame Klärung von Haupt- und Ehrenamtlichen, welche Beteiligungsform gewünscht und wie diese unterstützt und gefördert werden kann. Voraussetzung für ein erfolgreiches Partizipationsmanagement ist eine reibungslose Schnittstelle zwischen der Berufspolitiker- und der Freiwilligenpartei. Vordringlichste Aufgabe für Parteien sollte es daher sein, effektive und nach oben hin durchlässige Kommunikationssysteme gegenüber ihren gesellschaftlichen Umwelten zu entwickeln. Horizontale und vertikale Verbindungslinien sollten dabei so konzipiert sein, dass die Kommunikationsnetzwerke dem Einzelnen zugänglich sind und seine Partizipationsmöglichkeiten nicht an den engen Grenzen eines Orts- oder Regionalverbandes bzw. seiner Arbeitsgemeinschaft enden. Sollte es den Parteien nicht gelingen, ihre Kommunikationsfähigkeit gleichzeitig mit ihren Partizipationsanreizen zu erhöhen, droht ein weiterer Vitalitätsverlust des Binnenlebens, der ihre Attraktivität weiter sinken ließe. Folge wäre ein noch stärkeres Abkoppeln von der gesellschaftlichen Basis.

Literatur

Alemann, Ulrich von (1995): Parteien, Reinbek bei Hamburg: Rowohlt.
Alemann, Ulrich von/Godewerth, Thelse (2005): Die Parteiorganisation der SPD. Erfolgreiches Scheitern?, in: Josef Schmid und Udo Zolleis (Hrsg.), Zwischen Anarchie und Strategie. Der Erfolg von Parteiorganisationen, Wiesbaden: VS-Verlag, S. 158-171.
Bartolini, Stefano/Mair, Peter (2001): Challenges to Contemporary Political Parties, in: Larry Diamond und Richard Gunther (Hrsg.), Political Parties and Democracies, Baltimore: The John Hopkins University Press, S. 327-343.

Becker, Bernd (1999): Innerparteiliche Reformmöglichkeiten für die deutschen Parteien. Von Großbritannien lernen, in: Zeitschrift für Parlamentsfragen 30. Jg. (3), S. 447-466.
Beyme, Klaus von (2000): Parteien im Wandel. Von den Volksparteien zu den professionalisierten Wählerparteien, Wiesbaden: Westdeutscher Verlag.
Biehl, Heiko (2005): Parteimitglieder im Wandel. Partizipation und Repräsentation, Wiesbaden: VS-Verlag.
Bösch, Frank (2005): Oppositionszeiten als Motor der Parteireform? Die CDU nach 1969 und 1998 im Vergleich, in: Josef Schmid und Udo Zolleis (Hrsg.), Zwischen Anarchie und Strategie. Der Erfolg von Parteiorganisationen, Wiesbaden: VS-Verlag, S. 172-185.
CDU (2003): Beschluss des 17. Parteitages der CDU Deutschlands 2003: Bürgerpartei CDU. Reformprojekt für eine lebendige Volkspartei, Leipzig.
Deeg, Jürgen/Weibler, Jürgen (2005): Politische Steuerungsfähigkeit von Parteien, in: Josef Schmid und Udo Zolleis (Hrsg.), Zwischen Anarchie und Strategie. Der Erfolg von Parteiorganisationen, Wiesbaden: VS-Verlag, S. 22-42.
Detterbeck, Klaus (2005): Die strategische Bedeutung von Mitgliedern für moderne Parteien, in: Josef Schmid und Udo Zolleis (Hrsg.), Zwischen Anarchie und Strategie. Der Erfolg von Parteiorganisationen, Wiesbaden: VS-Verlag, S. 63-76.
Florack, Martin/Grunden, Timo/Korte, Karl-Rudolf (2005): Strategien erfolgreicher Mitgliederrekrutierung der politischen Parteien, in: Josef Schmid und Udo Zolleis (Hrsg.), Zwischen Anarchie und Strategie. Der Erfolg von Parteiorganisationen, Wiesbaden: VS-Verlag, S. 96-113.
Focke, Sandra (2007): „Politik-Marketing". Die Marketing-Strategien der beiden großen Volksparteien (CDU, SPD) im Bundestagswahlkampf 2002 mit Schwerpunkt auf Materialien der CDU, Frankfurt am Main: Peter Lang.
Hallermann, Andreas (2003): Partizipation in politischen Parteien. Vergleich von fünf Parteien in Thüringen, Baden-Baden: Nomos.
Heidar, Knut (2006): Party Membership and Participation, in: Richard S. Katz und William Crotty (Hrsg.), Handbook of Party Politics, London: Sage, S. 301-315.
Heidar, Knut/Saglie, Jo (2003): Predestined Parties? Organizational Chance in Norwegian Political Parties, in: Party Politics 9. Jg. (2), S. 219-239.
Hornig, Eike-Christian (2008): Die Spätphase der Mitgliederparteien in Westeuropa, in: Österreichische Zeitschrift für Politikwissenschaft 37. Jg. (1), S. 45-62.
Jucknat, Kim/Römmele, Andrea (2008): Professionalisierung des Wahlkampfes in Deutschland – wie sprachen und sprechen Parteien ihre Wählerinnen und Wähler an?, in: Karsten Grabow und Patrick Köllner (Hrsg.), Parteien und ihre Wähler, Gesellschaftliche Konfliktlinien und Wählermobilisierung im internationalen Vergleich, Berlin: Konrad-Adenauer-Stiftung, S. 167-176.
Jun, Uwe (1996): Innerparteiliche Reformen im Vergleich: Der Versuch einer Modernisierung von SPD und Labour Party, in: Jens Borchert, Lutz Golsch, Uwe Jun und Peter Lösche (Hrsg.), Das sozialdemokratische Modell, Organisationsstrukturen und Politikinhalte im Wandel, Opladen: Leske + Budrich, S. 213-237.
Jun, Uwe (2004): Der Wandel von Parteien in der Mediendemokratie. SPD und Labour Party im Vergleich, Frankfurt am Main: Campus.
Jun, Uwe (2009): Parteien, Politik und Medien. Wandel der Politikvermittlung unter den Bedingungen der Mediendemokratie, in: PVS-Sonderheft 42 (Politik und Medien): i.E.

Kießling, Andreas (2001): Politische Kultur und Parteien in Deutschland. Sind die Parteien reformierbar?, in: Aus Politik und Zeitgeschichte B 10, S. 29-38.
Klein, Markus (2006): Partizipation in politischen Parteien. Eine empirische Analyse des Mobilisierungspotenzials politischer Parteien sowie der Struktur innerparteilicher Partizipation in Deutschland, in: Politische Vierteljahresschrift 47. Jg. (1), S. 35-61.
Köllner, Patrick/Basedau, Matthias (2006): Faktionalismus in politischen Parteien: Eine Einführung, in: Patrick Köllner, Matthias Basedau und Gero Erdmann (Hrsg.), Innerparteiliche Machtgruppen, Faktionalismus im internationalen Vergleich, Frankfurt am Main: Campus, S. 7-37.
Lösche, Peter (1993): „Lose verkoppelte Anarchie". Zur aktuellen Situation von Volksparteien am Beispiel der SPD, in: Aus Politik und Zeitgeschichte B 43, S. 20-28.
Lübker, Malte (2002): Mitgliederentscheide und Urwahlen aus Sicht der Parteimitglieder: Empirische Befunde der Potsdamer Mitgliederstudie, in: Zeitschrift für Parlamentsfragen 33. Jg. (4), S. 716-739.
Luhmann, Niklas (2000): Organisation und Entscheidung, Wiesbaden: Westdeutscher Verlag.
Luther, Kurt Richard/Müller-Rommel, Ferdinand (2002): Parties and Party Research in the New Europe, in: Kurt Richard Luther und Ferdinand Müller-Rommel (Hrsg.), Political Parties in the New Europe, Political and Analytical Challenges, Oxford: Oxford University Press, S. 325-346.
Machnig, Matthias (2001a): Vom Tanker zur Flotte. Die SPD als Volkspartei und Mitgliederpartei von morgen, in: Ders. und Hans-Peter Bartels (Hrsg.), Der rasende Tanker, Analysen und Konzepte zur Modernisierung der sozialdemokratischen Organisation, Göttingen: Steidl, S. 101-117.
Machnig, Matthias (2001b): Von der Kampa zur Netzwerkpartei. Politisches Themenmanagement und Kampagnenarbeit der SPD, in: Werner Albrecht und Claudia Lange (Hrsg.), Kommunikationsstrategien für Non-Profit-Organisationen, Gütersloh: Bertelsmann Stiftung, S. 125-144.
Mair, Peter/Müller, Wolfgang C./Plasser, Fritz (Hrsg.) (1999): Parteien auf komplexen Wählermärkten, Wien: Signum.
Margetts, Helen (2006): Cyber Parties, in: Richard S. Katz und William Crotty (Hrsg.), Handbook of Party Politics, London: Sage, S. 528-535.
Marschall, Stefan (2001): Parteien und Internet – Auf dem Weg zu internetbasierten Mitgliederparteien?, in: Aus Politik und Zeitgeschichte B 10, S. 38-46.
Meyer, Thomas/Scherer, Klaus-Jürgen/Zöpel, Christoph (1994): Parteien in der Defensive? Plädoyer für die Öffnung der Volkspartei, Köln: Bund-Verlag.
Mintzel, Alf (1993): Auf der Suche nach der Wirklichkeit der Großparteien in der Bundesrepublik Deutschland, in: Hans-Dieter Klingemann und Wolfgang Luthardt (Hrsg.), Sozialstruktur und Verfassungsanalyse. Jürgen Fijalkowski zum 60. Geburtstag, Opladen: Westdeutscher Verlag, S. 66-104.
Müller, Marion G. (2002): Parteitage in der Mediendemokratie, in: Ulrich von Alemann und Stefan Marschall (Hrsg.), Parteien in der Mediendemokratie, Wiesbaden: Westdeutscher Verlag, S. 147-172.
Müntefering, Franz (2000): Demokratie braucht Partei. Die Chance der SPD, in: Zeitschrift für Parlamentsfragen 31. Jg. (2), S. 337-342.
Niedermayer, Oskar (2000): Modernisierung von Wahlkämpfen als Funktionsentleerung der Parteibasis, in: Oskar Niedermayer und Bettina Westle (Hrsg.), Demo-

kratie und Partizipation. Festschrift für Max Kaase, Wiesbaden: Westdeutscher Verlag, S. 192-210.
Niedermayer, Oskar (2001): Beweggründe des Engagements in politischen Parteien, in: Oscar W. Gabriel, Oskar Niedermayer und Richard Stöss (Hrsg.), Parteiendemokratie in Deutschland, Bonn: Bundeszentrale für Politische Bildung, S. 297-311.
Niedermayer, Oskar (2008): Parteimitgliedschaften im Jahre 2007, in: Zeitschrift für Parlamentsfragen 39. Jg. (2), S. 379-386.
Raschke, Joachim (1992): Gesellschaftswandel und Parteireform, in: perspektiven ds 9. Jg. (2), S. 126-132.
Raschke, Joachim (2001): Die Zukunft der Volksparteien erklärt sich aus ihrer Vergangenheit. Minimalismus und Konflikte mit der Zivilgesellschaft, in: Matthias Machnig und Hans-Peter Bartels (Hrsg.), Der rasende Tanker, Analysen und Konzepte zur Modernisierung der sozialdemokratischen Organisation, Göttingen: Steidl, S. 14-25.
Reichart-Dreyer, Ingrid (2001): Parteireformen, in: Oscar W. Gabriel, Oskar Niedermayer und Richard Stöss (Hrsg.), Parteiendemokratie in Deutschland, Bonn: Bundeszentrale für Politische Bildung, S. 570-591.
Sarcinelli, Ulrich (2007): Parteienkommunikation in Deutschland zwischen Reformagentur und Reformblockade, in: Werner Weidenfeld (Hrsg.), Reformen kommunizieren, Herausforderungen an die Politik, Gütersloh: Bertelsmann Stiftung, S. 109-145.
Scarrow, Susan (1999): Der Rückgang von Parteibindungen aus der Sicht der deutschen Parteien: Chance oder Gefahr?, in: Peter Mair, Wolfgang C. Müller und Fritz Plasser (Hrsg.), Parteien auf komplexen Wählermärkten, Reaktionsstrategien politischer Parteien in Westeuropa, Wien: Signum, S. 71-102.
Scarrow, Susan (2000): Parties without Members? Party Organization in a Changing Electoral Environment, in: Russell Dalton und Martin P. Wattenberg (Hrsg.), Parties without Partisans, Political Change in Advanced Industrial Democracies, Oxford: Oxford University Press, S. 79-101.
Schmid, Josef/Zolleis, Udo (2005): Schluss: Erfolgreiche Parteiorganisationen zwischen Anarchie und Strategie, in: Dies. (Hrsg.), Zwischen Anarchie und Strategie. Der Erfolg von Parteiorganisationen, Wiesbaden: VS-Verlag, S. 282-289.
Semetko, Holli A. (2006): Parties in the Media Age, in: Richard S. Katz und William Crotty (Hrsg.), Handbook of Party Politics, London: Sage, S. 515-527.
Siavelis, Peter M. (2006): Party and Social Structure, in: Richard S. Katz und William Crotty (Hrsg.), Handbook of Party Politics, London: Sage, S. 359-370.
Sickinger, Hubert (2005): Die Finanzierung des Parteienwettbewerbs, in: Josef Schmid und Udo Zolleis (Hrsg.), Zwischen Anarchie und Strategie. Der Erfolg von Parteiorganisationen, Wiesbaden: VS-Verlag, S. 77-95.
SPD-Parteivorstand (2005): Bericht und Empfehlungen der Arbeitsgruppe Mitgliederpartei unter Leitung von Kurt Beck, Berlin.
Troitzsch, Klaus G. (1980): Mitgliederstrukturen der Bundestagsparteien, in: Heino Kaack/Reinhold Roth (Hrsg.), Handbuch des deutschen Parteiensystems, Band 1, Parteistruktuen und Legitimation des Parteiensystems, Opladen: UTB (Leske), S. 81-100.
Voigt, Mario/Hahn, Andreas (2008): Mobilisierung und moderne Kampagnetechniken – Die US-amerikanischen Präsidentschaftswahlkämpfe, in: Karsten Grabow und Patrick Köllner (Hrsg.), Parteien und ihre Wähler. Gesellschaftliche Konfliktlini-

en und Wählermobilisierung im internationalen Vergleich, Berlin: Konrad-Adenauer-Stiftung, S. 207-223.

Walter, Franz (2001): Brauchen Parteien mehr Basisbeteiligung? Über Tücken und Chancen vermehrter innerparteilicher Partizipation, in: Matthias Machnig und Hans-Peter Bartels (Hrsg.), Der rasende Tanker. Analysen und Konzepte zur Modernisierung der sozialdemokratischen Organisation, Göttingen: Steidl, S. 46-54.

Wasserhövel, Kajo (2005): Interview zur Wahlkampfstrategie der SPD, in: Politik & Kommunikation, Wahlkampf Special 3, S. 15.

Wiesendahl, Elmar (1998): Parteien in Perspektive. Theoretische Ansichten der Organisationswirklichkeit politischer Parteien, Opladen: Westdeutscher Verlag.

Wiesendahl, Elmar (2006): Mitgliederparteien am Ende? Eine Kritik der Niedergangsdiskussion, Wiesbaden: VS-Verlag.

Sebastian Bukow

Parteiorganisationsreformen zwischen funktionaler Notwendigkeit und institutionellen Erwartungen

1. Einleitung: Parteiorganisationen im Wandel

Der Wandel von Parteiorganisationen ist ein zentrales Thema politikwissenschaftlicher Forschung. Dabei nähert sich die *Party-Change*-Forschung ihrem Forschungsobjekt häufig in Form von Fallstudien oder konzentriert sich auf den Wandel des Parteiensystems (vgl. Harmel 2002). So finden sich unterschiedlichste Forschungs- und Analyseschwerpunkte. Diskutiert werden etwa die Krise der Mitgliederparteien (vgl. bilanzierend Wiesendahl 2006), die Weiterentwicklung von Parteitypologien (bspw. Grabow 2000; von Beyme 2002) und die Professionalisierung der parteilichen Kommunikation (bspw. Jun 2004; Donges 2008), aber auch die Bedeutung der Organisation (vgl. Schmid/Zolleis 2005), der Dualismus Professionalisierung versus *Grassroots*-Demokratie (bspw. Schieren 1996) und die Mitglieder selbst (bspw. Meyer, T. 2000; Walter-Rogg/Mößner 2004; Biehl 2004, 2005, 2006; Klein 2006) sind Gegenstand der Forschung. Auf der Suche nach Reformgründen finden sich in der Literatur im Ergebnis unterschiedliche, sich eher ergänzende als widersprechende Ansätze zur Erklärungen von Parteiwandel (vgl. Jun 2004: 82). Zu unterscheiden sind entwicklungsgeschichtlich-parteiensystematische (bspw. Duverger 1959; Kirchheimer 1965; Panebianco 1988; Katz/Mair 1995) und individuell-konzeptionelle, organisationstheoretische Ansätze (bspw. Kitschelt 1994; Harmel/Janda 1994; Appleton/Ward 1997; zur Unterscheidung vgl. Jun 2004: 82). Parteienwandel kann als „function of a party's maturation and growth", als „adaptive response to environmental trends" oder als „reaction to some combination of discrete environmental stimuli and/or internal factors" (Harmel 2002: 119) verstanden werden.

Im nachfolgenden Beitrag steht die Frage nach Funktion und Wirkung von innerparteilichen Organisationsreformen im Vordergrund, insbesondere die Bedeutung von Institutionen[1] ist dabei von Interesse. Denn betrachtet man die etablierten deutschen Mitgliederparteien, so ist zunächst einmal festzustellen, dass sich diese in den vergangenen Jahren organisatorisch verändert

---

1 Dabei stehen gesellschaftliche Erwartungen sowie normative Vorstellungen, die in einer Gesellschaft bestehen, im Vordergrund. Aber auch rechtliche Bestimmungen sind in diesem Kontext als Institution zu verstehen, die zu regelhaften Handlungen führen können (vgl. Scott 1995: 49ff.; Senge 2006).

und dabei formal-strukturell angeglichen haben. Alle Parteien haben zahlreiche Reformrunden durchlebt, und dies, obwohl Parteien, wie auch andere Organisationen, „sehr konservative Organisationen sind" (Donges 2008: 221) und interne wie externe Gründe haben (vgl. Harmel 2002: 119), sich organisationalem Wandel zu widersetzen (vgl. auch Duverger 1959: 135; Harmel/Janda 1994: 261f.). Dennoch fand und findet ein organisationsstruktureller Wandel statt. Entscheidend für die Parteien nach der Ära der Volksparteien (vgl. Kirchheimer 1965) ist eine Professionalisierung der Parteiführungen und -apparate (vgl. Panebianco 1988) und ein Trend zur Zentralisierung (vgl. Mair et al. 1999). Unabhängig von den typologischen Details ist bedeutsam, dass mit dem Wandel eine „growing strength of central party organizations" (Farrell/Webb 2000: 115), also eine Bedeutungszunahme des *Party Central Office* und des Parteiapparates einhergeht, nicht zuletzt auf Kosten der mittleren Parteiebene (vgl. Farrell/Webb 2000: 117).

Systematisch lassen sich bei organisationsstrukturellen Parteireformen in Deutschland zwei Handlungsstränge voneinander abgrenzen. Zum einen ist eine zunehmende Professionalisierung und Medienorientierung der Parteiorganisation klar erkennbar (vgl. u.a. Jun 2004; Donges 2008), zum anderen ist die Einführung neuer Partizipations- und Entscheidungsverfahren und die formal-statuarische Öffnung der Parteien für die Mitwirkung von Nichtmitgliedern zu verzeichnen (vgl. Niedermayer 1993; Jun 1996; Morlok/Streit 1996; Schieren 1996; Zeschmann 1997; Jung 2000). Beides führt im Ergebnis zu einer zunehmenden Angleichung der Organisationsstrukturen (vgl. Bukow 2009a).

Die Reformen im Bereich „Professionalisierung" sind dabei weitgehend organisationswirksam geworden, wobei nach der Professionalisierung der externen Kommunikation nun eine Professionalisierung der internen beziehungsweise nach innen gerichteten Kommunikations- und Arbeitsstrukturen ansteht. Dabei versuchen die Bundesparteien durch eine zunehmende Zentralisierung ihre Steuerungsfähigkeit zurückzuerlangen und die Schwäche in der lokalen Organisationspräsenz auszugleichen, beispielsweise durch den verstärkten Einsatz von *Direct-Mailings*, zentralen Mitgliedermanagement- und *Citizen-Relationsship*-Managementsystemen, ausgeweiteten Intranetstrukturen, bundesweiten Kampagnen oder dem Angebot von Mustersatzungen und Muster-Veranstaltungskonzepten. Mit Blick auf den zweiten Reformstrang (u.a. Einführung von Urwahlen, Mitgliederbefragungen und -entscheiden) ist dagegen festzuhalten: Die partizipative Revolution ist ausgeblieben, die eingeführten Möglichkeiten werden kaum genutzt (vgl. Jung 2000). Auch die postulierten Reformziele, vor allem Mitgliedergewinnung und innerparteiliche Erneuerung, wurden nicht erreicht, insbesondere die Großparteien verlieren kontinuierlich an Mitgliedern, und auch die Kleinparteien sind von einem Mitgliederboom weit entfernt (wobei sich die Linke in einer Sonderrolle befindet, vgl. zur Mitgliederentwicklung Niedermayer 2008). Dennoch sind die Reformen in diesem Bereich nicht einfach als gescheitert anzusehen, was an späterer Stelle noch diskutiert wird, wenn die Funktion eben jener Reformen verdeutlicht wird.

Unabhängig von der nur partiellen Wirksamkeit der Reformen sind, allen Beharrungstendenzen und -gründen zum Trotz, die deutschen Parteien also offensichtlich das Wagnis Parteireform eingegangen. Warum dies so ist, ist nun anknüpfend an neoinstitutionalistische Überlegung zu diskutieren. Dabei beschränkt sich der Blick auf organisationsstrukturelle Veränderungen, die nicht nur aus analytischen Gründen von politisch-inhaltlichen Veränderungen zu trennen sind, sondern auch von zentralen Parteiakteuren getrennt gedacht und praktiziert werden. Zentral ist damit die Frage nach Funktionen und Bedingungen von Reformen im organisatorischen Bereich, also von Veränderungen der Strukturen, formaler Verfahren und innerparteilicher Arbeitsabläufe. Diese formalen Verfahren sind hierbei in ihrer Bedeutung nicht zu unterschätzen. Sie bilden zwar nicht die Organisationswirklichkeit vollumfänglich ab, sie stellen jedoch durchaus die Grundlage der Organisation und damit jedweden organisationalen Handelns dar.

Somit ist nachfolgend zu klären, inwieweit Parteien als Organisationen zu verstehen und welche Besonderheiten zu berücksichtigen sind (2.1). Dabei wird verdeutlicht, warum Parteien vor allem nach Legitimität streben (2.2) und dabei Institutionen eine zentrale Bedeutung zukommt (2.3). Daran schließt sich die Frage nach der Organisationsumwelt und nach spezifischen institutionellen Einflüssen, mit denen die deutschen Parteien konfrontiert sind, an (3.).

2. Parteiorganisationen in neoinstitutionalistischer Perspektive

Bevor nun auf die Funktion formaler Strukturen und struktureller Reformen eingegangen werden kann, ist zunächst einmal zu prüfen, ob beziehungsweise wie Parteien als Organisationen zu verstehen und welche organisationalen Besonderheiten von Bedeutung sind. Insbesondere die Frage nach der Handlungs- und vor allem Steuerungsfähigkeit – und damit letztlich auch der Reformfähigkeit – ist in der Parteienforschung nicht unumstritten. Vor allem die Fähigkeit zur Durchsetzung von Entscheidungen in *Top-Down*-Perspektive wird häufig angezweifelt, zumal Parteien als (Mitglieder-)Verbände schon aus normativen Gründen als mehrheitsdemokratische *Bottom-Up*-Organisationen definiert sind, die den Interessen ihrer Mitglieder dienen sollen (vgl. Scharpf 2000: 104). Oftmals werden Parteien auch als nur eingeschränkt organisierte, lose verkoppelte Anarchien verstanden (vgl. u.a. Lösche 1993; Wiesendahl 2002: 190, 220).

2.1 Organisationsbedingungen und spezifische Probleme

In der Organisationsforschung finden sich vielfältigste Versuche und Ansätze, den Begriff Organisation zu definieren[2]. Dabei lassen sich einige zentrale, Organisationen konstituierende Merkmal herausarbeiten (vgl. Endruweit 2004: 19f.), etwa die Errichtung zur „Erreichung ausdrücklich benannter Ziele", das Vorhandensein einer „formalen Struktur", „Dauerhaftigkeit" und „klare Verfahren der Inklusion/Exklusion". Zwei Aspekte – die „Erreichung ausdrücklich benannter Ziele" und die Notwendigkeit klarer „Verfahren der Inklusion/Exklusion" – sind dabei an dieser Stelle kurz zu diskutieren.

Zunächst einmal ist die Vorgabe des Erstrebens klar benannter Ziele problematisch, setzt dies doch das Vorhandensein klarer Organisationsziele voraus. Für Parteien sind zunächst drei grundlegende Ziele zu unterscheiden, es ist zwischen *Vote-*, *Office-* und *Policy-Seeking* zu differenzieren (vgl. Strøm 1990; Budge/Keman 1990; Laver/Schofield 1990; Lösche/Walter 1992; Harmel/Janda 1994; Strøm/Müller 1999; Wolinetz 2002). In den vergangen Jahren haben, so wird postuliert, Selbsterhaltung (vgl. Jun 2004: 125) und insbesondere Wahlerfolg (vgl. von Beyme 2002) an Bedeutung gewonnen. Ideologische Positionierungen, innerparteiliche Demokratie und Mitglieder(-interessen) haben dagegen an Bedeutung verloren, letzteres weil „Parteien nur noch einen geringen Bedarf an den Leistungen haben, die von den Mitgliedern erbracht werden könnten" (Detterbeck 2005: 65). Man könnte also durchaus annehmen, dass Parteien trotz pluraler inhaltlicher Ziele geschlossen eine Strategie des *Vote-Seekings* als kleinstem gemeinsamem Nenner verfolgen. Allerdings, dies ist kritisch anzumerken, ist in normativer wie auch funktionaler[3] Hinsicht die Bedeutung von Mitgliedern nicht zu unterschätzen, so dass nicht unbedingt von einheitlichen Zielen ausgegangen werden kann. Darüber hinaus finden sich schon in der Mitarbeiterschaft sehr unterschiedliche Vorstellungen darüber, welche Ziele eine Partei prioritär verfolgen sollte, was nicht nur zu zwischenparteilichen, sondern vor allem zu innerparteilichen Differenzen führt (vgl. Bukow 2009b)[4].

---

2 Scott unterscheidet zunächst einmal drei Grundtypen: rationale, natürliche und offene Systeme (vgl. Scott 2003). In der deutschen Organisationstheorie hat zudem Luhmanns Organisationsvorstellung (operativ geschlossene Kommunikationssysteme) eine zentrale Bedeutung erlangt. Nachfolgend wird vor allem auf die Rekonstruktion von Parteien als offene, in bestimmter Weise umweltabhängige Systeme abgestellt, wobei der Frage nach der Organisationsumwelt eine zentrale Rolle zukommt.

3 Insbesondere hinsichtlich der Parteienfinanzierung, da Parteien nicht nur direkt Spenden und Mitgliedsbeiträge in nennenswertem Umfang von den Mitgliedern erhalten, sondern auch die staatliche Parteienfinanzierung in Deutschland u.a. die eingenommenen Spenden und Beiträge vergütet (vgl. Adams 2005).

4 Dies ist seinerseits ein klarer Beleg dafür, dass Parteien unterschiedlichen, ja widersprüchlichen Organisationserwartungen ausgesetzt sind (vgl. 3.2), die bis in die Mitarbeiterschaft hinein Wirkung entfalten.

Ebenfalls nur vordergründig unproblematisch ist die Frage nach Regeln der Inklusion beziehungsweise Exklusion. Auf den ersten Blick erscheint dieser Aspekt gerade für die deutschen Mitgliederparteien klar geregelt zu sein, rechtlich wie statuarisch: Teil der Organisation ist, wer formal, also dauerhaft und in der Regel beitragspflichtig, Parteimitglied ist. Ohne die formale Mitgliedschaft ist eine vollumfängliche innerparteiliche Mitwirkung in keiner deutschen Partei zulässig, die Parteiorganisation konstituiert sich in dieser Perspektive durch die Mitglieder. In einer abstrakteren Betrachtung, wie sie eine handlungstheoretische Perspektive[5] nahe legt, sind jedoch nicht mehr die formalen Mitglieder, also die natürlichen Personen, sondern Handlungen als konstitutiv anzusehen. Die Personen selbst gehören damit in einer handlungstheoretischen Perspektive zur Umwelt (vgl. Berger/Bernhard-Mehlich 2002: 135; Donges 2008: 61), die Grenze zwischen Organisation und Umwelt verlagert sich. Dies ist gerade dann eine zu thematisierende Perspektive, wenn, wie es gegenwärtig der Fall ist, durch neue Partizipationsoptionen auch Nichtmitglieder im innerparteilichen Entscheidungsprozess beteiligt werden können und damit Handlungskompetenzen ohne Mitgliedschaft erlangen[6]. Dennoch ist bislang für die deutschen Parteien mit der vergleichsweise hohen Bedeutung der formalen Parteimitgliedschaft von einer formal klaren Grenzziehung auszugehen (vgl. 3.2), wobei auf die Frage der Parteiumwelt noch einzugehen ist, ist diese doch gerade für Organisationsreformen von entscheidender Bedeutung (vgl. 3.1).

Zusammenfassend ist folglich trotz der skizzierten Probleme festzuhalten, dass die für Organisationen als konstitutiv erachteten Merkmale auf Parteien zutreffen (beziehungsweise nicht problematischer sind als bei anderen Großorganisationen), wissend, dass „gerade Parteien sehr komplexe Organisationen sind" (Donges 2008: 218), was aber im Kern für alle Organisationen zutrifft (vgl. Scott 1992). Dabei müssen Parteien mit einigen Organisationsproblemen umgehen.

Zunächst ist das Problem der doppelten Heterogenität zu nennen. Diese führt zu inhaltlich und strukturell bedingten Interessenkonflikten. Konflikte entstehen einerseits durch die unvermeidliche inhaltliche Pluralität in den Parteien, andererseits durch die unterschiedlichen Rollen der Parteiakteure

---

5   In der Organisationstheorie finden sich noch weitere Vorschläge, aus welchen Elementen Organisationen bestehen. Zu nennen sind neben Personen/Mitgliedern und Handlungen soziale Beziehungen und Kommunikation. Insbesondere der Kommunikation kommt dabei in der Systemtheorie Luhmanns die entscheidende Rolle zu, wobei Organisationen „ihre Grenzen primär über Mitgliedschaftsrollen und Zulassung zur Mitgliedschaft regulieren" (Luhmann 1985: 268). Zur Möglichkeit der Verknüpfung von neoinstitutionalistischen und systemtheoretischen Überlegungen siehe Hasse/Krücken (2005).

6   Etwa durch die Einführung von *Primaries* nach US-amerikanischem Vorbild, so dass nicht nur Mitglieder, sondern auch Parteisympathisanten an der Aufstellung von Wahlbewerbern mitwirken können. Oder über den Einsatz von Wikis und anderen Online-Kommunikationsformen, so dass auch Nichtmitglieder an Programmentwürfen und Positionspapieren mitarbeiten können.

(etwa Mitglied, Vorstand, Parlamentarier, Regierungsmitglied). Das Heterogenitätsproblem kann jedoch strukturell-statuarisch sowie durch inhaltliche Indifferenz gemildert werden (vgl. Brunsson 1994: 27). Ähnlich gelagert ist zweitens die gerade in Deutschland ausgeprägte, föderal bedingte komplexe Mehrebenenarchitektur der Parteien (v.a. Bund und Länder) und die damit verbundene Gefahr der Führungsschwäche. Aus diesen beiden Gründen beziehungsweise Problemen heraus sind berechtigte Zweifel angebracht, ob Parteien sich nach rationalen Effizienzkriterien durchorganisieren lassen – was aber nicht bedeutet, dass Rationalitätsvorstellungen nicht eine bedeutende Rolle für und in Parteien spielen können. Zudem muss man sich, wie Baecker betont, „von der Vorstellung lösen, [dass] die Organisation [...] untrennbar mit Hierarchie verbunden und die Bürokratie daher ihr unvermeidbares Schicksal" (Baecker 2003: 26) sei, und schon Mayntz merkte an, dass die Bürokratisierung des Verwaltungsapparates von freiwilligen Vereinigungen „kaum ihr wichtigstes Strukturmerkmal" (Mayntz 1963: 19) sei.

Im organisationsstrukturellen Kontext und mit Blick auf Parteireformen sind vor allem die beiden nachfolgenden Probleme von zentraler Bedeutung: Parteien sind wählerabhängige Mitgliederverbände, das heißt, alle legitimations-, bestands- und funktionsrelevanten Merkmale wie Beitritt, Mitarbeit und Wählervoten basieren ausnahmslos auf Freiwilligkeit. Aus dieser Freiwilligkeit resultiert organisatorische Unsicherheit, die zudem durch die zunehmende Volatilität der Wählerinnen und Wähler (vgl. Roth/Wüst 2007) und einen verschärften Parteienwettbewerb noch erhöht wird. Damit in Verbindung steht das letzte Problem, der oftmals diskutierte Konflikt zwischen Partizipation und Effizienz beziehungsweise zwischen *Top-Down-* und *Bottom-Up*-Strukturen. Gerade dieser Dualismus ist prägend und wird in den beiden Reformsträngen (Professionalisierung und Partizipationserweiterung) ebenso wirksam wie in den unterschiedlichen Erwartungen, die an Parteien gerichtet werden.

2.2 Legitimität als Organisationsziel

Die grundlegende Notwendigkeit freiwilliger, organisationsexterner Unterstützung für Parteien bringt eine unfreiwillige Umweltabhängigkeit mit sich, was ein prägendes Merkmal von Parteien darstellt. Denn um „erfolgreich zu sein und überleben zu können, sind Organisationen auf Unterstützung und Anerkennung von außen angewiesen, denn nur so ist ein halbwegs kontinuierlicher Zufluss von Ressourcen [...] gewährleistet" (Preisendörfer 2005: 146). Dies führt dazu, dass Parteien, und dies ist elementarer Bestandteil eines neoinstitutionalistischen Organisationsverständnisses, zunächst einmal als offene Systeme zu verstehen sind, die demzufolge durch ihre Umwelt geprägt werden können. Auf Grund dieser Abhängigkeit „tun Organisationen alles, sich so zu positionieren bzw. zu präsentieren, dass sie die angestrebte

Legitimität und Wertschätzung erreichen. Die Zielgröße der Legitimität zwingt oft auch zur Übernahme von Praktiken, die dem Effizienzstreben zuwider laufen" (Preisendörfer 2005: 146).

Damit wird bereits deutlich, dass formale Strukturen gerade nicht, wie es eine bürokratisch-rationale Perspektive nahelegt, aus funktionalen Gründen heraus entstehen und die Reform selbiger Strukturen aus funktionalen Gründen heraus erfolgen muss, sondern dass formale Strukturen insbesondere eine legitimatorische Funktion erfüllen. Dies ist gerade dann anzunehmen, wenn formale Struktur und tatsächliche Handlungsroutinen differieren, also von einer Entkopplung zu sprechen ist (vgl. dazu Meyer/Rowan 1977). So erklärt sich schließlich, warum nicht alle Innovationen und nicht alle Strukturen unbedingt zweckdienlich sind, aber dennoch eingeführt oder beibehalten werden, beziehungsweise warum mit großem Aufwand formale Strukturen und Statute geändert werden, dann aber die neuen Optionen nicht zum Einsatz kommen. Der Grund ist klar: Innerparteiliche Regeln und Prozeduren haben oft gar nicht den vorrangigen Zweck der effizienten Zielerreichung, sondern erfüllen auch und vor allem andere Funktionen. Die formale Organisationsstruktur entsteht nicht zwingend nur aus den Anforderungen der Organisation heraus, sondern stellt eine Folge von umzusetzenden Umwelterwartungen dar, die zentrale Bedeutung formaler Strukturen liegt damit in der Legitimation der Organisation (vgl. zur Organisationslegitimität u.a. Hellmann 2006). Gerade die Übernahme dysfunktionaler Praktiken kann bzw. muss dabei so erfolgen, dass diese zwar implementiert, nicht aber organisationwirksam werden. In diesem Fall wird mit einer symbolischen Einführung institutionellen Erwartungen entsprochen, ohne den Betrieb beziehungsweise die Zielerreichung zu gefährden. Eine andere Möglichkeit ist es, die Maßnahmen im Rahmen der Implementierung so zu modifizieren, dass sie ihren ursprünglichen beziehungsweise ihren postulierten Zielen faktisch nicht mehr entsprechen: Mitgliederbefragungen und -entscheide werden dann beispielsweise zum Krisenlösungsinstrument im Falle eines Führungsversagens oder dienen der Parteispitze zur Interessendurchsetzung gegen die mittlere Funktionärsebene.

2.3 Institutionen als Reformmotor

Die entscheidende Rolle für die Ausrichtung und Zielsetzung der Organisationsentwicklung kommt damit Institutionen zu. Aus diesem Grund sind formale Organisationen „nicht als das Ergebnis von rationalen Strategien und Entscheidungen des Managements mit Bezug auf ein bestimmtes Problem […], sondern als Ergebnis einer Anpassung an institutionalisierte Erwartungen" (Mense-Petermann 2006: 63) ihrer Umwelt zu verstehen. Damit spielen „Vorstellungen, Regeln und Annahmen, wie effektive und effiziente Organisationen ausgestaltet sein sollen" (Walgenbach 2006: 319), eine wesentliche

Rolle für die formale Gestaltung der Organisation. Der Einfluss von Institutionen ist dabei nicht deterministisch zu interpretieren, Institutionen sind gerade nicht als eindeutig regulative Instanzen zu verstehen. Im Gegenteil, es ist davon auszugehen, dass Organisationen selektiv auf institutionelle Vorgaben reagieren (vgl. Hasse/Krücken 1996: 98). Sie können eigenständig, aber nicht völlig frei (Hasse/Krücken 1996: 98) über diesen „Bausatz" (Mense-Petermann 2006: 66) strategisch verfügen. Im Ergebnis sind Parteien damit als Spiegelbild institutionalisierter Überzeugungen zu deuten, ohne sie dabei zu rein reaktiven Adaptierern zu degradieren. Dies ist auch deshalb gar nicht möglich, da Parteien ja auf unterschiedliche und bisweilen gegensätzliche institutionelle Erwartungen (vgl. 3.3) reagieren müssen, was nur durch eine teilweise, strukturelle Entkopplung möglich ist (bzw. eine ‚lose Kopplung', vgl. Weick 1976: 3; Becker-Ritterspach/Becker-Ritterspach 2006: 103).

Die Interpretation der institutionellen Erwartungen, die Selektion und Adaption für die Organisation wird dabei vor allem vom hauptamtlichen Organisationskern, also Vorständen und Mitarbeitern, geleistet. Diese kennen die Eigenlogik, den genetischen Code und spezifische Bedürfnisse ihrer Partei und diese sind somit daran beteiligt, dass institutionalisierte Umweltvorgaben nicht eins zu eins, sondern organisationsadäquat übernommen werden. Wichtig an diesem Punkt ist, und dieser Aspekt wird selten umfassend berücksichtigt: Institutionen wirken auch und gerade auf die Personen, die als Komplexitätsreduzierer einen wesentlichen Einfluss darauf haben, welche externen Erwartungen als organisationsrelevant angenommen werden. Daher ist bei Organisationsreformen – und hier ist die strukturelle Dimension wichtig, bei Inhalten sieht dies anders aus – eine zentrale Bedeutung des Individualakteurs zu hinterfragen. Dem Organisationskern kommt zwar zumeist die zentrale Rolle im realen Reformprozess zu, dies aber in struktureller Hinsicht, in deren Rolle als Organisationsspitze, und nicht individuell als Person. Für die Zielrichtung der Organisationsreformen ist damit nur von geringer Bedeutung, wer die Person an der Spitze ist, was allerdings, dies muss betont werden, nicht unbedingt für die Chance auf die beziehungsweise den Erfolg der Durchsetzung gilt. Um so wichtiger dagegen sind die institutionellen Erwartungen, die an die Organisation gestellt beziehungsweise denen eine Organisation ausgesetzt ist, und der Handlungsrahmen, in dem eine Organisation agiert, also die Organisationsumwelt, die den primären Bezugsrahmen für organisationales Handeln darstellt.

3. Parteien im Kontext

Wenn also der Umwelt einer Partei für Reformen eine so zentrale Bedeutung zukommt, dann ist nun zu klären, was genau die Umwelt einer Parteiorga-

Parteiorganisationsreformen 219

nisation ist. Systematisch und vereinfacht dargestellt agieren Parteien in einer Umwelt, die in erster Linie aus den anderen Parteien, ihren Mitbewerbern, besteht (vgl. 3.1). Man kann dabei durchaus von einem Parteienkartell sprechen, das sich durch einen durch unterschiedliche Faktoren beschränkten Zugang auszeichnet (vgl. Detterbeck 2008). Diese direkte Organisationsumwelt ist dabei weiteren, externen institutionellen Einflüssen ausgesetzt (vgl. 3.2).

3.1 Handlungsrahmen Parteienkartell

Die direkte Umwelt einer einzelnen Partei ist in dieser Organisationsreform-Perspektive damit nicht, wie es Raschke mit Blick auf das strategische Zentrum einer Partei zu Recht sieht, die „Partei selbst" (Raschke 2002: 236), und auch nicht die Medienlandschaft (vgl. Donges 2008). Es sind vielmehr die anderen etablierten Parteien des bundesdeutschen Parteienkartells, die Mitbewerber. Die Rahmenbedingung ‚Parteienkartell' bedingt dabei ein verhältnismäßig stabiles, etabliertes Handlungsfeld, was zu einem starken Angleichungsdruck führt: „Once a field becomes well established, however, there is an inexorable push towards homogenization" (DiMaggio/Powell 1983: 148f.). Dies hat einen einfachen Grund: „Organizations in a structured field [...] respond to an environment that consists of other organizations responding to an environment of organizations' responses" (DiMaggio/Powell 1983: 149). Das heißt, es tritt ein Pozess ein, der sich als Isomorphismus bezeichnen lässt (vgl. Hawley 1972: 334; DiMaggio/Powell 1983). Dabei sind drei Mechanismen für die Organisationsreformen bzw. die organisationale Angleichung bedeutsam, nämlich Nachahmung, Zwang und normativer Druck. Für die Parteien heißt das, dass Nachahmung vor allem durch Beobachtung stattfindet. Differente Organisationsstrukturen und organisationale Innovationen anderer, erfolgreicher Parteien werden gegebenenfalls kopiert oder organisationsadäquat adaptiert, um damit den gleichen Erfolg zu erzielen (*Best Practice/Benchmarking*, Gegnerbeobachtung[7]). Zwang bedeutet für Parteien vor allem die – mittelbar selbst festgesetzten – rechtlichen Vorgaben zu beachten, vor allem parteien- und wahlrechtliche Regelungen, wobei selbst hier in vielen Bereichen Handlungs- und Gestaltungsspielräume verbleiben. Dass normativer Druck in Form gesellschaftlicher Erwartungen, auf die Parteien irgendwann reagieren müssen, eine Rolle spielt, wurde bereits ausgeführt. Ergänzend ist auf Expertenwissen, das gerade in Reformdebatten eingeholt wird, zu verweisen. Isomorphie führt im Ergebnis zu einer

---

7   Zu denken ist beispielsweise an die parteispezifisch angepasste, modifizierte Übernahme der ‚Frauenquote', die ursprünglich von den Grünen in die Parteiorganisationen eingeführt wurde. Zu nennen ist aber auch bspw. die Einführung von Freiwilligen-Teams im Wahlkampf (v.a. SPD, CDU) und *Friend-of-a-Friend*-Netzwerken (FDP, SPD).

Angleichung der Parteistrukturen. Dieser Prozess bringt zugleich eine Unsicherheitsreduktion mit sich, denn was alle einführen, wird schon notwendig sein beziehungsweise wenn es sich als dysfunktional herausstellt, tragen alle Mitbewerber das gleiche Risiko. Man kann auch sagen: Das Bewusstsein, dass viele andere das gleiche tun, leistet eine wechselseitige Überzeugungsarbeit (vgl. Schimank 2007: 165).

Entscheidend für die Frage nach Reformimpulsen ist somit die Abgrenzung von System und Umwelt und die Grenzqualität. In der bisher dargestellten Perspektive sind Organisationen weitgehend umweltoffen. Hier sind jedoch, mit Blick auf die Situation der Parteien und die schon von DiMaggio/ Powell angedeutete Neigung zur Selbstreferenz, Zweifel angebracht. Denn gerade in Deutschland ist die hohe Bedeutung formaler Mitgliedschaft auffällig, die Abgrenzung zur Umwelt erfolgt üblicher Weise über die formale Mitgliedschaft. Und trotz der seit kurzem in allen Parteien einsetzenden Öffnung mittels Schnupper-, Probe- oder Testmitgliedschaften[8] bleibt die formale, kostenpflichtige Mitgliedschaft das zentrale Inklusionsmerkmal, alle Verfahren der Öffnung haben immer das mehr oder weniger explizit erklärte Ziel, Vollmitglieder zu gewinnen.

In Verbindung mit dieser organisationsspezifischen Problematik ist nun noch die primäre Organisationsumwelt „Parteienkartell" zu sehen, so dass in diesem Punkt klar wird, warum trotz Umweltoffenheit die deutschen Parteien – genau genommen: das Parteienkartell – zu einer Abkopplung von anderen Systemen, mit der Folge einer zunehmenden Entfremdung der Parteien von ihrer kartellexternen Umwelt, neigen. Dieser Trend wirkt vertraut, vor allem wenn man an die Krisendebatte denkt oder den mittleren Funktionärsapparat betrachtet, der als nunmehr wenig repräsentativ gilt, weder für die Parteibasis noch für die Wählerschaft.

Zwei Punkte sind entscheidend, warum diese Entwicklung vorerst nur wenig dramatisch ist und für die Parteien somit einen durchaus gangbaren Weg darstellt: Zum einen hat die Mitgliederorganisation, vor allem jenseits der kommunalen Handlungsebene, kaum noch Bedeutung, weder im Alltag noch im Wahlkampf (vgl. zu letzterem Niedermayer 2000). Die Parteien haben vielmehr ihre Arbeits- und Responsivitätsstrukturen massiv verändert und sich damit organisationsfaktisch vom Prinzip der Mitgliederpartei teilweise verabschiedet. Mitglieder sind zwar für die Arbeit vor Ort, die Personalrekrutierung und insbesondere aus legitimatorischen Gründen von zentraler Bedeutung – inhaltlich-gestaltend und als kommunikative Mittler jedoch kaum noch relevant. Zum zweiten hat der Wettbewerb zwischen den Parteien um Mitglieder und vor allem um Wähler zwar zugenommen, aber dennoch ist der Markt, in dem dieser Parteienwettbewerb stattfindet, nicht

---

8 Interessant ist dabei, dass obwohl die proklamierte Öffnung kaum Wirkung entfaltet – was den Organisationen nicht entgangen ist – , alle Parteien derartige Möglichkeiten eingeführt haben beziehungsweise sogar alte, ähnliche Optionen umbenannt haben, sich also jede Partei diesem Trend angeschlossen hat.

Parteiorganisationsreformen

wirklich zugangsoffen, so dass im Ergebnis für die einzelne Partei weiterhin vor allem das Verhalten der etablierten Mitbewerber entscheidend ist. Die Anpassung an die Umwelt und die notwendige Unsicherheitsreduktion erfolgt somit vor allem durch die Beobachtung der Mitbewerber und die kartellinterne Übernahme von Reformen. Externe, institutionelle Einflüsse und Rationalitäts-, beziehungsweise Organisationsmythen wirken dabei zwar auf diesen Markt, auf dieses begrenzt offene System ein. Handlungsrelevant werden diese institutionellen Einflüsse jedoch erst, wenn der Druck andauert, zu groß wird und einzelne Mitbewerber darauf reagieren, was dann zu Reformmoden führt. Die damit verbundene zunehmende Distanz der Parteien zur Gesellschaft und damit dem Elektorat führt zwar möglicherweise zu einer Krise des Systems, die Parteien verteilen durch ihr Verhalten jedoch etwaige Krisenkosten. Es ist ja im Ergebnis – verkürzt betrachtet – zunächst egal, ob ein Wahlergebnis bei hoher oder geringer Wahlbeteiligung erreicht wurde, und so ist es zunächst einmal wenig problematisch, wenn die Zahl der Nichtwähler ansteigt (vgl. Roth/Wüst 2007). Problematisch wird es höchstens, wenn die Legitimation dadurch in Gefahr gerät, wenn einzelne Mitbewerber Innovationen wagen (die im Erfolgsfall dann rasch adaptiert werden) oder wenn neue Mitbewerber auf den Markt drängen (die sich rasch und nicht nur aus funktionalen Gründen organisatorisch angleichen, bspw. Bündnis 90/Die Grünen, Die Linke).

3.2 *Institutionelle Einflüsse auf das Parteienkartell: Professionalität und Partizipation*

Dass vor allem dauerhafte institutionelle Erwartungen damit eine wesentliche Rolle für Parteiorganisationsreformen spielen, zeigt der Blick auf die bundesdeutschen Reformhandlungen. Um die erste von zwei zentralen Organisationsvorstellungen, die an Parteien gerichtet werden, aufzuzeigen, lohnt zudem ein Blick in die Klassiker, insbesondere Max Weber (1980). Denn der bei Weber aufgezeigte Rationalitätsglaube erlebt unter den Schlagworten „Kampagnenfähigkeit" und „Wettbewerbsfähigkeit" eine ungeahnte Renaissance[9]. Darüber hinaus ist der Versuch klar erkennbar, Parteiorganisationen – die ökonomischen Mittel sind knapp – möglichst effizient zu organisieren. Hier wirken also Leitbilder und Organisationsvorstellungen, wie sie eigentlich in anderen Systemen, insbesondere der Wirtschaft, dominieren, tief in die Parteien hinein. Das unternehmerische Denken als leitendes Paradigma der Gegenwart (vgl. Bröckling 2007) ist damit in den Parteien, bei den zentralen Parteiakteuren, angekommen, und zwar unabhängig von der ideologisch-

---

9 Dies zeigt etwa die intensive Auseinandersetzung mit US-amerikanischen Wahlkampfmethoden (vgl. bspw. Dörner/Vogt 2002; Wagner 2005) und deren Anpassung an deutsche Verhältnisse (insbesondere KAMPA 1998, vgl. Machnig 1999).

programmatischen Verortung im Parteiensystem. Von der Linken bis zur CSU, überall findet sich das Leitbild, Parteiorganisationen beziehungsweise -apparate wie Unternehmen zu führen. Die dahinter liegende Zielverschiebung an der Organisationsspitze, elektoraler Erfolg statt maximaler Partizipation als generalisiertes Organisationsziel, ist deutlich. Das bedeutet allerdings nicht, Parteien einfach als wahlkampfoptimierte Unternehmen einer politischen Klasse (vgl. von Beyme 2002) zu deuten, dies greift zu kurz. Und dies bedeutet auch nicht, dass Parteien nach ausschließlich rationalen Gesichtspunkten aufgebaut sind und deren Handeln ausschließlich rational bestimmt ist, im Gegenteil. Es bedeutet aber schon, dass Rationalität und damit verbunden Effizienz ein dominierendes Leitbild ist: Kampagnenfähigkeit, schlanke Strukturen, geschlossenes Auftreten sowie Führungs- und Steuerungsfähigkeit sind wesentliche Bausteine, die in dem durchaus diffusen Paradigma der Professionalität zusammenlaufen. Somit ist dieses Paradigma, das auch als „Rationalitätsmythos" gedeutet werden kann, für die jüngere Entwicklung der Parteiorganisationen von zentraler Bedeutung.

Das zweite bedeutende Leitbild, das Prinzip der demokratischen Mitgliederpartei, ist ebenfalls institutionell tief verwurzelt und nicht zuletzt verfassungsrechtlich manifestiert. So müssen sich die deutschen Parteien normativ bedingt durchweg als Mitgliederparteien verstehen. Darüber hinaus setzen alle Parteien, naturgemäß in unterschiedlichem, aber stets relevantem Umfang in der Alltagsorganisation auf die Unterstützung ihrer Mitglieder, obwohl dies zunehmend mit funktionalen Nachteilen einhergeht, wie schon Weber thematisierte: „Ehrenamtliche Tätigkeit ist Tätigkeit im Nebenberuf, funktioniert schon deshalb normalerweise langsamer, [ist] weniger an Schemata gebunden und formloser, daher unpräziser, uneinheitlicher, weil nach oben unabhängiger, diskontinuierlicher und [...] oft faktisch sehr kostspielig" (Weber 1980: 562). Trotzdem ist in allen Parteien klar, dass vor Ort ehrenamtliche Organisationsfunktionäre schon aus finanziellen und vereinsfunktionalen, aber eben auch aus normativen Gründen unentbehrlich bleiben. So werden zwar engagierte Freiwillige nach US-amerikanischem Vorbild rekrutiert und in Wahlkampfzeiten eingesetzt, als Ersatz für Mitglieder vor Ort werden sie jedoch nicht gesehen. Die hohe normative Kraft des Leitbilds Mitgliederpartei wird dabei nicht nur in den Bestimmungen zur staatlichen Parteienfinanzierung, sondern beispielsweise auch in regelmäßig wiederkehrenden, quasi ritualisierten Mitgliederwerbekampagnen deutlich, oder in den Schwierigkeiten, die Parteien mit einer umfassenden Öffnung für Nichtmitglieder haben, sei es als Freiwillige, sei es als potenzielle Mandatsträger. Die zahlreich durchgeführten Partizipationsreformen, die zumeist kaum organisationswirksam wurden, zeigen dabei sehr deutlich die prägende Kraft institutioneller Erwartungen. Aus diesem Grund müssen und wollen die Parteien am Paradigma der regional untergliederten und lokal präsenten Mitgliederpartei festhalten, unabhängig von der Organisationsrealität, die sich nicht nur im ostdeutschen Bundesgebiet immer mehr davon entkoppelt.

4. Bilanz: Parteiorganisationsreformen im Kontext

Parteireformen finden aus unterschiedlichsten Gründen statt. Anliegen dieses Beitrags war es, die Bedeutung institutioneller Einflüsse für Parteiorganisationsreformen und insbesondere die jüngere Entwicklung der bundesdeutschen Mitgliederparteien aufzuzeigen. Ausgangspunkt war dabei die Frage nach der Organisationsqualität von Parteien als politischen Organisationen und den spezifischen Problemen, mit denen Parteiorganisationen umgehen müssen. Das zentrale Merkmal politischer Parteien ist dabei ihre Umweltabhängigkeit, alle überlebenswichtigen Ressourcen, vor allem Mitglieder, Wählerstimmen und finanzielle Zuwendungen, beziehen Parteien nur auf freiwilliger Basis. Dies führt dazu, dass gerade die formale Organisationsgestaltung auf die Sicherstellung beziehungsweise Vergrößerung von Legitimität zielen muss. In diesem Fall werden institutionelle Erwartungen organisationsstrukturell wirkmächtig. Dies kann sogar so weit gehen, dass dysfunktionale Strukturen und Verfahren übernommen werden. Um in diesen Fällen die Arbeitsfähigkeit der Organisation nicht zu gefährden, werden dysfunktionale Strukturen jedoch nur symbolisch implementiert, um damit dennoch den institutionellen Erwartungen zu entsprechen. Eine Entkopplung von formaler und faktischer Organisationsgestaltung ist die Folge. Als Reaktion auf widersprüchliche institutionelle Anforderungen und unter der Rahmenbedingung Parteienkartell kommt es darüber hinaus zu einer strukturellen Entkopplung.

Im Ergebnis besteht also für die deutschen Parteien im Parteienkartell nicht nur ein starker Druck zur organisationalen Angleichung an die Mitbewerber, sondern zugleich ein ausgeprägter Trend zur Selbstreferenz innerhalb des Kartells, da die Parteien die primäre Reformumwelt jeder einzelnen Partei darstellen. Dies zeigt sich in den in allen Parteien ähnlichen Reformdebatten und -maßnahmen und der ausgeprägten Neigung, Reformen und Innovationen der Mitbewerber zu übernehmen, selbst wenn diese funtional nicht unbedingt notwendig erscheinen. Darin zeigt sich, dass die beiden zentralen Reformstränge („Professionalität" und „Partizipation") nicht nur auf funktionale Herausforderungen zurückgehen, sondern die beiden in Deutschland dominierenden Erwartungen an politische Parteien widerspiegeln. Zugleich liegt hierin das zentrale Argument, warum sich die deutschen Mitgliederparteien trotz Mitgliederschwund nicht vom Modell „Mitgliederpartei" lösen, sie können es aus normativen Gründen nicht. Statt dessen setzen sie auf eine Doppelstrategie. Einerseits forcieren sie trotz organisationsinterner Skepsis die organisationale Professionalisierung und damit Zentralisierung, andererseits werden neue Partizipations- und Kommuniktionsinstrumente eingeführt, die letztlich jedoch im Symbolischen bleiben und nicht zum Einsatz kommen. Diese „*Muddling-Through*-Strategie" ist die Antwort der Parteiorganisationen auf vielfältige, zu Teilen widersprüchliche institutionelle Erwartungen.

Literatur

Adams, Karl-Heinz (2005): Parteienfinanzierung in Deutschland. Entwicklung der Einnahmestrukturen politischer Parteien oder eine Sittengeschichte über Parteien, Geld und Macht, Marburg: Tectum.

Appleton, Andrew/Ward, Stephen (1997): Party Response to Environmental Change: A Model of Organizational Innovation, in: Party Politics 3. Jg. (3), S. 341-362.

Baecker, Dirk (2003): Organisation und Management, Frankfurt am Main: Suhrkamp.

Becker-Ritterspach, Florian A. A./Becker-Ritterspach, Jutta C. E. (2006): Isomorphie und Entkoppelung im Neo-Institutionalismus, in: Konstanze Senge und Kai-Uwe Hellmann (Hrsg.), Einführung in den Neo-Institutionalismus, Wiesbaden: VS-Verlag, S. 102-117.

Berger, Ulrike/Bernhard-Mehlich, Isolde (2002): Die verhaltenswissenschaftliche Entscheidungstheorie, in: Alfred Kieser (Hrsg.), Organisationstheorien, Stuttgart: Kohlhammer, S. 133-168.

Beyme, Klaus von (2002): Parteien im Wandel. Von den Volksparteien zu den professionalisierten Wählerparteien, Wiesbaden: Westdeutscher Verlag.

Biehl, Heiko (2004): Parteimitglieder neuen Typs? Sozialprofil und Bindungsmotive im Wandel, in: Zeitschrift für Parlamentsfragen 35. Jg. (4), S. 681-699.

Biehl, Heiko (2005): Parteimitglieder im Wandel. Partizipation und Repräsentation, Wiesbaden: VS-Verlag.

Biehl, Heiko (2006): Kleinere Parteien – exklusivere Mitgliedschaften? Über den Zusammenhang von Parteiengröße und Mitgliederstruktur, in: Uwe Jun, Henry Kreikenbom und Viola Neu (Hrsg.), Kleine Parteien im Aufwind. Zur Veränderung der deutschen Parteienlandschaft, Frankfurt am Main: Campus, S. 75-96.

Bröckling, Ulrich (2007): Das unternehmerische Selbst. Soziologie einer Subjektivierungsform, Frankfurt am Main: Suhrkamp.

Brunsson, Nils (1994): The Organization of Hypocrisy. Talk, Decisions and Actions in Organizations, Chichester: Wiley.

Budge, Ian/Keman, Hans (1990): Parties and Democracies: Coalition Formation and Government Functioning in Twenty States, Oxford: Oxford University Press.

Bukow, Sebastian (2009a): Parteien auf dem Weg zur mitgliederbasierten Leitorganisation: Organisationsreformen zwischen Wettbewerbsdruck und widersprüchlichen institutionellen Erwartungen, in: Ralf Wetzel, Jens Aderhold und Jana Rückert-John (Hrsg.), Die Organisation in unruhigen Zeiten. Über die Folgen von Strukturwandel, Veränderungsdruck und Funktionsverschiebung, Heidelberg: Carl-Auer, s. 105-124.

Bukow, Sebastian (2009b): Politik als Beruf – auch ohne Mandat, in: Michael Edinger und Werner J. Patzelt (Hrsg.), Politik als Beruf (PVS Sonderheft 2009), Wiesbaden: VS-Verlag (i.E.).

Detterbeck, Klaus (2005): Die strategische Bedeutung von Mitgliedern für moderne Parteien, in: Josef Schmid und Udo Zolleis (Hrsg.), Zwischen Anarchie und Strategie. Der Erfolg von Parteiorganisationen, Wiesbaden: VS-Verlag, S. 63-76.

Detterbeck, Klaus (2008): Party Cartel and Cartel Parties in Germany, in: German Politics 17. Jg. (1), S. 27-40.

DiMaggio, Paul J./Powell, Walter W. (1983): The Iron Cage Revisited: Institutional Isomorphism and Collective Rationality in Organizational Fields, in: American Sociological Review 48. Jg. (2), S. 147-160.

Donges, Patrick (2008): Medialisierung politischer Organisationen. Parteien in der Mediengesellschaft, Wiesbaden: VS-Verlag.
Dörner, Andreas/Vogt, Ludgera (Hrsg.) (2002): Wahl-Kämpfe. Betrachtungen über ein demokratisches Ritual, Frankfurt am Main: Suhrkamp.
Duverger, Maurice (1959): Die politischen Parteien, Tübingen: Mohr.
Endruweit, Günter (2004): Organisationssoziologie, Stuttgart: Lucius & Lucius.
Farrell, David M./Webb, Paul (2000): Political Parties as Campaign Organizations, in: Russell J. Dalton und Martin P. Wattenberg (Hrsg.), Parties without Partisans. Political Change in Advanced Industrial Industries, Oxford: Oxford University Press, S. 102-128.
Grabow, Karsten (2000): Abschied von der Massenpartei. Die Entwicklung der Organisationsmuster von SPD und CDU seit der deutschen Vereinigung, Wiesbaden: Deutscher Universitäts-Verlag.
Harmel, Robert (2002): Party Organizational Change: Competing Explanations?, in: Kurt Richard Luther und Ferdinand Müller-Rommel (Hrsg.), Political parties in the New Europe. Political and Analytical Challenges, Oxford: Oxford University Press, S. 119-142.
Harmel, Robert/Janda, Kenneth (1994): An Integrated Theory of Party Goals and Party Change, in: Journal of Theoretical Politics 6. Jg. (1), S. 259-287.
Hasse, Raimund/Krücken, Georg (1996): Was leistet der organisationssoziologische Neo-Institutionalismus? Eine theoretische Auseinandersetzung mit besonderer Berücksichtigung des wissenschaftlichen Wandels, in: Soziale Systeme 2. Jg. (2), S. 91-112.
Hasse, Raimund/Krücken, Georg (2005): Neo-Institutionalismus, Bielefeld: Transcript Verlag.
Hawley, Amos H. (1972): Human Ecology, in: David Sills (Hrsg.), International Encyclopedia of the Social Sciences, New York: Macmillan-Free Press, S. 328-337.
Hellmann, Kai-Uwe (2006): Organisationslegitimität im Neo-Institutionalismus, in: Konstanze Senge und Kai-Uwe Hellmann (Hrsg.), Einführung in den Neo-Institutionalismus, Wiesbaden: VS-Verlag, S. 75-88.
Jun, Uwe (1996): Innerparteiliche Reformen im Vergleich. Der Versuch einer Modernisierung von SPD und Labour Party, in: Jens Borchert, Lutz Golsch, Uwe Jun und Peter Lösche (Hrsg.), Das sozialdemokratische Modell. Organisationsstrukturen und Politikinhalte im Wandel, Opladen: Leske + Budrich, S. 213-237.
Jun, Uwe (2004): Der Wandel von Parteien in der Mediendemokratie. SPD und Labour Party im Vergleich, Frankfurt am Main: Campus.
Jung, Rainer (2000): Der kurze Frühling innerparteilicher Demokratie, in: Blätter für deutsche und internationale Politik 45. Jg. (4), S. 394-397.
Katz, Richard S./Mair, Peter (1995): Changing Models of Party Organization and Party Democracy: The Emergence of the Cartel Party, in: Party Politics 1. Jg. (1), S. 5-28.
Kirchheimer, Otto (1965): Der Wandel des westeuropäischen Parteiensystems, in: Politische Vierteljahresschrift 6. Jg. (1), S. 20-41.
Kitschelt, Herbert (1994): The Transformation of European Social Democracy, Cambridge/Ma.: Cambridge University Press.
Klein, Markus (2006): Partizipation in politischen Parteien. Eine empirische Analyse des Mobilisierungspotenzials politischer Parteien sowie der Struktur innerparteilicher Partizipation in Deutschland, in: Politische Vierteljahresschrift 47. Jg. (1), S. 35-61.

Laver, Michael/Schofield, Norman (1990): Multiparty Government: The Politics of Coalition in Europe, Oxford: Oxford University Press.
Lösche, Peter (1993): Lose verkoppelte Anarchie. Zur aktuellen Situation von Volksparteien am Beispiel der SPD, in: Aus Politik und Zeitgeschichte B 43, S. 34-45.
Lösche, Peter/Walter, Franz (1992): Die SPD: Klassenpartei – Volkspartei – Quotenpartei. Zur Entwicklung der Sozialdemokratie von Weimar bis zur deutschen Vereinigung, Darmstadt: Wissenschaftliche Buchgesellschaft.
Luhmann, Niklas (1985): Soziale Systeme. Grundriß einer allgemeinen Theorie, Frankfurt am Main: Suhrkamp.
Machnig, Matthias (1999): Die Kampa als SPD-Wahlkampfzentrale der Bundestagswahl '98. Organisation, Kampagneformen und Erfolgsfaktoren, in: Forschungsjournal Neue Soziale Bewegungen 12. Jg. (3), S. 20-39.
Mair, Peter/Müller, Wolfgang C./Plasser, Fritz (1999): Die Antworten der Parteien auf Veränderungen in den Wählermärkten in Westeuropa, in: Peter Mair, Wolfgang C. Müller und Fritz Plasser (Hrsg.), Parteien auf komplexen Wählermärkten: Reaktionsstrategien politischer Parteien in Westeuropa, Wien: Signum, S. 391-401.
Mayntz, Renate (1963): Soziologie der Organisation, Reinbek bei Hamburg: Rowohlt.
Mense-Petermann, Ursula (2006): Das Verständnis von Organisationen im Neo-Institutionalismus, in: Konstanze Senge und Kai-Uwe Hellmann (Hrsg.), Einführung in den Neo-Institutionalismus, Wiesbaden: VS-Verlag, S. 62-74.
Meyer, Marshall W./Rowan, Brian (1977): Institutionalized Organizations: Formal Structures as Myth and Ceremony, in: American Journal of Sociology 83. Jg. (2), S. 340-363.
Meyer, Thomas (2000): Mitglieder wofür? Thesen zu einer zeitgemäßen Parteireform, in: Berliner Republik Heft 4, S. 66-70.
Morlok, Martin/Streit, Thilo (1996): Mitgliederentscheid und Mitgliederbefragung, in: Zeitschrift für Rechtspolitik 29. Jg. (11), S. 447-455.
Niedermayer, Oskar (1993): Innerparteiliche Demokratie, in: Ders. und Richard Stöss (Hrsg.), Stand und Perspektiven der Parteienforschung in Deutschland, Opladen: Westdeutscher Verlag, S. 230-250.
Niedermayer, Oskar (2000): Modernisierung von Wahlkämpfen als Funktionsentleerung der Parteibasis, in: Ders. und Bettina Westle (Hrsg.), Demokratie und Partizipation, Wiesbaden: Westdeutscher Verlag, S. 192-210.
Niedermayer, Oskar (2008): Parteimitgliedschaften im Jahre 2007, in: Zeitschrift für Parlamentsfragen 39. Jg. (2), S. 379-386.
Panebianco, Angelo (1988): Political Parties. Organization and Power, Cambridge/Ma.: Cambridge University Press.
Preisendörfer, Peter (2005): Organisationssoziologie. Grundlagen, Theorien und Problemstellungen, Wiesbaden: VS-Verlag.
Raschke, Joachim (2002): Politische Strategie. Überlegungen zu einem politischen und politologischen Konzept, in: Frank Nullmeier und Thomas Saretzki (Hrsg.), Jenseits des Regierungsalltags. Strategiefähigkeit politischer Parteien, Frankfurt am Main: Campus, S. 207-241.
Roth, Dieter/Wüst, Andreas (2007): Emanzipiert und ungeliebt: Nicht-, Wechsel- und Protestwähler in Deutschland, in: Werner J. Patzelt, Martin Sebaldt und Uwe Kranenpohl (Hrsg.), Res publica semper reformanda, Wiesbaden: VS-Verlag, S. 390-412.

Scharpf, Fritz W. (2000): Interaktionsformen. Akteurszentrierter Institutionalismus in der Politikforschung, Opladen: Leske + Budrich.
Schieren, Stefan (1996): Parteiinterne Mitgliederbefragungen: Ausstieg aus der Professionalität? Die Beispiele der SPD auf Bundesebene und in Bremen sowie der Bundes-F.D.P., in: Zeitschrift für Parlamentsfragen 27. Jg. (2), S. 214-229.
Schimank, Uwe (2007): Neoinstitutionalismus, in: Arthur Benz, Susanne Lütz, Uwe Schimank und Georg Simonis (Hrsg.), Handbuch Governance. Theoretische Grundlagen und empirische Anwendungsfelder, Wiesbaden: VS-Verlag, S. 161-175.
Schmid, Josef/Zolleis, Udo (Hrsg.) (2005): Zwischen Anarchie und Strategie. Der Erfolg von Parteiorganisationen, Wiesbaden: VS-Verlag.
Scott, W. Richard (1992): Organizations: Rational, Natural, and Open Systems, Englewood Cliffs, N.J: Prentice Hall.
Scott, W. Richard (1995): Institutions and Organizations, London: Sage.
Scott, W. Richard (2003): Organizations. Rational, Natural, and Open Systems, Upper Saddle River, NJ: Prentice Hall.
Senge, Konstanze (2006): Zum Begriff der Institution im Neo-Institutionalismus, in: Konstanze Senge und Kai-Uwe Hellmann (Hrsg.), Einführung in den Neo-Institutionalismus, Wiesbaden: VS-Verlag, S. 35-47.
Strøm, Kaare (1990): A Behavioral Theory of Competitive Political Parties, in: American Journal of Political Science 34. Jg. (2), S. 565-598.
Strøm, Kaare/Müller, Wolfgang C. (1999): Political Parties and Hard Choices, in: Dies. (Hrsg.), Policy, Office or Votes? How Political Parties in Western Europe Make Hard Decisions, Cambridge/Ma.: Cambridge University Press, S. 1-35.
Wagner, Jochen W. (2005): Deutsche Wahlwerbekampagnen made in USA? Amerikanisierung oder Modernisierung bundesrepublikanischer Wahlkampagnen, Wiesbaden: VS-Verlag.
Walgenbach, Peter (2006): Neoinstitutionalistische Ansätze in der Organisationstheorie, in: Alfred Kieser und Mark Ebers (Hrsg.), Organisationstheorien, Stuttgart: Kohlhammer, S. 353-401.
Walter-Rogg, Melanie/Mößner, Alexandra (2004): Vielfach gefordert, selten verwirklicht: Parteimitglieder und das Thema Parteireformen, in: Melanie Walter-Rogg und Oscar W. Gabriel (Hrsg.), Parteien, Parteieliten und Mitglieder in einer Großstadt, Wiesbaden: VS-Verlag, S. 149-181.
Weber, Max (1980): Wirtschaft und Gesellschaft. Grundriss der verstehenden Soziologie, Tübingen: Mohr.
Weick, Karl E. (1976): Educational Organizations as Loosely Coupled Systems, in: Administrative Science Quaterly 21. Jg. (1), S. 1-19.
Wiesendahl, Elmar (2002): Die Strategie(un)fähigkeit politischer Parteien, in: Frank Nullmeier und Thomas Saretzki (Hrsg.), Jenseits des Regierungsalltags. Strategiefähigkeit politischer Parteien, Frankfurt am Main: Campus, S. 187-206.
Wiesendahl, Elmar (2006): Mitgliederparteien am Ende? Eine Kritik der Niedergangsdiskussion, Wiesbaden: VS-Verlag.
Wolinetz, Steven B. (2002): Beyond the Catch-All Party: Approaches to the Study of Parties and Party Organization in Contemporary Democracies, in: Richard Gunther, José R. Montero und Juan J. Linz (Hrsg.), Political Parties. Old Concepts and New Challenges, Oxford: Oxford University Press, S. 136-165.
Zeschmann, Philip (1997): Mitgliederbefragungen, Mitgliederbegehren und Mitgliederentscheide: Mittel gegen Politiker- und Parteienverdrossenheit? Zugleich ein

Replik auf einen Beitrag von Stefan Schieren in der Zeitschrift für Parlamentsfragen, in: Zeitschrift für Parlamentsfragen 28. Jg. (4), S. 698-711.

Lars Holtkamp

Erneuerung der Parteien „von unten"? Zum Verhältnis von Lokalparteien und Kartellparteien

1. Einleitung: Die Kartellparteienthese

Bereits zum Anfang der 1990er Jahre wurde die zunehmende Distanz zwischen Bürgern und Parteien in den Massenmedien auf den Begriff der Parteienverdrossenheit gebracht. Auch wenn die Parteienforschung in Deutschland relativ reserviert auf diese Krisenszenarien reagiert, zumal allein seit 1949 zehn Parteienkrisen in Deutschland konstatiert wurden (von Alemann 2000: 187), wird diese Ablösung der gesellschaftlichen Basis von den Parteien in der Diskussion über den Parteienwandel weitgehend bestätigt und auch zunehmend aus normativer Perspektive problematisiert. Die spätestens seit den 1990er Jahren rückläufige Zahl der Parteimitgliedschaften, die Überalterung der Mitglieder der Parteien und die Abnahme der Parteiidentifikation der Wähler sind deutliche Anzeichen für die zunehmende Distanz zwischen Parteien und Bürgern.

Auf die zunehmende Abwendung der Gesellschaft haben sich die Parteien – wenn man der Kartellparteienthese folgt[1] – stärker der staatlichen Ebene zugewandt und fehlende gesellschaftliche Ressourcen durch eine stärkere staatliche Parteienfinanzierung substituiert (Katz/Mair 1995: 19ff.). Damit sind die Parteien zunehmend nicht mehr Vermittlungsinstanzen zwischen Staat und Gesellschaft, sondern quasi-staatliche Institutionen. Diese stärkere Abhängigkeit von staatlichen Subventionen führt zu einem Parteienkartell, das unabhängig vom Wahlausgang die Versorgung der bestehenden Parteien sichert und neueren Gruppierungen den Marktzutritt erschwert (Katz/Mair 1995: 16). Die Exklusion von neuen Parteien kann unter anderem durch hohe Sperrklauseln erreicht werden. Insgesamt wird auf der Ebene des Parteiensys-

---

1 Wiesendahl ordnet die Kartellparteienthese aus kritischer Perspektive als „Verelendungs Prämisse" (1999: 50) ein, wonach die Gesellschaft die Parteien quasi zur Kartellbildung und Staatssubventionierung gezwungen habe, um ihr Überleben zu sichern. Diese These von Katz/Mair widerlegen Wiesendahl (1999) und Detterbeck (2002), indem sie für Deutschland darauf hinweisen, dass die staatliche Parteienfinanzierung schon wesentlich früher ausgebaut wurde, als die Parteien noch deutliche Mitgliederzuwächse zu verzeichnen hatten. Unabhängig von den Entstehungsursachen der Kartellstrategien muss aber davon ausgegangen werden, dass hierdurch in späteren Phasen Mitgliederverluste von Parteien relativ unproblematisch kompensiert werden können.

tems damit der Parteienwettbewerb etwas eingeschränkt. Diese gemeinsamen Interessen führen aber nicht dazu, dass der elektorale Wettbewerb geringer wird, sondern er nimmt im Gegenteil durch abnehmende Parteibindungen und professionelle Wahlkampfstrategien noch zu, wobei er aber aufgrund des Parteienkartells immer weniger Einfluss darauf hat, wer wichtige Ämter wahrnimmt (Katz/Mair 1996: 530). Damit dient das Kartell insbesondere der Absicherung der politischen Klasse gegenüber den durch nachlassende Parteibindungen immer weniger kalkulierbaren Wählern (Borchert 2003).

Die Kartellparteienthese geht nicht nur von einer zunehmenden Distanz von Parteien und Gesellschaft, sondern auch von einer Entkoppelung der Parteizentralen von den Lokalparteien aus (Katz/Mair 1995: 21). Die unteren Parteigliederungen verlieren danach in den Kartellparteien erheblich an Bedeutung, auch weil nicht mehr primär ein Straßenwahlkampf durch die Parteibasis, sondern ein stark zentralisierter, kapitalintensiver Medienwahlkampf geführt wird, der überwiegend durch staatliche Subventionen und zunehmendes Fundraising der Parteien und weniger durch Mitgliedsbeiträge finanziert wird (von Beyme 2000: 42). Insgesamt können die Partei- und Fraktionszentralen durch den Einsatz neuer Medien auch direkt mit den Wählern und den Parteimitgliedern kommunizieren, so dass die lokalen Parteiorganisationen und der klassische Straßenwahlkampf als Bindeglied an Bedeutung verlieren. Die Funktionsentleerung der lokalen Parteien für die nationalen Parteieliten wird auch auf gesellschaftliche Wandlungsprozesse zurückgeführt (Niedermayer 1999: 17). Diese forcieren eine mentale Entkoppelung zwischen Gesellschaft und lokalen Parteiorganisationen, mit der Folge, dass die persönliche Wahlwerbung der aktiven Parteimitglieder viele Wähler nicht mehr erreicht bzw. aufgrund von Überalterung, Verbeamtung und Übereifer lokaler Parteieliten sogar abstoßend wirken kann (von Beyme 1997: 379). Für die nationalen Parteieliten wird es aufgrund abnehmender Parteibindung und zunehmender Zahl der Wechselwähler immer wichtiger, „sich auf die Wünsche der Wähler zu konzentrieren als auf die der noch verbliebenen Parteimitglieder" (Mair et al. 1999: 393). Dies erfordere vor allem programmatische Flexibilität und Medienkompetenz im Wahlkampf, also Eigenschaften, für die die aktiven Parteimitglieder vor Ort nicht gerade bekannt sind. Wenn man der Kartellparteienthese folgt, haben sich also die Gesellschaft und die Parteizentralen gleichermaßen von den Lokalparteien abgewendet.

Auch wenn von einigen Autoren[2] immer wieder auf den Nutzen der einfachen Parteimitglieder im Wahlkampf hingewiesen wird, ist es doch weitge-

---

2 So geht Scarrow (1999) weiterhin von einem starken Nutzen aktiver Parteimitglieder (über die bloße Legitimationsbeschaffung hinaus) für die nationale Parteiorganisation aus. Auch Wiesendahl (2006: 120f.) verweist darauf, dass Studien den Zusammenhang von Organisationsgrad und Wahlerfolg belegen und dass von einigen Parteieliten durchaus diese mobilisierende Wirkung der ehrenamtlichen Parteimitglieder gesehen wird. Letztlich konstatiert aber auch Wiesendahl, dass der Stellenwert der aktiven Parteimitglieder eher gering ist, weil real eine einseitige Ausrichtung auf Stimmenmaximierung im Wahlkampf stattfindet, bei der

hend Konsens, dass die Parteimitglieder und die unteren Parteiorganisationen im Landes- und Bundestagswahlkampf an Bedeutung verloren haben (Detterbeck 2005: 68f.). Zudem muss man konstatieren, dass im Vergleich zu den 1970er Jahren das Interesse der nationalen Parteiorganisationen an der parteipolitischen Durchdringung der Kommunalpolitik merklich nachgelassen hat (Holtkamp 2008).

Demgegenüber werden aber die Erwartungen, die ein Teil der Parteienforscher aus normativer Perspektive an die Ortsparteien stellt, deutlich höher. So wird eine radikale Öffnung der Parteien gefordert, um den im Zuge des Wertewandels gewachsenen Ansprüchen an eine thematisch gebundene und zeitlich limitierte Partizipation durch Organisationsreformen besser gerecht zu werden. Hierfür sei vor allem die lokale Ebene prädestiniert, auf der durch runde Tische die Bürger wieder vermehrt in die Politik und auch in die Parteien miteinbezogen werden könnten (Mielke 2003: 165; Mielke 2005: 128). Insgesamt sollen sich die lokalen Parteien vermehrt gegenüber Nichtparteimitgliedern öffnen, weil sich bürgerschaftliches Engagement am ehesten in den Kommunen realisieren lasse (Langguth 2003: 183). Den Bürgern sollen auch größere Auswahlmöglichkeiten bei der Rekrutierung des kommunalpolitischen Personals eröffnet und Quereinsteigern der Zugang ermöglich werden, um Parteienverdrossenheit abbauen zu können (Dittberner 2004: 114ff.).

Eine Netzwerkbildung zu anderen zivilgesellschaftlichen Akteuren, vorrangig auf der lokalen Ebene, wird als große Chance gesehen, um „die gesellschaftliche Verankerung der Parteien zu erhalten bzw. zurückzugewinnen" (Florack et al. 2005: 107). Als Ziel wird auch für die kommunale Ebene die Netzwerkpartei ausgegeben (Florack et al. 2004: 27). Danach haben gerade Parteien, „die über eine tiefgehende Grasverwurzelung mit dem vorpolitischen Raum verfügen", also „netzwerkartige Verflechtungen mit Vereinen, Verbänden und neuen politischen Beteiligungsformen" (Kießling 2003: 92) aufweisen, die geringsten Mitgliederprobleme.

Mit diesem Netzwerkkonzept könnten also die Mitgliederparteien „von unten" erneuert werden und sich damit regenerieren. Dies setzt allerdings voraus, dass sich die Parteien auf lokaler Ebene nicht nur gegenüber Bürgern verstärkt öffnen, um sie langfristig auch als Parteimitglieder gewinnen zu können, sondern die lokalen Parteien müssen auch weiterhin Kontakt zu den überregionalen Gremien und deren programmatischen Positionen halten. So sollen die Lokalparteien wieder parteiprogrammatisches Profil vermitteln (Langguth 2003: 182f.). Nur auf diese Weise können sie bei der größer werdenden Kluft zwischen nationalen Parteien und Gesellschaft als Interessenvermittlungsagenturen fungieren (Kersting 2002). Mitgliederparteien zeichnen sich vom Anspruch her durch eine starke Verankerung in der Gesell-

---

die für die Mitglieder zentrale Programmfunktion ihrer Partei zunehmend verblasst (Wiesendahl 2006: 177). Zudem dürfte die überalterte Parteibasis, die nach Wiesendahl (2006: 61) zum „Altenheimcharme der Parteien" führt, wohl nicht nur auf potenzielle Mitglieder, sondern auch auf nicht wenige Wähler eher abschreckend wirken.

schaft und eine aktive Teilnahme der Mitglieder an der Politikformulierung und Entscheidungsfindung aus (Jun 2004: 97ff.; Wiesendahl 2006: 21f.). Das setzt auch eine intensive Verbindung zwischen Lokalparteien und den anderen Parteigliederungen voraus, weil (folgenreiche) Partizipationsleistungen kaum von internetbasierten Angeboten der zentralen Parteiorganisationen übernommen werden können (Wiesendahl 2006: 163ff.), sondern häufig über personenbezogene Kommunikation vor Ort erfolgen.

Abbildung 1: Kartellparteienthese und Netzwerkpartei

Kartellparteienthese

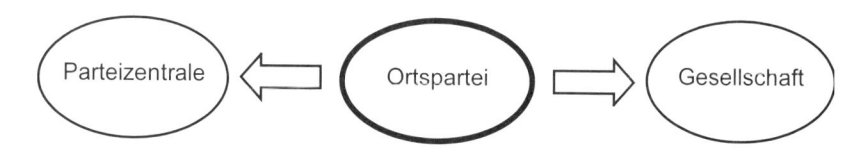

Parteizentrale ⇐ Ortspartei ⇒ Gesellschaft

Reformkonzept: Netzwerkpartei

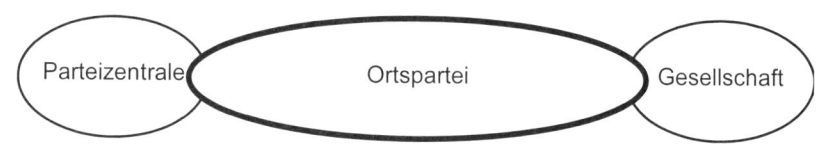

Parteizentrale — Ortspartei — Gesellschaft

Quelle: Eigene Abbildung

Bezeichnend ist, dass es sich bei den skizzierten Erwartungen der Parteienforschung vornehmlich um normative Appelle handelt, während die reale Situation von Lokalparteien und ihre vorrangige Verankerung in der Kommunalpolitik nur eingeschränkt zur Kenntnis genommen werden. Die vorwiegend national ausgerichtete Parteienforschung steigt nur ungern herab in die „Niederungen der Kommunalpolitik", mit der sie nun aber zum Teil große Hoffnungen verbindet.

Wenn man diese Hypothese von der Erneuerung der Mitgliederparteien „von unten" mit einem stärkeren empirischen Bezug diskutieren möchte, ist als Erstes zu fragen, welche Anreize die Lokalparteien haben sollten sich stärker gegenüber den Bürgern zu öffnen und nicht Mitgliederverluste durch Kartellparteienstrategien, wie z.T. auf der nationalen Ebene, zu kompensieren. Zweitens ist zu fragen, welches Verhältnis Lokalparteien, die sich dann gegenüber den Bürgern auch aufgrund von Mitgliederverlusten geöffnet haben, zu den höheren Parteigliederungen haben werden.

In diesem Beitrag sollen deshalb in einem ersten Schritt die Besonderheiten der kommunalen Rahmenbedingungen für Parteien skizziert werden, um zu zeigen, dass auf dieser Ebene Kartellparteistrategien deutlich schwerer zu realisieren sind. In einem zweiten Schritt wird, aufbauend auf einer Sekundäranalyse aller vorliegenden empirischen Studien zu Parteien in der deutschen Kommunalpolitik und der hierzu vorliegenden Ansätze von Gerhard Lehmbruch und Hans-Georg Wehling, das Modell der Konkordanz- und der Konkurrenzdemokratie vorgestellt. Im Modell der Konkordanzdemokratie dominieren auf lokaler Ebene Honoratiorenparteien, die stark in die Gesellschaft eingebettet sind und die traditionell offen gegenüber Nicht-Parteimitgliedern sind, wie es Parteienforscher neuerdings den Lokalparteien als Rezeptur verschreiben. Drittens wird dargestellt, dass zukünftig ein verstärkter Trend in Richtung Honoratiorenparteien auf lokaler Ebene zu erwarten ist. Dies wird aber – so die These – nicht zu einer Erneuerung der Mitgliederpartei „von unten", sondern zu einer Forcierung der Entkoppelung der Kartellparteien „von unten" führen. Lokale Honoratiorenparteien vermitteln nicht zwischen nationaler Partei und Gesellschaft, sondern wenden sich mit ihrem vereinsähnlichen Auftreten einseitig der lokalen Gesellschaft zu, womit sich nationale Kartellparteien weitgehend „ungestört" von Basiseinflüssen noch stärker den staatlichen Institutionen zuwenden können.

Abbildung 2: Nationale Kartell- und lokale Honoratiorenpartei

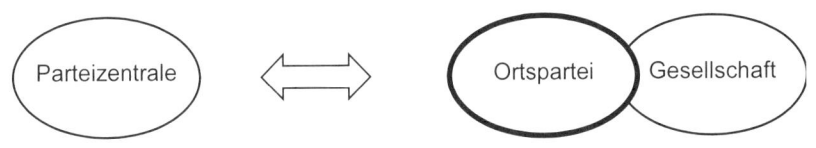

Quelle: Eigene Abbildung

2. Kommunale Rahmenbedingungen

Die aktiven Mitglieder von lokalen Parteien engagieren sich häufig stark in der Kommunalpolitik, während landes- und bundespolitische Themen in den Parteiorganisationen nicht selten nur auf eingeschränktes Interesse treffen. Damit dürfte das Handeln von lokalen Parteiorganisationen im starken Maße von den kommunalpolitischen Institutionen geprägt sein. Gerade für die zu erörternden zukünftigen Entwicklungsoptionen und –trends von Ortsparteien dürften diese institutionellen Rahmenbedingungen von entscheidender Bedeutung sein. Vor allem ist durch diese institutionellen Besonderheiten für Lokalparteien der Weg, auf Mitgliederverluste mit Kartellparteienstrategien zu reagieren, weitgehend versperrt.

Als erste institutionelle Besonderheit im Vergleich zur Landes- und Bundesebene ist für die kommunale Ebene in Deutschland insbesondere die flächendeckende Umstellung auf präsidentialistische Verfassungen zu nennen.

Der Bürgermeister wird in allen Bundesländern als „lokaler Regierungschef" seit den 1990er Jahren direkt gewählt, was mittelfristig den Parteieneinfluss erheblich begrenzen kann. Als weitere kommunale Spezialität ist das personenorientierte Wahlrecht für die Kommunalparlamente in vielen Bundesländern hervorheben, das den Bürgern eher ermöglicht, Kandidaten unabhängig von deren Parteizugehörigkeiten zu wählen bzw. abzuwählen. Hinzu kommt, dass Parteien auf kommunaler Ebene kein Wahlvorschlagsmonopol haben, sondern der Konkurrenz von freien Wählergemeinschaften ausgesetzt sind (Gabriel/Holtmann 1993: 488). Der Zugang neuer Parteien und Wählergruppen wird durch die Abschaffung der Fünf-Prozent-Hürde bei den Kommunalwahlen in vielen Bundesländern zudem vereinfacht. Darüber hinaus können fast in allen Bundesländern die Bürgermeisterkandidaten zur Direktwahl als Einzelbewerber antreten und sind somit unabhängiger von der Nominierung durch Parteien. Der parteipolitischen Monopolisierung bzw. Kartellierung von öffentlichen Ämtern sind somit einige Grenzen gesetzt. Weiterhin charakteristisch für die lokale Ebene ist der Begriff der Nähe, der insbesondere hervorhebt, dass die Parteien als Vermittler von den Bürgern und den Ratsmitgliedern weniger benötigt werden. Es dominiert gerade in kleineren Städten eine personenbezogene direkte Kommunikation zwischen aktiven Bürgern und Ratsmitgliedern. Die Bürger halten damit Parteien, wie repräsentative Befragungen zeigen (Bogumil et al. 2003), für verzichtbarer als auf den höheren föderalen Ebenen und können über das spezifische kommunale Wahlrecht diesen Präferenzen auch Ausdruck verleihen. Aufgrund der Nähe der kommunalen Ebene und der personenbezogenen Kommunikation können Parteien Mitgliederverluste auch kaum durch massenmediale Vermittlungsstrategien kompensieren. Die „schöne neue Glamourwelt der Mediendemokratie" (Mielke 2003: 162) spielt sich weitgehend nur auf der nationalen Ebene ab.

Auch eine starke Professionalisierung des Wahlkampfs durch Vergabe an Externe, um Mitgliederverluste auszugleichen, ist in vielen Städten kaum zu erwarten. Der geringe Professionalisierungsgrad lokaler Parteien und Ratsfraktionen ist vor allem auf die geringe staatliche bzw. kommunale Finanzierung zurückzuführen. So gibt es in Deutschland keine staatliche Rückerstattung von kommunalen Wahlkampfkosten, und die Ratsmitglieder versehen ihr Mandat prinzipiell ehrenamtlich. Für lokale Parteien gilt also in besonderem Maße, dass Parteien Freiwilligenorganisationen darstellen, während hauptamtliche Akteure weniger anzutreffen sind. Der Mitgliederrückgang dürfte sie somit ungleich stärker treffen als die zentralen Parteiorganisationen, zumal eine stärkere Hinwendung zum Staat bzw. zu den Institutionen der kommunalen Selbstverwaltung nur begrenzt möglich erscheint. Die lokale Institutionenpolitik wird bei nur eingeschränkten kommunalen Parlamentsrechten dominiert von den Akteuren auf der Landesebene, so dass eine Kompensation der nachlassenden gesellschaftlichen Verankerungen durch eine stärkere Parteienfinanzierung bzw. einen Ausschluss politischer Konkurrenz durch wahlrechtliche Bestimmungen kommunal kaum beeinflussbar ist.

Damit dürfte zukünftig die Öffnung der Parteien gegenüber Nicht-Mitgliedern in vielen kleinen und mittleren Kommunen fast zu einer „Überlebensstrategie" werden. Ohne zusätzliche aktive Mitarbeiter werden die Lokalparteien kaum in der Lage sein vollständige Kandidatenlisten zu den Kommunalwahlen zu präsentieren. Dabei ist die Öffnung der Lokalparteien kein neues Phänomen. In den eher konkordanzdemokratisch geprägten Kommunen in Baden-Württemberg gehört dies seit Jahrzehnten zu den typischen Nominierungsprozeduren, die im Folgenden nach einer kurzen Beschreibung der Extremtypen der Konkordanz- und Konkurrenzdemokratie eingehender analysiert werden sollen.

Abbildung 3: Kommunale Spezifika

Regierungssystem:	Wahlrecht:
- Präsidentiell - Direkte Demokratie - Begrenzte Spielräume - eingeschränkte Parlamentsrechte	- stärker personenorientiert - Häufig keine 5%- Hürde - Kein Parteienmonopol
Finanzierung:	**Kommunale „Nähe"**
- ehrenamtliche Mandatsträger - keine Wahlkampf- rückerstattung	- Räumlich - Sachlich - Sozial - Emotional

Quelle: Eigene Abbildung

3. Kommunale Konkordanz- und Konkurrenzdemokratie

3.1 Typologie

Anders als die klassischen Begriffe der vergleichenden Regierungslehre (Parlamentarismus, Präsidentialismus etc.) bezieht sich der Begriff der kommunalen Konkordanz- und Konkurrenzdemokratie nicht auf die formalen Institutionen. Es geht vielmehr um die Beschreibung von Verhaltens-, Einstellungs- und Einflussmustern der kommunalen Akteure in der Nominierungs-, Wahlkampf-, Wahl- und Regierungsphase. Es handelt sich damit um zwei unterschiedliche Typen der repräsentativen Demokratie auf der kommunalen Ebene, die sowohl den Stadtrat als auch den seit den 1990er Jahren in allen

Bundesländern eingeführten direkt gewählten Bürgermeister in die Betrachtungen mit einbeziehen (im Folgenden Holtkamp 2006, 2008). Auch auf kommunaler Ebene gilt als konstitutives Unterscheidungsmerkmal, dass in der Konkordanzdemokratie zwischen den Parlamentariern „gütliches Einvernehmen" als Konfliktregelungsmuster dominiert (Lehmbruch 1991a: 311), während die Konkurrenzdemokratie von Auseinandersetzungen zwischen Mehrheits- und Oppositionsfraktionen geprägt wird. Der wesentliche Unterschied zwischen der kommunalen und der nationalen Konkordanzdemokratie in den Analysen von Gerhard Lehmbruch besteht darin, dass in ersterer eher der Parteientyp der Honoratiorenpartei und in letzterer eher der der Massenpartei bzw. bedingt der Allerweltspartei dominiert. Er stellt als eine der wesentlichen Entstehungsbedingungen der österreichischen Konkordanzdemokratie auf der nationalen Ebene die Existenz von homogenen gesellschaftspolitischen „Lagern" heraus, deren Anhänger sich in eigenen Parteien organisieren und sich durch „hohe innere Kohäsion und wechselseitige Isolierung" (Lehmbruch 1991b: 313) auszeichnen. Konkordanzdemokratie ist danach ein Elitenkartell mit starken Parteiorganisationen und Ämterproporz als Klammern zur Verhinderung von ethnischen, religiösen oder ideologischen Konflikten. Kommunale Konkordanzdemokratie ist demgegenüber Ausdruck der Schwäche der Parteien bei gleichzeitiger Dominanz der politischen Persönlichkeiten (Lehmbruch 1975). Durch gemeinsame Orientierungen der Honoratioren, Verhandlungen im Rat und Anerkennung einer starken exekutiven Führerschaft (Dominanz des Bürgermeisters) werden auf dieser Ebene die konsensualen Lösungen erzielt.

Die in Abbildung 4 dargestellte kommunale Konkordanz- und Konkurrenzdemokratie sind zwei Extremtypen, wobei Kommunen in Baden-Württemberg eher zur Konkordanzdemokratie und Städte in Nordrhein-Westfalen zur Konkurrenzdemokratie tendieren. Der Begriff der kommunalen Konkordanzdemokratie beschreibt einen niedrigen Grad der Parteipolitisierung in der Nominierungs-, Wahlkampf-, Wahl- und Regierungsphase. In den ersten drei Phasen ist hier insbesondere von einer starken Kandidatenorientierung im Gegensatz zu einer starken Parteiorientierung in der Konkurrenzdemokratie auszugehen. In der Regierungsphase dominieren eine geringe personelle und prozedurale Parteipolitisierung und eine stark ausgeprägte exekutive Führerschaft (dominanter Bürgermeister), während die kommunale Konkurrenzdemokratie von einer starken Parteipolitisierung und einer weniger dominanten Stellung des Bürgermeisters geprägt ist.

Erneuerung der Parteien „von unten"? 237

Abbildung 4: Extremtypen repräsentativer Demokratie auf kommunaler Ebene

	Konkurrenzdemokratie	Konkordanzdemokratie
Nominierungsphase innerparteiliche Selektionskriterien	Bewährung in der Parteiarbeit	soziales Ansehen (bzw. zumindest keine starke Bewährung in der Parteiarbeit)
Wahlkampfphase Wahlkampfstrategie	starke Parteiorientierung	starke Kandidatenorientierung
Wahlphase Wahlverhalten	Starke Parteiorientierung; niedrige Stimmenanteile von Wählergemeinschaften	starke Kandidatenorientierung; hohe Stimmenanteile von Wählergemeinschaften
Regierungsphase personelle Parteipolitisierung von Rat, Bürgermeister und Verwaltung	stark ausgeprägt	schwach ausgeprägt
prozedurale Parteipolitisierung	hohe Verflechtung zwischen Mehrheitsfraktion und Verwaltung (mit Ausnahme von Kohabitationskonstellationen)	geringe Verflechtung
	Mehrheitsregel im Rat	Einstimmigkeitsregel im Rat
	geschlossenes Abstimmungsverhalten der Fraktionen	weniger geschlossenes Abstimmungsverhalten der Fraktionen
exekutive Führerschaft	schwach ausgeprägt	stark ausgeprägt

Quelle: Holtkamp (2008)

Die geringe Parteipolitisierung in der kommunalen Konkordanzdemokratie entspricht weitgehend dem Verhalten von Honoratiorenparteien, wie es bereits Max Weber für die nationale Ebene beschrieben hat. In Honoratiorenparteien bestehen danach die Parteiorganisationen eigentlich nur zu Wahlzeiten (Neumann 1973: 105). Die Kandidaten finanzieren den nur wenig aufwendigen Wahlkampf häufig selbst. Teilweise bedienen sich die Parteien aufgrund ihres geringen Organisationsgrades nahe stehender Verbände zur Unterstützung im Wahlkampf. Durch die Herrschaft der Honoratioren haben sich die Parteien nur wenig von der Gesellschaft gelöst (Katz/Mair 1995: 9f.). In den Parteien gelten diejenigen etwas, die in der Gesellschaft Anerkennung finden (Weber 1976: 82), während das Engagement für die Partei nur wenig honoriert wird. Die Kommunikation mit den Wählern stützt sich im Wesentlichen auf interpersonale Netzwerke, die aus gesellschaftlichen Kontakten resultieren. Aufgrund der herausragenden Stellung der Honoratioren ist die Fraktionsdisziplin im Parlament nur wenig ausgeprägt (Duverger 1959: 183). Die geringe Fraktionsdisziplin führte auch dazu, dass die Gemeinsamkeiten der Abgeordneten im Parlament betont werden und es keine funktionale Arbeitsteilung zwischen Regierung und Opposition gibt.

3.2 Empirische Analyse kommunaler Nominierungsprozesse

Wenn man chronologisch bei der Analyse der Nominierungsphase ansetzt, die im Zusammenhang mit der Untersuchungsfragestellung dieses Beitrags am meisten interessiert und für die Induzierung konkordanter Muster von entscheidender Bedeutung ist (Wehling 2003), lässt sich als typisches Merkmal erwarten, dass die nominierten neuen Kandidaten im Vergleich zu konkurrenzdemokratischen Akteurskonstellationen eine geringere Parteiorientierung aufweisen, also entweder noch gar nicht Parteimitglied sind oder zumindest häufig noch nicht auf eine lange Parteikarriere (die sog. „Ochsentour") verweisen können. Die Parteien wären also im hohen Maße offen für Quereinsteiger und weniger durch parteigebundenes Engagement geprägt.

In der Parteien- und Eliteforschung werden Nominierungsprozesse auf nationaler Ebene vermehrt als Personalmarkt analysiert (Schüttemeyer 2002), was auch sinnvoll auf die kommunale Ebene übertragen werden kann. Danach gibt es einige Faktoren, die bereits zu einer erheblichen Einengung des Personenkreises führen, der für eine Nominierung zur Verfügung steht, also für das potenzielle innerparteiliche Kandidatenangebot (Kandidatenpool). Neben der Angebotsseite sind die Selektionskriterien der Parteiorganisationen zu berücksichtigen. Parteien agieren auch auf kommunaler Ebene als wichtige „Gatekeeper" im Nominierungsprozess (Norris 2000), auch wenn sie auf dieser Ebene nicht konkurrenzlos sind. Darüber hinaus kann es bei der innerparteilichen Nominierung wichtig sein, welche Kandidaten die Bürger als Nachfrager auf dem Wählermarkt präferieren, auf dem die Parteien im Anschluss an die Kandidatenselektion als politische Anbieter auftreten. Wenn die Parteien mit relativ parteiunabhängigen Kandidaten bessere Wahlergebnisse erzielen können, dann ist davon auszugehen, dass die Parteien etwas mehr bemüht sind, beispielsweise politische Seiteneinsteiger zu rekrutieren. Allerdings dürfte dies stark vom jeweiligen Wahlrecht abhängen.

Konkurrenzdemokratische Nominierungsmuster zum Stadtrat sind dadurch gekennzeichnet, dass die Parteiorganisation den größten Einfluss auf die Karriere hat. Sie kann aus einem relativ großen Kandidatenpool schöpfen, um den „passenden" Kandidaten auszusuchen und muss dabei nur begrenzt Rücksicht auf die Präferenzen der Wähler nehmen, weil es kein stark personenorientiertes Wahlrecht gibt. Wesentliches Kriterium, bei diesen Konstellationen nominiert zu werden, ist dann die sog. „Ochsentour". Untersuchungen nordrhein-westfälischer Großstädte, in denen ein hinreichend großer Kandidatenpool und ein weniger personenorientiertes Wahlrecht vorausgesetzt werden kann, bestätigen durchweg diese Annahme. Um als Ratsmitglied in den großen Volksparteien aufgestellt zu werden, muss man zunächst für Parteiämter auf Orts- oder Kreisebene gewählt worden sein (Naßmacher 1972: 49; Humpert 1991: 94f.). Der Bewerber um eine Vorstandstätigkeit in der Partei muss in der Regel schon auf eine längere Parteimitgliedschaft und auf Aktivitäten im Wahlkampf verweisen können (Becker/Hombach 1983). Höhere Parteiämter auf der Kreisebene setzen in der Regel bereits Ämter in den Ortsvereinen voraus. Die besten Chancen auf eine Nominierung als Ratsmitglied bestehen für Ortsverbandsvorsitzende oder Mitglieder des Kreisvorstandes. Die zentrale Rolle der Ortsvereinsvorsitzenden ergibt sich aus dem Nominierungsverlauf. Dieser weist in nordrhein-westfälischen Großstädten häufig drei Stufen auf (Horn/Kühr 1978). Die Direktkandidaten der Wahlbezirke werden zunächst von den Mitgliederversammlungen der Ortsverbände aufgestellt. Die Direktkandidatur ist, wie bei Landtags- und Bundestagskandidaten, meist notwendige Voraussetzung dafür, um auch auf der Reserveliste aussichtsreich platziert zu werden, die in einem zweiten Schritt vom Kreisverband bzw. Unterbezirksvorstand erarbeitet wird. Die Wahlvorschläge werden dann in einem dritten Schritt einer Delegiertenversammlung auf Kreisverbands- und Unterbezirksebene präsentiert. Die Auswahl der Direktkandidaten wird von den Ortsvorständen absolut dominiert, so dass sich hier gerade die Vorsitzenden erfolgreich als Kandidaten ins Spiel bringen können. Diese Vorschläge werden in der Regel von der Mitgliederversammlung meist unverändert angenommen. Dies ist „meistens darauf zurückzuführen, daß in informellen Vorgesprächen, die meist von der örtlichen Führungsgruppe ausgehen, die Mitglieder für einen ganz bestimmten, vom Vorstand favorisierten Bewerber eingenommen werden" (Horn/Kühr 1978: 140). Diese zentrale Rolle des Ortsvereins-Vorstands zeigt sich auch in den späteren Phasen. So gehört ein Teil der Ortsvereins-Vorstandsmitglieder dem Kreisverbands- und Unterbezirksausschuss an, und weitgehend alle Vorstandsmitglieder sind Delegierte auf der endgültigen Nominierungsveranstaltung, womit sie zu einem guten Teil über ihre eigenen Vorschläge abstimmen. Neben den Ortsvorständen hat eine enge Führungsgruppe auf Kreisverbands- und Unterbezirksebene, zu der vor allem der Kreisverbandsvorsitzende, der Fraktionsvorsitzende und der Parteigeschäftsführer gehören (Horn/Kühr 1978: 170f.), über die Platzierung der Bewerber auf der Reserveliste entscheidenden Einfluss auf den Nominierungsprozess. Wesentliches Kriterium für die Kandidatur sei neben einem Amt im Ortsvereins-Vorstand vor allem Loyalität gegenüber der Partei- und Fraktionsführung: „Hier zeigt sich die Tendenz der Parteielite, unter sich zu bleiben und nur den in ihre eigenen Reihen aufzunehmen, dessen nonkonformistisches Verhalten schon über ein Parteiamt abgeschliffen worden ist" (Horn/Kühr 1978: 191).

Die Plätze auf den Reservelisten werden in der Regel nach Ortsteilproporz vergeben. Der Ortsteilproporz hat vor allem das folgende Ziel: „Ruhe und Frieden im Ortsverein" (Gremmels 2003: 60). Das Überangebot an Kandidaten wird durch Proporzlösungen friedlich verarbeitet, auch um innerparteiliche Geschlossenheit nach außen vermitteln zu können und erfolgreiche Konkurrenzkandidaturen, die die Machtposition dieser informellen Führungsgremien in Frage stellen könnten, zu unterbinden. Zudem profitieren auch die aktiven aufstiegsorientierten Mitglieder von dem Proporz, weil nach einem Engagement in der Partei sich hieraus sichere politische Karrieren ergeben. Der Ämterproporz lässt der Parteiführung nur wenig Raum, politische „Seiteneinsteiger" auf der Liste zu platzieren, weil nur langjährige Mitarbeit im Ortsverband zu einer Aufstellung in den Direktwahlkreisen führt und zu einer Berücksichtigung auf der informell ausgehandelten Reserveliste.

Bei konkordanzdemokratischen Nominierungsmustern, die in kleineren und mittleren Kommunen in Baden-Württemberg dominieren, wird hingegen die „Ochsentour" weniger prämiert. Dies kann darauf zurückgeführt werden, dass aufgrund der bei geringer Gemeindegröße viel höheren Zahl der zu besetzenden Mandate im Verhältnis zur Einwohnerzahl und aufgrund des geringen Organisationsgrads der Parteien in Baden-Württemberg[3] gar nicht genügend Interessenten mit langer Parteizugehörigkeit im Nominierungsprozess zur Verfügung stehen. Die Nominierung relativ parteiunabhängiger Kandidaten ist in diesen Fällen also eher eine „Verlegenheitslösung", während Parteien bei größerem Kandidatenpool eher zur Nominierung langjähriger Parteimitglieder tendieren würden. Sie kann aber auch eine bewusste Strategie sein, gerade wenn die Parteien davon ausgehen, dass die Nominierung parteidistanzierter Honoratioren auf dem Wählermarkt sich auszahlen wird. Damit ist insbesondere zu rechnen, wenn ein personenorientiertes Ratswahlrecht dominiert[4]. Gewählt wird bei personenorientiertem Wahlrecht nach Auffassung von Wehling „wer etwas ist und etwas gilt, Honoratioren also" (Wehling 1999: 180). Dies macht sich überwiegend am Berufsprestige fest. Die besten Wahlchancen haben vor allem die lokal tätigen Selbständigen und Persönlichkeiten, die im Vereinswesen fest verankert sind (Hamberger 1966; Mielke/Eith 1994; Holtkamp 2008). Diese Bevorzugung lokaler Honoratioren bei geringerer Bedeutung von Proporzlösungen interpretiert Hans-Georg Wehling dahingehend, dass das politische System sich – anknüpfend an den von Max Weber (1976) entwickelten Idealtypus der Honoratiorenpartei- noch nicht durchweg vom gesellschaftlichen System in der Kommune getrennt hat.

---

3   Vgl. zu Rekrutierungsproblemen in kleineren baden-württembergischen Gemeinden auch aufgrund des geringen Organisationsgrads zum Beispiel Luckmann (1970: 126); Schneider (1977).
4   Als Belege für den Zusammenhang von Wahlrecht und parteidistanziertem Nominierungsverhalten in Baden-Württemberg vgl. Löffler/Rogg (1985: 138); Köser/Caspers-Merk (1987: 29); Naßmacher (1997).

Abbildung 5: Konkordante Nominierungsmuster auf kommunaler Ebene

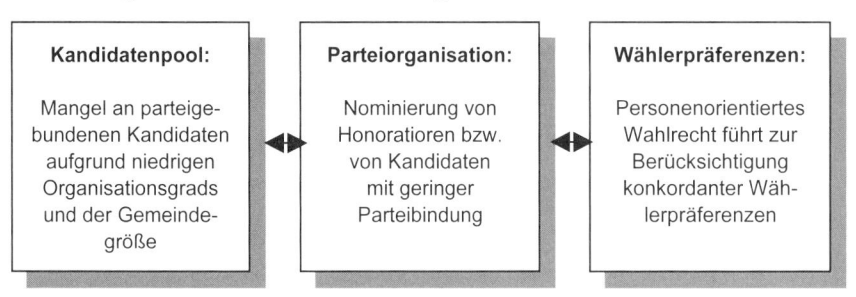

Kandidatenpool:	Parteiorganisation:	Wählerpräferenzen:
Mangel an parteigebundenen Kandidaten aufgrund niedrigen Organisationsgrads und der Gemeindegröße	Nominierung von Honoratioren bzw. von Kandidaten mit geringer Parteibindung	Personenorientiertes Wahlrecht führt zur Berücksichtigung konkordanter Wählerpräferenzen

Quelle: Eigene Abbildung

Zusammenfassend kann man für die Nominierungsphase in kommunalen Konkordanzdemokratien festhalten, dass sich dort die für kommunale Konkurrenzdemokratien übliche Reihenfolge, dass einer Nominierung als Kandidat für den Rat der Stadt eine längere aktive Mitarbeit in der örtlichen Parteiorganisation vorausgeht, umkehrt (Naßmacher 1972: 49; Naßmacher/Rudzio 1978: 133). Am Anfang steht in Parteien der kommunalen Konkordanzdemokratie (aufgrund des geringen Organisationsgrads bzw. des personenorientierten Wahlrechts) häufiger die über etablierte Netzwerke des vorpolitischen Raums angetragene Kandidatur, dann folgt kurz vor der Wahl häufig der Eintritt in die Partei und erst am Ende wird unter Umständen auch ein Parteiamt übernommen. Damit praktizieren diese Parteien schon seit Jahrzehnten Rekrutierungsstrategien, die ihnen Parteienforscher neuerdings empfehlen. Sie haben sich gegenüber Nichtmitgliedern radikal geöffnet, die sogar sofort ein Ratsmandat erhalten können und in diesem Zuge dann häufig erst Parteimitglied werden. Allerdings lassen sich diese Strategien treffender mit dem Begriff der Honoratiorenpartei als mit dem modischen Prädikat der Netzwerkpartei erfassen.

4. Trends in Richtung Honoratiorenparteien

Für einen stärkeren Trend in Richtung Honoratiorenparteien in den Gemeinden sowie den Klein- und Mittelstädten der alten Bundesländer, die wie in Nordrhein-Westfalen, Hessen, Niedersachsen und im Saarland bisher eher konkurrenzdemokratisch geprägt sind (Holtkamp 2008), sprechen vor allem zwei Punkte: weiterhin abnehmende Zahl der (aktiven) Parteimitglieder und zu erwartende zeitversetzte Lerneffekte der Parteien im Zuge der bereits umgesetzten Wahlrechtsreformen.

Erstens spricht angesichts steigender natürlicher Abgänge und aufgrund weiterhin ausbleibender Neumitglieder derzeit nichts für eine Wende in Bezug auf die Mitgliederentwicklung der Parteien. Die eigentliche Rekrutierungskrise der Parteien steht erst noch bevor, weil sich langsam aber sicher die Ende der 1960er bis zu den 1970er Jahren massenweise beigetretenen Alterskohorten aus der Kommunalpolitik zurückziehen. Für die SPD resümiert Peter Lösche bereits heute in der gewohnt pointierten Art, dass in den lokalen Parteiorganisationen mittlerweile bereits die Ruhe des Friedhofs dominiere und die lebendigste Gruppe noch die Arbeitsgemeinschaft der Senioren ist (Lösche 2004: 109), was wiederum wenig attraktiv auf potenzielle jüngere Mitglieder wirken dürfte. Der Teufelskreis des Parteimitgliederschwunds beginnt sich zu schließen. Vornehmlich wegen tiefgreifender gesellschaftlicher Veränderungen treten immer weniger Bürger den Parteien bei, deren aktive Träger dadurch zunehmend „vergreisen", so dass wiederum das Partizipationsangebot der Parteien zusehends unattraktiver wird (Wiesendahl 2003). So wird davon ausgegangen, dass sich die Zahl der Parteimitglieder in Deutschland im Jahre 2015 im Vergleich zu 1990 nahezu halbiert haben wird (Wiesendahl 2006: 36).

Zumindest in vielen Gemeinden, Klein- und Mittelstädten werden somit zukünftig rein rechnerisch nicht mehr genügend langjährige aktive Parteimitglieder zur Verfügung stehen, um alle kommunalen Mandate besetzen zu können. Entweder öffnen sich die Parteien radikal für parteilose Interessenten oder nicht wenige Ortsverbände werden auf Dauer, weil sie keine vollständige Kandidatenliste mehr aufstellen können, vom kommunalpolitischen Markt verschwinden. Aber auch im letzteren Fall einer sehr geringen Anpassungs- und Lernfähigkeit der Parteien wird dies langfristig eher zu einem Trend in Richtung Honoratiorenparteien bzw. -gruppen führen, weil von einem abnehmenden Deckungsgrad der Parteien insbesondere die eher konkordanzdemokratisch orientierten Wählergemeinschaften bei den Kommunalwahlen profitieren werden. Im Gegensatz zum Parteienengagement ist das Engagement in Wählergemeinschaften für viele Bürger weiterhin attraktiv, wie beispielsweise die Neugründungswelle von Wählergemeinschaften nach dem Fall der Fünf-Prozent-Hürde in Nordrhein-Westfalen im Jahre 1999 hinreichend verdeutlicht (Holtkamp/Eimer 2006: 259), so dass der Deckungsgrad von Wählergemeinschaften im Gegensatz zu dem der Parteien zukünftig sicherlich nicht abnehmen wird. Hinzu kommen bessere Wahlchancen für neuere Wählergemeinschaften durch die weiter zu erwartende Auflösung traditioneller soziokultureller Milieus, die tendenziell zu weiter zurückgehenden Parteibindungen der Wähler führen dürfte. Spätestens seit den 1990er Jahren profitieren Wählergemeinschaften bereits von diesen Trends und konnten in fast allen Bundesländern kontinuierliche Stimmengewinne bei Kommunalwahlen verbuchen (Holtkamp/Eimer 2006).

Indirekter ist die Wirkung der Einführung des personenorientierten Wahlrechts für den Stadtrat in vielen Bundesländern und der Direktwahl des Bür-

Erneuerung der Parteien „von unten"? 243

germeisters in allen Bundesländern. Dieser aus Baden-Württemberg importierte institutionelle Rahmen hat nicht dazu geführt, dass sich die Parteien beispielsweise in Hessen sofort stark gegenüber Nichtmitgliedern bei der Nominierung von Ratskandidaten geöffnet haben (Gremmels 2003).

Insgesamt dürfte der Zusammenhang zwischen Kommunalwahlrecht und Nominierungsprozessen somit voraussetzungsvoller sein (und langwierigere Lernprozesse erfordern) als beispielsweise zwischen Organisationsgrad und Nominierungsprozessen. So setzt der Zusammenhang zwischen personenorientiertem Wahlrecht und relativ parteiunabhängigen Kandidaten sowohl bei Rats- als auch bei Bürgermeisterwahlen meist Folgendes voraus:

- Die Wähler müssen von der Personenwahl tatsächlich stark Gebrauch machen (was in vielen empirischen Untersuchungen bestätigt wurde).
- Die lokalen Parteieliten müssen dies registrieren, hinreichend anpassungsfähig und gegenüber der Parteibasis durchsetzungsfähig sein. Darüber hinaus müssen sie in der Regel erwarten, dass parteiexterne Konkurrenten aus dem Wahlrecht, z.B. durch ihr Kandidatenangebot einen Nutzen ziehen können (z.B. traditionsgebundene Wählergemeinschaften mit alteingesessenen Honoratioren), um Nominierungsroutinen zu verändern.

Institutionen wie das Wahlrecht sind aus der Perspektive des Neoinstitutionalismus zwar wichtige Einflussgrößen zur Erklärung des Verhaltens von individuellen und kollektiven Akteuren. Sie determinieren aber nie vollständig das Akteurshandeln (Scharpf 2000). Die Reaktionsfähigkeit von Parteien auf veränderte Anreize der institutionellen Rahmenbedingungen wird so beispielsweise maßgeblich durch ihre Identität begrenzt (Schmid/Zolleis 2005: 13) und parteiinterne Reformen erfolgen daher eher schrittweise.

Bei der Einführung von personenorientiertem Wahlrecht in den Kommunen lässt sich beispielsweise beobachten, dass die Parteifamilien aufgrund divergierender Identitäten unterschiedlich darauf reagieren. Die Identität von Lokalparteien ist dabei offensichtlich vom Entstehungskontext der nationalen Parteien geprägt. Parteien, die als Honoratiorenparteien entstanden sind, reagieren schneller auf die Anreize des personenorientierten Wahlrechts mit der Aufstellung parteidistanzierter Persönlichkeiten mit hohem Sozialprestige (insbesondere FDP und CDU) als Parteien, die als Massenparteien, Allerweltsparteien oder Kartellparteien entstanden sind (insbesondere SPD und Grüne). Über den Parteienwettbewerb (bzw. den Wettbewerb mit Wählergemeinschaften) ist aber zu erwarten, dass auch diese Parteien sich mittelfristig bei personenorientiertem Wahlrecht häufiger bemühen werden, den parteidistanzierten Wählerpräferenzen in der Nominierungsphase mehr Rechnung zu tragen, um Stimmenverluste zu vermeiden.

Zusammenfassend kann man festhalten, dass Lokalparteien auf die sich abzeichnenden Mitgliederverluste eher mit Öffnung gegenüber Nicht-Mitgliedern als mit Kartellparteienstrategien reagieren werden. Welches Verhältnis werden aber diese Lokalparteien, die sich zumindest in einigen Kommunen eher in Richtung Honoratiorenparteien entwickeln dürften, zu den zentralen Parteiorganisationen haben? Werden sie zwischen Gesellschaft und höheren Parteiorganisationen vermitteln oder sich einseitig der Gesellschaft zuwenden?

5. Fazit: Entkoppelung der Kartellparteien „von unten"

Das Verhältnis von lokalen Honoratiorenparteien zu den Bürgern und den übergeordneten Parteigremien hat bereits Gerhard Lehmbruch treffend beschrieben. Er prägte das Bild von dem Januskopf der Ortsparteien, mit zwei Gesichtern, die in verschiedene Richtungen schauen. Im Blick auf die Lokalpolitik passt sich demnach die kommunale Parteiorganisation „den dort vorherrschenden parteilosen Urteils- und Selektionskriterien an und neigt dazu ihre eigene Parteilichkeit zu verleugnen. Im Blick auf die ‚große Politik' hingegen muss sie bemüht sein, den Bürgern spezifische parteipolitische Kriterien für ihre Wahlentscheidung zu vermitteln" (Lehmbruch 1975: 7). Diese parteilosen Urteilskriterien würden demnach in besonderem Maße für die Ratsmitglieder gelten, die relativ autonom von den lokalen Parteiorganisationen agieren. Die Ortsparteien sind weitgehend von den höheren Parteiengliederungen entkoppelt und die Gemeinderatsfraktionen dominieren eindeutig gegenüber den lokalen Parteiorganisationen. Allerdings geht im Gegensatz zur Kartellparteienthese diese Entkoppelung nicht von einem nachlassenden Interesse der nationalen an der lokalen Parteiorganisation aus, sondern von den parteidistanzierten Urteilskriterien der Bürger bei Kommunalwahlen, an denen sich die lokalen Parteien orientieren und sich zugleich bereitwillig von den überregionalen Programmpositionen partiell ablösen.

Zukünftig wird die Öffnung der Lokalparteien gegenüber den Bürgern, wie sie Lehmbruch mit Bezug auf Baden-Württemberg schon früh konstatierte, angesichts der Abhängigkeit von ehrenamtlichen Ressourcen auf kommunaler Ebene in kleineren und mittleren Gemeinden für viele Parteien überlebensnotwendig sein. Im Zuge der starken Parteienverdrossenheit und der starken konkordanten Einstellungen der Bürger gerade auf lokaler Ebene sind Ortparteien bei der Rekrutierung dann erfolgreich, wenn sie ihre eigene „Parteilichkeit" leugnen. Auch in ostdeutschen Kommunen zeigt sich heute schon bei geringem Organisationsgrad der Parteien, dass diese umso eher Orte bürgerschaftlichen Engagements sind, „je unpolitischer sie sich geben" (Zeuner 2003: 175).

Es besteht also ein erhebliches Interesse der Lokalparteien, sich gerade von den überregionalen Parteiorganisationen und deren programmatischen Aussagen abzukoppeln, um überhaupt noch neue Freiwillige als Ratskandidaten rekrutieren zu können und für den Wähler bei wachsender parteiloser Konkurrenz attraktiv zu bleiben. Zudem dürften die aufgrund der Entwicklung der Parteimitgliedschaften sich abzeichnenden Personalengpässe dazu führen, dass die wenigen aktiven Mitglieder von der Arbeit in den kommunalen Partei- und Ratsgremien weitgehend absorbiert werden und Kontakte zu überregionalen Parteigliederungen und deren Mandatsträgern gänzlich auf „funktionale" Beziehungen (Akquirierung von Landeszuschüssen, Aufstieg als Berufspolitiker etc.) reduziert werden. Damit wird die in der Kartellparteienthese beschriebene vertikale Entkoppelung noch „von unten" verschärft und es fehlt im Sinne von innerparteilicher Demokratie dann weitgehend „eine ständige, kritische Basis für die höheren Parteigliederungen" (von Alemann 2000: 163). Die Professionalisierung und Zentralisierung des Bundes- und Landtagswahlkampfs im Zuge des Parteienwandels entbindet aus dieser Perspektive die Lokalparteien ihrerseits von „unangenehmen Parteipflichten". Kartellparteien auf der nationalen Ebene und lokale Parteien, die eher als Honoratiorenparteien bürgerschaftliches Engagement binden, können sich somit wechselseitig forcieren. Die in der Parteienforschung postulierte Öffnung der Lokalparteien gegenüber den Bürgern ist somit in nicht wenigen Kommunen zukünftig durchaus erwartbar, nur führt sie gerade nicht zu einer stärkeren gesellschaftlichen Verankerung der übergeordneten Parteigremien, sondern fördert im Gegenteil die Ablösung (von) der Basis.

Literatur

Alemann, Ulrich von (2000): Das Parteiensystem der Bundesrepublik Deutschland, Opladen: Leske + Budrich.
Becker, Horst/Hombach, Udo (1983): Die SPD von innen, Bonn: Verlag Neue Gesellschaft.
Beyme, Klaus von (1997): Funktionenwandel der Parteien in der Entwicklung von der Massenmitgliederpartei zur Partei der Berufspolitiker, in: Oscar W. Gabriel, Oskar Niedermayer und Richard Stöss (Hrsg.), Parteiendemokratie in Deutschland, Wiesbaden: Westdeutscher Verlag, S. 359-383.
Beyme, Klaus von (2000): Parteien im Wandel, Wiesbaden: Westdeutscher Verlag.
Bogumil, Jörg/Holtkamp, Lars/Schwarz, Gudrun (2003): Das Reformmodell Bürgerkommune – Leistungen – Grenzen – Perspektiven, Berlin: Edition Sigma.
Borchert, Jens (2003): Die Professionalisierung der Politik. Zur Notwendigkeit eines Ärgernisses, Frankfurt am Main: Campus.
Detterbeck, Klaus (2002): Der Wandel politischer Parteien in Westeuropa, Opladen: Leske + Budrich.
Detterbeck, Klaus (2005): Die strategische Bedeutung von Mitgliedern für moderne Parteien, in: Josef Schmid und Udo Zolleis (Hrsg.), Zwischen Anarchie und Strategie. Der Erfolg von Parteiorganisationen, Wiesbaden: VS-Verlag, S. 63-76.
Dittberner, Jürgen (2004): ‚Sind die Parteien noch zu retten?' Die deutschen Parteien: Entwicklungen, Defizite und Reformmodelle, Berlin: Logos Verlag.
Duverger, Maurice (1959): Die politischen Parteien, 3. Auflage, Tübingen: Mohr.
Florack, Martin/Grunden, Timo/Korte, Karl-Rudolf (2004): Lebendiger Ortsverband, politische Bildung und Partizipationsanreize. Voraussetzungen für erfolgreiche

Rekrutierung und Aktivierung von Parteimitgliedern, in: Winfried Kösters (Hrsg.), Handbuch Erfolgreiche Kommunalpolitik (Ergänzungslieferung Dezember 2004), Berlin: Raabe.

Florack, Martin/Grunden, Timo/Korte, Karl-Rudolf (2005): Strategien erfolgreicher Mitgliederrekrutierung der politischen Parteien, in: Josef Schmid und Udo Zolleis (Hrsg.), Zwischen Anarchie und Strategie. Der Erfolg von Parteiorganisationen, Wiesbaden: VS-Verlag, S. 96-113.

Gabriel, Oscar W./Holtmann, Everhard (1993): Kommunale Demokratie, in: Raban Graf von Westphalen (Hrsg.), Parlamentslehre, München: Oldenbourg, S. 471-488.

Gremmels, Timon (2003): Kumulieren und Panaschieren. Das hessische Kommunalwahlrecht in Theorie und Praxis, unveröffentlichte Diplomarbeit, Marburg.

Hamberger, Wolfgang (1966): Motive und Wirkung des Kommunalwahlsystems in Baden-Württemberg, unveröffentlichte Dissertation, Heidelberg.

Holtkamp, Lars (2006): Parteien und Bürgermeister in der repräsentativen Demokratie. Kommunale Konkordanz- und Konkurrenzdemokratie im Vergleich, in: Politische Vierteljahresschrift 47. Jg. (4), S. 641-661.

Holtkamp, Lars (2008): Kommunale Konkordanz- und Konkurrenzdemokratie. Parteien und Bürgermeister in der repräsentativen Demokratie, Wiesbaden: VS-Verlag.

Holtkamp, Lars/Eimer, Thomas (2006): Totgesagte leben länger. Kommunale Wählergemeinschaften in Westdeutschland, in: Uwe Jun, Henry Kreikenbom und Viola Neu (Hrsg.), Kleine Parteien im Aufwind, Frankfurt am Main: Campus, S. 249-276.

Horn, Wolfgang/Kühr, Herbert (1978): Kandidaten im Wahlkampf, Meisenheim am Glan: Hain.

Humpert, Andreas (1991): Karrieremuster in der Kommunalpolitik. Eine empirische Untersuchung am Beispiel von Dinslaken und Duisburg, unveröffentlichte Diplomarbeit, Duisburg.

Jun, Uwe (2004): Der Wandel von Parteien in der Mediendemokratie. SPD und Labour Party im Vergleich, Frankfurt am Main: Campus.

Katz, Richard S./Mair, Peter (1995): Changing models of party organization and party democracy. The emergence of the cartel party, in: Party Politics 1. Jg. (1), S. 5-28.

Katz, Richard S./Mair, Peter (1996): Cadre, catch-all or cartel? A rejoinder, in: Party Politics 2. Jg. (4), S. 525-534.

Kersting, Norbert (2002): Die Zukunft der Parteien in der Lokalpolitik, in: Jörg Bogumil (Hrsg.), Kommunale Entscheidungsprozesse im Wandel, Opladen: Leske + Budrich, S. 139-162.

Kießling, Andreas (2003): Change Management als Reformoption, in: Manula Glaab (Hrsg.), Impulse für eine neue Parteiendemokratie. Analysen zur Krise und Reform, München: Forschungsgruppe Deutschland, S. 69-94.

Köser, Helmut/Caspers-Merk, Marion (1987): Der Gemeinderat. Sozialprofil, Karriereremuster und Selbstbild von kommunalen Mandatsträgern in Baden Württemberg. Abschlußbericht für die Deutsche Forschungsgemeinschaft, Ms. (unveröff.), Freiburg.

Langguth, Gerd (2003): Das Verhältnis von Parteien und zivilgesellschaftlichen Organisationen, in: Enquete-Kommission „Zukunft des Bürgerschaftlichen Engagements" (Hrsg.), Bürgerschaftliches Engagement in Parteien und Bewegungen, Opladen: Leske + Budrich, S. 177-190.

Lehmbruch, Gerhard (1975): Der Januskopf der Ortsparteien. Kommunalpolitik und das lokale Parteiensystem, in: Der Bürger im Staat 25. Jg. (1), S. 3-8.

Lehmbruch, Gerhard (1991a): Konkordanzdemokratie, in: Dieter Nohlen (Hrsg.), Wörterbuch Staat und Politik, München: Piper, S. 311-316.

Lehmbruch, Gerhard (1991b): Das konkordanzdemokratische Modell in der vergleichenden Analyse politischer Systeme, in: Helga Michalsky (Hrsg.), Politischer Wandel in konkordanzdemokratischen Systemen, Vaduz: Liechtensteinische Akademische Gesellschaft, S. 13-24.

Löffler, Berthold/Rogg, Walter (1985): Determinanten kommunalen Wahlverhaltens in Baden-Württemberg, dargestellt am Beispiel der Stadt Ravensburg, unveröffentlichte Dissertation, Tübingen.

Lösche, Peter (2004): Zustand und Perspektiven der SPD, in: Hans Zehetmaier (Hrsg.), Das deutsche Parteiensystem. Perspektiven für das 21. Jahrhundert, Wiesbaden: VS-Verlag, S. 104-116.

Luckmann, Benita (1970): Politik in einer deutschen Kleinstadt, Stuttgart: Enke.

Mair, Peter/Müller, Wolfgang/Plasser, Fritz (1999): Die Antworten der Parteien auf Veränderungen in den Wählermärkten in Westeuropa, in: Dies. (Hrsg.), Parteien auf komplexen Wählermärkten. Reaktionsstrategien politischer Parteien in Westeuropa, Wien: Signum, S. 391-401.

Mielke, Gerd (2003): Parteien zwischen Kampagnenfähigkeit und bürgerschaftlichem Engagement, in: Enquete-Kommission „Zukunft des Bürgerschaftlichen Engagements" (Hrsg.), Bürgerschaftliches Engagement in Parteien und Bewegungen, Opladen: Leske + Budrich, S. 157-166.

Mielke, Gerd (2005): „I'll get by with a little help from my friends". Zum Verhältnis von Parteien und bürgerschaftlichem Engagement, in: Daniel Dettling (Hrsg.), Parteien in der Bürgergesellschaft. Zum Verhältnis von Macht und Beteiligung, Wiesbaden: VS-Verlag, S. 117-130.

Mielke, Gerd/Eith, Ulrich (1994): Honoratioren oder Parteisoldaten. Eine Untersuchung der Gemeinderatskandidaten bei der Kommunalwahl 1989 in Freiburg, Bochum: Dr. Brockmeyer.

Naßmacher, Hiltrud (1997): Parteien und Wählergruppen in der Kommunalpolitik, in: Oscar W. Gabriel, Oskar Niedermayer und Richard Stöss (Hrsg.), Parteiendemokratie in Deutschland, Bonn: Westdeutscher Verlag, S. 427-442.

Naßmacher, Karl-Heinz (1972): Parteien im kommunalpolitischen Zielfindungsprozeß, in: Österreichische Zeitschrift für Politikwissenschaft 1. Jg. (4), S. 39-65.

Naßmacher, Karl-Heinz/Rudzio, Wolfgang (1978): Das lokale Parteiensystem auf dem Lande, in: Hans-Georg Wehling (Hrsg.), Dorfpolitik, Opladen: Leske + Budrich, S. 127-142.

Neumann, Siegmund (1973): Die Parteien der Weimarer Republik, Stuttgart: Kohlhammer.

Niedermayer, Oskar (Hrsg.) (1999): Die Parteien nach der Bundestagswahl 1998, Opladen: Leske + Budrich.

Norris, Pippa (2000): Schlussfolgerung. Ein Vergleich parlamentarischer Rekrutierung, in: Kathrin Braun et al. (Hrsg.), Feministische Perspektiven der Politikwissenschaft, München: Oldenbourg, S. 269-292.

Scarrow, Susan (1999): Local Parties and Electioneering in Germany, in: Martin Saiz und Hans Geser (Hrsg.), Local Parties in Political and Organizational Perspective, Oxford: Westview Press, S. 151-170.

Scharpf, Fritz W. (2000): Interaktionsformen. Akteurszentrierter Institutionalismus in der Politikforschung, Opladen: Leske + Budrich.

Schmid, Josef/Zolleis, Udo (2005): Zwischen Anarchie und Strategie. Der Erfolg von Parteiorganisationen, in: Dies. (Hrsg.): Zwischen Anarchie und Strategie. Der Erfolg von Parteiorganisationen, Wiesbaden: VS-Verlag, S. 9-21.

Schneider, Herbert (1977): Lokalpolitik in einer Landgemeinde, in: Aus Politik und Zeitgeschichte B 3, S. 21-39.

Schüttemeyer, Suzanne S. (2002): Wer wählt wen wie aus? Pfade in das unerschlossene Terrain der Kandidatenaufstellung, in: Gesellschaft – Wirtschaft – Politik 51. Jg. (2), S. 145-159.

Weber, Max (1976): Wirtschaft und Gesellschaft. Grundriß der verstehenden Soziologie, Tübingen: Mohr.

Wehling, Hans-Georg (1999): Wer wird gewählt? Das Auswahlverhalten von Wählerinnen und Wählern bei Kommunalwahlen in Baden-Württemberg, in: Der Bürger im Staat 49. Jg. (3), S. 180-183.

Wehling, Hans-Georg (2003): Kommunalpolitik in Baden-Württemberg, in: Andreas Kost und Hans-Georg Wehling (Hrsg.), Kommunalpolitik in deutschen Ländern. Eine Einführung, Wiesbaden: Westdeutscher Verlag, S. 23-40.

Wiesendahl, Elmar (1999): Die Parteien in Deutschland auf dem Weg zu Kartellparteien, in: Hans Herbert von Arnim (Hrsg.), Adäquate Institutionen. Voraussetzungen für „gute" und bürgernahe Politik?, Berlin: Duncker & Humblot, S. 49-73.

Wiesendahl, Elmar (2003): Parteiendemokratie in der Krise. Das Ende der Mitgliederparteien, in: Manuela Glaab (Hrsg), Impulse für eine neue Parteiendemokratie. Analysen zur Krise und Reform, München: Forschungsgruppe Deutschland, S. 15-38.

Wiesendahl, Elmar (2006): Mitgliederparteien am Ende? Eine Kritik der Niedergangsdiskussion, Wiesbaden: VS-Verlag.

Zeuner, Bodo (2003): Besonderheiten des politischen Engagements in Ostdeutschland, in: Enquete-Kommission „Zukunft des Bürgerschaftlichen Engagements" (Hrsg.), Bürgerschaftliches Engagement in Parteien und Bewegungen, Opladen: Leske + Budrich, S. 167-176.

ित # Themenfeld 4
Die Sicht der Parteien

Frank Niebuhr

Mitgliederwerbung als Herausforderung und Chance – erfolgreiche Maßnahmen der CDU

1. Die CDU als Mitgliederpartei

Mitglieder sind der Ideenmotor einer Partei. Die Programmatik einer Partei entwickelt sich aus der Mitgliederbasis heraus. Die politische Willensbildung in der Gesellschaft, das Transportieren unserer inhaltlichen Positionen in die Breite der Gesellschaft hinein kann nur mit Hilfe unserer Parteimitglieder funktionieren. Sie sind unsere Multiplikatoren vor Ort, die unsere Inhalte vertreten. Jedes Mitglied, welches im Freundeskreis, im Kollegenkreis, im Familienkreis, in Vereinen und Verbänden aktiv für die Politik der CDU eintritt und jedes Mitglied, das sich engagiert im Ortsverband, im Kreisverband, für Wählerstimmen wirbt und vor Ort Wahlkämpfe durchführt, stärkt die CDU.

Wir als CDU Deutschlands fühlen uns besonders herausgefordert, dem allgemeinen gesellschaftlichen Trend des Mitgliederschwundes, den neben den Parteien die meisten großen gesellschaftlichen Organisationen zu verzeichnen haben, entgegenzuwirken. Denn die CDU war es, die die Idee einer integrativen Volkspartei erfolgreich in das Parteiensystem der Bundesrepublik Deutschland eingeführt hat. Sie ist die mittlerweile größte Volkspartei der Mitte, die sich an die Menschen in allen Schichten und Gruppen unseres Landes wendet. Nach den Gründerjahren hat sie sich erfolgreich von der Honoratiorenpartei zur Mitgliederpartei entwickelt und hat auf diese Weise hunderttausende Frauen und Männer zu politischem Engagement im Sinne unseres Gemeinwesens aktiviert. Daher gilt es auch heute für die CDU, unter den Bedingungen des gesellschaftlichen Strukturwandels ihre Zukunft als große Volkspartei zu sichern. Denn Mitgliederschwund ist kein Naturgesetz! Wichtig ist, die Gründe hierfür zu analysieren und hieraus die entsprechenden Konsequenzen zu ziehen.

2. Parteien in der Gesellschaft

Insgesamt fehlt es den Deutschen nicht an der Lust, ehrenamtlich tätig zu sein. Rund ein Drittel der Bürger engagiert sich in der Freizeit, oft an mehreren Abenden in der Woche. Die aktuellste Umfrage des Bundesfamilienministeriums zu dem Thema verzeichnet sogar eine leicht steigende Tendenz. Wir müssen zur Kenntnis nehmen, dass viele Menschen ihr politisches Engagement mittlerweile punktuell begrenzen und auf Netzwerke oder informelle Gruppen konzentrieren. Die meisten Menschen engagieren sich aber derzeit eher in Vereinen, Bürgerinitiativen und Einrichtungen wie der freiwilligen Feuerwehr oder dem Schulelternrat.

Der Mehrwert einer Parteimitgliedschaft, wie die Gelegenheit zur persönlichen Weiterentwicklung, schnelle und exklusive Informationen sowie Möglichkeiten der Mitwirkung und Mitentscheidung, muss daher deutlicher vermittelt werden. Denn Parteien sind ein notwendiger Bestandteil unserer Demokratie. Eine repräsentative Demokratie kann ohne Parteien als Mittler zwischen Bevölkerung und Regierung nicht funktionieren. Vorwiegend über die Mitwirkung in Parteien lassen sich politische Entscheidungsprozesse beeinflussen. Auf sich allein gestellt ist dies dem Bürger in der modernen Massendemokratie kaum möglich. Nahezu ausschließlich über die Mitarbeit in Parteien lassen sich also letztlich Rahmenbedingungen so verändern, dass Projekte, die beispielsweise das eigene Lebensumfeld am Wohnort betreffen, wie Schulentwicklungsplanung, Kinderbetreuung, Verkehrsprojekte, Bebauungspläne, lokale Wirtschaftsförderung, örtliches Kulturangebot usw., wirkungsvoll realisiert werden können. Natürlich ist dieser Weg häufig aufwändiger als zeitlich begrenzt für ein konkretes Projekt im Rahmen einer Bürgerinitiative zu kämpfen, aber letztlich eben lohnenswerter, da nachhaltiger.

3. Projektarbeit

Vor diesem Hintergrund ist es unser Ziel, die Menschen über sie interessierende Projekte an die Arbeit in der CDU heranzuführen und ihnen auf diesem Wege die Vorteile parteipolitischer Aktivität glaubwürdig und überzeugend zu vermitteln. Denn die Parteimitgliedschaft gewinnt in dem Maße an Attraktivität, wie die Einflussmöglichkeit auf politische Vorgänge für das Mitglied auch im Ortsverband konkret erfahrbar wird.

Dies zu realisieren war unter anderem Ziel eines Modellprojektes, welches wir erfolgreich im Kreisverband Barnim in Brandenburg getestet haben. Es wurden zunächst Ideenkonferenzen durchgeführt, in denen jeder Bürger aus seinem persönlichen Lebensumfeld Vorhaben nennen konnte, deren Umsetzung ihm sozusagen „unter den Nägeln brannte". Diese Ideen wurden gesammelt und nach Umsetzungschancen gewichtet. Darauf aufbauend wurden dann von CDU-Mitgliedern vor Ort viele kleine Bürgerinitiativen von zeitlich begrenzter Dauer ins Leben gerufen. Über diese Initiativen von CDU-Mitgliedern konnten Menschen, die der CDU (noch) nicht angehörten, gezielt eingebunden werden. Die Frage der Mitgliedschaft wurde bewusst an das Ende eines erfolgreich umgesetzten Projektes gestellt. Das Ergebnis kann sich sehen lassen: Aus dem Modellversuch konnten 16 Initiativen zu einem erfolgreichen Abschluss gebracht werden. Der Mitgliederbestand im Kreis Barmin verbesserte sich, ebenso wie das Image der CDU in dieser Region. Diese erfolgreichen Initiativen zeigen einen Weg auf, wie sich Menschen nicht nur unabhängig von tagespolitischen Rahmenbedingungen, sondern vielmehr durch die Aufnahme der jeweiligen Bedürfnisse und Sorgen vor Ort auch in Zeiten zurückgehender Bindungswirkungen von gesellschaftlichen Gruppen für die Mitarbeit in Parteien begeistern lassen können. Der Landesverband Hessen hat dieses Modell bereits im Rahmen einer Aktionswoche im zurückliegenden Landtagswahlkampf übernommen.

4. Mitgliederwerbung

Vor der Konzeption unserer Aktivitäten zur Mitgliederwerbung haben wir uns intensiv mit Parteienforschern und Praktikern vor Ort mit der Frage beschäftigt, was Bürger dazu bringt, sich für die Mitgliedschaft in einer Partei zu entscheiden. Für die CDU ließen sich diese Gründe in folgenden drei Punkten zusammenfassen:

1. Übereinstimmung mit der politischen Weltanschauung: die weltanschauliche Nähe ist immer noch eine wichtige Triebfeder zur Mitgliedschaft, denn durch einen Parteieintritt drückt man seine politische Überzeugung aus.
2. Angebot von attraktiven Mitwirkungsmöglichkeiten: Früher wurden die meisten Menschen Parteimitglied, um einfach nur dabei zu sein und ihre Unterstützung für eine Partei auszudrücken. Inzwischen treten fast nur noch diejenigen ein, die sich wirklich engagieren wollen.
3. persönliche Ansprache: jede erfolgreiche Mitgliederwerbung beruht im Kern auf diesem Aspekt. Simpel und wirkungsvoll, dennoch viel zu selten praktiziert.

Insbesondere dieser letzte Punkt macht deutlich, dass Mitgliederwerbung per se kein Hexenwerk ist. Politisch interessierte Menschen, die ansprechbar sind für eine Mitgliedschaft, gibt es mehr, als gemeinhin angenommen wird. Wichtig ist daher vor allem, vorhandene Hemmschwellen zur Ansprache möglichst abzubauen. Gleichzeitig müssen in den Gliederungen attraktive Angebote an Teilnahme- und Mitwirkungsmöglichkeiten vorhanden sein.

Der Kern unserer Mitgliederwerbekampagne „Farbe bekennen. Mitglied werden" ist daher die persönliche Ansprache vor Ort. Umgesetzt werden muss dies von unseren Verbänden. Diese wissen, wer vor Ort ansprechbar ist und sind im Gegenzug die ersten und wichtigsten Ansprechpartner für politisch interessierte Bürgerinnen und Bürger. Sie sind daher die Säulen unserer Kampagne, ohne deren Einsatzbereitschaft und Motivation sind alle Maßnahmen zur Mitgliederwerbung zum Scheitern verurteilt! Die Bundesgeschäftsstelle bietet hierzu ein umfangreiches Serviceangebot. Die Palette reicht von Schulungsveranstaltungen bis hin zu Auszeichnung der erfolgreichsten Verbände. Wir unterstützen des Weiteren die Arbeit vor Ort mit zahlreichen Informations- und Werbematerialien. Hierbei gehen wir auch neue Wege. Verweisen möchte ich in diesem Zusammenhang auf die erfolgreiche Fotoserie unserer CDU-Spitzenpolitiker aus den politischen Anfangsjahren. Diese ist auf große positive Resonanz gestoßen und ist mit dem *Politik Award 2007* in der Kategorie „Kampagnen von politischen Institutionen" der Zeitschrift Politik & Kommunikation ausgezeichnet worden.

5. Das Konzept „Bürgerpartei"

Die Attraktivität der Mitgliedschaft in der CDU steigt auch durch den Ausbau von Mitwirkungs- und Entscheidungsrechten. Wir haben daher ganz bewusst mit unserem Parteitagsbeschluss „Bürgerpartei" aus dem Jahr 2003 diese Rechte des einzelnen Mitglieds ausgebaut und ihm die grundsätzliche Möglichkeit gegeben, auf alle wesentlichen Entscheidungen in Sach- und Personalfragen auf allen Ebenen Einfluss zu nehmen. Wir haben dazu bspw. die Möglichkeiten der Anwendung des Mitgliederprinzips – welches in einzelnen Kreisverbänden schon seit Gründung der Partei praktiziert wird – deutlich erweitert. Dieses Instrument wird seitdem, in Abhängigkeit von den jeweiligen strukturellen Gegebenheiten vor Ort, von rund zwei Drittel unserer Kreisverbände genutzt.

Diesen Weg wollen und werden wir konsequent weiter gehen und uns dabei insbesondere weiterhin für neue Formen der Kommunikation und Arbeitsorganisation öffnen, um gerade junge Menschen stärker zu motivieren, sich in unserer Partei zu engagieren. Neben unserem schon seit vielen Jahren vorhandenen exklusiven Intranetangebot für unsere Mitglieder haben wir zum Beispiel im Rahmen unserer Grundsatzprogrammdiskussion sehr erfolgreich virtuelle Arbeitskreise angeboten, über die sich unsere Mitglieder über das Internet in den Diskussionsprozess einschalten konnten, Anregungen gaben, Kritik äußerten und Feedback erhalten haben. Eine lebendige Volkspartei braucht die engagierte Mitarbeit möglichst vieler Parteimitglieder. Wir haben daher das Ziel, dass die Bereitschaft jedes Mitglieds der CDU, in seinem Lebensumfeld aktiv für die Politik der CDU werbend und argumentativ einzutreten, deutlich erhöht wird. Dies setzt voraus, dass alle Gliederungsebenen ihre Arbeit auch darauf ausrichten, die Mitglieder über Kernfragen der Politik hinreichend zu informieren und die zentralen Argumente der CDU in anschaulicher Form zu präsentieren. Ziel muss es sein, die Verantwortung aller Mitglieder für die Parteiarbeit stärken und ihnen ihr öffentliches Eintreten und „Flaggezeigen" für die Partei und ihre grundlegenden Werte zu erleichtern. Viele Mitglieder der CDU wirken aktiv in Vereinen und Verbänden mit, überzeugen dort durch ihre Mitarbeit und bereiten so auch den Boden für das politische Gespräch.

6. Mitgliederentwicklung

Die oben aufgeführten Maßnahmen laufen seit August 2006 und werden seit April 2007 durch eine neu eingerichtete Arbeitseinheit „Mitglieder- und Bürgerbetreuung" im Konrad-Adenauer-Haus koordiniert. Auch wenn wir insbesondere aufgrund der demografischen Entwicklung mit unseren Mitgliederzahlen noch nicht zufrieden sein können, so zeigen sich bereits erste positive Trends, obwohl sich die verschiedenen Maßnahmen natürlich bei einigen unserer rund 340 Kreis- und 12.000 Orts-, Stadt- und Gemeindeverbänden noch mitten in der praktischen Umsetzung befinden. So konnten wir im letzten Jahr mehr als 20.500 neue Mitglieder bei uns begrüßen, 9.600 Mitglieder davon allein in den ersten sechs Monaten dieses Jahres. Im Gesamtsaldo verliert zwar auch die CDU nach wie vor Mitglieder, in 2008 haben wir im Trend – bereinigt um den Faktor „Sterbefälle" – jedoch immerhin genauso viele Eintritte wie Abgänge zu verzeichnen. Bundesweit konnte der jährliche prozentuale Mitgliederrückgang mehr als halbiert werden, mehr als 80 Kreisverbände erreichten im letzten Jahr eine positive Bilanz in ihrer Mitgliederstatistik.

Ein Ergebnis dieser positiven Entwicklung ist auch, dass die CDU Deutschlands im Juni letzten Jahres zum ersten Mal seit ihrer Gründung im Jahre 1945 die mitgliederstärkste Partei in Deutschland geworden ist. Das historische Ergebnis ist ein großer Erfolg unserer Verbände und Mitglieder vor Ort, deren unermüdliches Engagement dazu beigetragen hat, dass viele Bürgerinnen und Bürger „Farbe bekennen" und sich für die CDU engagieren.

Wir kommen auch unserem Ziel näher, unsere Mitgliedsstruktur repräsentativer zur Bevölkerungsstruktur zu gestalten und u. a. mehr Frauen und jüngere Menschen für die CDU zu gewinnen. So ist knapp die Hälfte der CDU-Neumitglieder unter 40 Jahre alt. Und der erfreulich hohe Frauenanteil von fast einem Drittel zeigt, dass auch unsere gemeinsame Aktion mit der Frauen Union, welche im Juni 2007 gestartet wurde, um mehr Frauen für die CDU zu interessieren und zur Mitarbeit in unserer Partei zu gewinnen, bereits erste Früchte trägt.

Genauso wichtig wie die Neuwerbung von Mitgliedern sind Aktivitäten zur Mitgliederbindung. Diesem Aspekt wird häufig nicht genug Aufmerksamkeit geschenkt. Jedes Mitglied muss erst genommen werden, mit seinen Anregungen oder auch mit seiner Kiritk und darf nicht nur eine statistische Größe sein. Gerade Mitglieder, die sich mit Austrittsgedanken „plagen" oder diesen Schritt bereits vollzogen haben, nicht einfach nur „freundlich verabschieden". Denn es ist oftmals viel leichter, ein Mitglied durch zeitnahe Kontaktaufnahme dazu zu bewegen, bei seiner Mitgliedschaft zu bleiben, als

Bürger, die noch nie Mitglied der CDU waren, als neue Mitglieder zu werben. Auf allen Ebenen unserer Partei kümmern wir uns daher vor allem mittels persönlicher Ansprache auch um die Mitglieder, die ihren Austritt bekundet haben. So sind mehr als 1.000 Telefonate seit Beginn des Jahres 2007 allein von den Mitarbeiterinnen und Mitarbeitern der Bundesgeschäftsstelle mit diesen Mitgliedern geführt worden. Rund 20 Prozent der Mitglieder traten umgehend erneut ein. Fast jedes fünfte Mitglied trat darauf hin erneut ein bzw. zog seine Austrittsabsicht zurück.

Die bislang erfolgreiche Bilanz unserer Maßnahmen zeigt: Die CDU Deutschlands ist auf dem richtigen Weg. Dies bestärkt uns darin, diese Aktivitäten weiter auszubauen. So werden wir beispielsweise gemeinsam mit unseren Bundesvereinigungen Junge Union und Senioren Union eine Werbeaktion starten unter dem Motto „Union der Generationen – Gut für jung und alt". Mitgliederwerbung und Mitgliederbetreuung sind Aufgaben von höchster parteipolitischer Priorität. Wir setzen das auf allen Ebenen weiter entschlossen um und sich daher zuversichtlich, möglicherweise schon in diesem Jahr sagen zu können: Die CDU wächst!

Martin Gorholt
Die SPD als Mitgliederpartei

1. Mitgliederentwicklung der SPD

Als ich 1975 in die SPD eingetreten bin, hatte die Partei rund eine Million Mitglieder. Der Ortsverein, in den ich eintrat, war Hamm-Westen. Er hatte damals etwa 250 Mitglieder, Tendenz steigend und war geprägt von Aktiven aus den Gewerkschaften IGBCE und IG-Metall. Heute hat der Ortsverein etwa 110 Mitglieder. Warum gehen ihm die Mitglieder verloren? Eine Ursache liegt in Strukturveränderungen: Die großen Bergwerke im Westen der Stadt Hamm sind geschlossen, an die Stelle der Großindustrie sind kleinindustrielle und mittelständische Dienstleistungsstrukturen getreten. Doch es sind nicht nur strukturelle Gründe: Es fehlt die politische Begeisterung, die die SPD in den 1970er Jahren unter Willy Brandt und auch noch unter Helmut Schmidt auslöste.

Heute hat die SPD noch etwa 530.000 Mitglieder. Pro Monat verlor sie im Schnitt seit 1990 rund 3.000 Mitglieder, davon 2.000 per Austritt und 1.000 per Tod. Gleichzeitig wurden monatlich 1.000 neue Mitglieder geworben, sodass unterm Strich ein Verlust von 2.000 Mitgliedern bleibt. Doppelt so hoch waren die Verluste in den Jahren 2003 und 2004, den so genannten „Agendajahren". Das Durchschnittsalter in der SPD beträgt heute 57 Jahre. Der Frauenanteil ist mit über 30 Prozent so hoch wie noch nie in der Geschichte der SPD.

Die Entwicklung der Mitgliederzahl in den ersten Nachkriegsjahren war eine Berg- und Talfahrt. 711.000 Mitglieder hatten wir im Jahr 1946, dann stieg die Zahl rasant auf 875.000 im Jahr 1947 und sank bis 1955 wieder auf 589.000. Von da an ging es lange Zeit bergauf: zunächst langsam, seit Anfang der 1960er Jahre immer schneller. 1976 erreichte die Mitgliederzahl mit über einer Million den Gipfel, um sich dann Mitte/Ende der 1980er Jahre auf gut 900.000 Mitglieder einzupendeln. Als 1990 die neuen Länder dazu kamen, gab es noch einmal einen leichten Anstieg, ab dann sank die Zahl der Mitglieder kontinuierlich. Ausnahmen vom Trend sind die Wahljahre, in denen die Tendenz, aufgrund der hohen Politisierung, nicht durchschlug.

2. Die historische Entwicklung der SPD

Meiner Ansicht nach hat die Mitgliederentwicklung in erster Linie etwas mit der politischen Ausstrahlungskraft und Bündnisfähigkeit der SPD in die Gesellschaft hinein zu tun. Nach 1945 war die SPD die Partei, die am glaubwürdigsten für die Zielsetzung „Nie wieder Krieg" stand, die sich gegen die Wiederbewaffnung und für die Deutsche Einheit einsetzte. Mit dieser Position entfernte sich die SPD aber auch immer mehr vom westdeutschen Mehrheitsweg, der die Westintegration und den NATO-Beitritt unterstützte. Die SPD stand in starkem Kontrast zur Realpolitik der Bundesrepublik, insbesondere zur Gründung der Bundeswehr. Erst auf dem Weg nach Godesberg wandelte sie sich zu einer Volkspartei, nahm außenpolitische Realitäten zur Kenntnis und bekannte sich zum wirtschaftspolitischen Leitbild der Sozialen Marktwirtschaft.

Der Regierungsantritt Willy Brandts im Jahr 1969 erwies sich als Mitgliedermagnet. Die Reformpolitik, der Slogan „Mehr Demokratie wagen" in der Regierungserklärung und die „neue Ostpolitik" entwickelten große Strahlkraft in die Gesellschaft hinein. Allein im Wahljahr 1972 traten auf einen Schlag 100.000 Menschen in die SPD ein. Die Ernüchterung kam Ende der 1970er bzw. Anfang der 1980er Jahre. Es gab Konflikte innerhalb der Partei über die Ökologie-Frage, aber auch über die Wirtschafts- und Sozialpolitik. Erst Mitte der 1980er Jahre konnte sich die Partei auf der Basis von Kompromissen wieder stabilisieren. Anfang der 1990er Jahre wurde das SPD-Projekt zum Zankapfel der „Enkel", bis sich 1998 der machtbewussteste von ihnen durchsetzen konnte: Gerhard Schröder. Die Regierungsjahre jedoch empfand ein Teil der Anhänger als Enttäuschung, die drastische Mitgliederverluste auslöste. Nach dem Jahr 2005 kam es zu einer relativen Stabilisierung, doch der grundsätzliche Abwärtstrend bei der Mitgliederentwicklung konnte nicht gestoppt werden.

Viele Beobachter machen für den Mitgliederschwund die individualisierte Wissensgesellschaft mit ihren zerfallenen Milieus und ihrem veränderten Freizeitverhalten verantwortlich. Aus meiner Sicht hängt die Stärke einer Partei vor allem davon ab, wie sie politisch aufgestellt ist, ob sie überzeugen kann, ein glaubhaftes Projekt verkörpert, ob sie Antworten auf die Fragen der Zeit gibt, auf gesellschaftliche Entwicklungen reagiert und mit politischen Bündnissen für Mehrheitsfähigkeit sorgt.

3. Innerparteiliche Reformen

Seit den 1980er Jahren hat es verschiedene Versuche gegeben, die Partei an Haupt und Gliedern zu reformieren. Für diese Reformen stehen die beiden Bundesgeschäftsführer Peter Glotz und Karl-Heinz Blessing oder auch die Kommissionen zur Entwicklung der SPD unter Leitung von Christoph Zöpel

Die SPD als Mitgliederpartei

und Kurt Beck. Die Reformen entstanden aus zwei gegensätzlichen Motivationen heraus. Die eine zielte darauf ab, die SPD als Mitgliederpartei zu erhalten. Hierfür wurden mehrere Ansätze entwickelt. Der erste war die Öffnung der Partei. Dazu gehörte die Akzeptanz von Quereinsteigern, die Aufstellung von Nichtmitgliedern auf Wahllisten, die Einführung einer Gastmitgliedschaft, die Gründung von Arbeitsgemeinschaften und Foren wie beispielsweise das Wissenschafts- oder Kulturforum in der Zeit von Peter Glotz. Der zweite Ansatz sollte die Parteistrukturen attraktiver machen: Durch mehr projektorientiertes Arbeiten und durch Formen der direkten Demokratie in der Partei. Drittens ging es darum, stärker auf die Wünsche der Mitglieder einzugehen und ihnen mehr Service zu bieten. Dazu dienen Qualifizierungsangebote und politische Bildung, privilegierte Informationen, die Plattform „meineSPD.net", aber auch die Förderung von Zusammenhalt und Geselligkeit in der Partei.

Die zweite Motivation entwickelte sich in Reaktion auf die These, dass die SPD als Mitgliederpartei möglicherweise gar keine Zukunft mehr habe. Innerhalb dieser Position gibt es zwei Pole: einen reaktiven und einen proaktiven. Die reaktive Seite verweist auf die schwindenden Finanzen. Sie empfiehlt statt einer Geschäftsstelle pro Unterbezirk Regionalgeschäftsstellen einzurichten und damit den hauptamtlichen Apparat zu reduzieren. Das bedeutet eine Diskussion über die Arbeitsteilung zwischen den Parteiebenen Bund, Länder und Kommunen und über die Frage, welche Aufgaben einer Partei durch Serviceeinheiten zentral erledigt werden können. Zu den proaktiven Reaktionen gehört die Vision einer Netzwerkpartei. Eine solche Partei gleicht die mangelnde Basisverankerung, die ihr durch Mitgliederverlust entsteht, aus, indem sie ein komplexes Geflecht von Netzen in die Gesellschaft hinein bildet. Aktuelle Maßnahmen sind die Kampagne „Nah bei den Menschen" mit dem „Deutschland-Dialog", der sich vor allem an Multiplikatoren richtet, außerdem neue Angebote im Internet und der Aufbau eines systematischen „Voter Relationship Managements" für das Wahlkampfjahr 2009. In Anlehnung an die Wahlkämpfe in den USA werden Verteiler aufgebaut, mit deren Hilfe wichtige Zielgruppen und Freiwillige (volunteers) regelmäßig und passgenau informiert werden können.

4. Die Basisverankerung der SPD

SPD-Parteivorstand, Landesverbände- und Bezirke hatten sich vorgenommen, bis Juni 2008 zehn Prozent mehr Mitglieder zu werben. Zehn Prozent hätten bedeutet, den Mitgliederverlust auszugleichen. Dieses Ziel wurde zwar nur knapp zur Hälfte erreicht, doch ergab sich ein anderer positiver Effekt: Ortsvereine und Gliederungen haben sich intensiv mit der Mitgliederwerbung und Mitgliederbetreuung befasst. Auffallend ist, wie unterschiedlich die Erfolge der Gliederungen ausfallen. So haben über zehn Prozent das Werbeziel nicht nur erreicht, sondern deutlich übertroffen – ein deutliches Indiz dafür, dass der Aktivitätsgrad der Ortsvereine für die Mitgliederwerbung entscheidender ist als die allgemeine, vor allem von der Bundespolitik geprägte, Stimmungslage. Mitglieder wurden dort geworben, wo Sitzungen öffentlich und attraktiv waren, wo auch außerhalb von Wahlkämpfen Infostände aufgebaut wurden, wo Ortsvereine gezielt überlegt haben, welche Gemeindemitglieder man durch direkte Ansprache gewinnen kann.

Die SPD hat etwa 10.000 Ortsvereine, von denen über 1.500 innerhalb der letzten fünf Jahre keine Mitglieder geworben hat. Darum hat der Parteivorstand eine Ortsvereinsoffensive gestartet, um die Ortsvereine bei der Mitgliederwerbung zu unterstützen. Wir haben Kriterien einer guten Ortsvereinsarbeit definiert, über deren Umsetzung intensiv geschulte Berater informieren. Eines ist auf jeden Fall klar: Ohne aktive Arbeit der Partei in ihren eigenen Keimzellen wird es kaum eine Stabilisierung der SPD als Mitgliederpartei geben können. Mitgliedergewinnung, -bindung und -betreuung muss eine ständige Aufgabe aller Gliederungen der Partei werden. In allen Vorständen muss es Zuständigkeiten für Mitgliederentwicklung geben – ebenso wie regelmäßige Berichte und Diskussionen darüber.

5. Zur Zukunft der SPD als Mitgliederpartei

Ich halte es mit Gramsci, von dem die Aussage stammt: „Man sollte pessimistisch in der Intelligenz sein, aber optimistisch in der Tat." Wir sollten also zweigleisig fahren und beide „Denkschulen" verfolgen. Das bedeutet: Wir tun alles, um mehr Mitglieder zu werben und stellen uns gleichzeitig darauf ein, dass die SPD zwar Mitgliederpartei bleibt, aber auf niedrigerem Niveau.

Die SPD als Volkspartei muss volksnah sein. Sie muss eine Partei mit möglichst vielen Mitgliedern bleiben, um über die Mitglieder die Verankerung in die Gesellschaft zu sichern. Dafür ist der kontinuierliche Dialog mit der Gesellschaft entscheidend, auch mit modernen Instrumenten der Zielgruppenbetreuung. Besonders wichtig für unsere Zielgruppenkommunikation sind beispielsweise Betriebsräte, junge Frauen, sowie Migrantinnen und Migranten. Wir brauchen ein ganzes Netzwerk von Foren, die zu unterschiedlichen Themenfeldern arbeiten.

Die SPD muss sich breit aufstellen, als die Partei der sozialen Gerechtigkeit, die aber auch für ökonomische Kompetenz steht und kulturell attraktiv ist. Sie muss sich dafür immer wieder neu erfinden. Ein solches Projekt kombiniert gutes Regieren, ein überzeugendes Programm, dauerhafte Werte und Überzeugungen mit kurzfristigen Zielen. Vom Erfolg dieser Maßnahmen hängt ab, ob die SPD eine offene, lebendige und anziehende Partei bleibt bzw. wieder wird.

Hans-Jürgen Beerfeltz

Die FDP bekennt sich zum Prinzip der Mitgliederpartei

1. Krise der Mitgliederpartei

Die Situation ist dramatisch. Das deutsche Parteiensystem ist auf dem Weg in eine Legitimationskrise. Die Wahlbeteiligungen sinken. Das Vertrauen in die Parteien nimmt weiter ab. Ihre Mitgliederzahlen gehen zurück. Das Verhältnis zwischen den Parteiführungen und den Mitgliedern ist immer öfter gestört. In der Bevölkerung wächst die Skepsis, ob die Parteiendemokratie das richtige System ist, um auch in Zukunft die gesellschaftlichen Probleme lösen zu können. Manche Experten sprechen bereits von der Spätphase der Mitgliederpartei in ganz Westeuropa und nicht nur in Deutschland. Gleichzeitig wachsen aber auch die Wünsche der Wähler an die Gewählten, obwohl sie genau denen eigentlich immer weniger zutrauen. Dies ist umso paradoxer, als gleichzeitig die Bereitschaft zur eigenen Mitwirkung im demokratischen Gemeinwesen nachzulassen scheint. Die wachsende Entfremdung zwischen den Wählern und ihren gewählten Vertretern in der repräsentativen Demokratie schlägt sich besonders deutlich in den sinkenden Mitgliederzahlen der Parteien nieder. Zwischen 2000 und 2007 ist die Zahl der Parteimitglieder von ca. 1,8 Millionen auf weniger als 1,5 Millionen zurückgegangen. Das Parteiensystem hat also insgesamt seit der Jahrtausendwende mehr als 300.000 Mitglieder verloren. Die SPD als ehemals größte deutsche Partei hatte im Mai 2008 noch 531.737 Mitglieder. 1976 waren es noch mehr als eine Million Mitglieder, selbst 1991 waren es noch 920.000. Aber allein in den Jahren 2003 und 2004 gaben jeweils 50.000 Sozialdemokraten ihr Parteibuch zurück.

2. Indikatoren der Krise und Reformchancen

2.1 Bindungswirkung lässt nach

Auch wenn die FDP von dieser Entwicklung bisher weniger betroffen ist und seit 2000 sogar einen leichten Netto-Zuwachs zu verbuchen hatte, kann dies nicht darüber hinwegtrösten, dass die Bindungswirkung der Parteien insgesamt nachlässt, und sie dadurch Gefahr laufen, auch ihre Legitimation zur Repräsentation zu verlieren. In verschiedenen europäischen Ländern werden, wie beispielsweise bei der Forza Italia (FI), mittlerweile neue Modelle der Parteiorganisation diskutiert und ausprobiert, die von der Mitgliederpartei klassischer Prägung wegführen, aber in eine falsche Richtung gehen. Der Weg darf nicht in die faktische Entmachtung der Mitglieder führen. Im Gegenteil: Die Mitglieder der Parteien müssen in ihrer Rolle und Bedeutung für Parteien und repräsentative Demokratien wieder ernster genommen und gestärkt werden. An der Mitgliederpartei führt kein Weg vorbei. Sie ist das Herzstück des politischen Systems in Deutschland und deswegen auch richtigerweise im Parteiengesetz verankert.

Demokratie braucht Demokraten. Demokraten brauchen Organisation. Organisation braucht Parteien. Parteien brauchen Mitglieder. Erst durch ihre Mitglieder gewinnt die FDP zum Beispiel ihre Fähigkeit, gesellschaftliche Entwicklungen, auf die die Politik reagieren muss, frühzeitig zu erkennen. Erst durch ihre Mitglieder entwickelt sie die Kreativität, um rechtzeitig die richtigen Lösungen für entstehende Probleme zu finden. Für die FDP ist deswegen völlig klar, dass die zukünftige Entwicklung der Mitgliederparteien davon abhängt, wie stark die Rolle der Mitglieder ist und in wie weit es gelingt, auch durch strukturelle Reformanstrengungen mehr Attraktivität für das persönliche Engagement in Parteien zu schaffen.

Die deutsche Gesellschaft wird aber nie wieder parteinäher werden. Das bedeutet, dass die Parteien gesellschaftsnäher werden müssen, denn sonst werden sie irgendwann nicht mehr gesellschaftsfähig sein. Von den Parteien wenden sich auch deshalb zu viele Bürger ab, weil sie spüren, dass ihnen eine aktive politische Arbeit zu wenige Chancen für eine an ihren Interessen orientierte Mitwirkung und Mitentscheidung gibt. Deshalb sind alle Parteien gefordert, auf Politikverdrossenheit und sinkende Mitgliederzahlen auch mit Reformen ihrer eigenen Parteiarbeit zu reagieren. Die Formen der Parteiarbeit müssen sich den Erfordernissen der Informationsgesellschaft und den sich damit verändernden Bedürfnissen der Menschen anpassen, nicht umgekehrt.

2.2 Fahrlässig mit Mitgliedern umgegangen

In den vergangenen Jahrzehnten haben Parteien mehr dazu geneigt, ihren „Auftritt" zu modernisieren als ihre Strukturen. Sie haben eher ihre Werte elastischer gestaltet als ihre Organisation. Sie sind der „Amerikanisierung" bei der Imagewerbung gefolgt, nicht aber bei der in den USA starken direkten Ansprache der eigenen Unterstützer. Und mit der fortgesetzten Professionalisierung gut geölter PR-Maschinen in der massenmedialen Welt gerieten die eigenen Mitglieder mehr und mehr aus dem Blickfeld. Die Parteien haben zu sehr darauf verzichtet, ihre politische Arbeit als Angebot zur Mitwirkung und

Mitentscheidung zu organisieren. Umso lauter schimpfen sie stattdessen über die vermeintliche Lethargie der „Zuschauer-Demokratie".

Es war und ist aber falsch, die Schuld dafür mangelndem Engagement bei Bürgern, Wählern oder Mitgliedern zu suchen. Die Klage über abnehmendes bürgerschaftliches oder ehrenamtliches Engagement hilft nicht weiter. Vorwürfe wie der einer zunehmenden „politischen Faulheit" der Menschen ebenso wenig. An vielen Stellen in der Gesellschaft zeigen Aktivitäten, Initiativen und neue Organisationen, dass das Bedürfnis ungebrochen ist, sich für die eigenen Interessen oder die seiner Mitbürger einzusetzen. Die Gründe für Mitglieder- und Wählerverluste liegen offensichtlich woanders. Sie sind in der immer weiter auseinander driftenden Dreiecksbeziehung zwischen den politischen Führungseliten, den Parteimitgliedern und den Wählern zu suchen. Dabei scheinen sich die einfachen Parteimitglieder und die Wählerschaft sogar einander anzunähern, denn die Parteien geben sich alle Mühe, die Übergänge vom Sympathisantenstatus in die Mitgliedschaft möglichst fließend zu gestalten. Aber das Einführen von „Schnuppermitgliedschaften" oder virtuellen Blogs zu aktuellen politischen Themen reicht nicht aus, um die Erosion des Parteiensystems aufzuhalten.

Aus Sicht der FDP sind alle Parteien gefordert, auf Politikverdrossenheit und sinkende Mitgliederzahlen mit Reformen ihrer eigenen Parteiarbeit zu reagieren. Dabei werden sich manche Rezepte gleichen, andere werden sich unterscheiden, je nach weltanschaulichem Hintergrund. Für die FDP als Partei, die sich besonders stark für die Freiheit des einzelnen einsetzt, ist es natürlich noch wichtiger, sich so direkt wie möglich auch um den einzelnen zu kümmern. Die FDP bekennt sich ausdrücklich zur Mitgliederpartei. Als Partei für den Einzelnen und für die individuelle Freiheit will sie auch in ihrer Parteiarbeit den Einzelnen und seine Chancen zur Beteiligung in den Mittelpunkt stellen. Die FDP wird die Rolle des Einzelnen als Mitglied stärken und der fortschreitenden Erosion von Mitgliederrechten und -funktionen entgegenwirken. Je stärker Nicht-Mitglieder via Internet in die politische Willensbildung miteinbezogen werden, desto bedeutsamer ist es, dass die Mitglieder den Kurs der Partei mitbestimmen. Je mehr Parteiarbeit sich im virtuellen Raum abspielt, desto wichtiger wird es, Mitglieder als überzeugende Botschafter der liberalen Idee im eigenen Umfeld wirken zu lassen.

2.3 Mitglieder sind die besten Botschafter

In diesem Sinne übernehmen FDP-Mitglieder immer mehr wichtige Kommunikationsaufgaben für ihre Partei. Der Grund dafür ist einfach: Während die so genannten Volksparteien – insbesondere zu Zeiten einer großen Koalition – über Medieninteresse nicht klagen können, wird über die FDP gerade in Oppositionszeiten kaum berichtet. Hinzu kommt, dass sich aus den geschlossenen Reihen der Liberalen wenig über Konflikte oder personelle Streitigkeiten vermelden lässt. Die Partei hält auch inhaltlich Kurs und wird deswegen von vielen Berichterstattern als langweilig empfunden. Aus der „vierten Gewalt" im Staate wird mehr und mehr eine Instanz der politischen Meinungsbildung. Die Informationsvermittlung tritt zurück hinter eine Berichterstattung, die sich oft selbst als Ereignis inszeniert. Medienaufmerksamkeit ist für Parteien geradezu überlebenswichtig. Die schönste Botschaft nützt gar nichts, wenn sie nicht wahrgenommen wird. Die FDP hat dies nach dem Regierungswechsel 1998 leidvoll erfahren müssen. Sie setzt deshalb zusätzlich zur Presse- und Öffentlichkeitsarbeit und den dazu gehörenden PR-Aktionen und Maßnahmen des Eventmanagements auf möglichst direkten Dialog. Wenn die Medien den Menschen zu wenig über die FDP mitteilen, dann muss sich die FDP eben direkt an die Menschen wenden. Das kann sie am besten über ihre eigenen Mitglieder, die sich politisch bekennen und zum Beispiel an öffentlichen Diskussionen beteiligen.

Für die FDP jedenfalls gilt, dass die Mitglieder und unteren Parteigliederungen nicht nur in den Landes- und Bundestagswahlkämpfen eine wichtige und unverzichtbare Rolle spielen. Ihre Aufgaben haben sich allerdings teilweise verändert, weil der so genannte klassische Straßenwahlkampf an Bedeutung verloren hat. Andere Veranstaltungsformen haben seinen Platz eingenommen, bei denen die Mitglieder aber eine nicht weniger wichtige Funktion übernommen haben: Sie wirken im Freundes-, Bekannten- und Kollegenkreis als „Testimonials" für die liberale Sache. Politische Diskussionen finden nicht nur in Wahlkampfzeiten im privaten Umfeld statt. FDP-Mitglieder überzeugen durch ihr Engagement in Vereinen und Verbänden. Es findet eine sehr persönliche Vernetzung vor Ort statt, die es der FDP in den vergangenen Jahren auch erleichtert hat, neue Mitglieder zu finden. Von einem „Altenheimcharme" (Wiesendahl 2006: 61) kann bei der FDP keine Rede sein, denn die neuen FDP-Mitglieder sind regelmäßig junge Mitglieder. Der Altersdurchschnitt liegt bei der FDP bei unter 50 Jahren, bei der SPD nach jüngsten Errechnungen bei 57 Jahren.

3. Die Zukunft der FDP als Mitgliederpartei

3.1 Stärkung der ehrenamtlichen Mitglieder

Bei allem Streben nach mehr Professionalität in Management und öffentlichem Auftreten darf nie in Vergessenheit geraten, dass Parteien aus dem klassischen Konflikt zwischen Partizipation und Effizienz ihre kinetische Energie beziehen. Eine Parteimitgliedschaft ist freiwillig. Sie besteht aus ehrenamtlichem Engagement, aus Tätigkeit im Nebenberuf, wie Max Weber sagt. Diese Tätigkeit sei deswegen „normalerweise langsamer", wichtiger aber noch, auch „unpräziser, uneinheitlicher, weil nach oben unabhängiger, diskontinuierlicher und [...] oft faktisch sehr kostspielig" (Weber 1980: 562). Diese Erkenntnis ist richtig und die Parteien müssen sie in ihre Arbeit mit einbeziehen. Die Lösung kann aber nicht im Weg zur mitgliederlosen Partei bestehen, sondern in der stärkeren Einbindung und Begleitung von Mitgliederhandeln, im Bereithalten von professionellem organisatorischem Handwerkszeug und dem Schaffen von Handlungsperspektiven. Dies hat die FDP getan und konnte damit zumindest etwas dem allgemeinen Abwärtstrend trotzen.

Schon vor allen anderen Parteien hatte sich die FDP nach 1998 für Nicht-Mitglieder geöffnet und eine Fülle von Dialogangeboten entwickelt. Den Landesverbänden und ihren Untergliederungen ist es freigestellt, welche Formen der Mitwirkung von Nicht-Mitgliedern sie wählen. Mit Unterstützung der Bundespartei können dort „Liberale Initiativen" – zwanglose, informelle und weitgehend von der Partei unabhängige Vereinigungen – angestoßen werden. Orientiert am Freizeitverhalten der Menschen im Medienzeitalter wurden neue Veranstaltungsformen angeboten, Themen-Kampagnen durchgeführt und flexible Modelle politischer Beteiligung vorgestellt, die beispielsweise eine befristete Mitgliedschaft für die Dauer einer Kampagne ermöglichen. Die FDP setzte aber auch hier auf Dialog und Partizipation. Mehr als andere Parteien investierte sie in das Internet und baute ein besonderes Informationsangebot auf, das von Fachleuten mehrfach als vorbildlich hervorgehoben wurde. Darin enthalten waren neben journalistisch gehaltenen Informationsblöcken auch immer wieder Beteiligungs- und Abstimmungsmöglichkeiten, die sich in Wahlkampfzeiten sogar auf das Wahlprogramm erstrecken. Der Erfolg gab dieser Strategie Recht: Aus vielen Internetnutzern und Veranstaltungsbesuchern wurden und werden FDP-Mitglieder. Ein großer Teil von ihnen trat der Partei über das Internet bei und nimmt regelmäßig via Internet am Parteileben teil. In der FDP war schon immer klar, dass die Mitglieder nicht der Außendienst der Parteizentrale sind. Anders als in Wirtschaftsunternehmen laufen Willensbildung und Entscheidungsfindung nicht von oben nach unten, sondern von unten nach oben. Das mag manchmal mühsam sein, gibt aber eine klare Handlungsanweisung für das Parteimanagement. Mitglieder können prinzipiell nur durch Überzeugung zum Mitmachen gewonnen werden. Dazu müssen sie aber auch das Gefühl haben, dass ihre Partei sie dabei unterstützt und ihnen das nötige Handwerkszeug liefert. Wer Parteimitglied wird, will anders behandelt werden als ein Nicht-Mitglied oder Sympathisant. Er übernimmt Pflichten und will dafür besondere Rechte und Anrechte, z.B. auf bestimmte Dienstleistungen der Partei und auf Mitwirkung bei Entscheidungen.

3.2 Das „Social Network" der FDP

Die FDP hat nicht zuletzt deswegen nach dem erfolgreichen „Außenauftritt" im Internet bewusst eine Webplattform aufgebaut, die sich ausdrücklich nach innen, also insbesondere an die Mitglieder richtet: „my.fdp", das „Social Network" der Liberalen. Daraus wurde mittlerweile eine der erfolgreichsten politischen „Online-Communities" in Deutschland mit 45.000 registrierten Nutzern. Angeboten wird darin unter anderem ein individualisierbarer *Newsletter*, bei dem die Bedürfnisse der einzelnen Mitglieder der Maßstab der Arbeit sind. Sie können sich sogar ihre ganz persönlichen Startseiten gestalten, auf die per Mausklick alle Inhalte eingebunden werden können, die dem einzelnen Nutzer wichtig erscheinen. Viele andere Instrumente sollen den Mitgliedern die Kontaktpflege und die persönliche Netzwerkbildung erleichtern. Beim jüngsten Weiterentwicklungsprozess im Frühjahr 2008 waren interessierte Mitglieder selbst beteiligt. In einer vierwöchigen Testphase konnten sie sich auf der Website der Liberalen registrieren und eine so genannte Beta-Version von „my.fdp" auf Herz und Nieren prüfen. Die Anregungen und Verbesserungsvorschläge wurden geprüft und entsprechend umgesetzt. Besonders wichtig an „my.fdp" erscheint jedoch die Möglichkeit, dass sich Mitglieder und Interessenten, Funktionsträger verschiedener Ebenen oder ganze Ortsverbände auf dieser Plattform zusammenfinden, regelmäßig treffen und diskutieren können – offen, aber auch „geschlossen", z.B. als virtuelle Vorstandssitzung. Je nach thematischem Interesse bilden sich neue Gruppen quer durch das Land, die neue Ideen debattieren, um sie dann in anderen Parteigremien wiederum zur Abstimmung zu stellen. Parteimitglieder gruppieren sich nach geographischen Gesichtspunkten oder weil sie ein gemeinsames Hobby haben. Verfechter einer politischen Initiative aus Bayern suchen und finden Mitstreiter aus dem Norden der Republik. Es wird über erfolgreiche kommunale Projekte berichtet, die dann möglicherweise in ganz anderen Orten Nachahmer finden. In der Planung ist eine Regionalisierung dieses internen Internetangebots, um seinen Nutzen für die kommunale Parteiarbeit noch weiter zu erhöhen. Mitglieder haben bei „my.fdp" einen exklusiven Teil, der durch ein Passwort geschützt ist. Dort befindet sich eine Fülle von Angeboten und Dienstleistungen, die nur registrierten Parteimitgliedern vorbehalten sind. Spezielle Rahmenverträge sind die Grundlage für mehr als 100 Angebote, vom günstigen Telefonieren über ein Verzeichnis „liberaler Wirte" mit speziellen Mitgliederpreisen bis hin zur privaten Krankenversicherung.

Innerhalb, aber auch außerhalb des Internets bietet die FDP ihren Mitgliedern verstärkt Perspektiven zur persönlichen, vielleicht sogar beruflichen Entwicklung. In Zusammenarbeit mit einer Stellenbörse können sich Parteimitglieder selbst um Jobs bewerben. Talentförderung und Expertenpflege werden ausgebaut. Ein Mentoring-Programm eröffnet engagierten jungen Mitgliedern Entwicklungschancen innerhalb des politischen Umfelds der FDP. Begleitet von erfahrenen Politikerinnen und Politikern können sie sich ein Jahr lang nebenberuflich auf die Herausforderungen einer politischen Tätigkeit vorbereiten. Praktika innerhalb der Parteiorganisation und in Fraktionen verschiedener politischer Ebenen wechseln sich ab mit sogenannten „*Blended-Learning*-Seminaren", in denen politisches Handwerkszeug vermittelt wird. Das Mentoring-Programm schließt mit einer Zertifizierung durch ein externes Bildungsinstitut und der Aufnahme in einen Stellenpool. Mit diesen und anderen Maßnahmen wird sich die FDP auch in Zukunft zum Prinzip der Mitgliederpartei bekennen. Dazu gehört auch, dass sie sich als „lernendes Unternehmen" versteht, das ständig zu weiteren Reformschritten im Sinne ihrer Mitglieder bereit ist. Parteien sind in Deutschland Ausdruck und Träger der demokratischen Kultur. Sie bleiben in der repräsentativen Demokratie von fundamentaler Bedeutung für Meinungsbildung, Interessenausgleich und Entscheidungsfindung – wesentlich dank ihrer Mitglieder.

Literatur

Weber, Max (1980): Wirtschaft und Gesellschaft. Grundriss der verstehenden Soziologie, Tübingen: Mohr.
Wiesendahl, Elmar (2006): Mitgliederparteien am Ende? Eine Kritik der Niedergangsdiskussion, Wiesbaden: VS-Verlag.

Horst Kahrs
Die LINKE geht nur als Mitgliederpartei

DIE LINKE ist derzeit die einzige wachsende Partei. Paradoxerweise kämpft sie mit Schrumpfungs- und Wachstumsproblemen gleichzeitig. Wie sich DIE LINKE weiterentwickelt, welche neue politische Identität sie herausbildet, hängt in hohem Maße von ihrer Entwicklung als Mitgliederpartei ab. Für notwendige Reformen in der Parteiorganisation gibt es keinen einzig Erfolg versprechenden Königsweg. Die Rolle der Mitglieder als Souverän der Partei muss neben den Techniken der Wahlkampagnen und medialen Inszenierungen mit neuem Leben gefüllt werden.

1. Mitgliederaufschwung durch Parteigründung

Die Partei DIE LINKE gründete sich am 16. Juni 2007 aus der Linkspartei.PDS und der „Wahlalternative Arbeit und Soziale Gerechtigkeit" (WASG). Mit 71.925 Mitgliedern zum Jahresende 2007 ist sie nach SPD, CDU und CSU die viertmitgliederstärkste Partei in Deutschland. Zugleich ist DIE LINKE die einzige im Bundestag vertretene Partei, die im Jahr 2007 einen Mitgliederzuwachs vorweisen konnte[1]. Dieser positive Trend hielt auch in den ersten Monaten 2008 an.

Der Zuwachs an Mitgliedern verlief in den ostdeutschen und westdeutschen Landesverbänden in einer doppelten Asymmetrie. In den ostdeutschen Landesverbänden kommen auf 1.000 Einwohner drei bis vier Parteimitglieder. In den westdeutschen Landesverbänden erreicht nur der saarländische Landesverband mit knapp 2 Mitgliedern auf 1.000 Einwohner eine annähernd vergleichbare Größenordnung. In allen anderen westlichen Landesverbänden kommt auf etwa 3.000 Einwohner ein Mitglied; in Bremen und Hamburg beträgt das Verhältnis 1 : 2.000, in Bayern und in Baden-Württemberg eher

---

1 Linkspartei.PDS und WASG hatten am Jahresende 2006 zusammen 69.108 Mitglieder. Im Jahr 2007 verzeichneten zunächst diese beiden Parteien und dann DIE LINKE zusammen 7.500 Eintritte. Im Saldo von Sterbefällen und Austritten blieb ein Zuwachs um 2.817 Mitglieder (+4,1 Prozent).

1 : 5.000. Die westlichen Landesverbände sind wiederum diejenigen mit den höchsten Wachstumsraten an Mitgliedern. Im Saarland wuchs die Mitgliedschaft 2007 um 93 Prozent, in Bayern und Nordrhein-Westfalen jeweils um knapp 45, in den anderen westlichen Landesverbänden um 20 bis 30 Prozent. In den ostdeutschen Landesverbänden sanken trotz der Neueintritte die Mitgliederzahlen zwischen 3,7 (Berlin) und 7,2 Prozent (Mecklenburg-Vorpommern). Hier setzte sich, wenn auch im Zuge der Parteigründung deutlich abgeschwächt, der seit der politischen Stabilisierung der vormaligen PDS Anfang der 1990er Jahre anhaltende Schrumpfungsprozess fort.

Der absolute Mitgliederrückgang in den ostdeutschen Landesverbänden geht vor allem auf eine hohe Sterbeziffer zurück. Mitgliederrückgang und Überalterung der Mitgliedschaft verstärken sich hier gegenseitig zu einer Erfahrungswelt des Schrumpfens. Sinkende Mitgliederzahlen bedeuten weniger Einnahmen, ein zunehmendes Durchschnittsalter der Mitglieder bringt ein abnehmendes Engagement und einen kleiner werdenden Aktivitätshorizont mit sich. Die Schließung von Geschäftsstellen, das zunehmende Fehlen von Organisationsstrukturen auf dem Land für verbliebene Einzelmitglieder, eine altersbedingte Verengung der sozialen Bewegungsräume – all dies sind nur einige Phänomene, mit denen sich die Landes- und Kreisverbände in den ostdeutschen Ländern beschäftigen müssen. Im Gegenzug wächst der Trend zur Professionalisierung der Parteiarbeit. Wenn die Mitglieder nicht mehr überall Plakate anhängen und Informationsmaterialien verteilen können, dann müssen diese Tätigkeiten an professionelle Dienstleister vergeben werden. Damit verbunden sind finanzielle Kosten; vor allem aber wird das Parteileben um einige gemeinsame Aktivitäten ärmer; das Gewicht der Mandatsträger wächst bei einem abnehmenden Engagement der „einfachen" Mitglieder in den Parteiorganisationen; klassische Facetten der Mitgliederpartei gehen auf diesem Weg verloren.

Dagegen stellt der Mitgliederzuwachs in den westlichen Landesverbänden die Partei vor gegenteilige Aufgaben. In manchen Gebietsorganisationen vervielfachten sich binnen kürzester Zeit die Mitgliederzahlen und drohen die vorhandenen Parteistrukturen zu überfordern. Die Eintritte sind verbunden mit einem ausgeprägten Anspruch, nun gemeinsam mit anderen aktiv zu werden, ohne dass hierfür schon immer Möglichkeiten und Angebote vorhanden sind. Politische Erfahrungen, Bildung und soziale Kompetenzen sind heterogen verteilt, dementsprechend breit sind die politischen Themen und Felder gestreut, auf denen die neuen Mitglieder sich einbringen wollen. Entscheidend für den mittel- und längerfristigen Verbleib in der Partei war und ist, wie schnell es den örtlichen Parteigliederungen gelingt, Parteistrukturen und -aktivitäten aufzubauen und anzubieten, in denen sich Mitgliedschaft als soziales und politisches Parteileben entwickeln kann. Von zentraler Bedeutung dabei ist, wie gut es gelingt, eine gemeinsame, an lokalen Gegebenheiten gebundene Identität der noch im Aufbau begriffenen Partei herzustellen; eine Identität, die in der Regel verschiedene soziale Herkunftsmilieus der Mitglieder überwölben muss.

Was sich in den westlichen Kreisverbänden an Zusammensetzung der Mitgliedschaft, an vorherrschenden politischen Themen und anderen für das örtliche Parteileben wichtigen Besonderheiten entwickelt, ist von der Ebene des Landesverbandes kaum, von der Bundesebene gar nicht planbar. DIE LINKE im Westen Deutschlands ist in einem ganz anderen Sinn Mitgliederpartei als im Osten. Örtliche Themen, Arbeitsweisen, Offenheit gegenüber Neumitgliedern, all dies hängt hier kaum von professionellen Strukturen, sondern wesentlich vom persönlichen Engagement und den sozialkommunikativen Fähigkeiten der „Alt"mitglieder ab.

2. Keine Alternative zur Mitgliederpartei

In einem zunächst ganz elementaren Sinn erhebt DIE LINKE den Anspruch, Mitgliederpartei zu sein: Eine neue Partei, die keinen Zulauf an Mitgliedern vorzeigen kann, wird sich nicht im deutschen Parteiensystem verankern können. Wo Mitglieder gewonnen werden, ist der gesellschaftliche Bedarf an einer neuen politischen Partei und Repräsentanz unabweisbar, dort besteht die Aussicht auf dauerhafte Verankerung im sozialen und politischen Leben. Mitgliederzahlen schaffen gesellschaftliche Legitimation für die Stellung der Parteien; für neue Parteien sind sie ein unverzichtbares Signal von Stärke, Aufschwung und politischer Offensive. Manche Wahlergebnisse der LINKEN in den vergangenen Monaten scheinen diese Auffassung zu widerlegen. Bestätigen nicht die Landtagswahlen in Niedersachsen und Hessen oder die Kommunalwahlen in Schleswig-Holstein, dass Wahlerfolge auch dort erzielt werden können, wo es kaum Mitglieder, geschweige denn Parteistrukturen gibt? Reichen nicht vor allem bundespolitisch transportierte Themen und Forderungen, die die Mehrheitsstimmung im Lande treffen, politische Führungspersonen und mediale Präsenz vollkommen aus, um Wahlerfolge und politischen Einfluss zu generieren?

Tatsächlich verdanken sich die jüngsten Wahlerfolge nicht primär einer starken und aktiven Mitgliedschaft. Aber bereits die Bestätigung des Wahlergebnisses bei der kommenden Wahl wird in weit größerem Maße davon abhängen, ob die Mitgliederzahlen und die lokalen Parteistrukturen den Wahlerfolgen nachgewachsen sind. Parteien, denen es an lokaler Präsenz mangelt, die nur über die Medien und dort über wenige Personen gegenwärtig sind, binden keine Stammwähler und sind bei Wahlergebnissen in hohem Maße von taktischen Wetterlagen abhängig. Dauerhaften politischen Einfluss und soziales Ansehen erwerben sie nicht. Der „primärweltliche Kontakt" (Elmar Wiesendahl) zu den Wählerinnen und Wählern findet nur über die Mitglieder, ihre Präsenz in Vereinen, Betrieben, Kneipen und Familien statt, nicht über die Medien. Der Erfolg bei den Bundestagswahlen 2005 hat in diesem Sinne eine günstige Gelegenheit zum Aufbau einer neuen Partei geschaffen, die in vielfältiger Weise Mitglieder anzieht und benötigt. Vorstände müssen gewählt, Kandidatenlisten gefüllt, errungene Mandate ausgeübt werden; Strukturen wollen mit Leben gefüllt, politische Aktivitäten entfaltet werden. In diesem Sinne besteht ein gegenwärtig durchaus hoch anzusetzender Anreiz, bei der LINKEN mitzumachen und – in der Regel – auch Mitglied zu werden. Ein Beitritt kann sich in vielfältiger sozialer und sozialpsychologischer Weise „lohnen", bei der LINKEN am wenigsten als Karrieresprungbrett.

DIE LINKE, generell linke Parteien, sind darauf angewiesen, Mitgliederpartei im emphatischen Sinne sein zu wollen. Mitglieder verschaffen Legitimation; sie stellen eine Grundfinanzierung der Parteiarbeit sicher, was bei einer Partei ohne nennenswerte Großspender besonders bedeutsam ist; sie geben der Partei an Informationsständen oder im Alltag ein Gesicht. Mitglieder sind für DIE LINKE unverzichtbar als Kontrapunkt zur Welt der Meinungsforschung und Umfragerealität. Was „die Leute", die berühmten „Menschen draußen im Lande" wirklich denken, das können Parteien in der Regel nur über ihre Mitglieder aufnehmen. Nur funktionierenden Mitgliederparteien gelingt es, diese Kontakte mit der Lebenswelt der Bürgerinnen und Bürger, mit den Möglichkeiten und Erwartungen der Wählerschaft, als „Stimmung an der Basis" in die Vorstände zu transportieren und daraus politische Vorhaben zu formen, die Aussicht auf Erfolg haben, weil die Partei nur dann wiederum signalisieren kann, dass sie weiß, was „die Leute" umtreibt.

Für die politische Glaubwürdigkeit und das „soziale Kapital"[2] einer linken Partei ist der Charakter einer Mitgliederpartei eine notwendige Bedingung. Nur über diese Rückkopplung mit der Praxis sozialer Milieus und Lebenswelten, nur über die Präsenz der Mitglieder als in beide Richtungen wirkendes Bindeglied zwischen exponierten, medial gegenwärtigen Parteirepräsentanten und der Alltagspraxis der Wählerinnen und Wähler erhalten linke Parteien das, was ihre Substanz ausmacht: einen gemeinsamen Erfahrungshintergrund von Parteiführung, Mitgliedern und Wählern, der wiederum das Rückgrat bildet, um dem Druck der wirtschaftlich Mächtigen und ihrer Interessen zu widerstehen.

---

2 „Soziales Kapital realisiert sich immer nur persönlich in glaubwürdiger Rückkopplung mit der Praxis sozialer Milieus. Je weiter sich Mandatsträger oder Parteifunktionäre von dieser Praxis entfernen, sich primär über mediale Inszenierungen darstellen und dabei den Eindruck erwecken, sich gegen das Ethos der Wählerschaft selbst ermächtigen zu wollen, desto prekärer wird ihre Legitimationsbasis. Übrig bleibt der Hasardeur, der in der Regel ad hoc entscheidet und rücksichtslos das ihm Anvertraute aufs Spiel setzt" (Geiling/Vester 2007: 486).

3. Organisationsreformen ohne Königsweg

Noch ist nicht entschieden, ob der Mitgliederzuwachs der LINKEN ein über 2009 hinaus anhaltendes Phänomen sein wird. Vieles wird sich in der Mitgliedschaft und im Mitgliederleben dennoch verändern. Im Jahr 2008 wird der erste westliche Landesverband einen ostdeutschen bei der Mitgliederzahl überholen. Westdeutsche Biographien, Erfahrungen und Traditionswelten werden deutlich größeres Gewicht bekommen. Mit gezielten Ost-West-Partnerschaften auf der Ebene von Orts- und Kreisverbänden kann und soll das produktive Zusammenkommen der derzeit wachsenden und der derzeit schrumpfenden Landesverbände befördert werden. Hierbei geht es um mehr als gegenseitiges Kennenlernen, Respektieren und Erfahrungen austauschen. Am Ende wird die Frage beantwortet, ob in der Mitgliedschaft der jeweilige Zuwachs als Bereicherung und Beginn einer neuen Ära im Mitgliederleben angenommen wird. Gleichwohl, trotz der hinsichtlich der Mitgliedergewinnung günstigen Gelegenheit der Parteigründung und der Bedeutung des inneren Zusammenfindens der verschiedenen regionalen Traditionen und politischen Identitäten, gelten auch für DIE LINKE einige parteienübergreifende Trends: Parteimitgliedschaft genießt, zumal unter Jüngeren, kein großes Ansehen, höher im Kurs steht das unmittelbare soziale oder politische Engagement. Das Aktivwerden für „Ein-Punkt-Anliegen" und für unmittelbare Bürgeranliegen schlägt oftmals die eher mühselige Interessenaggregation und -repräsentation in Parteien aus dem Feld. Gerade bei der LINKEN steht zudem „direkte Demokratie" weit oben auf der Agenda, womit immer die Botschaft verbunden ist, dass eine Parteimitgliedschaft nicht zwingend gefordert ist, um an der politischen Willensbildung aktiv mitzuwirken. Oftmals wurde das Engagement von Parteilosen auf Kandidatenlisten als besonders bedeutsam, als Nachweis gesellschaftlicher Akzeptanz auf-, und damit die Mitgliedschaft tendenziell abgewertet. Niedrig schwellige Angebote – Schnuppermitgliedschaft, Mitmachen ohne Mitglied zu werden und anderes mehr – fördern diese Tendenz zur Entwertung des Mitgliedsstatus. Ohne besondere Vorrechte der Mitglieder gegenüber sympathisierenden Nichtmitgliedern stehen gerade Parteien mit kleineren lokalen Strukturen in Gefahr, zu einer Neuauflage früherer Honoratioren- und Wahlvereine zu werden. Zu den Vorrechten zählt auch, dass die Parteiführung eine besondere Kommunikation mit den Mitgliedern pflegt, die sich von der medial vermittelten Kommunikation mit den Anhängern unterscheidet. Die Mitglieder sind der Souverän der Partei, der zu hören ist, auf den es ankommt, der letztlich entscheidet.

Keinen bleibenden Erfolg hatte in der früheren Linkspartei. PDS der Versuch, mit der Gründung eines virtuellen „17. Landesverbandes" die neuen Kommunikationsmedien für Internet-Mitgliedschaften zu nutzen. Die neuen Medien können zwar hilfreich für die Organisation des Parteilebens sein, etwa wenn es darum geht, Arbeitsgruppen und Zusammenschlüsse zu organisieren, Kampagnen zu führen oder Kontakte zu mobilen berufstätigen Mitgliedern zu halten, die „unter der Woche" abwesend sind oder über ein geringes Zeitbudget verfügen. Internet-Kommunikation ersetzt aber nicht die lebendige, sozialräumlich präsente Parteistruktur, Mitgliederversammlungen, Parteitage, Wahlen, soziale Aktivitäten, kurz das „gelebte Parteileben". Eine Partei ist kein Chatroom[3].

4. Chancen der Mitgliederpartei

Parteizugehörigkeit funktioniert nicht nach dem Modell der abrechenbaren Vorteile, nach einem harten Kosten-Nutzen-Kalkül. Für das Engagement spielen „weiche Faktoren" wie persönliche Kontakte, soziale Bindung, Gemeinschaftserlebnisse, solidarischer Zusammenhalt, eine Kultur des Respekts und der Anerkennung eine große Rolle. Wo die Linien zwischen Mitgliedschaft und Wählerschaft nicht mehr erkennbar sind, werden diese Faktoren oftmals ebenso nachhaltig entwertet wie dort, wo im Mittelpunkt der Mitgliederzusammenkünfte ausschließlich die unmittelbare Politik steht. Parteileben verlangt mehr als Politik, es ist auch eine Frage der Kultur. Das Statut der LINKEN bietet den Mitgliedern die Möglichkeit, sich zusätzlich zu den territorialen Strukturen in Politikfeld bezogenen, lebensweltlich orientierten oder ideologisch basierten „Zusammenschlüssen" zusammenzufinden und zur Politikentwicklung und Positionsbildung beizutragen. Eine Gefahr besteht darin, die unterschiedlichen sozialen und politischen Identitäten, die sich in der Mitgliedschaft wieder finden, in solchen Zusammenschlüssen als gesonderte zu konservieren und abzuschotten. Eine Chance besteht darin – um pars pro toto ein Bild zu bemühen –, dass sich der Jobvermittler und der langjährige ALG II-Bezieher in der Partei als Gleiche über ihre jeweiligen und gemeinsamen Anliegen und Interessen verständigen. Für solche die eigene soziale Lage überschreitenden Begegnungen und Verständigungen die geeigneten Räume zu schaffen, bildet für die neue Partei eine große Herausforderung, die mittelfristig über ihre Attraktivität als Mitgliederpartei für Angehörige unterschiedlicher Milieus entscheidet.

Unter den Neumitgliedern sind mit Parteiarbeit vertraute wie politische unerfahrene Bürgerinnen und Bürger. Ihnen werden gemeinsame Neumitglieder-Seminare angeboten. Daneben gibt es spezielle Fortbildungen zu „Multiplikatoren" in den politischen Kampagnen der Partei. Die Nachfrage nach politischen Bildungsangeboten unterschiedlichster Art wächst. Was jah-

---

3 Die Aktivitäten zur Gründung eines virtuellen Landesverbandes fanden vor allem Anfang dieses Jahrzehntes statt, als die Internetnutzung noch schwächer verbreitet war. Aber auch heute nutzen nach einer jüngsten Umfrage nur zwei Drittel der Anhänger der LINKEN das Internet. Bei den Anhängern der Grünen und der FDP sind es deutlich 80 Prozent, bei CDU und SPD geringfügig weniger als bei der LINKEN, vgl. Forschungsgruppe Wahlen Online: Internet-Strukturdaten II/2008.

relang angesichts der Erfahrungen mit dem „Parteilehrjahr" der SED weit weg gewiesen wurde, gewinnt wieder an Bedeutung in neuer Gestalt: Was tut eine Partei wie DIE LINKE dafür, dass ihre Mitglieder gleichberechtigt am politischen Leben der Partei – und in der politischen Öffentlichkeit – teilnehmen und eingreifen können?

Für die Gewinnung neuer Mitglieder und für ihren Verbleib in der Partei gibt es keinen Königsweg. Anziehend und zum Eintritt ermunternd wird eine Partei auf mittlere Sicht erst dann, wenn sie ihren Zweck als Partei erfüllt, nämlich Erfolge zu erringen versucht. Eine Partei, die darauf verzichtet, im sozialen Alltag vor Ort auch kleine Spuren der erfolgreichen Veränderung zu hinterlassen, wird kein soziales Kapital aufbauen und dann auch mit den besten Marketing-Techniken keinen Mitgliederaufschwung erleben.

Literatur

Forschungsgruppe Wahlen Online: Internet-Strukturdaten II/2008, unter: http://www. forschungsgruppe.de/Studien/Internet-Strukturdaten/web_II_08.pdf.
Geiling, Heiko/ Vester, Michael (2007): Das soziale Kapital der politischen Parteien, in: Frank Brettschneider, Oskar Niedermayer und Bernhard Weßels (Hrsg.), Die Bundestagswahl 2005, Wiesbaden: VS-Verlag, S. 457-489.

Steffi Lemke
Warum die GRÜNEN Mitglieder brauchen

1. Zentrale Aufgaben von Mitgliederparteien

Eine Partei wie die Grünen lebt von den Aktivitäten, der Beteiligung und der Begeisterung ihrer Mitglieder. Aber nicht nur das, auch für die Funktionsfähigkeit der Demokratie und ihrer Institutionen in Deutschland bleiben Parteimitglieder unverzichtbar. Mitgliedergewinnung ist aber keine leichte Aufgabe. Politikangebote müssen deshalb leichter zugänglich gemacht und eine offenere politische Debattenkultur weiter entwickelt werden. Nur wenn Teilnahmebedingungen verbessert, der Zugang zum politischen Diskurs und zur politischen Aktion verbreitet und Zugangs- und Teilhabebarrieren auf allen Ebenen abgebaut werden, dann kann es Parteien wieder gelingen, neue und engagierte Mitglieder zu gewinnen. Mitgliederparteien erfüllen zentrale Aufgaben, von denen ich einzelne herausheben möchte.

1.1 Mitgliederparteien als Seismographen gesellschaftlicher Stimmungen

Mitglieder sind und bleiben ganz klar das Lebenselixier der Parteien. Parteien leben mit, insbesondere aber von ihren Mitgliedern. Was bedeutet das konkret? Zunächst und vor allem erfahren Parteien durch ihre Mitglieder gesellschaftliche Verankerung. Diese wirkt in zwei Richtungen: Zum einen tragen Mitglieder Positionen der Parteien in die Gesellschaft hinein. Zum anderen nehmen sie aber auch Positionen, Stimmungen und Erwartungen in der Gesellschaft auf und bringen diese in den Diskussions- und Entscheidungsprozess der Parteien ein. Mitglieder werden so zu Seismographen von und Transmissionsriemen für gesellschaftliche Entwicklungen und Stimmungen.

1.2 Mitgliederparteien als Kommunikator/innen in die Gesellschaft

Mitglieder vertreten ihre Partei nach außen. Zwar gelten natürlich vor allem die Spitzen der Parteien als die Gesichter ihrer Partei. Hierzu trägt insbesondere ihre häufige Präsenz in den Medien bei. Das „lokale Gesicht" aber wird von den aktiven Mitgliedern in den Kommunen geprägt. Wenn die Parteien „vor Ort" nicht leben, dann helfen in der Regel auch die teuersten Werbekampagnen nichts beim Kampf um Wählerstimmen. Ohne Verankerung im gesellschaftlichen Leben keine Verankerung in den Parlamenten.

1.3 Mitgliederparteien als Träger/innen von Expertise

Die dritte wichtige Funktion von Parteimitgliedern ist ihre inhaltliche Expertise, mit der sie zur programmatischen Weiterentwicklung ihrer Partei beitragen. Sowohl die praktische Erfahrung vor Ort als auch der lebensnahe Pragmatismus, den die Mitglieder in die programmatische Diskussion einbringen, sind unverzichtbar für die Lebendigkeit und Entwicklungsfähigkeit einer Partei. Diese Beteiligungsmöglichkeit ist bei den GRÜNEN besonders ausgeprägt und erzeugt eine besondere Anziehungskraft gerade bei jungen Mitgliedern.

1.4 Mitgliederparteien rekrutieren Funktionsträger/innen in spe

Parteimitglieder sind die zukünftigen Verantwortungs- und Entscheidungsträger/innen ihrer Partei. Das gilt auf Bundesebene genauso wie für die Landes- oder Kommunalebene. Die meisten Mandatsträger/innen einer Partei sind in den Kommunen tätig – allein bei den GRÜNEN sind das 6595 Personen. Allerdings kennen alle Parteien – insbesondere die kleinen – die Schwierigkeit für Kommunallisten so viele Kandidaten und insbesondere Kandidatinnen zu finden, dass eine Auswahl via Wahl überhaupt möglich wird.

1.5 Mitgliederparteien als Wahlkämpfer/innen

Nichts ist so überzeugend, wie überzeugte Wahlkämpferinnen und Wahlkämpfer! Mitglieder sind und bleiben unsere besten Wahlkämpfer/innen. Ohne die aktive Unterstützung der Mitglieder, die die Parteipositionen an die Bürgerinnen und Bürger vermitteln, wäre es für eine Partei und die hauptamtlichen Mitarbeiter/innen nicht möglich, Informationsveranstaltungen zu organisieren, Wahlkampfstände in den Fußgängerzonen zu betreuen, Plakate aufzuhängen oder im Internet zu kommunizieren. Es geht dabei schon lange nicht mehr um „Leimpinsel schwingende Parteisoldaten", sondern um aktive Botschafterinnen und Botschafter der Wahlkampagne, die mit den von der Parteizentrale angebotenen Wahlkampfbausteinen eigenständige Wahlkämpfe vor Ort umsetzen. Unsere Mitglieder sollen ihre eigenen Ideen in die Kampagnen einbringen und über das Internet oder auf der Straße die Kampagne durch völlig eigenständige Aktionen begleiten. Was von Mitgliedern und

Freiwilligen ehrenamtlich und in ihrer Freizeit in Wahlkampfzeiten geleistet wird, könnte zumindest die grüne Parteikasse nie bezahlen. Vor allem aber sind diese Kreativität, dieser Schwung und die Wirkung des face-to-face-Kontakts nicht durch bezahlte Firmen ersetzbar.

Erstmalig anlässlich des letzten Bundestagswahlkampfes haben die Grünen die Kampagne „Mach mit!" initiiert. Ziel war es, über die Mitglieder hinaus Freiwillige zur Wahlkampfunterstützung zu gewinnen. Dieses für uns bisher neue Instrument hat uns über positive Wahlkampfunterstützung hinaus eine Reihe neuer Mitglieder gebracht. Denn viele der freiwilligen Wahlkampfhelfer und -helferinnen sind später Parteimitglied geworden.

1.6 Mitglieder als notwendige finanzielle Unterstützer

Mitglieder leisten einen bedeutenden Beitrag zur Finanzierung einer Partei. Bei den GRÜNEN sogar den bedeutendsten. Über Mitgliedsbeiträge und Spenden erzielen wir jährliche Einnahmen von ca. 5,5 Millionen Euro. Beiträge unserer Mitglieder, unserer Mandatsträger/innen, sowie zusätzliche Spenden machen einen Anteil von etwa 50 Prozent unseres Gesamtetats aus.

2. Wie Parteien Mitglieder gewinnen und halten können

2.1 Mitgliederwerbung als Querschnittsaufgabe

BÜNDNIS 90/DIE GRÜNEN konnte sich schon immer auf das Engagement, die Kreativität und den Wissens- und Erfahrungsschatz ihrer Mitglieder verlassen. Allerdings brauchen auch wir dafür immer wieder den Zufluss frischer Ideen. Eine Möglichkeit einer solchen Frischzellenkur sind neue Mitglieder. Diese zu gewinnen, zu halten, zu aktiveren und zu fördern ist deshalb eine der zentralen Aufgaben der Partei als Ganzes und jedes einzelnen ihrer Mitglieder.

Das macht Mitgliederwerbung zu einer Querschnittsaufgabe, die grundsätzlich jede und jeden von den Bundesvorsitzenden, über die Bundestagsabgeordneten, bis hin zu kommunalen Ratsmitgliedern verpflichtet.

Erste Anlaufstelle für potentielle Neumitglieder sind unsere regionalen Gliederungen und insbesondere die Kreisverbände. Inwieweit es gelingt, (Neu-) Mitglieder dauerhaft für BÜNDNIS 90/DIE GRÜNEN zu gewinnen hängt ganz entscheidend davon ab, wie die Kreisverbände ihren „Neulingen" begegnen. Vermitteln sie ein Gefühl des Willkommseins? Sind sie offen? Befriedigen sie die Neugier der neu Hinzugekommenen? Führen sie inhaltliche Debatten? Wenn diese Fragen positiv beantwortet werden können, dann ist die Wahrscheinlichkeit hoch, dass das neue Mitglied bleibt und sich für die

Partei und ihre Inhalte einsetzt. Entsteht jedoch der Eindruck von Desinteresse oder Besitzstandswahrung, dann ist davon auszugehen, dass (Neu-) Mitglieder bestenfalls in Passivität verfallen, im schlechteren Fall die Partei wieder verlassen. Das Beispiel zeigt, welche wichtige Rolle und Funktion jedes einzelne Parteimitglied für die Mitgliederwerbung und für das Dabeibleiben neuer Mitglieder hat.

2.2 Kampagne „Partei ergreifen"

Um Sympathisanten konkret anzusprechen, haben wir die Kampagne „Partei ergreifen" ins Leben gerufen. Der Schwerpunkt liegt auf der Sensibilisierung der Mitglieder für Mitgliederwerbung und für die aktive Unterstützung von Neumitgliedern. Denn allein durch Anzeigenserien oder Großflächenwerbung werden aus potentiellen Interessenten noch lange keine Parteimitglieder. In der Regel sind der persönliche Kontakt vor Ort und das Gesamterscheinungsbild der Partei ausschlaggebend. An letzterem kann Mitgliederwerbung nur sehr bedingt ansetzen. Ziel jeder Partei sollte es deshalb sein, die eigenen Mitglieder zu aktiven Mitgliederwerberinnen und -werbern zu machen. Wir GRÜNEN wollen damit einen ganzheitlichen Ansatz bedienen und potenzielle Neumitglieder dort abholen, wo sie sich aufhalten. Entsprechend gab und gibt es im Rahmen der grünen Mitgliederkampagne eine Reihe von Aktionen, die BÜNDNIS 90/DIE GRÜNEN als Partei und ihre potentiellen neuen Mitglieder zusammenbringen. Die Kampagne geht aber noch weiter: Wir wollen generell Bürgerinnen und Bürgern für grüne Themen und Positionen gewinnen. Denn es geht nicht nur um das regelmäßige Zahlen von Mitgliedsbeiträgen, sondern wir wollen das persönliche Engagement, die eigenen Erfahrungen, Fähigkeiten, Ideen und Vorstellungen kennenlernen. Manchmal hat man dann zwar kein Mitglied, dafür aber eine zukünftige Wählerin, einen Spender oder einen freiwilligen Wahlkampfhelfer gewonnen.

2.3 Neue Formen der Mitgliedschaft

Im Gegensatz zu anderen Parteien leiden BÜNDNIS 90/DIE GRÜNEN nicht unter Mitgliederschwund, Überalterung oder Nachwuchsmangel. Trotzdem sind diese Phänomene auch für uns relevant. Denn gerade für junge Menschen sind tradierte Formen der Parteiarbeit in lokalen und regionalen Gliederungen nicht besonders attraktiv. Vor diesem Hintergrund müssen die Parteien über neue Formen der Mitgliedschaft nachdenken.

Für uns GRÜNE stehen dabei Beteiligungsmöglichkeiten im Internet und bessere Möglichkeiten zeitlich und thematisch begrenzten Engagements im Mittelpunkt. Wir haben im Vergleich zu anderen deutschen Parteien die internetaffinsten und mobilsten Mitglieder. Allerdings stoßen wir schnell an

Grenzen in unseren Bemühungen, die tradierten Parteistrukturen dem heutigen Kommunikations- und Mobilitätsverhalten anzupassen. So lässt das deutsche Parteiengesetz keinen via Internet organisierten „virtuellen" Landesverband zu oder eine direkte Mitgliedschaft auf der Bundesebene. Für beides gibt es gute Begründungen, trotzdem wird so gesellschaftliches Engagement in Parteien zumindest teilweise verhindert, weshalb eine Reform und die Anpassung an relevante gesellschaftliche wie technische Entwicklungen und Gegebenheiten dringend notwendig erscheinen.

3. Die Zukunft der GRÜNEN als Mitgliederpartei

Mitglied werden und sich einmischen ist bei den Grünen erwünscht. Wir wollen gesellschaftliches Engagement stärken und Menschen eine Plattform bieten sich für das einzusetzen, was ihnen am Herzen liegt. Sei es Umwelt- und Naturschutz oder eine Kampagne gegen Atomkraft, sei es soziale Gerechtigkeit oder eine gerechte Globalisierung – wir suchen Menschen, die diskutieren, mitgestalten und mitmachen. Denn nur so haben wir als Partei in der Mitte der Gesellschaft auch in Zukunft die Chance, zu einer positiven Veränderung beizutragen.

Markus Zorzi
CSU – Erfolgreiche Volkspartei in Europa

1. Die „Partei der Kümmerer"

Die CSU wird von vielen als Ausnahme unter den Parteien in Europa bezeichnet. Keine andere Partei prägt in einem Land über einen so langen Zeitraum die Politik. Keine andere Partei bekam über Jahrzehnte Wahl für Wahl so kontinuierlich das Vertrauen der Menschen. Keine andere Partei hat eine so gleichmäßig verteilte Zustimmung in den unterschiedlichen sozialen Schichten wie die CSU. „In Bayern gehen die Uhren anders", sagte Willy Brandt. „Das stimmt. Denn hier gehen sie richtig", ergänzte Franz Josef Strauß: Die Bayern haben ihr eigenes Lebensgefühl, das die CSU wie keine andere Partei verkörpert. Unsere Partei lebt von dem Engagement ihrer Mitglieder, Orts- und Kreisvorsitzenden, die der Partei vor Ort Gesicht und Stimme geben, die sich mit der CSU identifizieren, die sich engagieren in den Wahlkämpfen und mitfiebern in der Wahlnacht. Mehr als zehntausend Stadt- und Gemeinderäte, knapp zweitausend Kreisräte und rund tausend Landräte und Bürgermeister greifen als direkte Ansprechpartner der Bürger vor Ort die Sorgen und Nöte der Menschen auf. Dank ihrer Mitglieder und Mandatsträger gelingt es der CSU, gesellschaftliche Strömungen aufzunehmen und schnell auf neue Herausforderungen zu reagieren – ein Wissenschaftler hat hierfür den Begriff „Partei der Kümmerer" (Andreas Kießling) geprägt.

Die CSU ist gut verankert im Volk, in den Verbänden, Vereinen und den Kirchen, besonders in der Kommunalpolitik. Mit mehr als 2.800 Ortsverbänden ist die CSU flächendeckend in ganz Bayern vertreten und verfügt über eine gut funktionierende Kette von der Kommunalpolitik bis hin zur Landes-, Bundes- und Europapolitik. Als einzige Partei kann die CSU wirksam bayerische Interessen in Berlin und Brüssel durchsetzen. Diese „Politik aus einem Guss" ist ein Alleinstellungsmerkmal der CSU. Gemeinsam mit den Menschen hat die CSU aus dem Agrarstaat Bayern einen High-Tech-Standort gemacht. Heute hat der Freistaat das höchste Wirtschaftswachstum, die niedrigsten Arbeitslosenzahlen und die besten Schulen in ganz Deutschland. Aus dieser Politik resultiert die starke Identität zwischen Bayern und der Partei, die sich in der Symbolik widerspiegelt – in Löwe und Raute im Emblem der CSU, in Plakaten und Veranstaltungen wie dem Politischen Aschermittwoch in Passau – und das gesamte politische Selbstverständnis der CSU prägt.

2. Die Identität der CSU

Parteien wie die Linke sind eine Kopfgeburt, gegründet von oben nach unten, als Politikvermarktungsinstrument für Oskar Lafontaine. In der heutigen Mediendemokratie, in der die Aufmerksamkeit der Öffentlichkeit sich oft auf den Spitzenkandidaten und die Inszenierungen konzentriert, hat die Linke mit ihrer Mischung aus Protest, Populismus und linkem Extremismus kurzfristig Erfolge erzielt. Die CSU ist vor 60 Jahren anders entstanden, von unten nach oben. Nach dem Zweiten Weltkrieg fanden sich in der CSU überall im Land Menschen zusammen, um nach Antworten auf die bitteren Erfahrungen des Nationalsozialismus zu suchen – darunter der mutige Widerständler Josef Müller, genannt „Ochsensepp", der tiefgläubige Alois Hundhammer und der damals noch sehr junge Franz Josef Strauß. Von Josef Müller über Hans Ehard, Hanns Seidel, Franz Josef Strauß, Theo Waigel, Edmund Stoiber, Erwin Huber bis hin zu Horst Seehofer ist es bislang allen Parteivorsitzenden gelungen, die CSU als Volkspartei zusammen zu halten, in der Männer und Frauen, Katholiken und Protestanten, Menschen aus allen Regionen und sozialen Schichten zusammen kommen.

Auch heute noch trifft am CSU-Stammtisch der Unternehmer auf den Angestellten, die Hausfrau auf die berufstätige Mutter, der Oberbayer auf den Zugezogenen, der Landwirt auf den Großstädter. So unterschiedlich ihre Erfahrungen sind: Gemeinsam sind ihnen das bayerische Lebensgefühl, die christlich-sozialen Werte und auch der Mut, „Partei zu ergreifen". Mitglieder einer Partei haben es nicht immer einfach. Sie müssen sich in Diskussionen behaupten, Entscheidungen mittragen und Verantwortung übernehmen: Sie müssen Farbe bekennen. Die CSU weiß um die Bedeutung ihrer Mitglieder. Zentrale Aufgabe der Parteiarbeit ist es, die CSU als die große deutsche Volkspartei weiter zu stärken. Das ist die Basis auch zukünftiger Erfolge.

3. Die Mitglieder der CSU

Die CSU konnte als einzige etablierte Partei ihre Mitgliederzahl relativ stabil halten (heute über 163.000 Mitglieder) und auch auf lange Frist hat sie seit 1991 weniger als zehn Prozent verloren. Damit hat sie sich erfolgreich vom allgemeinen Trend des Mitgliederschwundes der deutschen Parteien abgekoppelt. Die SPD verlor von 1991 bis 2007 fast 40 Prozent ihrer Mitglieder, die FDP im gleichen Zeitraum mehr als die Hälfte. Die CDU musste Verluste von 26 Prozent hinnehmen. Doch auch wir werden uns darauf einstellen müssen, dass es in Zukunft eher schwieriger wird, dieses Niveau zu halten.

Ursache für den Mitgliederschwund in den Parteien ist nicht nur die demographische Entwicklung, sondern auch das Ende der Milieuparteien: Feste und belastbare Parteibindungen lösen sich in unserer heterogenen Gesellschaft zunehmend auf. Kurzfristige Interessen und medial angeheizte Stimmungen entscheiden Wahlen, langfristige Überzeugungen haben weniger Einfluss. Hinzu kommt auch eine Individualisierung der Lebensstile. Die lebenslange Mitgliedschaft in Verein, Kirche, Gewerkschaft und eben auch Partei verliert an Bedeutung. Jüngere Menschen sind heute weniger bereit als in den Generationen vorher, sich dauerhaft an eine Organisation zu binden und politisch zu engagieren. Paradoxerweise wächst zugleich das Bedürfnis, aktiv an Entscheidungsprozessen teilzunehmen. Die Bürger informieren sich über die Medien, bloggen im Internet, schreiben Leserbriefe an die Zeitungen, wenden sich mit E-Mails direkt an die Parteien. Die Bürger von heute wollen sich engagieren – allerdings anders als früher: direkter, unmittelbarer, nicht so langfristig. Darauf müssen Volksparteien reagieren. Das heißt für uns erstens: Mehr spontane Initiativen auf lokaler Ebene, mehr Offenheit für die Mitarbeit von Nichtmitgliedern bei zeitlich begrenzten Projekten, mehr Quereinsteiger aus Wirtschaft und Wissenschaft, mehr „mobile Eliten", neue Netzwerke vor allem in Großstädten, mehr Informationen über das Internet. Wir wollen aktive Mitarbeit der Bürgerinnen und Bürger gerade über die Tagespolitik hinaus. Wir brauchen kluge Köpfe, die lieber intern ihre Ideen einbringen als von außen und über die Medien zu kritisieren. Wir wollen Menschen mit neuen, unkonventionellen Vorschlägen!

Zweitens gilt: Die Mitgliedschaft in einer Partei ist attraktiv, wenn Mitglieder mitentscheiden und -gestalten können. Bei der Erarbeitung des neuen CSU-Grundsatzprogramms 2006/07 hat sich gezeigt, wie viele Menschen sich einbringen wollen. Rund 4.000 detaillierte schriftliche Änderungsvorschläge zur ersten Arbeitsfassung des Grundsatzprogramms sind in der Landesleitung eingegangen. Über eine frühzeitige Befragung aller Mitglieder zu Beginn, Runde Tische, Programmkonferenzen und Tagungen haben wir Tausende von Bürgern in den Erarbeitungsprozesses einbezogen. Das Ergebnis: Ein breiter Konsens über das gemeinsam erarbeitete Zukunftsprogramm. An diesem Erfolgsprinzip halten wir fest!

Unsere Mitglieder wollen nicht nur über Sachfragen mitentscheiden, sondern auch über Personen. Unser Ziel ist es die direkten Mitwirkungsmöglichkeiten unserer Mitglieder weiter auszubauen. Die Anzahl der Delegierten beim Parteitag der CSU ist genauso groß wie die beim Bundesparteitag der CDU und deutlich größer als beim Bundesparteitag der SPD – obwohl es uns nur in Bayern gibt. Bei unserem Parteitag hat die Basis eine starke Stimme, gemäß unserem Leitspruch „näher am Menschen".

Entscheidend ist, drittens, die inhaltliche Ausrichtung. Oft wird beklagt, dass die Parteien heute keine klar unterscheidbare Botschaft mehr haben. Gerade in Zeiten der Großen Koalition ist es wichtig, die Unterschiede zwischen den Parteien zu verdeutlichen: CSU, das heißt klare Abgrenzung gegen einen unbegrenzten Marktliberalismus wie bei der FDP. CSU, das heißt klare Abgrenzung von der Staatsgläubigkeit und Umverteilungsideologie bei SPD und Linken. CSU, das heißt klare Abgrenzung vom Schleifen der kulturellen

Werte, der christlich geprägten Identität, der Gemeinschaft in Heimat und Nation wie bei den Grünen. Beliebigkeit schafft keine Bindung. Beliebigkeit ist kraftlos und haltlos. Von einer solchen Beliebigkeit wird die CSU sich deshalb immer unterscheiden.

4. Die Werte der CSU

Deshalb ist wichtig, dass die große Linie sichtbar bleibt, die Werte, die uns als CSU verbinden, die Überzeugungen, die die CSU von anderen Parteien unterscheiden. Für die CSU gilt: „Klare Werte, klarer Kurs"! So besteht, um ein aktuelles Beispiel aufzugreifen, unser Steuerkonzept „Mehr Netto für alle" auf den ersten Blick aus vielen Zahlen. Dahinter steckt aber ein Gesellschaftsbild. Die SPD will immer mehr Steuern, mehr Einnahmen für den Staat, um mehr Geld verteilen zu können. Wir in der CSU wollen uns nicht auf eine Verteilungspolitik beschränken. Wir stellen mit unserer Steuerungspolitik diejenigen in den Mittelpunkt, die den Sozialstaat erst möglich machen: die fleißigen Arbeitnehmer. Unser Steuerkonzept ist also nicht vom Steuersystem, sondern vom Menschen her gedacht. Wir sagen: Hilfe für jene, die Not leiden. Aber auch: Leistung muss sich lohnen. Einer der Vordenker unserer Partei, Alois Glück, hat für den Zusammenhang von Leistung und Solidarität den Begriff „Solidarische Leistungsgesellschaft" geprägt.

So wie beim Steuerkonzept steht hinter allen politischen Entscheidungen der CSU ihre christlich-soziale Wertorientierung – ob in der Bildungs-, Familien, Wirtschafts- oder Sozialpolitik. In der Tradition von Christentum und europäischem Humanismus gilt: Jeder Mensch hat eine eigene, unveräußerliche und unverwechselbare Würde – und zwar einfach deshalb, weil er Mensch ist. Aus der Menschenwürde ergibt sich die besondere Verpflichtung für einen wirksamen Schutz des menschlichen Lebens von seinem Anfang bis zu seinem Ende. Wir sagen „Ja" zum Leben. Wir stärken und schützen Ehe und Familie als Keimzelle menschlicher Solidarität. Wir wollen nicht, dass Kinder zu früh aus Familien herausgerissen werden. Deshalb bauen wir Betreuungseinrichtungen aus, fordern zugleich aber ein Betreuungsgeld für Eltern, die ihre Kinder zu Hause erziehen. Wir sind der Ansicht, dass Kinder im Leben nicht nur materielle Unterstützung, sondern auch Werteerziehung brauchen. Deshalb treten wir für die öffentlichen Wirkungsmöglichkeiten von Religion und Kirche ein, für Religionsunterricht und das Kreuz in den Schulklassen, für die Vermittlung von Werten, kultureller Identität und Urteilsvermögen. Wir sagen ja zum Dialog der Kulturen, aber nein zu einer Beliebigkeit, die gerade die Grundlage einer toleranten Gesellschaft nicht mehr verteidigt. Wichtige Herausforderung für die CSU ist, diese großen Linien auch in unserer heutigen Mediengesellschaft deutlich zu machen.

5. Fazit: Die CSU als erfolgreiche, wertegebundene Mitgliederpartei

Die CSU ist eine Partei mit klaren Werten und einem klaren Kurs. Die CSU verkörpert das bayerische Lebensgefühl. Die CSU will auch in Zukunft „näher am Menschen" sein. Diese Grundlagen unseres Erfolges müssen gezielt gepflegt und weiterentwickelt werden. Anders als jede andere Partei hat es die CSU verstanden, ihre Besonderheiten zur Einzigartigkeit zu machen. Das ist auch der Schlüssel für ihre Erfolge in der Zukunft und dafür, auch in Zukunft eine attraktive Partei für Mitglieder zu sein.

Autorinnen und Autoren

Hans-Jürgen Beerfeltz, Bundesgeschäftsführer der FDP, Berlin

Dr. Heiko Biehl, Leiter von Forschungsschwerpunkten am Sozialwissenschaftlichen Institut der Bundeswehr in Strausberg

Sebastian Bukow, wissenschaftlicher Mitarbeiter am Institut für Sozialwissenschaften der Humboldt Universität Berlin

Dr. Klaus Detterbeck, wissenschaftlicher Assistent am Institut für Politikwissenschaft der Universität Magdeburg

Martin Gorholt, war von 2005 bis 2008 Bundesgeschäftsführer der SPD, Berlin

Dr. Lars Holtkamp, akademischer Oberrat und Vertreter einer Professur für Politikwissenschaft an der Fernuniversität Hagen

Dr. Uwe Jun, Professor für Politikwissenschaft (Westliche Demokratien/Regierungssystem der Bundesrepublik Deutschland) an der Universität Trier

Christian Junge, wissenschaftlicher Mitarbeiter beim Deutschen Bundestag, Berlin

Horst Kahrs, Mitarbeiter beim Parteivorstand der Linken

Steffi Lemke, Bundesgeschäftsführerin von Bündnis'90/Grüne, Berlin

Dr. Gerd Mielke, Professor für Politikwissenschaft an der Universität Mainz

Dr. Viola Neu, Koordinatorin für Wahl- und Parteienforschung bei der Konrad-Adenauer Stiftung, Berlin

Frank Niebuhr, Beauftragter für Mitglieder- und Bürgerbetreuung der CDU, Berlin

Dr. Oskar Niedermayer, Professor für Politikwissenschaft am Otto-Suhr-Institut der Freien Universität Berlin

Dr. Elmar Wiesendahl, Professor am Fachbereich Sozialwissenschaften der Führungsakademie der Bundeswehr, Hamburg

Markus Zorzi, Landesgeschäftsführer der CSU

Fachzeitschriften im Verlag Barbara Budrich

BIOS
Zeitschrift für Biographieforschung, Oral History und Lebensverlaufsanalysen

BIOS erscheint halbjährlich mit einem Jahresumfang von rund 320 Seiten.
BIOS ist seit 1987 *die* wissenschaftliche Zeitschrift für Biographieforschung, Oral History Studien und – seit 2001 – auch für Lebensverlaufsanalysen. In ihr arbeiten über Disziplin- und Landesgrenzen hinweg Fachleute u.a. aus der Soziologie, der Geschichtswissenschaft, der Pädagogik, der Volkskunde, der Germanistik.

dms – der moderne staat
Zeitschrift für Public Policy, Recht und Management

dms erscheint halbjährlich mit insgesamt rd. 480 Seiten.
Die neue Zeitschrift ist interdisziplinär angelegt und beschäftigt sich mit dem seit drei Jahrzehnten international zu beobachtenden massiven Wandel der Erfüllung öffentlicher Aufgaben nach Inhalt, Struktur und Organisation, Prozessen und Ergebnissen. Dieser Wandel fordert alle Fachwissenschaften heraus, bei Erhaltung der jeweiligen disziplinären Kompetenz nach integrierbaren Untersuchungen und Erklärungen zu suchen.

Diskurs Kindheits- und Jugendforschung

„Diskurs Kindheits- und Jugendforschung" widmet sich dem Gegenstandsfeld der Kindheits- und Jugendforschung unter der integrativen Fragestellung von Entwicklung und Lebenslauf; er arbeitet fächerübergreifend und international mit deutschen und internationalen AutorInnen aus den einschlägigen Disziplinen wie z.b. der Psychologie, Soziologie, Erziehungswissenschaft, der Ethnologie, Verhaltensforschung, Psychiatrie und der Neurobiologie.

Weitere Informationen unter www.budrich-verlag.de

FachZeitschriften im Verlag Barbara Budrich

Erziehungswissenschaft
Mitteilungsblatt der Deutschen Gesellschaft für Erziehungswissenschaft

Erziehungswissenschaft ist das offizielle Mitteilungsblatt der Deutschen Gesellschaft für Erziehungswissenschaft. Die Zeitschrift trägt den Informationsaustausch innerhalb der Gesellschaft und fördert die Diskussion über die Entwicklung des Faches.

femina politica
Zeitschrift für feministische Politik-Wissenschaft

femina politica ist die einzige Zeitschrift für feministische Politik-Wissenschaft im deutschsprachigen Raum. Sie wendet sich an politisch und politikwissenschaftlich Arbeitende, die den Gender-Aspekt bei ihrer Arbeit berücksichtigen. *femina politica* analysiert und kommentiert tagespolitische und politikwissenschaftliche Themen aus feministischer Perspektive, berichtet über Forschungsergebnisse, Projekte, Tagungen und einschlägige Neuerscheinungen.

Gender
Zeitschrift für Geschlecht, Kultur, Gesellschaft

Gender ist eine neue Zeitschrift, die sich der Frauen- und Geschlechterforschung aus interdisziplinärer sozial- und kulturwissenschaftlicher Perspektive nähert. Forschung, Theorie und Praxis finden hier ein prominentes Forum.

Gesellschaft. Wirtschaft. Politik (GWP)
Sozialwissenschaften für politische Bildung

GWP ist die älteste Fachzeitschrift in der Bundesrepublik für Studium und Praxis des sozialwissenschaftlichen Unterrichts. Als sozialwissenschaftliches Magazin ist sie der Aktualität wie dem Grundsätzlichen verpflichtet, der sorgfältigen Fundierung wie der lebendig wechselnden Stilistik.
GWP finden Sie im Interent unter www.gwp-pb.de

Weitere Informationen unter www.budrich-verlag.de

Fachzeitschriften im Verlag Barbara Budrich

Spirale der Zeit – Spiral of Time
Frauengeschichte sichtbar machen –
Making Women's History visible

Die zweisprachige Zeitschrift erzählt anschaulich unsere Geschichte von ihren Anfängen bis zu unserer Gegenwart neu. Mit dieser umfassenderen Sicht begegnet die Zeitschrift der bildungspolitischen Herausforderung an eine geschlechtergerechte Vermittlung von Geschichte in Schulen und öffentlichen Einrichtungen als Voraussetzung für eine geschlechterdemokratische Politik. Die Spirale der Zeit – Spiral of Time erscheint zweimal jährlich, je Heft 64 Seiten (A4) mit vielen farbigen Abbildungen, deutsch und englisch.

ZQF – Zeitschrift für Qualitative Forschung
(zuvor: ZBBS – Zeitschrift für qualitative Bildungs-, Beratungs- und Sozialforschung)

Die ZBBS erscheint halbjährlich. Das Team der HerausgeberInnen setzt sich aus den Vorstandsmitgliedern des Magdeburger Zentrums für Bildungs-, Beratungs- und Sozialforschung zusammen und gewährleistet durch diese Konstellation die Repräsentanz der wichtigsten an der qualitativen Forschung beteiligten Fachdisziplinen.

Zeitschrift für Familienforschung
Journal for Family Research
Beträge zu Haushalt, Verwandtschaft und Lebenslauf

Die Zeitschrift für Familienforschung erscheint dreimal jährlich. Die Zeitschrift für Familienforschung fördert interdisziplinäre Kommunikation und Diskussion. Dies geschieht durch die Veröffentlichung von Beiträgen zur Familien- und Haushaltsforschung aus den Fachdisziplinen: Familiensoziologie, Familiendemographie, Familienpsychologie, Familienpolitik, Haushaltswissenschaft, historische Familienforschung sowie aus Nachbargebieten.

Weitere Informationen unter www.budrich-verlag.de

Aktuell und lesenswert

DIRK BERG-SCHLOSSER (ED.)
Democratization: The state of the art
2nd revised & updated edition 2007
The World of Political Science – The development of the discipline Book Series. 187 pp. Pb. 19,90 € (D), 20,50 € (A), 35,90 SFr
ISBN 978-3-86649-102-1

ELLEN BOS, DIETER SEGERT (HRSG.)
Osteuropäische Demokratien als Trendsetter?
Parteien und Parteiensysteme nach dem Ende des Übergangsjahrzehnts
2008. 349 S. Kt. 33,00 € (D), 34,00 € (A), 56,50 SFr
ISBN 978-3-86649-161-8

MARKUS FREITAG, ADRIAN VATTER (HRSG.)
Die Demokratien der deutschen Bundesländer
Politische Institutionen im Vergleich.
Mit einem Vorwort von Arend Lijphart
UTB M. 2008. 355 S. Kt. 19,90 € (D), 20,50 € (A), 33,90 SFr
ISBN 978-3-8252-3095-1

GERD MEYER (ED.)
Formal Institutions and Informal Politics in Central and Eastern Europe
Hungary, Poland, Russia and Ukraine
2nd revised and updated edition 2008. 324 pp. Pb.
29,90 € (D), 30,80 € (A), 49,90 SFr,
ISBN 978-3-86649-147-2

DIETER NOHLEN
Wahlrecht und Parteiensystem
Zur Theorie und Empirie der Wahlsysteme
UTB S. 5. überarbeitete und erweiterte Auflage 2007
528 S. Kt. 14,90 € (D), 15,40 € (A), 27,90 SFr
ISBN 978-3-8252-1527-9

Weitere Bücher und Zeitschriften
www.budrich-verlag.de

Politik im Verlag Barbara Budrich

DIANA AUTH, EVA BUCHHOLZ, STEFANIE JANCZYK (HRSG.)
Gleichstellungs- und Familienpolitik
in Zeiten der Großen Koalition
Neuer Feminismus? Modernisierung? Re-Traditionalisierung?
Politik und Geschlecht, Band 21. 2009
Ca. 300 S. Kt. Ca. 29,90 € (D), 30,80 € (A), 49,90 SFr
ISBN 978-3-86649-254-7

ANDREA GAWRICH, WILHELM KNELANGEN, JANA WINDWEHR (HRSG.)
Sozialer Staat – soziale Gesellschaft?
Stand und Perspektiven deutscher und europäischer Wohlfahrtsstaatichkeit
2009. 303 S. Kt. 29,90 € (D), 30,80 € (A), 49,90 SFr
ISBN 978-86649-203-5

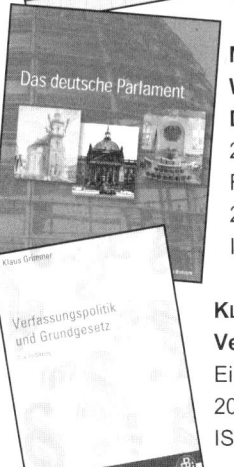

MANFRED GÖRTEMAKER, EVERHARD HOLTMANN,
WOLFGANG ISMAYR, MICHAEL CULLEN, VOLKMAR WAGNER
Das deutsche Parlament
2009. 372 S. Reich bebilderter Großband,
Format: 235 x 280 mm,
29,90 € (D), 30,80 € (A), 49,90 SFr
ISBN 978-3-86649-280-6

KLAUS GRIMMER
Verfassungspolitik und Grundgesetz
Eine Einführung
2008. 121 S. Kt. 9,90 € (D), 10,20 € (A), 18,90 SFr
ISBN 978-3-86649-208-0

Verlag Barbara Budrich • Barbara Budrich Publishers
Stauffenbergstr. 7. D-51379 Leverkusen Opladen
Tel +49 (0)2171.344.594 • Fax +49 (0)2171.344.693 • info@budrich-verlag.de
US-office: Uschi Golden • 28347 Ridgebrook • Farmington Hills, MI 48334 • USA •
ph +1.248.488.9153 • info@barbara-budrich.net • www.barbara-budrich.net

Weitere Bücher und Zeitschriften unter www.budrich-verlag.de

Politik im Verlag Barbara Budrich

WOLFRAM LAMPING
HENNING SCHRIDDE (HRSG.)
Der konsultative Staat
Reformpolitik und Politikberatung
2009. Ca. 350 S. Kt. Ca. 36,00 € (D), 37,10 (A), 61,00 Sfr
ISBN 978-3-86649-239-4

DOROTHÉE DE NÈVE
**NichtwählerInnen –
eine Gefahr für die Demokratie?**
2009. 238 S. Kt. 24,90 € (D), 25,60 € (A), 44,00 Sfr
ISBN 978-3-86649-210-3

WERNER REUTTER
**Föderalismus, Parlamentarismus
und Demokratie**
Landesparlamente im Bundesstaat
UTB S. 2008. 402 S. Kt.
19,90 € (D), 20,50 € (A), 33,90 Sfr
ISBN 978-3-82552-2874-3

BASTIAN TIMM
Die Macht der Stars
Celebrities in der Weltpolitik
2009. Ca. 200 Seiten mit vielen Fotos.
Kt. Ca. 16,90 € (D), 17,40 € (A), 31,00 Sfr
ISBN 978-3-86649-278-3

Verlag Barbara Budrich • Barbara Budrich Publishers
Stauffenbergstr. 7. D-51379 Leverkusen Opladen
Tel +49 (0)2171.344.594 • Fax +49 (0)2171.344.693 • info@budrich-verlag.de
US-office: Uschi Golden • 28347 Ridgebrook • Farmington Hills, MI 48334 • USA •
ph +1.248.488.9153 • info@barbara-budrich.net • www.barbara-budrich.net

Weitere Bücher und Zeitschriften unter www.budrich-verlag.de